JN172838

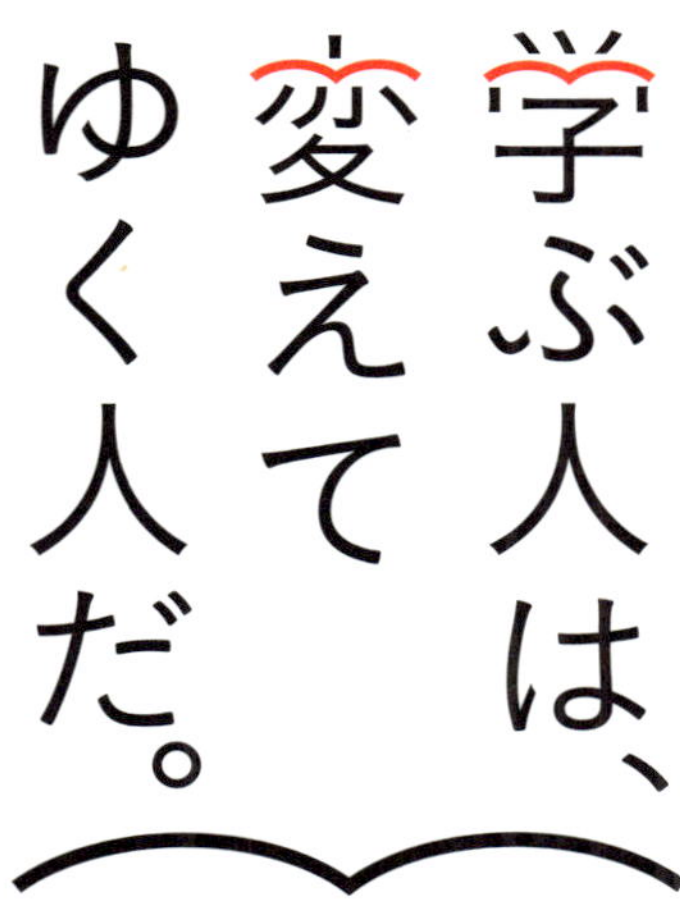

目の前にある問題はもちろん、

人生の問いや、社会の課題を自ら見つけ、

挑み続けるために、人は学ぶ。

「学び」で、少しずつ世界は変えてゆける。

いつでも、どこでも、誰でも、

学ぶことができる世の中へ。

旺文社

旺文社

小学総合的研究

わかる

国語

改訂版

はじめに

小学校に入学してから大学を卒業するまで、みなさんは16年間も勉強をします。社会に出てからも人は毎日何かを学びます。なぜこんなにたくさん勉強をするのでしょうか。今まで知らなかったことを知るよろこびや、わからなかったことがわかる楽しさもあるでしょう。でも、勉強はつらく苦しいときも多いですね。まわりの大人たちはみなさんに「あきらめないでがんばれ」と言うでしょう。どうしてだと思いますか。テストで良い点を取り、試験に合格してほしいからでしょうか。それは目の前の一つのハードルにすぎません。その先にこそ本当の目的があるのです。「あきらめないでがんばれ」には、みなさんが大人になったときに幸せに生きてほしいという願いが込められているのです。

学ぶ力こそが人を幸せにします。大人になっていろいろな困難にぶつかったときに、知識をたくさんもっていたほうが解決の糸口を見つけられますし、その知識を組み合わせる力をもっていれば、さらに多くの可能性を広げることができます。学ぶ力はより良く生きる力であることを、どうぞ忘れないでいてください。

この本は、みなさんが学ぶ力をつけるために活用していただくものです。いつもかたわらに置いてページを開いてみてください。自分の中にある知識と、この本にある知識をいく通りでも組み合わせてみましょう。答えはみなさんの頭の中でつくられていきます。その過程こそが学ぶ力であり、将来のみなさんの幸せにつながっていくのだと信じています。

株式会社　旺文社　代表取締役社長

生駒大壱

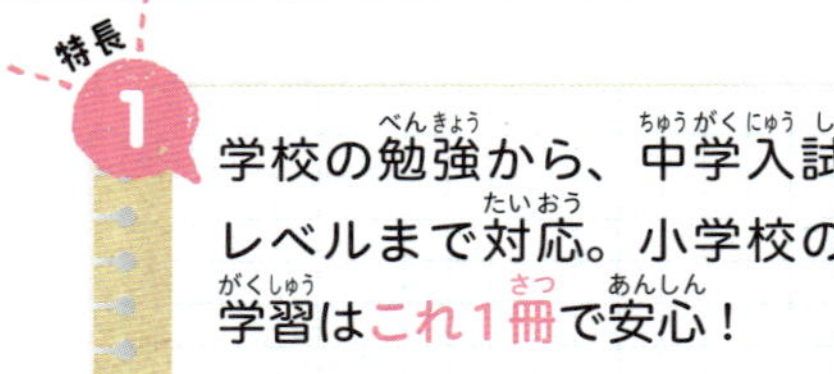

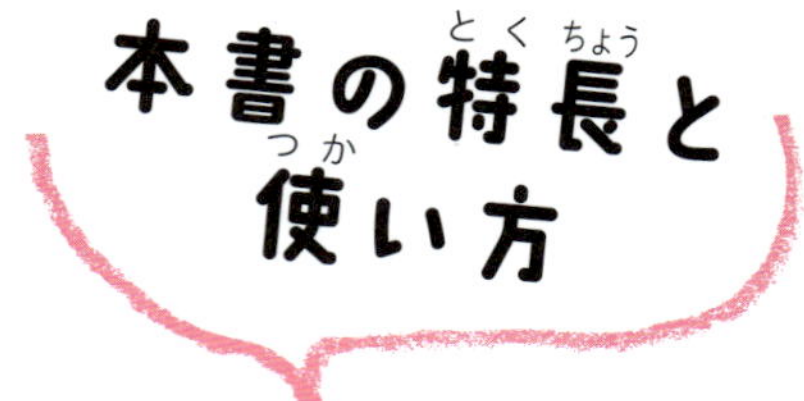

① 学校や塾の勉強でわからないところがある！

もくじ（→5ページ）で、わからない単元を見つけて調べましょう。用語がわかっている場合は、さくいん（→576ページ）から見つけることもできます。

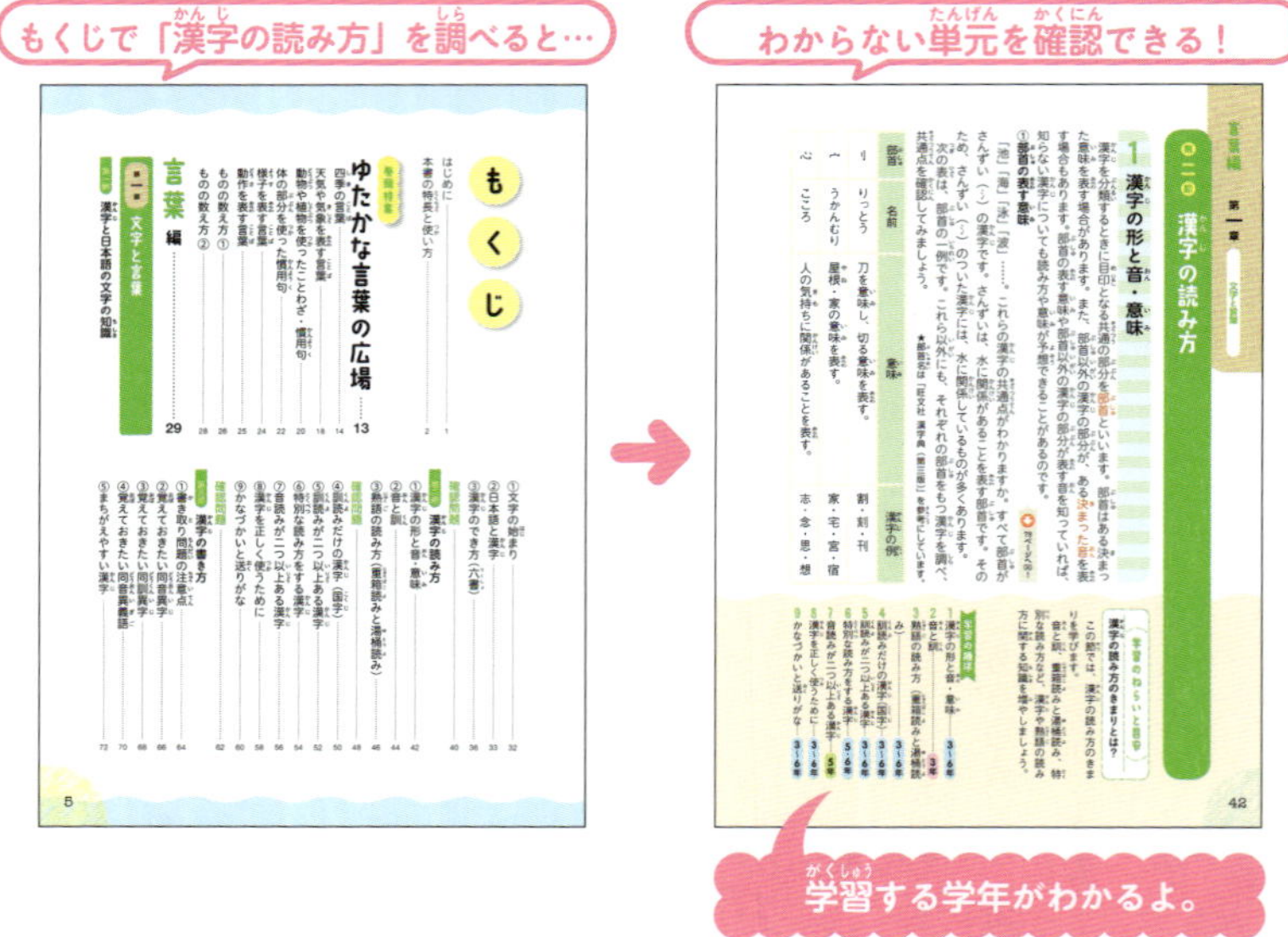

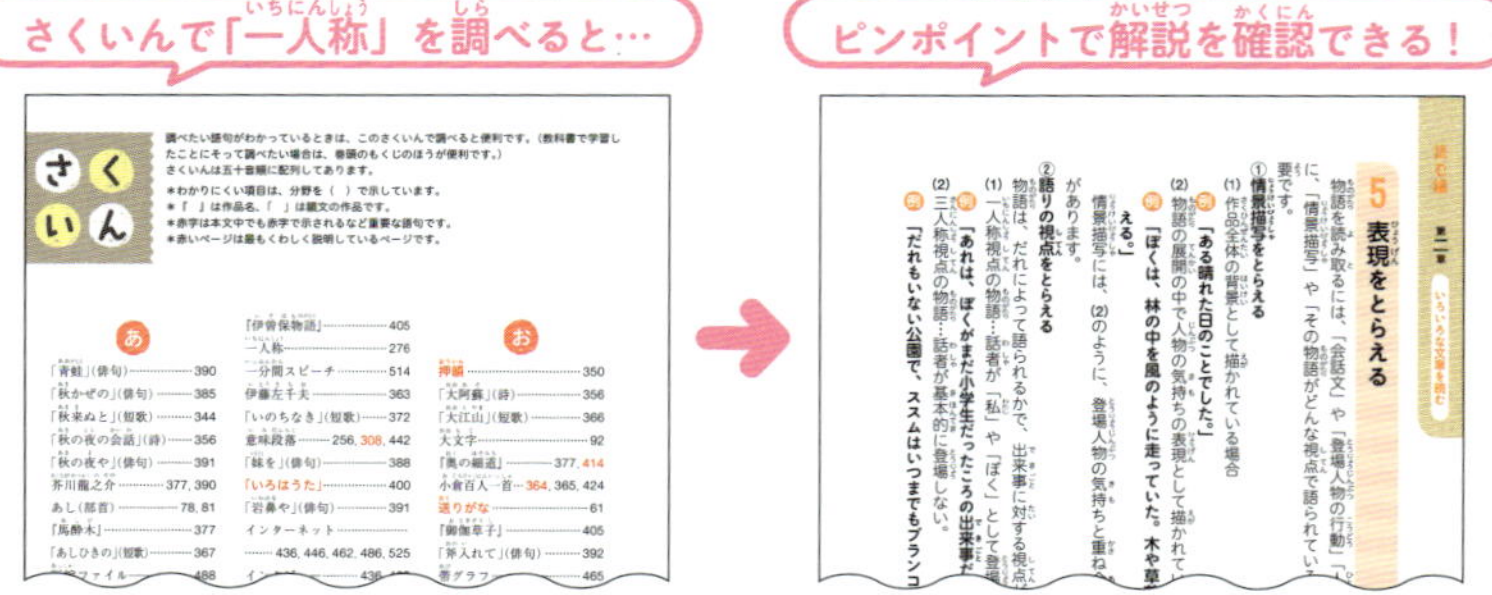

知りたいことがすぐ探せる、引く機能重視の構成

特長 2

図をたくさん使っているので、見やすく、わかりやすい

② 中学入試対策がしたい！

「入試にはこう出る！」「入試のポイント」を読んでから、章の最後の入試問題にチャレンジしてみましょう。

問題を解いてから解説を読んでもいいよ。

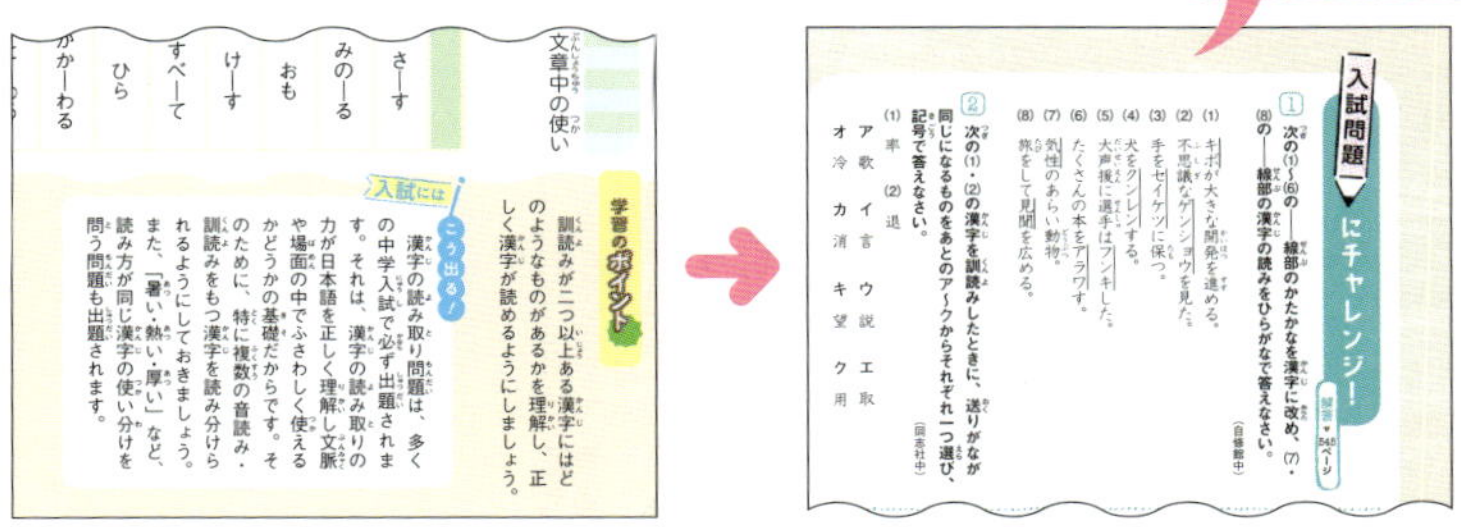

③ 問題を解きたい！

章の最後に2段階の問題があります。「章末まとめ問題」で重要項目をおさえ、「入試問題にチャレンジ！」で実際の問題を解いてみましょう。

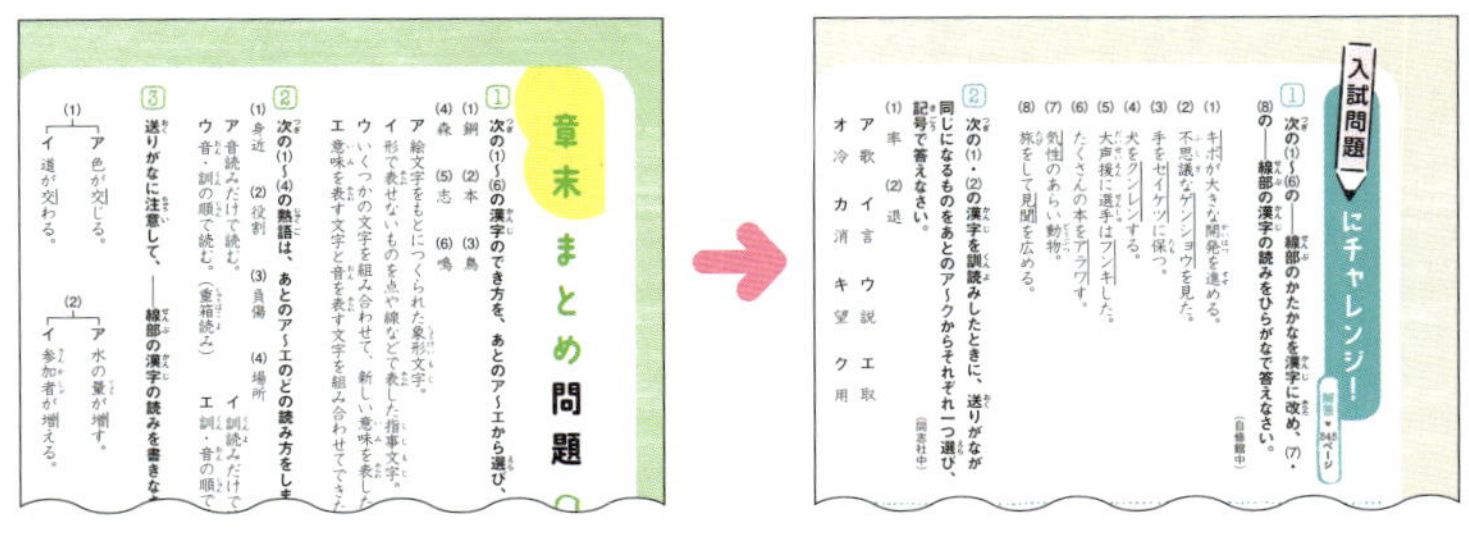

本書に出てくるマークのしょうかい

学習内容を確認するコーナーです。

重要語句の説明や解説をするコーナーです。

その単元が入試でどのように扱われるかを解説しています。学習前に確認して、目標を設定しましょう。

学習のポイント

学習内容のポイントを示しています。練習問題のあとにある「学習のポイント」は、問題の解説です。

もっとくわしく

学習内容について、よりくわしい内容を説明しています。

入試問題で出題されるときのポイントを説明しています。

覚えておきたい語句コーナーで、入試によくでる語句や少し難しい語句についています。

作品の解説や、鑑賞するときのポイントを説明しています。

ここがポイント！

さらに発展的な学習のポイントを取り上げています。

ここに注意！

まちがえやすいポイントについて解説しています。

確認問題がわからないときに、確認できるページを示しています。

確認問題のヒントを示しています。

もくじ

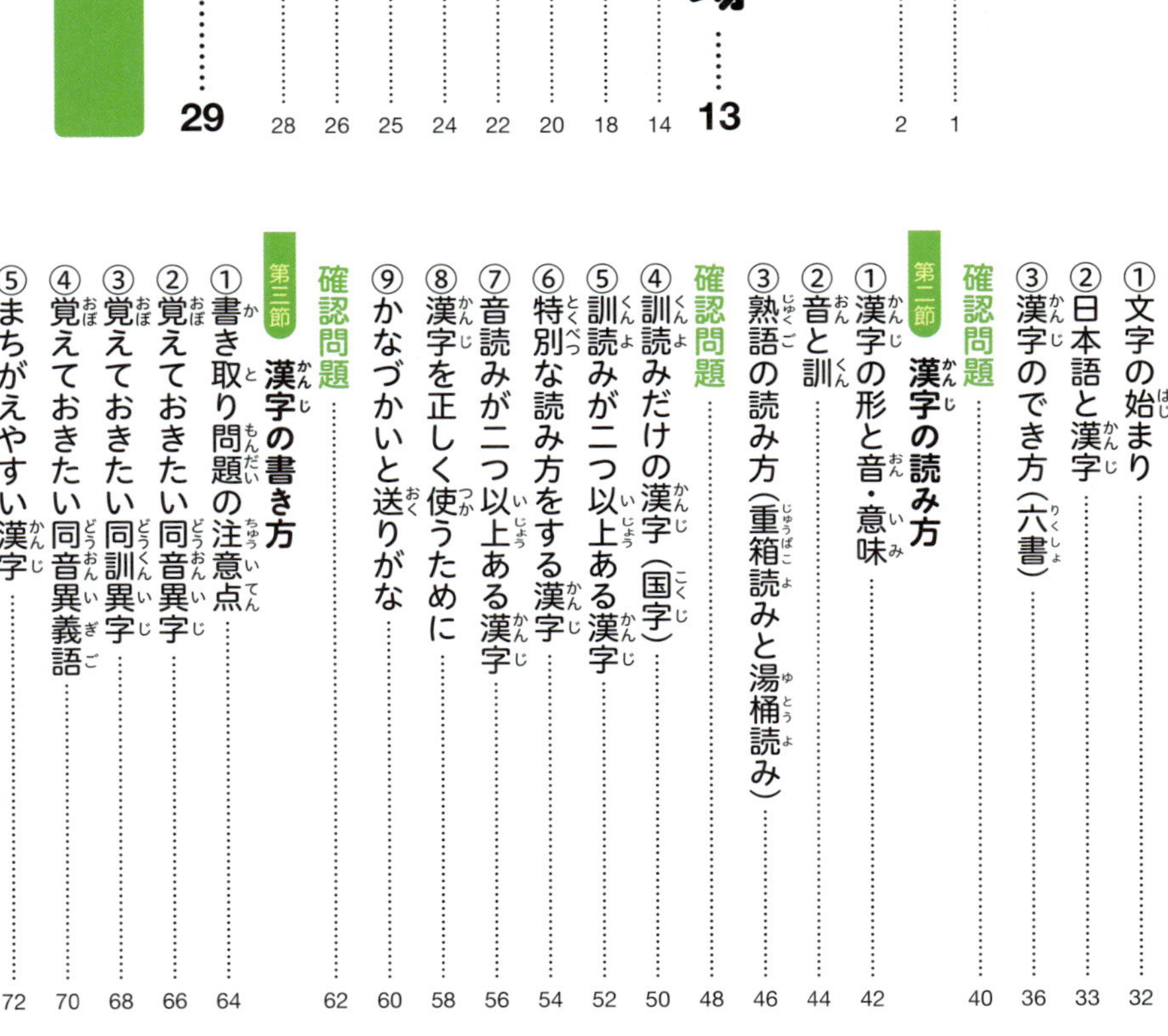

第二章 いろいろな文章を書く

聞く・話す編 …… 495

第一章 表現の基礎

スタッフ

編集協力 湯川善之・藤江美香（有限会社 マイプラン）
奥田祐巳子 福岡千穂
佐藤明彦・山﨑由加利（株式会社 一校舎）
執筆 株式会社日本教育研究センター
株式会社一校舎 有限会社アリエッタ
校正 株式会社ことば舎 株式会社友人社 原田俊行
株式会社東京出版サービスセンター 今村貞佳
装丁デザイン 内津 剛（及川真咲デザイン事務所）
本文デザイン 山内なつ子（株式会社しろいろ）
巻頭特集イラスト 藤田美菜子 三木謙次 高畠純
本文イラスト 三木謙次 川上潤 サトゥー芳美
有限会社オフィスぴゅーま 山本康子（図版）
書体制作 谷口成孝
象形文字 南澤孝男
章扉写真 アフロ

巻頭特集

ゆたかな言葉の広場

四季(しき)の言葉(ことば)

春

ひさかたの光のどけき春の日に
しづ心(ごころ)なく花の散(ち)るらむ(ん)

紀友則(きのとものり)

370ページ

山路(やまじ)来て何やらゆかしすみれ草(ぐさ)

松尾芭蕉(まつおばしょう)

桜(さくら)

花見

たんぽぽ

つくし

つばめ

すみれ

ちょう

なのはな

春の七草(ななくさ)

なずな　せり

はこべら

ごぎょう
（ははこぐさ）

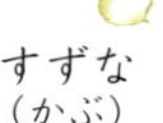

すずな
（かぶ）

ほとけのざ
（こおにたびらこ）

すずしろ
（だいこん）

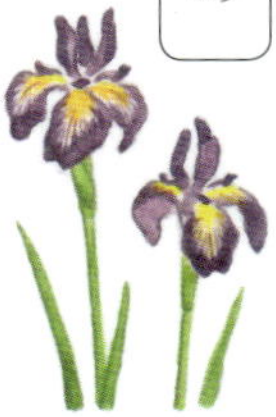

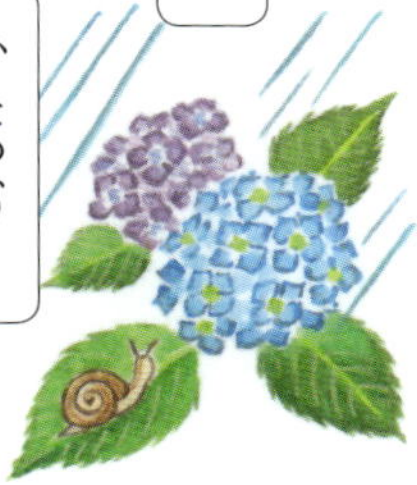

あやめ

あじさい

かたつむり

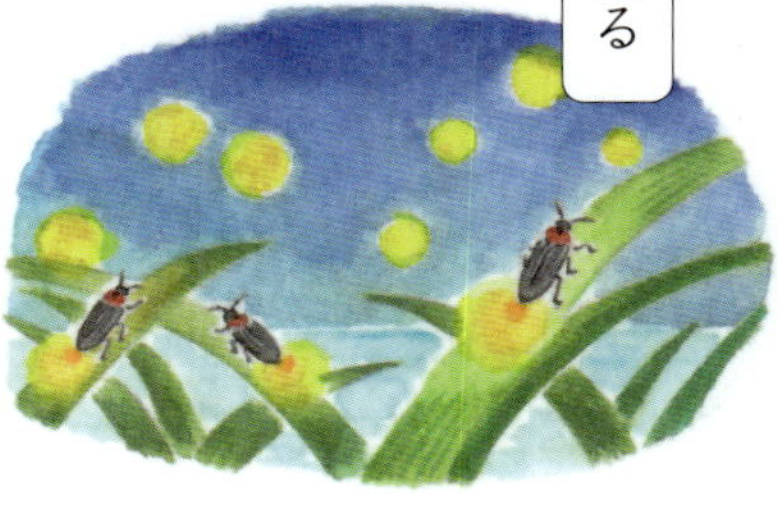

ほたる

閑（しず）かさや岩にしみ入る蟬（せみ）の声

松尾芭蕉（まつおばしょう）

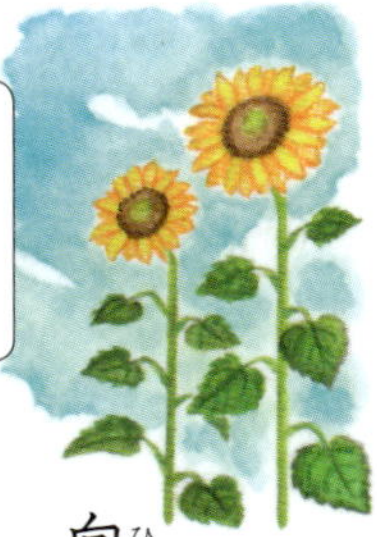

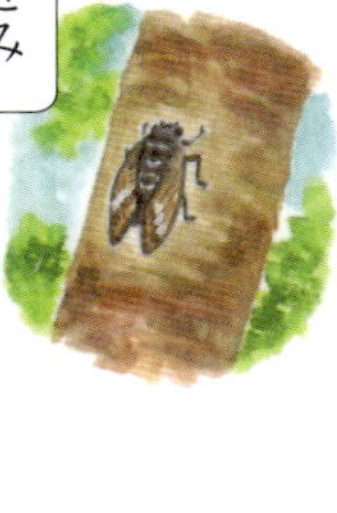

せみ

ひまわり

向日葵（ひまわり）は金の油（あぶら）を身（み）にあびて
ゆらりと高し日のちひ（い）ささよ

前田夕暮（まえだゆうぐれ）

373ページ

秋

名月を取(と)ってくれろとなく子かな
小林一茶(こばやしいっさ)

秋の七草(ななくさ)

すすき　はぎ
なでしこ　くず
ふじばかま　おみなえし
ききょう

金色(こんじき)のちひ(い)さき鳥のかたちして
銀杏(いちょう)ちるなり夕日の岡(おか)に
与謝野晶子(よさのあきこ)

365ページ

冬
冬木立（ふゆこだち）
雪だるま
氷（こおり）
スケートのひも結（むす）ぶ間（ま）もはやりつつ
山口誓子（やまぐちせいし）
395ページ
街（まち）をゆき子供（こども）の傍（そば）を通る時
蜜柑（みかん）の香（か）せり冬がまた来る
木下利玄（きのしたりげん）
369ページ
すいせん
みかん
さざんか
なんてん
つわぶき
かも
はくちょう

天気や気象（きしょう）を表（あらわ）す言葉（ことば）

春一番（はるいちばん）

春のはじめに、その年最初（さいしょ）にふく強い南風。春の訪（おとず）れを知らせる。

東風（こち）

春、東のほうからふいてくる風。

薫風（くんぷう）

若葉（わかば）の香（かお）りを送（おく）ってくるような初夏（しょか）のさわやかな風。

花冷（はなび）え

桜（さくら）がさくころに寒（さむ）さがもどってくること。

五月雨（さみだれ）

六月から七月にかけて降（ふ）り続（つづ）く雨。梅雨（つゆ）。

五月晴（さつきば）れ

①梅雨（つゆ）の晴れ間。

②五月のよく晴れた天気。

ほしづきよ
星月夜

星の光で、月夜のように明るい夜。
「ほしづくよ」とも読む。秋の季語（きご）。

にゅうどうぐも
入道雲

夏によく出る、高く大きく盛（も）り上がった雲。
かみなりや夕立（ゆうだち）を起（お）こす。

こがらし
木枯らし

秋の終（お）わりから冬にかけてふく、
強く冷（つめ）たい風。

しぐれ
時雨

秋の終（お）わりから冬にかけて、
時々ぱらぱらと降（ふ）る小雨（こさめ）。

かざはな
風花

晴れた日に、風に乗（の）り花びらのように
ちらちらと舞（ま）い降（ふ）る雪。

こはるびより
小春日和

冬のはじめごろの、
春のようにあたたかい天気。

動物や植物を使ったことわざ・慣用句

1 猿も木から落ちる…どんな名人でも失敗することがある。 2 うり二つ…とてもよく似ていること。 3 鶴の一声…決まらなかったことを、一言で決めてしまう力のある人の発言。 4 どんぐりの背比べ…みんな同じようで、すぐれたものがないこと。 5 話に花が咲く…次から次へいろいろな話が出る。 6 二兎を追う者は一兎をも得ず…同時に二つのことをしようとすると、どちらも成功しない。

7 青菜に塩…元気をなくしてしょんぼりしている様子。 8 犬猿の仲…仲が悪いことのたとえ。 9 たぬき寝入り…眠ったふりをすること。 10 猫の手も借りたい…とても忙しく、人手が足りないことのたとえ。 11 馬の耳に念仏…いくら言っても効き目のないこと。 12 猫をかぶる…本当の性質をかくして、おとなしいふりをする。

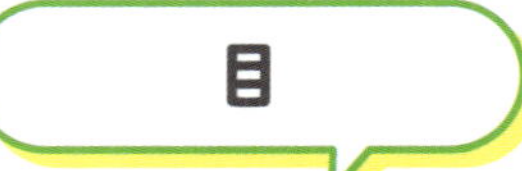

目を三角にする

おこってこわい目つきをする。

目が回る

とても忙しい。

目がない

とても好きである。

鼻

鼻を明かす

相手の知らぬ間に事を進めて、驚かせる。

鼻にかける

自慢する。得意がる。

鼻が高い

得意である。誇らしい。

手

のどから手が出る

ほしくてたまらない。

手に余(あま)る

自分の力では
どうにもできない。

手に汗(あせ)をにぎる

危(あぶ)なっかしくて、
はらはらする。

足

足が棒(ぼう)になる

歩きまわって、
足がひどくつかれる。

足が出る

お金がかかりすぎて、
足りなくなる。

足が地に着(つ)かない

喜(よろこ)びや興奮(こうふん)で、
落(お)ち着(つ)かない。

様子(ようす)を表(あらわ)す言葉(ことば)

は

もみじの葉(は)が
はらはら（と）散(ち)る

あられが
ばらばら（と）降(ふ)る

雑誌(ざっし)を
ぱらぱら（と）めくる

ひ

日に焼(や)けた背中(せなか)が
ひりひり（と）する

赤ちゃんが紙を
びりびり（と）破(やぶ)く

兄は受験(じゅけん)が近づいて
ぴりぴり（と）している

ふ

ふかふか（と）したパン

ぶかぶかなくつ

ぷかぷか（と）波間(なみま)に
ただようブイ

へ

へらへら（と）笑(わら)っている

べらべら（と）話し続(つづ)ける

ぺらぺら（と）英語(えいご)を話す

ほ

花びらが
ほろほろ（と）散(ち)る

ぼろぼろ（と）
食(た)べ物(もの)をこぼす

ぽろぽろ（と）
涙(なみだ)をこぼす

動作を表す言葉

話す

ひそひそ話す

ぺちゃくちゃ話す

くどくど話す

ずけずけ話す

食べる

がつがつ食べる

ぱくぱく食べる

もぐもぐ食べる

むしゃむしゃ食べる

見る

ちらっと見る

じろじろ見る

まじまじ見る

きょろきょろ見る

歩く

よちよち歩く

すたすた歩く

しゃなりしゃなり歩く

えっちらおっちら歩く

ものの数え方①

個（こ）

おにぎり　たまご　みかん　ケーキ

枚（まい）

たたみ　木の葉（このは）　皿（さら）　紙

本（ほん）

ひも　びん　樹木（じゅもく）　えんぴつ

足（そく）

くつした　わらじ　たび　くつ

台（だい）
パソコン
ピアノ
テレビ
自動車（じどうしゃ）
頭（とう）
くじら
象（ぞう）
馬
牛
杯（はい）
いか
さとう（小さじ）
コーヒー
うどん
隻（せき）
遊覧船（ゆうらんせん）
ヨット
ボート
汽船

ものの数え方②

組(くみ)
茶器(ちゃき)
ふとん
丁(ちょう)
包丁(ほうちょう)
豆腐(とうふ)
切(き)れ
さけの切(き)り身(み)
かまぼこ
張(は)り
和傘(わがさ)
ちょうちん
膳(ぜん)
はし
ごはん
棹(さお)
旗(はた)
たんす
面(めん)
碁盤(ごばん)
鏡(かがみ)
脚(きゃく)
机(つくえ)
いす

言葉編

第一章

文字と言葉

言葉編

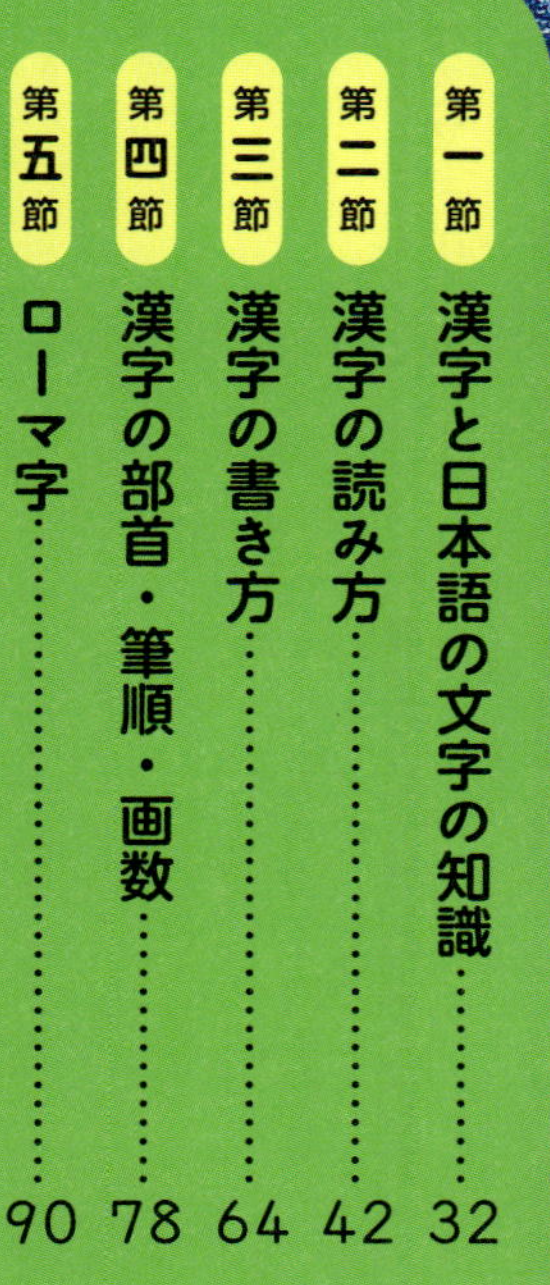

第一節 漢字と日本語の文字の知識

1 文字の始まり

五千年以上も昔のエジプトで、現在のアルファベットのもとになる文字が生まれました。「ヒエログリフ」と呼ばれる文字です。これらの文字は、王のマスクや遺跡の壁面に刻まれています。

また、およそ五千五百年前、現在の中東地方、アラビア半島の東側、チグリス・ユーフラテス川の流れるメソポタミア地方でも、「くさび形文字」という文字がつくられていました。

一方、中国では、亀の甲羅や動物の骨に刻まれた「甲骨文字」という文字が発見されています。この文字はおよそ三千五百年前につくられ、私たちが現在使用している漢字の原形になった文字です。

↑ハンムラビ法典碑（くさび形文字）
アフロ

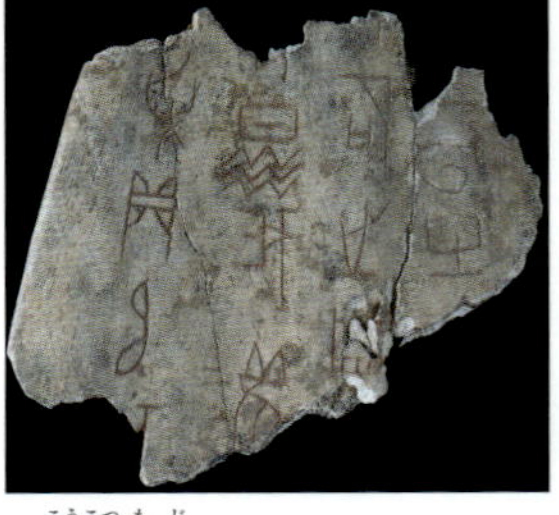

↑甲骨文字
アフロ

学習のねらいと目安

漢字やかなはどのようにしてできたか？

この節では、文字の始まりやひらがな・かたかなのでき方、そして漢字のでき方について学びます。文字や漢字の歴史を学ぶことにより、文字や漢字に関するさまざまな知識を増やしていきましょう。

日本語の文字の歴史や、小学校で学習する漢字の成り立ちを理解していきましょう。

学習の順序

1 文字の始まり……導入
2 日本語と漢字……導入
3 漢字のでき方（六書）……5〜6年

2 日本語と漢字

①中国から日本へ

中国から日本へ漢字が伝えられたのは、いまからおよそ千九百年ほど前だと考えられています。それから数回にわたり、漢字は日本に伝えられます。時代により、中国での漢字の読み方は変化していきます。漢字の音読みに複数の読み方があるのは、漢字が中国から数回にわたって伝えられた証拠なのです。

②日本語に与えた影響

漢字は一字で決まった音を表すとともに、決まった意味を表すことができる文字です。漢字が伝わったことにより、日本では新たな文字や言葉が生まれ、日本語はしだいに豊かなものになっていきました。

練習問題

次の文の（　）にあてはまる言葉を答えなさい。

(1) 漢字は、（　）から伝わった文字である。
(2) 漢字は、音を表すとともに（　）を表す文字である。

答え 33ページ下段

確認

ヒエログリフやくさび形文字と漢字のちがう点は何だろう。

答え 33ページ下段

もっとくわしく

漢字は中国から伝わったものですが、漢字や熟語の意味が異なるものがあります。

漢字	中国語の意味	日本語の意味
炎（エン・ほのお）	炎症。とても暑い。	ほのお。燃える。
娘	目上や年上の結婚している女性。	むすめ。少女。未婚の女性。
手紙	トイレットペーパー。ちり紙。	手紙。人に送る文書。

練習問題の答え

(1) 中国　(2) 意味

確認の答え

例 文字に意味があるかどうか。

③漢字からかなへ

奈良時代になると、漢字の表す意味に関係なく、音だけを表すために漢字が使われるようになります。これを「万葉がな」といいます。さらに、平安時代になると、漢字を簡略化した「ひらがな」、漢字の一部を取り出した「かたかな」もつくられます。ひらがな、かたかなも音だけを表す文字です。

	時代	特徴
万葉がな	奈良時代	・**音だけを表す**漢字。 ・**公的な文書**に使用。最古の歴史書『古事記』や、最古の歌集『万葉集』も万葉がなを使用した。
ひらがな	平安時代	・**音だけを表す**文字。 ・**おもに女性**が使用（男性はおもに漢字を使用）。 ・**和歌や物語、私的な手紙など**に使用した。
かたかな	平安時代	・**音だけを表す**文字。 ・漢文の読み方を示すために使用。原則として、漢字とともに使用した。

④漢字かな交じり文と日本語の文字

日本語は、漢字・ひらがな・かたかなを交ぜて書き表します。このように表記された文を「漢字かな交じり文」といいます。現代の日本語では、漢字・ひらがな・かたかなに、ローマ字を加えた四つの文字が使われています。

学習のポイント

漢字・ひらがな・かたかなの特徴を理解しましょう。また、漢字は、公的なもので男性が使うものであり、ひらがなは、私的なもので女性が使うものという基本的なちがいがあったということをおさえましょう。

もっとくわしく

ひらがなのもとになった漢字

安→安→あ→あ

かたかなのもとになった漢字

宀→ウ→ウ→ウ

「いろは歌」を読んでみよう

「いろは歌」はひらがなを覚えるための手習い歌の一つです。すべてのひらがなが使われています。

いろはにほへとちりぬるを
わかよたれそつねならむ
うゐのおくやまけふこえて
あさきゆめみしゑひもせす

練習問題

1 次の文は、それぞれ「ひらがな」「かたかな」「漢字」のどの文字について説明したものですか。

(1) 中国から伝わった文字で、音だけでなく意味も表す。
(2) (1)の文字を簡略化してつくられ、音だけを表す。
(3) (1)の文字の一部を取り出してつくられ、音だけを表す。

2 次の文は、「ひらがな」「かたかな」のどちらについて説明したものですか。

(1) もともとは漢文の読み方などを示すために考え出された。
(2) 和歌や物語、私的な手紙などで使われた。

3 日本語は漢字やひらがな、かたかなを交ぜて書き表します。このような表記方法を何といいますか。

4 日本語で使われている四つの文字の名称をすべて書きなさい。

答え　35ページ下段

練習問題の答え

1 (1) 漢字　(2) ひらがな　(3) かたかな

2 (1) かたかな　(2) ひらがな

3 漢字かな交じり文

4 漢字・ひらがな・かたかな・ローマ字

学習のポイント

1 漢字は音と意味を表すが、ひらがなとかたかなは音だけを表す。

2 現在では、かたかなは外来語や外国の地名や人名、音を表す言葉などに使われるが、もともとは漢文の読み方を示すために考え出された文字。

3 漢字かな交じり文であることが、日本語の表記の特徴。

言葉編　第一章 文字と言葉　第二章 言葉　第三章 言葉のきまり

3 漢字のでき方（六書）

中国から伝わった漢字は、そのでき方から六つの種類に分けることができます。この六つの種類を「六書」といいます。

①象形文字→絵文字をもとにつくられた漢字

象形文字は、物の形をかたどってつくられた漢字です。昔、中国には「象」がいませんでした。象がどのような動物なのかを絵に描いて説明したことから、象形文字といわれるようになりました。

例

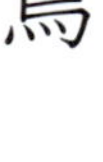

手

山

学習のポイント

漢字のでき方には、「象形」「指事」「会意」「形声」「転注」「仮借」の六つの種類（「六書」）があることを理解しましょう。

入試にはこう出る！

漢字に関する問題は、ほとんどの中学入試で出題されます。漢字のでき方や成り立ちについて問われることはあまりありませんが、漢字学習の基礎となる内容です。理解しておくことで、さまざまな漢字が覚えやすくなるでしょう。特に、多くの漢字は「形声文字」ですので、ふだんから「意味」と「読み方」に注意して漢字を覚えるようにしましょう。そうすることで、知らない漢字にであったときに、意味や読み方を推測しやすくなります。

②指事文字→**形のないものを点や線などの記号で表した漢字**

例

上　本

中　二

③会意文字→**いくつかの文字を組み合わせて、新しい意味を表した漢字**

例

明　日＋月→**明**（月とあかるさを表す日＝あかるいという意味）

男　田＋力→**男**（田と力で田畑で仕事をする人＝おとこという意味）

林　木＋木→**林**（木が二本でたくさんある＝はやしという意味）

鳴　口＋鳥→**鳴**（鳥と口で雄鶏が時を告げてなく＝動物がなくという意味）

もっとくわしく

転注文字は中国二千年にわたる謎

最古の部首別漢字字典で、西暦百年に成立したとされている『説文解字』では、漢字の成り立ちを六書に分けて説明しています。しかし、転注文字については、その詳細が記されていません。その正確な成り立ちはだれにもわからないのです。

現在、転注文字は「本来の意味をほかの意味に転じて用いた漢字」とされてはいますが、その始まりは、解明されていないのです。

▲説文解字木部残巻
武田科学振興財団杏雨書屋所蔵

④形声文字→意味を表す文字と音（読み方）を表す文字を組み合わせた漢字

漢字の約九十パーセントは、この形声文字です。

例

板　木（「木」の意味を表す）＋反（「ハン」という音を表す）→板（「ひらたいいた」という意味）

問　口（「口」の意味を表す）＋門（「モン」という音を表す）→問（「口でたずねて聞き出す」という意味）

清　氵（「水」の意味を表す）＋青（「セイ」という音を表す）→清（「水がすんできよい」という意味）

極　木（「木」の意味を表す）＋亟（「キョク」という音を表す）→極（「最も高いところの木→最上」という意味）

⑤転注文字→本来の意味をほかの意味に転じて用いた漢字

もともと文字がもっていた意味とは別の意味で使う漢字です。

例

楽　→もともとは「音楽」の意味だったが、「たのしい」の意味で使われるようになった。

好　→もともとは「よい」という意味だったが、「このむ」という意味で使われるようになった。

もっとくわしく

国字のでき方

ほとんどの国字は、漢字と漢字を組み合わせてつくられた漢字（会意文字）です。

例　「畑」（はた・はたけ）→火＋田

昔、畑は草木が生えている野原を焼いて開かれました。「畑」という漢字は、そこからつくられました。

50ページへGO！

⑥**仮借文字**→**意味に関係なく同音の漢字を借りて用いた漢字**
もとの漢字の意味に関係なく、漢字の読み方だけを借りたものです。外国の言葉や地名を表すときなどにも使われます。

例 **世話（せわ）**　**珈琲（コーヒー）**　**奈良（なら）**　**亜米利加（アメリカ）**

①～④は、漢字のつくり方で分けられ、⑤・⑥は、使い方で分けられています。
日本で使われている漢字には、中国から伝わった漢字のほかに、日本でつくられた漢字（国字）もあります。

練習問題

1 **次の漢字の成り立ちにあてはまる漢字をあとのア～エから選び、記号で答えなさい。**

(1) 絵文字をもとにつくられた漢字。
(2) 形で表せないものを点や線などで表した漢字。
(3) いくつかの文字を組み合わせて、新しい意味を表した漢字。
(4) 意味を表す文字と音（読み方）を表す文字を組み合わせてできた漢字。

ア 林　イ 銅　ウ 鳥　エ 本

2 **次の意味を表す文字と音（読み方）を表す文字を組み合わせてできた漢字を書きなさい。**

(1) 日（意味を表す）＋青（音を表す）
(2) 木（意味を表す）＋支（音を表す）

答え 39ページ下段

練習問題の答え

1 (1) ウ　(2) エ　(3) ア　(4) イ

2 (1) 晴　(2) 枝

学習のポイント

1 (3) アの「林」は、「木」と「木」を組み合わせてできた会意文字。
(4) イの「銅」は、意味を表す「金」と音を表す「同」を組み合わせてできた形声文字。

2 形声文字は、音を表す部分から、その漢字の音読みがわかる場合がある。

確認問題

第一節 漢字と日本語の文字の知識

答え 41ページ

1 **次の(1)～(4)にあてはまる漢字を書きなさい。**

(1)

(2)

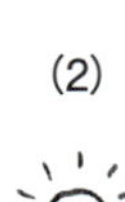

(3)

(4)

2 **次の(1)～(4)の漢字のでき方にあてはまる漢字を、あとのア～クから二つずつ選び、記号で答えなさい。**

(1) 象形文字　(2) 指事文字
(3) 会意文字　(4) 形声文字

ア 下　イ 森　ウ 日　エ 線　オ 山　カ 花　キ 男　ク 三

3 **次の漢字のうち、日本でつくられたもの（国字）はどれですか。すべて選び、記号で答えなさい。**

ア 働　イ 魚　ウ 朝　エ 畑　オ 雨

つまずいたら

3 ① ▼36ページ
漢字のでき方（六書）

ヒント 物の形をかたどってつくられた象形文字。もとの絵から考えればよい。

3 ② ▼36ページ
漢字のでき方（六書）

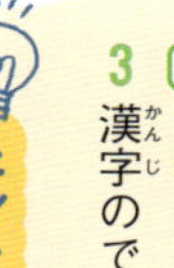

ヒント いくつかの部分に分けられる漢字は、分けて考える。

イ 森→木＋木＋木
エ 線→糸＋泉
カ 花→艹＋化
キ 男→田＋力

4 ③ ▼50ページ
訓読みだけの漢字（国字）

確認問題の答え

問題 40ページ

1 (1) 月 (2) 日 (3) 竹 (4) 犬

2 (1) ウ・オ (2) ア・ク (3) イ・キ (4) エ・カ

3 ア・エ

学習のポイント

1 象形文字の成り立ちを理解する。それぞれの絵が何をかたどったもので、どのように形が変化したのかを理解する。

2 漢字の成り立ちを理解する。象形文字・指事文字・会意文字・形声文字とは何か、具体例とともに復習しておきましょう。

3 国字を理解する。漢字は中国でつくられて日本に伝えられましたが、日本でつくられた漢字もあります。国字にはどのようなものがあるか、復習しておきましょう。

第一節 学習の整理1〜3

1 文字の始まり

ヒエログリフ・くさび形文字・甲骨文字

2 日本語と漢字

漢字…中国から伝わる。音と意味の両方を表す文字。

万葉がな…音だけを表す漢字。

ひらがな…平安時代に漢字を簡略化してつくられた音のみを表す文字。

かたかな…平安時代に漢字の一部を取り出してつくられた音のみを表す文字。

3 漢字のでき方（六書）

① 象形文字…絵文字をもとにつくられた。

② 指事文字…点や線などの記号で表した。

③ 会意文字…いくつかの文字を組み合わせて、新しい意味を表した。

④ 形声文字…意味を表す文字と音（読み方）を表す文字を組み合わせた。

⑤ 転注文字…もともとの意味とは別の意味で使う。

⑥ 仮借文字…漢字の読み方だけを借りた。

第二節 漢字の読み方

学習のねらいと目安

漢字の読み方のきまりとは？

この節では、漢字の読み方のきまりを学びます。音と訓、重箱読みと湯桶読み、特別な読み方など、漢字や熟語の読み方に関する知識を増やしましょう。

学習の順序

1 漢字の形と音・意味

漢字を分類するときに目印となる共通の部分を**部首**といいます。部首はある決まった意味を表す場合があります。また、部首以外の漢字の部分が、ある**決まった音**を表す場合もあります。部首の表す意味や部首以外の漢字の部分が表す音を知っていれば、知らない漢字についても読み方や意味が予想できることがあるのです。

78ページへGO！

①部首の表す意味

「池」「海」「泳」「波」……。これらの漢字の共通点がわかりますか。すべて部首がさんずい（氵）の漢字です。さんずいは、水に関係があることを表す部首です。そのため、さんずい（氵）のついた漢字には、水に関係しているものが多くあります。

次の表は、部首の一例です。これら以外にも、それぞれの部首をもつ漢字を調べ、共通点を確認してみましょう。

★部首名は「旺文社 漢字典（第三版）」を参考にしています。

部首	名前	意味	漢字の例
刂	りっとう	刀を意味し、切る意味を表す。	割・刻・刊
宀	うかんむり	屋根・家の意味を表す。	家・宅・宮・宿
心	こころ	人の気持ちに関係があることを表す。	志・念・思・想

② 決まった音を表す漢字の部分

「敵」「滴」「適」は、いずれも「啇」という部分をもち、「テキ」という音読みをもっています。このように、同じ部分をもつ漢字には同じ音をもつ漢字があります。

漢字の部分	音読み	同じ部分をもつ漢字
反	ハン	板・版
青	セイ	清・晴
責	セキ	積・績

練習問題

1 次の漢字に共通する部首名をあとのア～エから選び、記号で答えなさい。また、その部首が表す意味をA～Dから選び、記号で答えなさい。

(1) 指・投・打　(2) 河・泳・波　(3) 志・思・想　(4) 家・宅・宿

ア さんずい　イ うかんむり　ウ てへん　エ こころ

A 水に関係があることを表す。　B 手に関係があることを表す。
C 人の気持ちに関係があることを表す。
D 住まいに関係があることを表す。

2 次の漢字に共通する音読みを答えなさい。

(1) 精・清　(2) 飯・板　(3) 持・時

答え 43ページ下段

もっとくわしく

部首の表す意味

「冫」（にすい）…水や寒さに関係があることを表す。

「辶」（しんにょう・しんにゅう）…道路や歩くことに関係があることを表す。

「日」（ひへん・にちへん）…太陽・光・時・時期などの意味を表す。

「疒」（やまいだれ）…病気や体の不調に関係する意味を表す。

「衤」（ころもへん）…着物に関する意味を表す。

練習問題の答え

1 (1) ウ・B　(2) ア・A　(3) エ・C　(4) イ・D

2 (1) セイ　(2) ハン　(3) ジ

2 音と訓

① 漢字の音と訓

(1) 音……漢字が生まれた中国での読み方です。中国における漢字の読み方は、その時代や地方によって異なりました。そのため、漢字によっては、一つの漢字に複数の音読みが存在するようになったのです。

(2) 訓……漢字の意味を日本の言葉にあてはめた読み方です。

② 音読みと訓読みの見分け方

音読みと訓読みには、次のような特徴があります。

(1) 音読みの特徴
耳から聞き取っただけでは意味がはっきりしない。熟語で使われることが多い。

(2) 訓読みの特徴
耳から聞き取っただけで意味がはっきりわかる。漢字一字だけで使われたり、送りがなをつけて使われたりすることが多い。

例　山　音＝サン　訓＝やま

重要

聞き取って、はっきり意味がわかるのは、「やま」。「山に登る」のように一字で文章に使われ、「やま」という読みで意味が通じることから「やま」が訓読み。「サン」だけでは意味が通じないので、これは音読みである。

学習のポイント

漢字の読み方には音と訓があることをおさえ、それぞれどんな特徴があるのかを理解しましょう。

もっとくわしく

そのほかの音と訓

・漢字の音と訓の例
「木」音読み　ボク・モク
　　　訓読み　き・こ
「火」音読み　カ
　　　訓読み　ひ
・音読みだけの漢字の例
「可」カ
「観」カン
・訓読みだけの漢字の例
「峠」とうげ
「込」こーむ
・音訓の区別が紛らわしい漢字
「絵」音読み　エ・カイ
＊「絵を描く」のように一字で使われますが、「エ」は音読みです。

練習問題

次の漢字の読み方で、音読みのものを選び、記号で答えなさい。

ア 移　イ 義　ウ 境　エ 券　オ 質　カ 銭　キ 潮

答え 45ページ下段

③ 音のいろいろ

漢字の音は、第一節でもふれたように中国の歴史とともにいろいろと変わりました。

135ページへGO！

現在、日本に伝わっている漢字の音には、次のような種類があります。一つの字にいくつかの音があるのはこのためです。

(1) 呉音……漢字が日本に伝えられたときに入ってきた音。
(2) 漢音……呉音の次に伝えられた音。
(3) 唐音……平安時代以降に伝えられた音。

④ 訓のいろいろ

訓読みは、漢字の意味を日本語の言葉にあてはめた読み方です。一つの漢字が複数の意味をもつ場合があり、使う意味によって読み方がちがいます。また、意味は同じでも、読み方が二つ以上ある場合もあります。

重要

訓読みの場合は、漢字一字で使ったり、送りがなをつけて使ったりすることが多い。

音のいろいろ

・「明」
呉音　ミョウ　例 光明
漢音　メイ　例 明白
唐音　ミン* 例 明朝

・「行」
呉音　ギョウ　例 行列
漢音　コウ　例 行動
唐音　アン* 例 行脚

＊「明」の唐音「ミン」、「行」の唐音「アン」は、小学校・中学校では学習しない読み方です。

訓のいろいろ

・意味は同じ
「食」 食う・食べる
・意味がちがう
「重」 重い・重なる
「行」 行く・行う

練習問題の答え

ア、イ、エ、オ、キ

3 熟語の読み方（重箱読みと湯桶読み）

熟語には、音読みをするものが多くありますが、次のようにいろいろな読み方があります。

①音読み＋音読みで読む
上の字も下の字も音で読むもの。熟語の読み方は、ふつうこの読み方です。
例 体格（タイ＋カク）

②訓読み＋訓読みで読む
上の字も下の字も訓で読むもの。
例 朝日（あさ＋ひ）

③音読み＋音読みと、訓読み＋訓読みの二通りで読む
音読みだけの読み方と訓読みだけの読み方の二通りで読むもの。
例 竹林
音読み＋音読み＝チク＋リン
訓読み＋訓読み＝たけ＋ばやし

④同じ熟語でも漢字の読み方が変わる
例 登頂（トウチョウ・トチョウ）
羽子（はごˇ・はネ）

学習のポイント

熟語の読み方の種類を理解し、音＋音、訓＋訓、音＋訓（重箱読み）、訓＋音（湯桶読み）の読み方をする熟語には、どのようなものがあるかを覚えましょう。

もっとくわしく

そのほかの読み方

・二通りの読み方があるものの例
例 色紙…シキシ
色紙…いろがみ

二通りの読み方がある熟語は、読み方によって意味が変わることがあります。「しきし」は、「和歌や俳句、絵などをかく方形の厚紙」という意味、「いろがみ」は、「色を染めた紙。折り紙」という意味になります。

・重箱読みの熟語の例
例 王様…オウさま
絵筆…エふで

⑤ **音読み＋訓読み＝重箱読み**

「重箱（ジュウ＋ばこ）」のように、上を音、下を訓で読むもの。この読み方を重箱読みといいます。

例　本屋（ホン＋や）　番組（バン＋ぐみ）

⑥ **訓読み＋音読み＝湯桶読み**

「湯桶（ゆ＋トウ）」のように、上を訓、下を音で読むもの。この読み方を湯桶読みといいます。

例　太字（ふと＋ジ）　高台（たか＋ダイ）

⑦ **特別な読み方で読むもの**

「明日」などのように特別な読み方をするものがあります。

54ページへGO！

練習問題

1 次の熟語の読みを書きなさい。

(1) ア 貴重　イ 重量　(2) ア 口調　イ 人口

2 次の熟語は、あとのア～エのどの読み方をしますか。それぞれ記号で答えなさい。

(1) 宿場　(2) 指図　(3) 窓口　(4) 演劇　(5) 野宿

ア 音読み＋音読み　イ 訓読み＋訓読み

ウ 重箱読み　エ 湯桶読み

答え 47ページ下段

・湯桶読みの熟語の例

例　場所…ばショ　弱気…よわキ

熟語を正しく読むためには、それぞれの漢字の音訓を正しく覚えることが大切です。

練習問題の答え

1 (1) ア きちょう　イ じゅうりょう　(2) ア くちょう　イ じんこう

2 (1) ウ　(2) エ　(3) イ　(4) ア　(5) エ

学習のポイント

1 同じ漢字でも、熟語によって読み方が変わることがあるので注意しましょう。

2 漢字ごとに、どれが音読みでどれが訓読みなのかを確認しましょう。

確認問題

第二節 漢字の読み方

答え 49ページ

1 次の漢字に共通する部首名を書きなさい。また、その部首が表す意味を、あとのア〜ウから選び、記号で答えなさい。

(1) 広・店　(2) 休・体・住　(3) 近・道・遠

ア 道路や歩くことに関係があることを表す。
イ 屋根や建物などを表す。
ウ 人の状態・性質・動作を表す。

2 次の漢字の音読みをかたかなで、訓読みをひらがなで、それぞれ書きなさい。ただし、送りがなをつけて読む場合には送りがなを（ ）で区切って書きなさい。

(1) 営　(2) 快　(3) 許　(4) 述　(5) 沿
(6) 疑　(7) 敬　(8) 源　(9) 誤　(10) 骨

3 次の熟語は、あとのア〜エのどの読み方をしますか。記号で答えなさい。

(1) 新芽　(2) 植木　(3) 呼吸　(4) 本場　(5) 野宿　(6) 味方

ア 音読み＋音読み　イ 訓読み＋訓読み
ウ 重箱読み（音読み＋訓読み）　エ 湯桶読み（訓読み＋音読み）

つまずいたら

1 1 ▼42ページ 漢字の形と音・意味 ①部首の表す意味

2 2 ▼44ページ 音と訓 ①漢字の音と訓

ヒント 音は、その漢字がどのような熟語で使われているかを考えるとよい。訓については、送りがなに注意する。

3 3 ▼46ページ 熟語の読み方（重箱読みと湯桶読み）

確認問題の答え

問題48ページ

1
(1) 部首名……まだれ　記号……イ
(2) 部首名……にんべん　記号……ウ
(3) 部首名……しんにょう（しんにゅう）　記号……ア

2
(1) エイ・いとな（む）
(2) カイ・こころよ（い）
(3) キョ・ゆる（す）
(4) ジュツ・の（べる）
(5) エン・そ（う）
(6) ギ・うたが（う）
(7) ケイ・うやま（う）
(8) ゲン・みなもと
(9) ゴ・あやま（る）
(10) コツ・ほね

3
(1) ウ　(2) イ　(3) ア
(4) ウ　(5) エ　(6) ウ

第二節　学習の整理1〜3

1 漢字の形と音・意味
漢字の部首には、ある決まった意味を表すものがある。また、同じ部分をもつ漢字には、同じ音をもつものもある。

2 音と訓
音読み…中国での読み方。
訓読み…漢字の意味を日本語の言葉にあてはめた読み方。

3 熟語の読み方（重箱読みと湯桶読み）
① 音読み＋音読み　例 体格（タイ＋カク）
② 訓読み＋訓読み　例 朝日（あさ＋ひ）
③ 音読み＋音読みと、訓読み＋訓読みの二通りの読み方があるもの　例 草木（ソウ＋モク・くさ＋き）
④ 同じ熟語でも漢字の読み方が変わる　例 変化（ヘンカ・ヘンゲ）
⑤ 音読み＋訓読み＝重箱読み　例 台所（ダイ＋どころ）
⑥ 訓読み＋音読み＝湯桶読み　例 見本（み＋ホン）
⑦ 特別な読み方で読むもの　例 博士（はかせ）

4 訓読みだけの漢字（国字）

漢字は中国でつくられ、わが国に伝えられましたが、日本でつくられたものもあります。この文字を国字といいます。ほとんどの国字には訓読みしかありませんが、なかには音読みをもつものや、音読みのみのものもあります。

例 おもな国字

国字	訓読み	音読み	意味
畑	はた・はたけ		水田に対して、焼いて開いた火田。
働	はたら―く	ドウ	人が動く。
峠	とうげ	―	山道の上りと下りの境目。
込	こ―む・こ―める	―	進む（辶）と入る。
枠	わく	―	木と糸をまきつける道具（卆）。
塀	―	ヘイ	へい（屏）に土を加える。
凪	な―ぐ・なぎ	―	風がやむ。
辻	つじ	―	道（辶）と十字路。
鰯	いわし	―	弱い魚。

学習のポイント

国字にはどのようなものがあるかを理解し、正しく漢字が読めるようにしましょう。

もっとくわしく

国字か疑わしいもの

漢字の中には、国字とする説が強いものの、異論があるものもあります。都道府県をあらわす漢字にも国字は使われています。

例 栃（とち）・畠（はたけ）・搾（しぼ―る・サク）

国字の中には、単位に使われているものもあります。

例 粁……キロメートル（km）
瓩……キログラム（kg）
竏……キロリットル（kl）
糎……センチメートル（cm）
粍……ミリメートル（mm）

「魚（うおへん）」の漢字は日本の風土、料理や食事、文化になじみが深く、国字がいくつかあります。

例 鯱〔しゃち〕、鱚〔きす〕、鰰〔はたはた〕

国字の大部分は「意味を表す部分」と「意味を表す部分」を組み合わせた会意文字が多いのも特徴です。また、国字の中には、日本でつくられた後に、中国に逆輸入されて、定着したものもあります。（例 働）私たちの気付かないところで、たくさんの国字が活用されています。国字を覚え、日常生活の中で使えるようになりましょう。

練習問題

1 次の漢字の中で、訓読みしかないものを一つ選び、記号で答えなさい。

ア 田　イ 畑　ウ 草　エ 野

答え 51ページ下段

もっとくわしく

そのほかの国字

例 榊〔さかき〕…神前にささげる木。
凩〔こがらし〕…木をふきからす風。
凧〔たこ〕…風にふかれて上にあがる布きれ（巾）。

日本の国字は、約一五〇種類あるといわれています。

練習問題の答え

1 イ

学習のポイント

1 「畑」は、訓読みしかない国字。

5 訓読みが二つ以上ある漢字

漢字には、訓読みが二つ以上ある漢字があります。熟語や送りがな、文章中の使い方から読み方を判断します。

例

漢字	訓読み	
音	おと	ね
出	で—る	だ—す
角	かど	つの
魚	うお	さかな
教	おし—える	おそ—わる
言	い—う	こと
歩	ある—く	あゆ—む
係	かか—る	かかり
決	き—める	き—まる

漢字	訓読み	
指	ゆび	さ—す
実	み	みの—る
主	ぬし	おも
消	き—える	け—す
全	まった—く	すべ—て
平	たい—ら	ひら
関	せき	かか—わる
止	と—まる	と—める
巻	ま—く	まき

学習のポイント

訓読みが二つ以上ある漢字にはどのようなものがあるかを理解し、正しく漢字が読めるようにしましょう。

入試にはこう出る！

漢字の読み取り問題は、多くの中学入試で必ず出題されます。それは、漢字の読み取りの力が日本語を正しく理解し文脈や場面の中でふさわしく使えるかどうかの基礎だからです。そのために、特に複数の音読み・訓読みをもつ漢字を読み分けられるようにしておきましょう。また、「暑い・熱い・厚い」など、読み方が同じ漢字の使い分けを問う問題も出題されます。

練習問題

1 次の漢字の中で、訓読みが二つ以上ある漢字を一つ選び、記号で答えなさい。

ア 愛　イ 心　ウ 好　エ 夢

2 次の漢字には二通りの訓読みがあります。それぞれの読みを書きなさい。

(1) 足（　　）りる（　　）
(2) 明（　　）ける（　　）らか
(3) 新（　　）た（　　）しい
(4) 覚（　　）える（　　）ます
(5) 苦（　　）しい（　　）い
(6) 増（　　）す（　　）える
(7) 光（　　）る（　　）
(8) 関（　　）（　　）わる

答え 53ページ下段

練習問題の答え

1 ウ

2
(1) あし・た（りる）
(2) あ（ける）・あき（らか）
(3) あら（た）・あたら（しい）
(4) おぼ（える）・さ（ます）
(5) くる（しい）・にが（い）
(6) ま（す）・ふ（える）
(7) ひか（る）・ひかり
(8) せき・かか（わる）

学習のポイント

1 「好」には、「この―む」と「す―く」という二つの訓読みがある。

2 (2)～(6)の漢字は、送りがなによって読み方が変わる。

6 特別な読み方をする漢字

① 特別な読み方をする漢字

「雨」には、「あめ」という訓読みがありますが、「雨やどり」は「あめやどり」ではなく、「あまやどり」と読みます。「雨」を「あま」と読むのは、特別な読み方です。このように、漢字には特別な読み方をするものがあります。

例

漢字	音読み	訓読み	特別な読み方	特別な読み方の例
群	グン	む－れ む－れる	むら	群がる
胸	キョウ	むね	むな*	胸板
再	サイ	ふたた－び	サ	再来年

② 特別な読み方をする熟語

「七」という漢字には、「なな・なな（つ）」という訓読みと「シチ」という音読みがあり、「なの」という特別な読み方があります。また、「夕」には、「セキ*」という音読みと「ゆう」という訓読みがあります。この二字を組み合わせた「七夕」という熟語の読み方は、「たなばた」です。熟語になると、もとの読み方とちがう読み方になっています。このように、熟語には熟語全体で特別な読み方をするものがあります。（ただし、漢字かな交じりのものもあります。）

*は中学で学習する読み方です。

学習のポイント

漢字の特別な読み方や、特別な読み方をする熟語について、その読み方を学習します。

もっとくわしく

そのほかの特別な読み方をする漢字

例
酒……さか（酒屋）
何……なん（何回）
兄……キョウ（兄弟）
合……カッ（合戦）
船……ふな（船旅）

そのほかの特別な読み方をする熟語

例
昨日・清水・七夕・一日・
時計・友達・二人・二日・
下手・部屋・迷子・真面目・
眼鏡

例

熟語	特別な読み方	通常の読み方	熟語	特別な読み方	通常の読み方
大人	おとな	―	景色	けしき	―
今日	きょう	こんにち	今年	ことし	こんねん
果物	くだもの	―	二日	ふつか	―

確認

「上手」という熟語には、「うわて」「かみて」「じょうず」という三つの読み方がある。このうち、特別な読み方はどれだろう。

答え 55ページ下段

練習問題

1 次の――線部の熟語の読みを書きなさい。

(1) 午後から留守にする予定です。
(2) 昔の合戦場が観光地になっている。
(3) いよいよ船出の時間が近づいてきた。
(4) クリーニング店の隣に酒屋がある。

2 次の特別な読み方をする熟語の読みを書きなさい。

(1) 昨日　(2) 清水　(3) 下手　(4) 眼鏡　(5) 時計

答え 55ページ下段

確認の答え

じょうず

練習問題の答え

1 (1) るす　(2) かっせん　(3) ふなで　(4) さかや

2 (1) きのう　(2) しみず　(3) へた　(4) めがね　(5) とけい

学習のポイント

1 (1) 「守」(ス)　(2) 「合」(カッ)　(3) 「船」(ふな)　(4) 「酒」(さか)

2 (3) 「特別な読み方をする熟語」とあるので、「へた」と読む。

7 音読みが二つ以上ある漢字

漢字の中には、音読みが二つ以上あるものがあります。熟語によって読み方が変わるので注意しましょう。代表的なものを確認します。

① 音読みが二つある漢字

漢字	音読み	用例	漢字	音読み	用例	漢字	音読み	用例
易	エキ	貿易	外	ガイ	海外	力	リョク	能力
	イ	容易		*ゲ	外科		リキ	力量
去	キョ	去年	興	キョウ	興味	楽	ガク	音楽
	コ	過去		コウ	復興		ラク	気楽

*は中学で学習する読み方です。

② 音読みが三つある漢字

漢字	音読み	用例	漢字	音読み	用例	漢字	音読み	用例
合	ゴウ	集合	分	ブン	自分	読	ドク	読書
	ガッ	合唱		フン	分速		トク	読本
	カッ	合戦		ブ	分厚い		トウ	読点

確認

音読みが二つ以上あるのはなぜだろう。

答え 56ページ下段

学習のポイント

音読みが二つ以上ある漢字について学習し、熟語によって正しく漢字の読み分けができるようにします。

もっとくわしく

音読みが二つ以上ある漢字では、読みまちがいに注意しましょう。

例
解熱……○ゲネツ　×カイネツ
興奮……○コウフン　×キョウフン
登記……○トウキ　×トキ
台頭……○タイトウ　×ダイトウ
現象……○ゲンショウ　×ゲンゾウ

確認の答え

例 中国では時代によって漢字の読みが変わるため、伝わった時代で読みがちがうから。

45ページへもどる

練習問題

1 次の文の——線部の漢字の読みを書きなさい。

(1) ア お正月に地元に帰省する。
　イ 細かい話は省略する。

(2) ア 複雑な仕組みになっている。
　イ 雑木林を通り過ぎる。

(3) ア 美しい模様の着物だ。
　イ 大きな規模の工事が行われる。

(4) ア 体重が増える。
　イ 貴重な体験をする。

2 次の熟語の読みを書きなさい。

(1) ア 光明　イ 明暗
(2) ア 無理　イ 無事
(3) ア 平等　イ 平和
(4) ア 役所　イ 使役
(5) ア 漁船　イ 禁漁
(6) ア 図示　イ 図書
(7) ア 存在　イ 保存
(8) ア 計画　イ 映画

答え 57ページ下段

練習問題の答え

1
(1) ア せい　イ しょう
(2) ア ざつ　イ ぞう
(3) ア も　イ ぼ
(4) ア じゅう　イ ちょう

2
(1) ア こうみょう　イ めいあん
(2) ア むり　イ ぶじ
(3) ア びょうどう　イ へいわ
(4) ア やくしょ　イ しえき
(5) ア ぎょせん　イ きんりょう
(6) ア ずし　イ としょ
(7) ア そんざい　イ ほぞん
(8) ア けいかく　イ えいが

学習のポイント

1 (1)「省」、(2)「雑」、(3)「模」、(4)「重」を、それぞれ二通りの音読みで読む。

2 (1)「光明」を「コウメイ」と読まないように注意する。

8 漢字を正しく使うために

漢字には読み方が同じものがあります。漢字を正しく使うためには、漢字のもつ意味を考えて漢字を使い分けることが大切です。

64ページへGO！

① 訓読みが同じ漢字

訓読み	漢字	意味	使い方
あける	明ける	朝になり、あかるくなる。	夜が明ける。
	空ける	中身をからにする。	家を空ける。
	開ける	とじていたものをひらく。	ふたを開ける。
あつい	熱い	温度が高い。	熱いふろに入る。
	暑い	気温が高い。	暑い夏が終わる。
	厚い	あつみがある。	厚い本を読む。

練習問題

次の――線部にあてはまる漢字をア～ウから選び、記号で答えなさい。

(1) 正確に時間をはかる。　ア 計　イ 測　ウ 量

(2) 明け方に目がさめる。　ア 冷　イ 覚

答え 58ページ下段

学習のポイント

漢字のもつ意味を理解し、読み方が同じ漢字を文脈に合わせて使い分けられるようにしましょう。

もっとくわしく

そのほかの訓読みが同じ漢字

・あらわす

表す　気持ちや考えを示す。　例 態度に表す。

現す　見えるようになる。　例 姿を現す。

・うつす

写す　もとのままうつしとる。　例 写真を写す。

映す　形や色を反射させる。　例 鏡に映す。

移す　ものをほかの場所に動かす。　例 荷物を別室に移す。

練習問題の答え

(1) ア

(2) イ

② 音読みが同じ漢字

音読み	漢字	意味	使い方
ケイ	経	経る。通り過ぎる。	時間が経過する。
	軽	重さなどがかるい。	軽量化する。
	径	丸いもののはば。	円の直径を求める。
ソク	則	きまり。	学校の規則を守る。
	測	はかる。	身長を測定する。
	側	ものの横の部分。	箱の側面に絵をかく。

練習問題

次の――線部にあてはまる漢字をア〜ウから選び、記号で答えなさい。

理科の実ケンをする。

ア 険　イ 検　ウ 験

答え 59ページ下段

③ おもに地名に使われる漢字

次の漢字は、おもに地名に使われている漢字です。読み方を覚えておきましょう。

例
大阪（おおさか）　**岐阜**（ぎふ）　**愛媛**（えひめ）
熊本（くまもと）　**岡山**（おかやま）　**茨城**（いばらき）

もっとくわしく

そのほかの音読みが同じ漢字

・セキ
績　仕事の成果。　例 成績が上がる。
積　つみかさなる。　例 積雪量が増える。

・フク
復　もう一度。　例 習ったことを復習する。
複　数が二つ以上あること。　例 複数の人の意見。

・モン
問　といただす。　例 先生に質問する。
門　分野。　例 専門家にたずねる。

練習問題の答え

ウ

9 かなづかいと送りがな

かなづかいにはきまりがあり、発音通りに書くものとそうでないものがあるので、区別する必要があります。

きまり

① かなづかいのきまり

1 発音通りに書くのが原則です。

2 次の場合、「わ・え・お」でなく、「は・へ・を」と書きます。

例 **私は**（×わ）**小学生だ。** **学校へ**（×え）**行く。**
パンを（×お）**食べる。**

3 「ジ・ズ」と発音するものは、ふつう「じ・ず」と書きます。

例 **時間**（じかん） **漢字**（かんじ） **地図**（ちず）

4 ア列・イ列・ウ列ののばす音（長音）は、そのまま書きます。

例 **母さん**（かあさん） **兄さん**（にいさん） **空気**（くうき）

5 エ列の長音はふつう「え」をつけますが、「い」をつける場合があります。

例 **姉さん**（ねえさん） **時計**（とけい ×とけえ）

6 オ列の長音はふつう「お」をつけますが、「う」をつける場合があります。

例 **大きい**（おおきい） **王様**（おうさま ×おおさま）

7 二語が組み合わさって、「ち・つ」が濁る場合

例 **鼻血**（はなぢ）←はな＋ち **三日月**（みかづき）←みっか＋つき

8 同じ音が連続することで、二つ目の「ち・つ」が濁る場合

例 **ちぢむ**→「ち」が連続。 **つづく**→「つ」が連続。

学習のポイント

漢字の読み方が正しく書けるようにしましょう。また、正しい送りがなのつけ方についても学びます。

もっとくわしく

歴史的かなづかいと現代かなづかい

現代かなづかいは、新かなづかいともいわれ、発音通りに表記するかなづかいです。一方、和歌や古典などで使われているかなづかいは、歴史的かなづかいといわれ、現代のかなづかいとは異なります。旧かなづかいともいわれます。

例 現代かなづかい きょう ← 歴史的かなづかい けふ

402ページへGO！

送りがなと漢字の意味

送りがなを正しく送ることで、文の中での漢字の意味がわかります。

例 花が育つ。／花を育てる。

② 送りがなのきまり

訓読みをする漢字のあとにつけるかなを「送りがな」といいます。送りがなのきまりを理解すると、文中での言葉の意味を正しく理解することができます。

きまり

1 活用のある言葉の送りがなは、変化する部分から送ります。

例 **働く**　働かない・働きます・働けば・働け

例外 **美しい**（「し」から送る）　**静かだ**（「か」から送る）

味わう・冷たい（変化する部分の前から送る）

2 名詞に送りがなはつきません。

例 **海**　**山**　**松**　例外 **包み**　**寒さ**

3 名詞以外の活用のない語は、最後の一音を送ります。

例 **必ず**　**再び**　**最も**

4 二つ以上の言葉が結びついてできた語は、もとの語の送り方に従います。

例 **持ち寄る**（持つ＋寄る）　**話し合い**（話す＋合う）

例外 **植木**　**小包**　**受付**（送りがなをつけない）

練習問題

1 **次の漢字の読みをかなづかいに注意して書きなさい。**

(1) 大通り　(2) 身近　(3) 光線　(4) 映画　(5) 応じる

2 **次の漢字の送りがなを――線部の語に注意して書きなさい。**

(1) 日程が延（　）。　(2) 日程を延（　）。

答え 61ページ下段

気持ちが伝わる。
気持ちを伝える。

送りがなによって読み方が変わる漢字

漢字には、送りがなのつけ方によって読み方が変わるものがあります。

例
赤色に青が交じる。
二つの道が交わる。

水かさが増す。
人口が増える。

故障を直す。
直ちに出発する。

練習問題の答え

1 (1) おおどお（り）　(2) みぢか　(3) こうせん　(4) えいが　(5) おう（じる）

2 (1)（の）びる　(2)（の）ばす

確認問題

第二節 漢字の読み方

答え 63ページ

1 次の二通りの読み方がある漢字を使った熟語の読みを書きなさい。

(1) 背 ア 背中 イ 背比べ
(2) 並 ア 並木道 イ 歯並び
(3) 粉 ア 小麦粉 イ 粉雪
(4) 皇 ア 皇室 イ 天皇
(5) 便 ア 便利 イ 郵便局
(6) 易 ア 貿易 イ 容易

2 次の特別な読み方をする熟語の読みを書きなさい。

(1) 大人　(2) 果物　(3) 景色　(4) 七夕　(5) 今年

3 次の――線部にあてはまる漢字をア〜ウから選び、記号で答えなさい。

・議長をつとめる。

ア 勤　イ 務　ウ 努

4 送りがなに注意して、――線部の漢字の読みを書きなさい。

(1) ア 試合に負ける。 イ 責任を負う。
(2) ア 幸いな出来事。 イ 幸せな一生。

つまずいたら

1 ▼50ページ 4 訓読みだけの漢字（国字）
▼52ページ 5 訓読みが二つ以上ある漢字
▼56ページ 7 音読みが二つ以上ある漢字

ヒント (1)〜(3)は、訓読みが二つ以上ある漢字。(4)〜(6)は音読みが二つ以上ある漢字。

2 ▼54ページ 6 特別な読み方をする漢字
3 ▼58ページ 8 漢字を正しく使うために
4 ▼60ページ 9 かなづかいと送りがな

確認問題の答え

問題 62ページ

1
(1) ア せなか　イ せいくら（べ）
(2) ア なみきみち　イ はなら（び）
(3) ア こむぎこ　イ こなゆき
(4) ア こうしつ　イ てんのう
(5) ア べんり　イ ゆうびんきょく
(6) ア ぼうえき　イ ようい

2
(1) おとな　(2) くだもの　(3) けしき
(4) たなばた　(5) ことし

3
イ

4
(1) ア ま（ける）　イ お（う）
(2) ア さいわ（い）　イ しあわ（せ）

第二節 学習の整理4～9

4 訓読みだけの漢字（国字）

5 訓読みが二つ以上ある漢字

6 特別な読み方をする漢字
① 特別な読み方をする漢字　例 群がる　再来年
② 特別な読み方をする熟語　例 大人　今日　果物

7 音読みが二つ以上ある漢字
例 易（エキ・イ）　合（ゴウ・ガッ・カッ）

8 漢字を正しく使うために
漢字の意味を考えて使い分ける。
① 訓読みが同じ漢字　例 明ける　空ける　開ける
② 音読みが同じ漢字　例 義務　会議
③ おもに地名に使われる漢字

9 かなづかいと送りがな
① かなづかいのきまり…発音通りが原則。例外に注意。
② 送りがなのきまり……送りがなによって、漢字の意味や読み方が変わる。

第三節 漢字の書き方

1 書き取り問題の注意点

漢字の書き取り問題で多いまちがいを具体的に見ていきましょう。

58ページへもどる

① 読み方が同じ漢字（同音異字・同訓異字）

例
- ○経験　×経検
- ○行動　×行働
- ○本を返す。　×本を帰す。
- ○家が建つ。　×家が立つ。

② 読み方が同じ熟語（同音異義語）

熟語にも音読みのまったく同じものがあります。これを同音異義語といいます。

例
- ○売り上げを競争する。　×売り上げを競走する。
- ×百メートル競争　○百メートル競走

競争＝同じ目的について、互いに他人よりもよりよい地位をしめようとして競い合うこと。

競走＝何人かの人がある距離をいっしょに走り、その速さを競うこと。

重要

同じ音や訓の漢字は、それぞれの意味を考えて正しく使い分けることが大切である。

学習のねらいと目安

漢字を書くときの注意点をおさえよう

この節では、漢字の書き方の注意点について学びます。同音異字、同訓異字、同音異義語、意味や形、読み方などが似ている漢字など、まちがえやすい漢字の知識を増やすことにより、漢字を正しく書けるようになりましょう。

学習の順序

③読み方が同じで形が似ている漢字

例
○健康　×建康
○水泳　×水永

④読み方が同じで意味が似ている漢字　★最もまちがいが多い！

例
○代わりに出席する。　×変わりに出席する。
×色が代わる。　○色が変わる。

「代」は、「人がいれかわる」という意味の漢字。
「変」は、「別のものにかわる。別のものになる」という意味の漢字。

○　色が変わる
×　色が代わる

⑤形が似ている漢字

例
○車輪　×車輸
○未定　×末定
○休み時間　×体み時間

練習問題

1 次の――線部の言葉を漢字で書きなさい。

(1) 百メートルキョウソウに出場する。
(2) キョウソウを勝ちぬき、レギュラー選手になった。

2 次の――線部の漢字を正しく書き直しなさい。

(1) この健築物は、最近できたものだ。
(2) 暑い本を読んでいる。

答え　65ページ下段

入試にはこう出る！

漢字の書き取り問題は、ほとんどの中学入試で出題されます。これまでに学習した漢字をきちんと書けるようにしておきましょう。
また、同音異字・同音異義語はまちがえやすく、書き分けが出題されることもあるので、代表的なものを確認しておきましょう。

練習問題の答え

1 (1) 競走　(2) 競争

2 (1) 建　(2) 厚

2 覚えておきたい同音異字

覚えたらチェック！

あ行・か行

□**アン**
・うまくいってアン心する。 →安
・校内をアン内する。 →案

□**カ**
・試合の結カをたずねる。 →果
・早起きをするのが日カだ。 →課

□**カン**
・親しいカン係だ。 →関
・会う時カンを決める。 →間
・カン単な問題だ。 →簡

□**ガン**
・洗ガン用の石けんを買う。 →顔
・強いガン望をもつ。 →願

□**キ**
・午後からよい天キになる。 →気
・キ笛を鳴らして船が港を出る。 →汽
・キ行文を読む。 →紀
・毎日、日キをつける。 →記

□**ギ**
・自分のギ務を果たす。 →義
・午後から会ギを行う。 →議

□**キョウ**
・キョウ通の友人がいる。 →共
・物資をキョウ給する。 →供

よく出る
□**グン**
・グン衆がおし寄せる。 →群
・県内のグン部に住む。 →郡

□**ケイ**
・円の直ケイを測る。 →径
・自分のケイ験を話す。 →経

よく出る
□**ケン**
・ビルをケン設する。 →建
・ケン康に気をつける。 →健
・危ケンな遊びをしない。 →険
・持ち物をケン査する。 →検
・理科の実ケンをする。 →験

ハイレベル
□**コウ**
・機械のコウ造を考える。 →構
・全校生徒がコウ堂に集まる。 →講

さ行

□**ザイ**
・工作のザイ料を集める。 →材
・文化ザイを大切にする。 →財

□**サン**
・犬を連れてサン歩する。 →散
・二サン化炭素を減らす。 →酸

□**シ**
・校歌の歌シを覚える。 →詞
・野球のシ合が行われる。 →試
・書店で雑シを買う。 →誌

□**シャ**
・鏡が光を反シャする。 →射
・感シャの気持ちを表す。 →謝

□**ジュ**
・兄が大学をジュ験する。 →受
・算数のジュ業が始まる。 →授

□**シュク**

・夕食の前にシュク題をする。 →宿
・地図のシュク尺を調べる。 →縮

よく出る

□**ショ**

・厳しい残ショが続く。 →暑
・消防ショの前を通る。 →署

□**ショウ**

・友達を家にショウ待する。 →招
・ショウ和の時代に生まれる。 →昭

□**シン**

・毎朝、シン聞を読む。 →新
・シン切な人だ。 →親

□**セイ**

・書道でセイ書する。 →清
・セイ天の日が続く。 →晴
・セイ密機械を動かす。 →精
・新セイ品が発売される。 →製
・机の上をセイ理する。 →整

□**ソク**

・規ソクを守る。 →則
・天体観ソクをする。 →測

た行

□**チ**

・チ下に倉庫がある。 →地
・ラジオに電チを入れる。 →池

□**チュウ**

・液体をチュウ入する。 →注
・電チュウに登ってはいけない。 →柱

□**チョウ**

・予定を手チョウに書く。 →帳
・自分の考えを主チョウする。 →張

よく出る

□**テキ**

・テキ切に判断する。 →適
・無テキの強さを誇る。 →敵

□**ドウ**

・本を読んで感ドウする。 →動
・一か月の労ドウ時間を調べる。 →働

□**トク**

・今年の冬はトク別寒い。 →特
・トク意な科目は国語だ。 →得
・道トクの授業を受ける。 →徳

な行・は行・ま行

□**ノウ**

・高いノウ力をもつ。 →能
・各国の首ノウが集まる。 →脳

□**ヒ**

・ヒ常口から外に出る。 →非
・部屋の中からヒ鳴が聞こえる。 →悲

よく出る

□**ヒョウ**

・選挙で投ヒョウする。 →票
・目ヒョウを決めて練習する。 →標

□**フク**

・フク委員長を務める。 →副
・幸フクな生活を送る。 →福
・空フクを我慢する。 →腹
・フク数の案を出す。 →複
・フク習をする。 →復

□**モン**

・校モンの前で待ち合わせる。 →門
・先生に質モンする。 →問

3 覚えておきたい同訓異字

覚えたらチェック！

あ行

□ **あ（う）**
- 友達とあう。→会
- 気のあう仲間。→合

□ **あ（ける）**
- 家をあける。→空
- 長い夜があける。→明
- 扉をあける。→開

よく出る □ **あたた（かい）**
- あたたかいスープを飲む。→温
- あたたかい春になる。→暖

□ **あつ（い）**
- あつい辞書を開く。→厚
- 毎日、あつい日が続く。→暑
- あついお風呂に入る。→熱

□ **あらわ（す）**
- 図を使ってあらわす。→表
- ついに姿をあらわす。→現

□ **うつ（す）**
- カメラで花をうつす。→写
- スクリーンに画像をうつす。→映
- 隣に席をうつす。→移

□ **お（う）**
- 車であとをおう。→追
- 大きな傷をおう。→負

よく出る □ **おさ（める）**
- 勝利をおさめる。→収
- 国をおさめる。→治
- 学問をおさめる。→修
- 税金をおさめる。→納

か行

□ **か（える）**
- 命にはかえられない。→代
- 考えをかえる。→変

□ **かた**
- やりかたを学ぶ。→方
- スーツのかたがくずれる。→形
- かた紙に合わせて布を切る。→型
- かた道乗車券を買う。→片

□ **き（く）**
- 話をきく。→聞
- 薬がきく。→効

さ行

□ **さ（す）**
- 午後から日がさす。→差
- 右の方をさす。→指

□ **さ（める）**
- スープがさめる。→冷
- 七時に目がさめる。→覚

□ **す（む）**
- 駅の近くにすむ。→住
- 用事がすむ。→済

□ **そな（える）**
- 台風にそなえる。→備
- お墓に花をそなえる。→供

た行

□ **た（てる）**
- 一年の計画をたてる。→立
- 大きなビルをたてる。→建

□つ（く）
・よごれがつく。→付
・駅につく。→着

□つく（る）
・橋をつくる。→造
・ケーキをつくる。→作

ハイレベル
□つと（める）
・問題の解決につとめる。→努
・話し合いの司会をつとめる。→務
・会社につとめる。→勤

□と（く）
・計算問題をとく。→解
・生き方についてとく。→説

□と（まる）
・電車がとまる。→止
・目にとまる。→留

□と（る）
・商品を手にとる。→取
・新入社員をとる。→採

な行

□なお（す）
・病気をなおす。→治
・壊れたおもちゃをなおす。→直

□な（く）
・犬がなく。→鳴
・赤ちゃんがなく。→泣

□ね
・笛のねが聞こえる。→音
・商品のねが上がる。→値
・木のねを掘る。→根

□のぼ（る）
・川をのぼる。→上
・高い山にのぼる。→登

は行

□はか（る）
・道の広さをはかる。→測
・三分間、時間をはかる。→計
・自分の体重をはかる。→量

□はや（い）
・あの人は走るのがはやい。→速
・朝、はやい時間に起きる。→早

□へ（る）
・長い年月をへる。→経
・体積がへる。→減

ま行

□まわ（り）
・遠まわりをして帰る。→回
・池のまわりを散歩する。→周

や行

□やぶ（れる）
・袋がやぶれる。→破
・決勝戦でやぶれる。→敗

4 覚えておきたい同音異義語

覚えたらチェック！

あ行

□ **イガイ**
- イガイな結果に終わる。 →意外
- 祝日イガイは営業している。 →以外

□ **イギ**
- イギのある話し合いだった。 →意義
- 相手の提案にイギを唱える。 →異議

□ **イシ**
- 強いイシをもってやりぬく。 →意志
- 賛成のイシを示す。 →意思
- イシの指示に従い、入院する。 →医師

よく出る
□ **イドウ**
- 場所をイドウする。 →移動
- 両者のイドウを調べる。 →異同
- 人事のイドウが発表になる。 →異動

か行

□ **カイシン**
- カイシンの笑みをもらす。 →会心
- 悪人がカイシンする。 →改心

□ **カイソウ**
- カイソウ列車が通過する。 →回送
- 昔のことをカイソウする。 →回想
- 店の一部をカイソウする。 →改装

□ **カイトウ**
- アンケートにカイトウする。 →回答
- クイズのカイトウを考える。 →解答

ハイレベル
□ **カイホウ**
- 窓をカイホウする。 →開放
- 人質をカイホウする。 →解放

□ **カクシン**
- 技術カクシンを進める。 →革新
- 物事のカクシンをとらえる。 →核心
- 勝利をカクシンする。 →確信

□ **カテイ**
- 中止の場合をカテイする。 →仮定
- 調査のカテイを報告する。 →過程

□ **キカイ**
- くわしく学ぶよいキカイだ。 →機会
- 新しいキカイが入る。 →機械

□ **キセイ**
- 動物に虫がキセイする。 →寄生
- お正月にキセイする。 →帰省
- 速度をキセイする。 →規制

□ **ゲンショウ**
- 人口がゲンショウする。 →減少
- 珍しい自然ゲンショウだ。 →現象

よく出る
□ **コウエン**
- 近所のコウエンで遊ぶ。 →公園
- 学者がコウエンする。 →講演
- 人形劇のコウエンがある。 →公演

□ **コウキ**
- 逆転のコウキが訪れる。 →好機
- 編集コウキを書く。 →後記

□ **コウセイ**
- コウセイな態度で判断する。 →公正
- 作文のコウセイを考える。 →構成

さ行

□ **サイシン**
- サイシンの注意をはらう。 →細心

・サイシンのニュースを伝える。→最新

□**シジ**
・みんなのシジを得る。→支持
・作戦をシジする。→指示
・書道の先生にシジする。→師事

よく出る
□**ジテン**
・百科ジテンで調べる。→事典
・国語ジテンを買う。→辞典

□**シュウカン**
・シュウカン誌を買う。→週刊
・一シュウカンの予定。→週間

□**ジンコウ**
・町のジンコウを調べる。→人口
・ジンコウ衛星を打ち上げる。→人工

□**シンチョウ**
・シンチョウを測定する。→身長
・洋服をシンチョウする。→新調

□**ゼッタイ**
・ゼッタイに勝ちたい。→絶対
・ゼッタイ絶命のピンチだ。→絶体

□**ソウゾウ**
・ソウゾウ上の動物だ。→想像
・新しい文化をソウゾウする。→創造

た行

よく出る
□**タイショウ**
・小学生タイショウの本。→対象
・二人はタイショウ的な性格だ。→対照

□**タイセイ**
・試合のタイセイが決まる。→大勢
・社会のタイセイが変わる。→体制
・タイセイが崩れる。→体勢
・受け入れタイセイが整う。→態勢

ハイレベル
□**ツイキュウ**
・幸せをツイキュウする。→追求
・学問の本質をツイキュウする。→追究
・責任をツイキュウする。→追及

は行・ま行

よく出る
□**ホケン**
・ホケン室で薬をもらう。→保健
・健康ホケンに入る。→保険

□**メイアン**
・メイアンが浮かぶ。→名案
・両者のメイアンが分かれる。→明暗

や行・ら行

□**ヨウイ**
・ヨウイに解決する。→容易
・遠足のヨウイをする。→用意

□**ヨウシ**
・原稿ヨウシに作文を書く。→用紙
・おじの家のヨウシになる。→養子
・美しいヨウシの人。→容姿

□**ヨウリョウ**
・ヨウリョウのよい人だ。→要領
・ヨウリョウの大きなカップ。→容量

□**リョウシン**
・リョウシンともに先生だ。→両親
・嘘をつきリョウシンが痛む。→良心

5 まちがえやすい漢字

覚えたらチェック！

□・学級イ員になる。→委
□・キ節が変わる。→季
□・原インを探る。→因
□・コン難に立ち向かう。→困
□・強いイン象を与える。→印
□・めだかが産ランする。→卵
□・エイ養のある食べ物。→栄
□・会社を経エイする。→営
□・ロウ働時間を守る。→労
□・家から学校までオウ復する。→往
□・駅前にジュウ宅街がある。→住
□・カイ段を上がる。→階
□・天皇へイ下がご覧になる。→陛
□・父は警察カンだ。→官
□・試験カンを使う。→管
よく出る □・イ前からよく知られている。→以
□・類ジ品に注意する。→似*
□・食堂でイン食する。→飲

・夕ハンを食べる。→飯
□・宇チュウについて学ぶ。→宙
□・漢ジを覚える。→字
□・エイ画を見る。→映
□・エイ語の勉強をする。→英
□・命のオン人だ。→恩
□・シ考力を高める。→思
□・理カ室で実験する。→科
□・製品の原リョウを調べる。→料
□・カイ晴の空が広がる。→快
□・遠足の場所がケッ定する。→決
よく出る □・カン末に索引がある。→巻
□・食堂で食ケンを買う。→券
□・石けんで洗ガンする。→顔
□・ガン書を提出する。→願
□・合計金ガクを計算する。→額
□・道グを使う。→具
□・カイがらを拾う。→貝
□・交通キ則を守る。→規

・シ力が落ちて眼鏡をかける。→視
□・呼キュウを整える。→吸
□・学キュウ会の司会をする。→級
□・活動をキュウ止する。→休
□・タイ育の授業が始まる。→体
よく出る □・ク労して合格する。→苦
□・ワカ者が集まる。→若
□・キョウ台に全身を映す。→鏡
□・飛行機で国キョウを越える。→境
□・合唱のキョク目を決める。→曲
□・自ユウに発言する。→由
□・セン円札で払う。→千
□・日照りでカン害が発生する。→干
□・部屋からタイ出する。→退
□・期ゲンを決めて利用する。→限
□・レイ題に従って考える。→例
□・長い行レツができる。→列
□・日本ゴに訳す。→語
□・最新のワ題を取り上げる。→話
□・兄はダイ学生だ。→大
・タイ陽が輝く。→太

□・新キ録が生まれる。→記
□・キ元前の出来事。→紀
□・高いギ術をもつ。→技
□・木のエダを切る。→枝
□・研キュウをする。→究
□・マド口でたずねる。→窓
□・キョウ科書を読む。→教
□・算スウの勉強をする。→数
□・トク別に許可する。→特
□・相手の意見を支ジする。→持
□・雑誌をカン行する。→刊
□・正しいハン断をする。→判
□・文章コウ成を考える。→構（よく出る）
□・コウ堂に集まる。→講
□・家ゾクで話し合う。→族
□・九州地方をリョ行する。→旅
□・親コウ行な息子。→孝
□・思コウ力を高める。→考
□・ロウ人を大切にする。→老
□・サイ日で学校はお休みだ。→祭
□・国サイ的に有名な学者。→際

□・はば広い知シキをもつ。→識
□・親のショク業を話す。→職
□・新しい組シキができる。→織
□・ごみをすてる。→捨
□・落とし物をひろう。→拾
□・ノートに記ジュツする。→述
□・メイ路のような道。→迷
□・校ソクを守る。→則（よく出る）
□・右ガワを通る。→側
□・体重をソク定する。→測
□・学校をソツ業する。→卒
□・ソツ先して実行する。→率*
□・地面に垂チョクに立つ。→直
□・シン実を話す。→真
□・価チのある勝利だ。→値
□・商バイをして儲ける。→売
□・工業用地をバイ収する。→買
□・生ゾン者が発見される。→存
□・現ザイ地を確認する。→在
□・親にジュウ順な子ども。→従（ハイレベル）
□・九州をジュウ断する。→縦

□・成セキが上がる。→績
□・円の面セキを求める。→積
□・自分の考えを主チョウする。→張
□・手チョウにメモする。→帳
□・海テイに沈む。→底
□・去年の最テイ気温を調べる。→低
□・ドウ路を渡る。→道
□・バスでツウ学する。→通
□・高いノウ力をもつ。→能
□・失礼なタイ度を改める。→態
□・一リン車に乗る。→輪
□・品物をユ入する。→輸
□・町のミ来を考える。→未
□・年マツは忙しい。→末

*は中学で学習する読み方です。

確認問題

第三節 漢字の書き方

答え 76ページ

1 次の文の――線部のかたかなを漢字に直しなさい。

(1) ア お客さんをアン内する。
　　イ うまくいってアン心する。

(2) ア エイ久に保存される。
　　イ 店はエイ業中だ。

(3) ア ケン康に気をつける。
　　イ 危ケンな道をさける。

(4) ア 自分のギ務を果たす。
　　イ 会ギに出席する。

(5) ア 何より結カが大切だ。
　　イ 日カの散歩に出かける。

(6) ア 学級委員を投ヒョウで決める。
　　イ 今年の目ヒョウを立てる。

2 次の文の――線部のひらがなを漢字に直しなさい。

(1) ア 川の近くにすむ。
　　イ 運動会が無事、すんだ。

(2) ア 台風にそなえる。
　　イ 仏壇に花をそなえる。

(3) ア ますでお米をはかる。
　　イ 運動場の広さをはかる。

(4) ア 春になり、あたたかくなる。
　　イ 水をあたためる。

(5) ア 国王が国をおさめる。
　　イ よい成績をおさめる。

(6) ア 早期の問題解決につとめる。
　　イ 学級委員をつとめる。

(7) ア 刀を腰にさす。
　　イ 磁石が北をさす。

(8) ア 先頭を二番手でおう。
　　イ 大きなけがをおう。

つまずいたら

2 1 ▼66ページ 覚えておきたい同音異字

ヒント 意味を考えて、同じ音の漢字を書き分けよう。(4)・(5)・(6)は、音が同じだけでなく、漢字の形も似ているので、注意しよう。

3 2 ▼68ページ 覚えておきたい同訓異字

ヒント どのような意味で使われている漢字なのかを考えて、同じ訓の漢字を書き分けよう。

例 (4)「あたたかい」「気温が高い」という意味なのか、「ものの温度が高い」という意味なのかを考えて答える。

3 次の文の――線部のかたかなを漢字に直しなさい。

(1) ア シジョウ最大の出来事だ。
イ 新聞シジョウをにぎわす。

(2) ア 水が次第にゲンショウする。
イ オーロラは、自然ゲンショウだ。

(3) ア キリツ正しい生活を送る。
イ キリツしてあいさつをする。

(4) ア ショウスウの意見も尊重する。
イ ショウスウを分数に書き直す。

(5) ア ホケン所で注射をする。
イ 自動車ホケンに入る。

(6) ア 受け入れタイセイが整う。
イ 政治タイセイが異なる。

(7) ア 漢字ジテンで調べる。
イ 百科ジテンに載っている。

(8) ア 五年生タイショウのテストだ。
イ 二人の行動はタイショウ的だ。

4 次の文の――線部のかたかなを漢字に直しなさい。

(1) ア 三年生イ上が参加する。
イ 類ジ品に注意する。

(2) ア 全集の第一カンを読む。
イ 駅で乗車ケンを買う。

(3) ア 長い間のク労が実る。
イ ワカ者の支持を得る。

(4) ア コウ成を考えて作文を書く。
イ 今日の朝礼はコウ堂である。

(5) ア ジュウ業員として働く。
イ 本州をジュウ断する。

(6) ア ソツ業式が行われる。
イ 先生が生徒を引ソツする。

(7) ア 学校の規ソク。
イ 左ガワのお店。
ウ 身体ソク定をする。

(8) ア チョク線を引く。
イ 写シンをとる。
ウ 数チを確かめる。

4 3 ▼70ページ
覚えておきたい同音異義語

ヒント
意味を考えて、同音異義語を書き分けよう。

例 (1)「シジョウ」
「歴史の上で」という意味か、「新聞紙の上で」という意味か、どちらの意味かを考える。

5 4 ▼72ページ
まちがえやすい漢字

ヒント
それぞれ形が似ているため、まちがえやすい漢字である。意味を考えて、正しく使い分けよう。

例 (7) いずれも「則」という部分をもつ漢字である。「規ソク」「左ガワ」「ソク定」、それぞれの意味を考えよう。

確認問題の答え

問題 74ページ

1
(1) ア 案　イ 安　(2) ア 永　イ 営　(3) ア 健　イ 険
(4) ア 義　イ 議　(5) ア 果　イ 課　(6) ア 票　イ 標

2
(1) ア 住　イ 済　(2) ア 備　イ 供　(3) ア 量　イ 測
(4) ア 暖　イ 温　(5) ア 治　イ 収　(6) ア 努　イ 務
(7) ア 差　イ 指　(8) ア 追　イ 負

3
(1) ア 史上　イ 紙上　(2) ア 減少　イ 現象
(3) ア 規律　イ 起立　(4) ア 少数　イ 小数
(5) ア 保健　イ 保険　(6) ア 態勢　イ 体制
(7) ア 辞典　イ 事典　(8) ア 対象　イ 対照

4
(1) ア 以　イ 似　(2) ア 巻　イ 券　(3) ア 苦　イ 若
(4) ア 構　イ 講　(5) ア 従　イ 縦　(6) ア 卒　イ 率
(7) ア 則　イ 側　ウ 測　(8) ア 直　イ 真　ウ 値

第三節 学習の整理

1 書き取り問題の注意点
書き取り問題では、同音異字、同訓異字、同音異義語、形の似ている漢字などに、特に注意する。

2 覚えておきたい同音異字
音読みが同じ漢字の書き分けに注意する。
例 安—案　延—遠

3 覚えておきたい同訓異字
訓読みが同じ漢字の書き分けに注意する。
例 暖かい—温かい
厚い—暑い—熱い

4 覚えておきたい同音異義語
同じ音読みをする熟語の書き分けに注意する。
例 意義—異議　意外—以外

5 まちがえやすい漢字
形が似ていて、まちがえやすい漢字の書き分けに注意する。
例 委—季　因—困

国語の宝箱

常用漢字ってなに？

漢字には、小学校で学習する漢字のほか、中学校や高校で学習する漢字、そして学校で習わない漢字など、さまざまな漢字があります。役所や新聞などの漢字表記は、一般的には「常用漢字表」を目安にしています。

常用漢字表は、国が定めたもので、二千百三十六字の漢字が読み方とともに載っています。小学校で学習する漢字（教育漢字）は、すべて常用漢字です。

令和二年度から施行される新学習指導要領では、「学年別漢字配当表」（それぞれの学年で学習することが決められている漢字をまとめた表）が一部変更になり、小学校で学習する漢字は、一〇二六字となりました。これまで小学校で学習しなかった漢字を四年生で学習することになりました。また、漢字の配当学年の変更や、読み方の追加、といった変更も加えられています。主な変更の内容は、次のとおりです。

・新しく小学校で学習することになった漢字
茨　媛　岡　潟　岐　熊　香　佐　埼　崎　滋　鹿
縄　井　沖　栃　奈　梨　阪　阜

・新しく四年生で学習することになった漢字
賀　群　徳　富（もと五年生の漢字）
城（もと六年生の漢字）

・新しく五年生で学習することになった漢字
囲　紀　喜　救　型　航　告　殺　士　史　象　賞
貯　停　堂　得　毒　費　粉　脈　歴（もと四年生の漢字）

・新しく六年生で学習することになった漢字
胃　腸（もと四年生の漢字）
恩　券　承　舌　銭　退　敵　俵　預（もと五年生の漢字）

・新たに加えられた音訓
新　重　馬　兵

・新たに加えられた特別な読み
愛媛　茨城　岐阜　鹿児島　滋賀　宮城　神奈川
鳥取　大阪　富山　大分　奈良

第四節 漢字の部首・筆順・画数

学習のねらいと目安

漢字の部首・筆順・画数の注意点を理解しよう

この節では、漢字の部首・筆順・画数について学習します。部首の意味や種類、まちがえやすい画数や筆順などについてくわしく学びます。漢字についての知識をさらに増やしましょう。

学習の順序

1 部首のもつ意味……3～6年
2 おもな部首名とその用例……3～6年
3 まちがえやすい画数の漢字……発展
4 まちがえやすい筆順の漢字……発展

1 部首のもつ意味

★部首名は「旺文社 漢字典（第三版）」を参考にしています。

① 部首とは

(1) 漢字の意味を表す基本となる部分

部首には、ふつう意味があります（特に意味をもたないものもあります）。部首の意味は、その部首をもつ漢字の基本的な意味を表しています。

例

部首	名前	意味	漢字の例
扌	てへん	手に関係があることを表す。	打・指・投

(2) 漢字を形のうえで分類するもとになっている部分

部首は、漢字のどの部分に位置するかで、七種類に分けられます。

へん　つくり　かんむり　たれ　にょう　かまえ　あし

確認　いままで習った漢字を七種類の部首に分けてみよう。

言葉編
第一章 文字と言葉
第二章 言葉
第三章 言葉のきまり

② 部首のもつ意味

漢字の部首は、ふつうある決まった意味を表します。部首の意味がわかれば、漢字の意味を予測するのに役立ちます。

例

部首	名前	意味	漢字の例とその意味	
忄	りっしんべん	人の気持ちや考えに関係することを表す。	快	気持ちがいいなどの心の状態を表す。
阝	おおざと（漢字の右側につく）	人が住む村や町などを表す。	都	人口の多い町を表す。
疒	やまいだれ	病気や体の不調などに関係があることを表す。	病	病気や病気になることを表す。
艹	くさかんむり	植物に関係があることを表す。	芽	おもに草木の「め」を表す。

練習問題

次の漢字に共通する部首が表す意味をあとのア～エから選び、記号で答えなさい。

(1) 休・体・使　(2) 吸・呼・唱　(3) 織・絹・綿　(4) 痛・疲・病

ア　糸や織物に関係している。
イ　人の状態・性質・動作を表す。
ウ　病気や体の異状に関係がある。
エ　口や言葉に関係がある。

答え 79ページ下段

入試には　こう出る！

中学入試では、漢字の部首を答える問題や、いくつかの漢字に共通する部首を答える問題などが出題されます。代表的な部首が問われることが多いので、おもな部首と意味を整理しておきましょう。

漢字の筆順を問う問題も出題されます。「右」「必」「飛」など、筆順をまちがえやすい漢字を中心に確認しておきましょう。

練習問題の答え

(1) イ　(2) エ
(3) ア　(4) ウ

学習のポイント

共通の部首はそれぞれ、(1)「亻」（にんべん）、(2)「口」（くちへん）、(3)「糸」（いとへん）、(4)「疒」（やまいだれ）。

2 おもな部首名とその用例

★部首名は「旺文社 漢字典（第三版）」を参考にしています。

① へん ■□（漢字の左側につく）

部首	部首名	漢字の例	部首	部首名	漢字の例
亻	にんべん	作・休	彳	ぎょうにんべん	役・往
木	きへん	林・柱	土	つちへん・どへん	境・均
忄	りっしんべん	性・慣	扌	てへん	打・投
日	ひへん・にちへん	昨・時	礻	しめすへん	社・福
月	にくづき	腸・脈	禾	のぎへん	科・私
糸	いとへん	紀・級	言	ごんべん	記・計
金	かねへん	鉱・針	阝	こざとへん	際・防

② つくり □■（漢字の右側につく）

部首	部首名	漢字の例	部首	部首名	漢字の例
刂	りっとう	則・別	力	ちから	功・助
卩	ふしづくり	印・卵	彡	さんづくり	形
阝	おおざと	郡・郷	攵	ぼくにょう・のぶん	改・数
斤	おのづくり	新・断	欠	あくび・けんづくり	次・欲

学習のポイント

さまざまな漢字の部首の種類と、その名前を学びましょう。

もっとくわしく

そのほかのへん

「弓」（ゆみへん）例 引・張
「氵」（さんずい）例 深・油
「衤」（ころもへん）例 複・補
「米」（こめへん）例 粉・精
「車」（くるまへん）例 転・軽
「飠」（しょくへん）例 飲・飯

そのほかのつくり

「殳」（ほこづくり・るまた）例 段・殺
「隹」（ふるとり）例 雑・難
「頁」（おおがい）例 頂・順

そのほかのかんむり

「冖」（わかんむり）例 写
「耂」（おいかんむり）例 老・考
「罒」（あみがしら・あみめ）例 置
「癶」（はつがしら）例 登・発

そのほかのにょう

「走」（はしる・そうにょう）例 起

③かんむり（漢字の上部につく）

部首	部首名	漢字の例	部首	部首名	漢字の例
宀	うかんむり	家・安	竹	たけかんむり	答・算
艹	くさかんむり	草・花	雨	あめかんむり	雲・雪
穴	あなかんむり	空・究	亠	なべぶた けいさんかんむり	交・京

④たれ（漢字の上部から左下につく）

部首	部首名	漢字の例	部首	部首名	漢字の例
厂	がんだれ	厚・原	疒	やまいだれ	病・痛
广	まだれ	康・底			

⑤にょう（漢字の左側から下部につく）

部首	部首名	漢字の例	部首	部首名	漢字の例
辶	しんにょう しんにゅう	近・迷	廴	えんにょう いんにょう	延・建

⑥かまえ（漢字の外側を囲む形でつく）

部首	部首名	漢字の例	部首	部首名	漢字の例
囗	くにがまえ	因・国	門	もんがまえ かどがまえ	開・閉

⑦あし（漢字の下部につく）

部首	部首名	漢字の例	部首	部首名	漢字の例
心	こころ	志・忠	灬	れっか・れんが	点・無

そのほかのかまえ

「冂」（けいがまえ・まきがまえ）例 円・内
「匚」（はこがまえ）例 区・医
「行」（ぎょうがまえ）例 術・街

そのほかのあし

「儿」（にんにょう・ひとあし）例 元・兄
「皿」（さら）例 益・盟
「貝」（かい）例 負・貨
「里」（さと）例 重・量

漢和辞典と部首

漢和辞典にはたくさんの漢字が並んでいます。漢和辞典では、漢字を同じ部首ごとに分け、さらに、同じ部首の漢字の中で画数の少ないものから順に並べるなど、工夫されています。

174ページへGO！

ここに注意！

「阝（こざとへん・漢字の左側につく）」と「阝（おおざと・漢字の右側につく）」は形は似ていますが、別の部首です。

3 まちがえやすい画数の漢字（かんじ）

①画数とは

画数とは、一つ一つの漢字（かんじ）を形づくっている点と線の数のことです。

②画数の数え方

一筆（ひとふで）で書けるものを一画として数えます。画数は、漢字（かんじ）を見ただけでははっきりわからないものが多いものですが、実際（じっさい）に書いてみるとすぐにわかります。具体的（ぐたいてき）に見てみましょう。

例

七

例（れい）を見ると、「乙」は、一筆（ひとふで）で書けますが、「七」は「一」と「乚」の二筆（ふたふで）でないと書けません。そこで、「乙」は一画、「七」は二画だとわかります。まちがえやすい画数の漢字（かんじ）は特（とく）に注意（ちゅうい）し、正確（せいかく）に覚（おぼ）えるようにしましょう。

③まちがえやすい画数の部首（ぶしゅ）

乙…一画　匚…二画　己…三画　子…三画

辶…三画　廴…三画　阝…三画　弓…三画

礻…四画　方…四画　欠…四画　比…四画

学習のポイント

漢字（かんじ）の画数とまちがえやすい画数の漢字（かんじ）にはどんなものがあるかを学習（がくしゅう）します。

もっとくわしく

漢和辞典（かんわじてん）と画数

漢和辞典（かんわじてん）には、それぞれの漢字（かんじ）の画数が載（の）っています。また、「総画（そうかく）さくいん」を使（つか）えば、漢字（かんじ）の画数から漢字（かんじ）を探（さが）すことができます。

174ページへGO!

一画　一丨丶丿乀乙亅

二画　丂七丁丩乂〆乄乃九二亠人八冂冖冫几凵刀刁力勹匕匚匸十卜卩厂厶又了

三画　下丈万万与与丫个丸之久及々乞也于亐亏亡亡兀凡凡凣叉勺勺千廿叉口囗土士夂夊夕大女子子孑宀寸小尢尸

ネ…五画　癶…五画　糸…六画　舟…六画
門…八画　隹…八画

④まちがえやすい画数の漢字

二画…九・刀　三画…万・女　四画…止・水
五画…北・以　六画…糸・衣　七画…医・災
八画…泳・延　九画…級・飛　十画…能・旅
十二画…貿・極　十四画…歌・像　十五画…選・確
十六画…機・興　十七画…績・謝　十八画…観・織

重要
「⻌」（しんにょう・しんにゅう）の画数は、二画ではなく、三画である。
まちがえやすいので注意しよう。

練習問題

1 次の部首の画数を答えなさい。

(1) 口　(2) 尸　(3) 攵　(4) 癶

2 次の漢字の画数を答えなさい。

(1) 録　(2) 争　(3) 曜　(4) 祭　(5) 働　(6) 久　(7) 若

答え 83ページ下段

練習問題の答え

1
(1) 三画　(2) 三画　(3) 四画　(4) 五画

2
(1) 十六画　(2) 六画　(3) 十八画　(4) 十一画　(5) 十三画　(6) 三画　(7) 八画

4 まちがえやすい筆順の漢字

学習のポイント

筆順の覚え方と筆順をまちがえやすい漢字について学習します。

① 筆順とは

筆順とは、漢字を書くときの順序のことです。

例 上 → ｜ ト 上

漢字は、できあがった字の形が合っていればいいというものではなく、それぞれに正しい筆順があります。正しい筆順で書くと、漢字を速く、正確に、美しく書くことができます。

② 筆順のきまり

漢字の筆順は、一字ずつ覚えておくことももちろん大事ですが、原則を知っておくと、ほかの漢字を書くときにも応用できます。

1. 上から下へ、順に書く。　**例** 三…一 二 三
2. 左から右へ、順に書く。　**例** 川…丿 川 川
3. 横を書いてから縦を書く。　**例** 十…一 十
4. 中心を書いてから左から右の順で書く。　**例** 小…亅 小 小
5. 外側を書いてから内側を書く。　**例** 団…｜ 冂 団 団
6. 左はらいを先に、次に右はらいを書く。　**例** 人…丿 人
7. 縦につらぬく画は最後に書く。　**例** 中…口 中
8. 横につらぬく画は最後に書く。　**例** 女…く 女 女
9. 横画より左はらいが短いものは左はらいから書く。　**例** 右…ノ ナ 右

もっとくわしく

⑩ のほかの例
「力」「万」「方」などは左はらいを最後に書く。

⑫ のほかの例
「田」や「王」と形の似ている「曲」や「隹」の部分などは縦を先に書く。

⑩ 横画より左はらいが長いものは横画から書く。
例 左…一ナ左

⑪ にょうのつく字は、内側を書いてから外側を書く。
例 道…首道

⑫ 縦を書いてから横を書く。（③の例外）
例 田…丨冂日田田

⑬ 横につらぬく画は最初に書く。（⑧の例外）
例 世…一廿世

⑭「起・勉・処」は、にょうから書く。（⑪の例外）
例 処…夂処処

③ 筆順をまちがえやすい漢字の代表的なもの

筆順のきまりを読み、正しく書けているか確認しましょう。

女…く 女 女
必…丶 ソ 义 必 必
氷…亅 刁 刃 氺 氷
馬…丨 厂 F 𠂉 馬 馬 馬 馬 馬 馬
非…丿 ㇒ 刲 非 非 非 非 非
率…亠 㐅 玄 玄 玄 㳄 㳄 㳄 率 率

方…亠 亡 方
生…丿 𠂉 仁 牛 生
光…丨 丷 丬 业 光 光
逆…丶 丷 䒑 屰 屰 屰 逆 逆 逆
卵…丿 ㄈ 𠂎 卯 卵 卵 卵

練習問題

次の漢字の筆順のうち、正しいほうを記号で答えなさい。

(1) 臣
　ア 一 厂 ア 戸 臣 臣
　イ 丨 厂 厂 戸 臣 臣

(2) 世
　ア 一 十 廾 廿 世
　イ 一 七 世 世 世

答え 85ページ下段

そのほかのまちがえやすい筆順の漢字

曲…丨 冂 巾 曲 曲 曲
角…丿 ク 角 角 角 角 角
有…ノ ナ 冇 有 有 有
出…丨 十 屮 出 出
承…了 了 子 手 手 承 承 承
我…丿 二 千 手 我 我 我
否…一 ア 不 不 不 否 否
発…ノ ヌ ヌ' 癶 癶 癶 癶 発 発
届…コ ョ 尸 尸 吊 届 届 届
門…丨 ｢ 𠃌 門 門 門 門 門
飛…ㄟ ㄟ 飞 飞 飞 飞 飛 飛 飛

練習問題の答え

(1) イ
(2) ア

確認問題

第四節 漢字の部首・筆順・画数

答え 88ページ

1 次の部首の意味として適切なものをあとのア～エから選び、記号で答えなさい。

(1) のぎへん　(2) りっとう　(3) やまいだれ　(4) しんにょう（しんにゅう）

ア 刀や切ることに関係すること。　イ 道路や歩くことに関係すること。
ウ 病気や体の異状に関係すること。　エ 穀物に関係があること。

2 次の――線部のひらがなを漢字で書くと、あとにあげたどの部首になりますか。記号で答えなさい。

(1) はなしを聞く。　(2) 規そくを守る。
(3) かい岸で遊ぶ。　(4) 三つのば面。
(5) あきの日は短い。　(6) はながさく。
(7) 体育かんに集まる。　(8) でん車に乗る。
(9) ざ席にすわる。　(10) きずが深い。

ア のぎへん　イ さんずい　ウ しょくへん
エ まだれ　オ ごんべん　カ あめかんむり
キ にんべん　ク くさかんむり　ケ つちへん
コ りっとう

つまずいたら

1 ① ▼78ページ 部首のもつ意味

ヒント その部首の漢字がもつ意味から考える。

(1)「のぎへん」の漢字…秋など
(2)「りっとう」の漢字…割など
(3)「やまいだれ」の漢字…痛など
(4)「しんにょう（しんにゅう）」の漢字…通など

2 ② ▼80ページ おもな部首名とその用例

ヒント おもな部首とその名前は覚えておく。「へん」「つくり」「かんむり」「たれ」「にょう」「かまえ」「あし」が、漢字のどの部分にあるかについても注意する。

3 次の漢字の画数を書きなさい。

(1) 羽 (2) 延 (3) 革 (4) 階 (5) 看
(6) 簡 (7) 貴 (8) 疑 (9) 胸 (10) 警
(11) 危 (12) 権 (13) 厳 (14) 経 (15) 鋼
(16) 穀 (17) 策 (18) 迷 (19) 磁 (20) 蒸

4 次の漢字の筆順として正しいものの記号を○で囲みなさい。

(1) 左
ア ノ ナ 左 左
イ 一 ナ 左 左
ウ 一 ナ 左 左

(2) 九
ア ノ 九
イ 乙 九

(3) 世
ア 一 乚 廿 世 世
イ 一 十 廿 廿 世
ウ 一 十 廾 廿 世 世

(4) 生
ア ノ 𠂉 𠂒 生
イ ノ 𠂉 𠂒 生
ウ ノ 𠂉 牛 生

(5) 進
ア ノ イ 亻 𠂉 隹 進
イ ノ イ 亻 𠂉 什 隹 進
ウ ノ 𠂉 亻 𠂉 什 隹 進

3 3 ▼82ページ
まちがえやすい画数の漢字

ヒント
まちがえやすい画数の数え方に注意する。(14)の「経」のいとへんの部分は六画、(18)の「迷」のしんにょう（しんにゅう）の部分は三画

4 4 ▼84ページ
まちがえやすい筆順の漢字

ヒント
84ページの「筆順のきまり」を参考にする。(1)の「左」は「右」との筆順のちがいに注意する。

確認問題の答え

問題 86ページ

1
(1)エ (2)ア (3)ウ (4)イ

2
(1)オ (2)コ (3)イ (4)ケ (5)ア
(6)ク (7)ウ (8)カ (9)エ (10)キ

3
(1)六画 (2)八画 (3)九画 (4)十二画
(5)九画 (6)十八画 (7)十二画 (8)十四画
(9)十画 (10)十九画 (11)六画 (12)十五画
(13)十七画 (14)十一画 (15)十六画 (16)十四画
(17)十二画 (18)九画 (19)十四画 (20)十三画

4
(1)イ (2)ア (3)ウ (4)ウ (5)イ

第四節 学習の整理

1 部首のもつ意味
①部首は、その漢字の意味を表す基本となる部分。
②部首は、ある決まった意味を表す。

2 おもな部首名とその用例
①へん 例「木」(きへん)
②つくり 例「刂」(りっとう)
③かんむり 例「宀」(うかんむり)
④たれ 例「厂」(がんだれ)
⑤にょう 例「辶」(しんにょう・しんにゅう)
⑥かまえ 例「冂」(けいがまえ・まきがまえ)
⑦あし 例「儿」(にんにょう・ひとあし)

3 まちがえやすい画数の漢字
①②一筆で書けるものを「一画」と数える。
③④まちがえやすい画数の部首、漢字に注意する。

4 まちがえやすい筆順の漢字
①漢字を書くときの順序を「筆順」という。
②③筆順の基本的なきまりを覚え、筆順をまちがえやすい漢字に注意する。

漢字の字体と書体

漢字を書き表すには、いろいろな表し方があります。このような文字の書き方の種類を字体または書体といいます。

現在、印刷をするときに使われる代表的な書体は明朝体とゴシック体です。このほか、手書きの文字にもとづいた教科書体もあります。

明朝体
かさり花星数

ゴシック体
かさり花星数

教科書体
かさり花星数

明朝体やゴシック体の漢字は、画数を正しく数えることが難しい場合がありますので、注意しましょう。

国語の宝箱

書道でも、楷書、行書、草書、隷書など、さまざまな書体があります。

楷書
家鳥立車魚人

行書
家鳥立車魚人

草書
家鳥立車魚人

隷書
家鳥立車魚人

現在の印刷物では、これらの字体や書体に加え、さまざまなものが使われています。新聞や雑誌などには、どのような書体が使われているか、調べてみましょう。

第五節 ローマ字

1 ローマ字について

①ローマ字とは

ローマ字とは、アルファベットのA～Zのうち、L・Q・V・Xを除いた22文字を使って日本語を表記する方法のことです。ローマ字はいまから500年ほど前の戦国時代に、キリスト教の宣教師によってもたらされましたが、広く使われるようになったのは明治時代以降のことです。

ローマ字は一字一字が音を表す表音文字で、母音（a、i、u、e、o）と子音（k、s、tなど母音以外の音）を組み合わせて表します。

ローマ字は看板や標識、コンピュータのキーボードなど、私たちの身の回りのさまざまなところで使われています。

例

アフロ

アフロ

②ローマ字のつづり方

ローマ字には、二通りの書き方があります。次の表の［　］内のつづり方は、ヘボン式といわれるつづり方で、駅名や看板などの表記によく使われています。なお、みなさんが小学校で学習するつづり方は、訓令式というものです。

学習のねらいと目安

ローマ字にはどんなきまりがあるか

ローマ字とは、どんな文字で、どんな表記のきまりがあるのかを学習します。きまりを理解し、正しく読み書きができるようにしましょう。

学習の順序

	A	I	U	E	O			
A	a あ	i い	u う	e え	o お			
K	ka か	ki き	ku く	ke け	ko こ	kya きゃ	kyu きゅ	kyo きょ
S	sa さ	si[shi] し	su す	se せ	so そ	sya[sha] しゃ	syu[shu] しゅ	syo[sho] しょ
T	ta た	ti[chi] ち	tu[tsu] つ	te て	to と	tya[cha] ちゃ	tyu[chu] ちゅ	tyo[cho] ちょ
N	na な	ni に	nu ぬ	ne ね	no の	nya にゃ	nyu にゅ	nyo にょ
H	ha は	hi ひ	hu[fu] ふ	he へ	ho ほ	hya ひゃ	hyu ひゅ	hyo ひょ
M	ma ま	mi み	mu む	me め	mo も	mya みゃ	myu みゅ	myo みょ
Y	ya や	(i) (い)	yu ゆ	(e) (え)	yo よ			
R	ra ら	ri り	ru る	re れ	ro ろ	rya りゃ	ryu りゅ	ryo りょ
W	wa わ	(i) (い)	(u) (う)	(e) (え)	(o)〈wo〉 (を)			
N	n ん							
G	ga が	gi ぎ	gu ぐ	ge げ	go ご	gya ぎゃ	gyu ぎゅ	gyo ぎょ
Z	za ざ	zi[ji] じ	zu ず	ze ぜ	zo ぞ	zya[ja] じゃ	zyu[ju] じゅ	zyo[jo] じょ
D	da だ	(zi)[di] ぢ	(zu)[du] づ	de で	do ど	(zya)[dya] ぢゃ	(zyu)[dyu] ぢゅ	(zyo)[dyo] ぢょ
B	ba ば	bi び	bu ぶ	be べ	bo ぼ	bya びゃ	byu びゅ	byo びょ
P	pa ぱ	pi ぴ	pu ぷ	pe ぺ	po ぽ	pya ぴゃ	pyu ぴゅ	pyo ぴょ

・(　)の中の書き方は重(かさ)ねて出ているもの。〈wo〉は，「を」という助詞(じょし)に使(つか)う。

・[　]の中の書き方も使(つか)うことができる。

2 ローマ字の字体

①ローマ字で使われる文字

ローマ字で使われる文字は、次の22文字です。さらに、この22文字には大文字と小文字があります。

●大文字

AIUEOKSTNHFMYRWGZJDBPC

●小文字

aiueokstnhfmyrwgzjdbpc

②ブロック体と筆記体

ローマ字を書く場合は、二通りの字体で書くことができます。

●大文字

ブロック体

ASAGAO

筆記体

ASAGAO

●小文字

ブロック体

usagi

筆記体

usagi

ブロック体と筆記体のちがいは何でしょうか。ブロック体は、一目で何の文字かがわかります。筆記体は、形を崩しているためわかりにくくなることもありますが、速く書くことができます。

ほかの人が目にする文書はわかりやすいブロック体で書く、急いで自分用のメモを取る必要がある場合は速く書ける筆記体で書く、というように使い分けることができます。

学習のポイント

ローマ字の字体について学びましょう。

もっとくわしく

ローマ字のブロック体と筆記体

ブロック体とは、文字を崩さず、わかりやすい形で書いた字体のことです。筆記体とは、筆記で書くのに最も適した文字とされ、一筆書きのように続けて書く文字のことです。最近では、筆記体は文字を書くときに使われるよりも、デザイン性を重視した雑誌や書籍の表紙、看板などで使われることが多くなっています。

練習問題

1 次のローマ字の小文字をブロック体で書きなさい。

(1) A　(2) K　(3) T

(4) N　(5) R　(6) W

(7) H　(8) C　(9) S

2 次のローマ字の大文字をブロック体で書きなさい。

(1) i　(2) e　(3) o

(4) h　(5) y　(6) g

(7) d　(8) b　(9) u

3 次の大文字で書かれた言葉はブロック体の小文字で、小文字で書かれた言葉はブロック体の大文字で書きなさい。

(1) HANA　(2) SORA

(3) KUSURI　(4) inu

(5) saru　(6) ito

答え 93 ページ下段

練習問題の答え

1 (1) a　(2) k　(3) t
(4) n　(5) r　(6) w
(7) h　(8) c　(9) s

2 (1) I　(2) E　(3) O
(4) H　(5) Y　(6) G
(7) D　(8) B　(9) U

3 (1) hana　(2) sora
(3) kusuri　(4) INU
(5) SARU　(6) ITO

3 ローマ字の書き方のきまり

ローマ字の書き方には、次(つぎ)のようなきまりがあります。

(1) はねる音(おん)(はつ音)の書き方

はねる音(おん)の「ん」は「n」と書きます。

例 りんご ringo　しんぶん(新聞) sinbun

ただし、「n」の次(つぎ)に母音(ぼいん)(a・i・u・e・o)と「y」がくるときには「'」をつけます。

例 ほんや(本屋)

×honya(「ほにゃ」と読める)　○hon'ya

(2) つまる音(おん)(促音(そくおん))の書き方

つまる音(おん)の小さい「っ」は、直後の音(おん)の最初(さいしょ)の字を二つ重(かさ)ねて書きます。

例 マッチ matti　きっぷ kippu

ラッパ rappa

(3) のばす音(おん)(長音)の書き方

のばす字の母音(ぼいん)の上に「^」をつけて書きます。

例 どうろ(道路(どうろ)) dôro

くうき(空気) kûki

(4) 文の初(はじ)めや人名・地名の最初(さいしょ)の字は大文字で書きます。地名などはすべて大文字で書く場合もあります。

例 ここにある。 Koko ni aru.

田中なおみ Tanaka Naomi

よこはま(横浜(よこはま)) Yokohama YOKOHAMA

(5) 助詞(じょし)の「を」は「o」もしくは「wo」と書きます。助詞(じょし)の「は」「へ」は、発音(はつおん)どおり「wa」「e」と書きます。

例 町へ行く。 Mati e iku.

本を読む。 Hon o(wo) yomu.

私(わたし)は行かない。 Watasi wa ikanai.

学習のポイント

ローマ字の書き方のきまりを正しく覚(おぼ)えましょう。

もっとくわしく

ローマ字には「ヘボン式(しき)」という書き方もあります。看板(かんばん)などは、この書き方で書かれていることが多くあります。

たとえば、「星」は、「hosi」と書きますが、ヘボン式(しき)では、「hoshi」と書きます。

90 ページへもどる

(6) ローマ字は、原則として一つ一つの単語ごとに分けて書きます。これを「分かち書き」といいます。ローマ字の分かち書きには、次のようなきまりがあります。

①単語ごとに区切ります。

例 **ぼくは野菜がすきです。** →Boku wa yasai ga suki desu.

____線部の分かち書きは、教科書の漢字かな交じり文の分かち書きのきまりと異なるので、注意します。

「名詞＋だ・です」の場合は、分かち書きにします。②・③と区別しましょう。

②文章の最後にくる単語「～ます。」、「～ました。」、「～か。」などは区切らず、前の言葉に続けて書きます。

例 **食べます。** →○ tabemasu. × tabe masu.

③「～する」という言葉は、「する」の前で区切ります。

例 勉強する。→○ benkyô suru. × benkyôsuru.

練習問題

1 次のローマ字で書かれた言葉を、漢字で書きなさい。

(1) sanpo (2) zassi (3) ryôri

(4) Nagoya (5) Kyôto (6) Tôkyô

2 次の言葉をローマ字で書きなさい。

(1) 金曜日 (2) コップ (3) 急流

(4) 愛媛 (5) 静岡 (6) 札幌

答え 95ページ下段

練習問題の答え

1 (1) 散歩 (2) 雑誌
(3) 料理 (4) 名古屋
(5) 京都 (6) 東京

2 (1) kin'yôbi
(2) koppu
(3) kyûryû
(4) Ehime(EHIME)
(5) Sizuoka(SIZUOKA)
Shizuoka(SHIZUOKA)
(6) Sapporo(SAPPORO)

4 ローマ字の符号

ローマ字では、次のような符号が使われます。それぞれの役割や意味のちがいを理解し、ローマ字の文章の中で正しく使えるようになりましょう。

(1)「.」……文末のとめに使う印。句点（「。」）と同じ働きをします。

例 Kyô wa hare desu. 今日は晴れです。

(2)「,」……文中の区切りに使う印。読点（「、」）と同じ働きをします。

例 Dokidoki sinagara, matta.
どきどきしながら、待った。

(3)「？」……疑問の印。質問する文の終わりに使います。

例 Kore wa nan desuka? これは何ですか？

(4)「！」……意味を強める印。

例 Kitto katimasu! きっと勝ちます！

(5)「ô」……音をのばす印。

例 dôro 道路　Kyôto 京都

94ページへもどる

(6)「-」……言葉と言葉をつなぐ印。

例 Kagawa-ken 香川県　Tôkyô-to 東京都
Biwa-ko 琵琶湖　Tokyo-eki 東京駅

(7)「“　”」……引用の印。

例 “Nippon syôri” Sinbun no midasi da.
「日本　勝利」新聞の見出しだ。

(8)「’」……音を切って読む印。

例 pan'ya パン屋　kin'yôbi 金曜日

94ページへもどる

学習のポイント

ローマ字で使うさまざまな符号について学習し、ローマ字で正しい文が書けるようにします。

もっとくわしく

ローマ字のそのほかの符号

「;」……「,」よりも大きな区切りで使う。
「:」……説明を加えたり、だれの発言なのかを示すときなどに使う。

ローマ字の符号と英語の符号

「.」、「,」、「？」、「！」、「-」、「“　”」、「’」、「;」、「:」などは、英語の文章でも同じように使われる符号です。いまのうちにしっかりと覚えてしまいましょう。

練習問題

1　次のローマ字の言葉を、(　　) 内の指示に従い、正しく書き直しなさい。

(1) Hirosimaken（言葉と言葉をつなぐ印をつけて「広島県」に）

(2) honya（音を切って読む印をつけて「本屋」に）

(3) Kyusyu（音をのばす印を使って「九州」に）

2　次のローマ字の文を、(　　) 内の指示に従い、正しく書き直しなさい。

(1) Doko e ikimasuka.（疑問の印を使って、たずねる文に）

(2) Akirameruna!　Kore wa titi no kotoba desu.
（引用の印を使って、父の言葉を引用している文に）

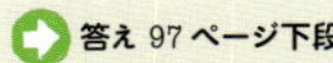

答え 97 ページ下段

練習問題の答え

1 (1) Hirosima-ken

(2) hon'ya

(3) Kyûsyû

2 (1) Doko e ikimasuka ?

(2) “Akirameruna!” Kore wa titi no kotoba desu.

5 コンピュータのローマ字入力

コンピュータのキーボードを使って文字を書き表すことを「入力する」といいます。キーボードの入力方法には、ひらがなを使って入力するかな入力と、ローマ字を使って入力するローマ字入力の二つの方法があります。

①ローマ字入力の基本

(1) キーボードには、アルファベットの大文字が書かれています。

(2) ローマ字入力では、基本的にはローマ字表の通りに入力します。

例 **あ**→A　**た**→TA　**ねこ**→NEKO

②注意する文字

(1) 「ぢ」「づ」は「DI」「DU」、「ぢゃ」「ぢゅ」「ぢょ」は「DYA」「DYU」「DYO」と入力します。

例 **鼻血**→HANADI　**三日月**→MIKADUKI

(2) 「を」は「WO」、「ん」は「NN」と入力します。

例 **水を飲む**→MIZU WO NOMU
りんご→RINNGO

(3) のばす音（長音）は、ひらがな表記通りに入力します。

例 **氷**→KOORI　**学校**→GAKKOU

(4) つまる音（促音）は、次の音の初めの文字を重ねて入力します。

例 **切手**→KITTE　**ラッパ**→RAPPA

(5) 句読点の入力は、「、(,)」「。(.)」のキーを使います。

例 **雨が降ってきたので、傘を差した。**
→AMEGAHUTTEKITANODE、KASAWOSASITA。

(6) 助詞の「は」「へ」は、ひらがな表記通りに入力します。

例 **今日は晴れだ。**→KYOUHAHAREDA。

学習のポイント

コンピュータのローマ字入力について学習します。

もっとくわしく

次にあげるような文字は、使用頻度は少なくても、入力方法を覚えておくと便利です。

例 小さい「ぁ」「ぃ」「ぅ」「ぇ」「ぉ」
→XA・XI・XU・XE・XO（または LA・LI・LU・LE・LO）

例 小さい「ゃ」「ゅ」「ょ」「っ」
→XYA・XYU・XYO・XTU（または LYA・LYU・LYO・LTU）

例 「ふぁ」「ふぃ」「ふゅ」「ふぇ」「ふぉ」
→FA・FI（FYI）・FYU・FE（FYE）・FO

例 「うぃ」「うぇ」
→WI・WE　など

アフロ

練習問題

1 **次の言葉をコンピュータでローマ字入力するとき、どのように入力すればいいですか。**

(1) 続く　(2) みかん　(3) きゅうり　(4) 葉っぱ

2 **ローマ字で書かれた次の言葉をコンピュータでローマ字入力するとき、どのように入力すればいいですか。**

(1) hon'ya　(2) Kyûsyû　(3) syôgakkô

3 **次の文をコンピュータでローマ字入力するとき、どのように入力したらいいですか。**

暑かったので、冷たい水を飲んだ。

答え 99 ページ下段

練習問題の答え

1 (1) TUDUKU
(2) MIKANN
(3) KYUURI
(4) HAPPA

2 (1) HONNYA
(2) KYUUSYUU
(3) SYOUGAKKOU

3 ATUKATTANODE、TUMETAIMIZUWONONNDA。

確認問題 第五節 ローマ字

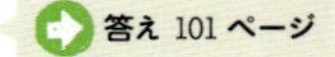

1 次のローマ字で書かれた言葉を、漢字で書きなさい。

(1) sakana　(2) rensyû　(3) kokki　(4) Nagano

2 次の言葉をローマ字で書きなさい。

(1) しっぽ　(2) 教室　(3) 深夜　(4) 北海道

3 次の文をローマ字で書きなさい。

(1) 赤ちゃんが笑う。

(2) わたしは本を読んだ。

4 符号の使い方に注意して、次の文をローマ字に直して書きなさい。

(1) あなたはどこで生まれましたか。

(2) わたしは福岡県に行った。

5 次の言葉をコンピュータを使ってローマ字で入力するとき、どのように入力したらいいですか。

(1) サラダ　(2) シャツ　(3) 鼻血　(4) 三日月

(5) パン屋　(6) 小学校

つまずいたら

1・2・3 ▶94ページ

3 ローマ字の書き方のきまり

ヒント

1 (2)「^」は、のばす音の印。

2 (4) 地名を書くときは、最初の文字を大文字で書くか、すべてを大文字で書く。

3 (2)「を」は「o」または「wo」と書く。

4 ▶96ページ

4 ローマ字の符号

ヒント

(1) 疑問を表す印は「?」。

5 ▶98ページ

5 コンピュータのローマ字入力

ヒント

(3)「ぢ」は「DI」、(4)「づ」は「DU」と入力する。

確認問題の答え

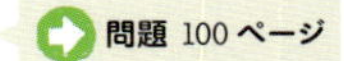
問題 100ページ

1 (1) 魚　(2) 練習　(3) 国旗　(4) 長野

2 (1) sippo (shippo)　(2) kyôsitu (kyôshitsu)
(3) sin'ya (shin'ya)　(4) Hokkaidô (HOKKAIDÔ)

3 (1) Akatyan (Akachan) ga warau.
(2) Watasi(Watashi) wa hon o(wo) yonda.

4 (1) Anata wa dokode umaremasi(shi)taka?
(2) Watasi(shi) wa Hu(Fu)kuoka-ken ni itta.

5 (1) SARADA　(2) SYATU (SHATSU)　(3) HANADI
(4) MIKADUKI　(5) PANNYA
(6) SYOUGAKKOU (SHOUGAKKOU)

第五節　学習の整理

1 ローマ字について
看板や標識、コンピュータのキーボードなどに使われる。

2 ローマ字の字体
①ローマ字で使われる文字……大文字と小文字がある。
②ブロック体と筆記体

3 ローマ字の書き方のきまり
はねる音（はつ音）、つまる音（促音）、のばす音（長音）の書き方は特に注意する。文の初めや人名、地名の初めは大文字にする。

単語を一つ一つ分けて書く「分かち書き」を使って書く。

4 ローマ字の符号
「.」句点・「,」読点・「?」疑問・「!」強調・「-」言葉をつなぐ・「'」音を区切って読む→適切な使い方を覚えること。

5 コンピュータのローマ字入力
基本的にはローマ字表に従うが、表とちがうものがあるので注意。

国語の宝箱

「ん」は「n」か「m」か

次の駅名を見てください。

新宿
Shinjuku
新大阪
Shin-Ôsaka
新橋
Shimbashi
新町
Shimmachi

すべて同じ「新（しん）」がつく駅名ですが、「ん」のローマ字表記が「n」のものと「m」のもので分かれています。これはどうしてでしょうか。

実は、後ろにつく言葉によって、「ん」の発音方法が異なるのです。

例えば、「新橋」や「新町」を発音してみてください。「ん」で一度口を閉じて（上下のくちびるをつけて）から、次の「橋」や「町」を発音していませんか。それに対して、「新宿」や「新大阪」は、口を閉じずに舌先を口の中の上の方につけてから、次の「宿」や「大阪」を発音します。

つまり、「ん」の後に「ば行」「ぱ行」「ま行」の音が続くとき、「ん」は「n」ではなく、「m」と表記される場合があるのです。

私たちは、「ば行」「ぱ行」「ま行」を発音するとき、自然と上下のくちびるがくっつくため、その前に「ん」があると、同じように「ん」も口を閉じて発音しているのです。

また、この「くちびるをくっつけて発音する『ん』」は、英語の「m」と同じなので、「天ぷら」を英語で表記すると「Tempura」になります。英語を母国語とする人々にとっては、「ん」は「n」よりも「m」の方がなじみやすいのかもしれません。

ただし、道路標識などではこの「ん」を「n」と「m」で分けるルールは適用されていません。それは、同じローマ字でもさまざまな種類・バリエーションがあり、どれを使うかによって表記方法も変わってくるからです。ですので、「ん」を「n」と「m」に分けるか、すべて「n」とするかのどちらかだけが正しいとは言えません。

あなたの身の回りのローマ字表記を一度チェックしてみましょう。

章末まとめ問題

解答▼544ページ

1 **次の(1)~(6)の漢字のでき方を、あとのア~エから選び、記号で答えなさい。**

(1) 銅　(2) 本　(3) 鳥
(4) 森　(5) 志　(6) 鳴

ア 絵文字をもとにつくられた象形文字。
イ 形で表せないものを点や線などで表した指事文字。
ウ いくつかの文字を組み合わせて、新しい意味を表した会意文字。
エ 意味を表す文字と音を表す文字を組み合わせてできた形声文字。

2 **次の(1)~(4)の熟語は、あとのア~エのどの読み方をしますか。記号で答えなさい。**

(1) 身近　(2) 役割　(3) 負傷　(4) 場所

ア 音読みだけで読む。
イ 訓読みだけで読む。
ウ 音・訓の順で読む。（重箱読み）
エ 訓・音の順で読む。（湯桶読み）

3 **送りがなに注意して、――線部の漢字の読みを書きなさい。**

(1)
ア 色が交じる。
イ 道が交わる。

(2)
ア 水の量が増す。
イ 参加者が増える。

(3)
ア 直ちに始める。
イ 故障を直す。

つまずいたら

1 ▼36ページ
3 漢字のでき方（六書）

ヒント エの形声文字は、漢字の中に読み方を表す部分がある。

2 ▼46ページ
3 熟語の読み方（重箱読みと湯桶読み）

ヒント 音読みは聞いただけでは意味がつかめないのに対し、訓読みは意味がすぐにわかる。（紛らわしい場合があるので注意する。）

3 ▼60ページ
9 かなづかいと送りがな

ヒント 送りがなによって読み方が変わるので注意する。

4 次の文の――線部のかたかなを漢字に直しなさい。

(1) ア カイシンのヒットを打つ。
イ 犯人がカイシンする。

(2) ア 失敗した場合をカテイする。
イ 研究のカテイを報告する。

(3) ア 国語ジテンを引く。
イ 百科ジテンで調べる。

(4) ア ホケン室で休む。
イ 火災ホケンに入る。

5 次の漢字の部首名を書きなさい。

(1) 科　(2) 郡　(3) 究　(4) 因　(5) 底　(6) 起

6 次の漢字の画数を漢数字で書きなさい。

(1) 似　(2) 災　(3) 延　(4) 旅　(5) 飛　(6) 糸

7 次のローマ字で書かれた(1)〜(4)の言葉を、漢字で書きなさい。また、(5)〜(8)の言葉をローマ字で書きなさい。

(1) sinbun

(2) kûki

(3) syasin

(4) Tiba

(5) 道路

(6) 金曜日

(7) りっぱ

(8) 東京

4 ▼70ページ
4 覚えておきたい同音異義語

ヒント
言葉の意味を考えて、同じ読み方をする漢字を書き分ける。

5 ▼80ページ
2 おもな部首名とその用例

ヒント
漢字の部首がどの部分かを考える。

6 ▼82ページ
3 まちがえやすい画数の漢字

ヒント
実際に書いて確かめてみる。一画で書いてはいけない部分と、一画で書かなければいけない部分を確認する。

7 ▼94ページ
3 ローマ字の書き方のきまり

入試問題にチャレンジ!

解答▼545ページ

1 次の(1)~(6)の――線部のかたかなを漢字に改め、(7)・(8)の――線部の漢字の読みをひらがなで答えなさい。

(自修館中)

(1) キボが大きな開発を進める。
(2) 不思議なゲンショウを見た。
(3) 手をセイケツに保つ。
(4) 犬をクンレンする。
(5) 大声援に選手はフンキした。
(6) たくさんの本をアラワす。
(7) 気性のあらい動物。
(8) 旅をして見聞を広める。

2 次の(1)・(2)の漢字を訓読みしたときに、送りがなが同じになるものをあとのア~クからそれぞれ一つ選び、記号で答えなさい。

(同志社中)

(1) 率　(2) 退

ア 歌　イ 言　ウ 説　エ 取
オ 冷　カ 消　キ 望　ク 用

3 次の熟語の読み方の構成の説明として正しいものをあとのア~エから選び、それぞれ記号で答えなさい。

(獨協埼玉中)

(1) 消印　(2) 本物

ア 音読み＋音読み　イ 音読み＋訓読み
ウ 訓読み＋音読み　エ 訓読み＋訓読み

4 次の(1)~(3)の熟語は、音読みと訓読みの両方がある。例1・例2にならって、片方の読みを答えなさい。(音読みはかたかなで、訓読みはひらがなで答えなさい。)

(立正中)

例1 年月　(音)…ネンゲツ　(訓)…としつき
例2 風車　(音)…フウシャ　(訓)…かざぐるま
(1) 音色　(音)…オンショク　(訓)…[　　]
(2) 市場　(音)…[　　]　(訓)…いちば
(3) 縦横　(音)…[　　]　(訓)…たてよこ

5 **次の(1)・(2)と同じ漢字を使う文をそれぞれ選び、記号で答えなさい。**（鎌倉女学院中）

(1) 並行
ア 彼らは三つの企画を□□して進めている。
イ □□な直線で囲まれた図形について考える。
ウ 町の人口が減り、ついに□□することになった。
エ 医院の待ち時間があまりにも長く、□□した。

(2) 希少
ア 今日は登山をするには□□条件がよさそうだ。
イ 東京にもまだ□□な生物がいるらしい。
ウ 新しい大臣は□□の激しい人だ。
エ 長い休みに入ると、□□時間が遅くなる。

6 **次の――線部のかたかなをそれぞれ漢字に直しなさい。**（星野学園中）

(1)
a 問題の解決にツトめる。
b 父は役所にツトめている。

(2)
a 全員で試験会場へとウツる。
b 鏡に自分の姿がウツる。

(3)
a 王様が国をオサめる。
b まじめに働いて税金をオサめる。

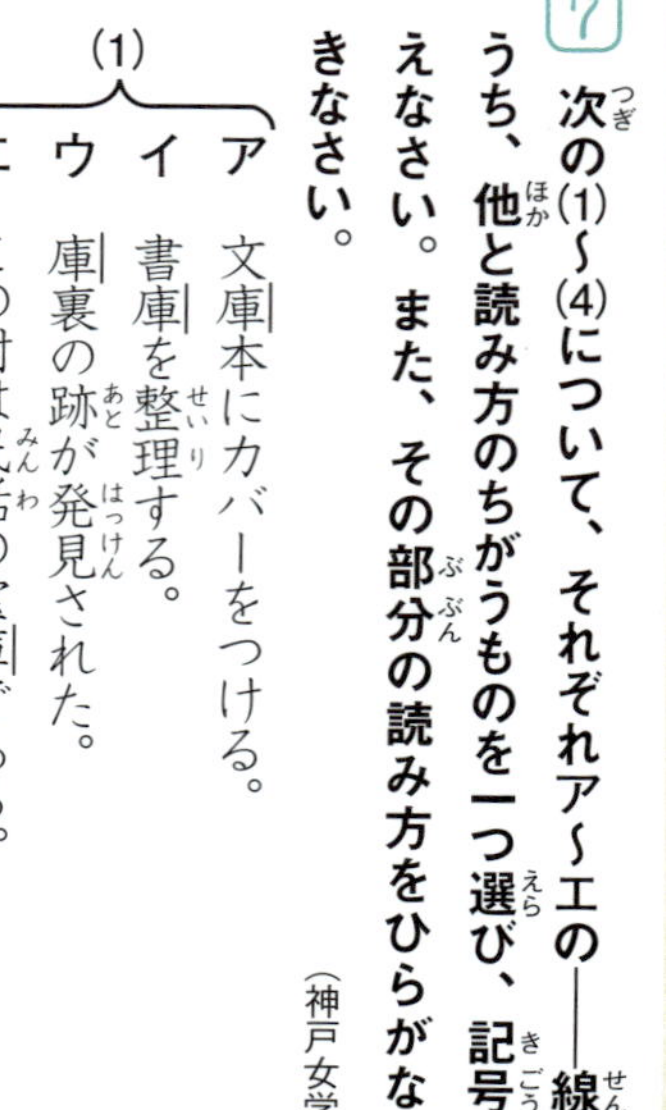

7 **次の(1)～(4)について、それぞれア～エの――線部のうち、他と読み方のちがうものを一つ選び、記号で答えなさい。また、その部分の読み方をひらがなで書きなさい。**（神戸女学院中）

(1)
ア 文庫本にカバーをつける。
イ 書庫を整理する。
ウ 庫裏の跡が発見された。
エ この村は民話の宝庫である。

(2)
ア 功徳をほどこす。
イ 立派な功績をおさめる。
ウ 功罪相半ばする。
エ 功利的な考え方をする。

(3)
ア 悪の権化が現れる。
イ 政権をにぎる。
ウ 地方分権を推進する。
エ 我々だけの特権がある。

(4)
ア 土建業にたずさわる。
イ 建国時の精神を守る。
ウ 校舎が再建される。
エ 寺が建立されて千年がたった。

8 次の漢字の太い部分は何画目ですか。（日本大第二中）

(1) 快　(2) 方

9 次の太字部分を書く順序が他と異なるものをア～エの中から一つずつ選び、記号で答えなさい。（昭和女子大学附属昭和中）

(1) ア 慣　イ 革　ウ 弁　エ 独
(2) ア 上　イ 馬　ウ 布　エ 臣
(3) ア 着　イ 専　ウ 寒　エ 界
(4) ア 状　イ 防　ウ 乗　エ 片

10 「根底」について、次の各問いに答えなさい。（専修大学松戸中）

(1) 「根」という漢字の総画数を漢数字で答えなさい。
(2) 「底」の部首名をひらがなで書きなさい。

11 次の(1)～(3)のそれぞれの文字に共通して付けることができる部首を考えて書きなさい。（跡見学園中）

(例) 反 寸 二 → 答え 亻

(1) 几 各 票　(2) 朝 夜 先　(3) 寺 免 央

12 次の漢字の部首をそれぞれ1～4より選び、番号で答えなさい。また、その部首の意味をあとの□より選び、記号で答えなさい。（埼玉平成中）

(1) 危（1 ノ　2 㔾　3 厂　4 ⺈）
(2) 術（1 行　2 十　3 朩　4 亍）

ア ひざまずくこと	イ がけ・岩
ウ 人に関係すること	エ 道路・行く
オ ことば	

13 漢和辞典で、学習した漢字を調べると、一つの漢字にいろいろな意味があることがわかる。次の(1)～(3)の意味をもつ漢字としてふさわしいものを、あとの中からそれぞれ一つずつ選び、記号で答えなさい。（共立女子中）

(1) 敵に背を向けてにげる
ア 北　イ 南　ウ 西　エ 東　オ 下

(2) 名付ける
ア 頭　イ 体　ウ 首　エ 手　オ 命

(3) ゆるす
ア 容　イ 序　ウ 支　エ 和　オ 結

第二章

言葉

言葉編

第一節 言葉の種類

1 言葉の種類（漢語・和語・外来語）

現在、日本で使われている文字には外国から入ってきたものがあります。漢字は中国で生まれ、日本に入ってきました。ローマ字で使われているアルファベットのもとになった文字は現在の中東で生まれています。

いま私たちが使っている言葉（日本語）は外国から入ってきたものと日本で生まれたものとがあります。それにより、日本語の言葉は、三種類に分けることができます。日本語はこの三種類の言葉が入り交じった言語です。

例文で考えよう

例 少年は白いシャツを買う。

この文の中で使われている言葉は、次のように分けられます。

「少年」……漢語

「白い」「買う」＊「は」「を」……和語（大和言葉）

「シャツ」……外来語

＊「は」「を」のように、ほかの言葉にくっついて意味を添える言葉はすべて和語です。

学習のねらいと目安

言葉にはどのような種類があるか

この節では、言葉の種類と文中での言葉の意味のとらえ方を学びます。言葉の成り立ちや字のもつ意味から、言葉の意味を考える方法を学び、言葉についての理解を深めましょう。

学習の順序

言葉編
第一章 文字と言葉
第二章 言葉
第三章 言葉のきまり

① 漢語

昔、中国から伝わり、日本語として使われるようになった言葉です。漢字だけで書き表し、読むときはふつう、音読みにします。日本で漢字の音を組み合わせてつくった漢語もあります。

(1) 中国から伝わった漢語

例 **肉・愛・国家・教育・読書・独立・人命・金剛・市場（しじょう）**

(2) 日本でつくられた漢語

例 **科学・野球・電車・会話・倶楽部**

② 和語（大和言葉）

昔から日本で使われていた言葉や、その言葉が変化してできた言葉です。ひらがなや漢字の訓を使って書き表します。また、日本語の訓を漢字にあてはめてつくられたものもあり、漢語と漢字の組み合わせが同じで訓読みのものもあります。

例 **山・市場（いちば）・草花・歩く・美しい・そして・ゆっくり・静かだ・ようだ**

③ 外来語

中国以外の国々、おもにヨーロッパやアメリカから入ってきて、日本語として使われるようになった言葉です。かたかなで書き表します。

例 **ガラス・コーヒー・ピアノ・カメラ・シャツ・オレンジ**

練習問題

次の言葉は、A 漢語・B 和語・C 外来語のどれですか。記号で答えなさい。

(1) ケーキ (2) 桜 (3) さわやか (4) 中流

答え 111ページ下段

入試にはこう出る！

説明文や物語文の中で、言葉の意味を問う問題がよく出題されます。言葉の意味を知らないと答えにくい問題もありますので、代表的な和語などの意味を整理しておきましょう。また、同じ言葉がいくつかの意味をもつ場合もあります。文章の前後をよく読んで、意味を正確にとらえるようにしましょう。

もっとくわしく

漢語・和語・外来語は互いに言いかえられます。

例

漢語	和語	外来語
水泳	泳ぎ	スイミング
速度	速さ	スピード

読みによる漢語と和語の違い

草木 音 そうもく（漢語）
訓 くさき（和語）

練習問題の答え

(1) C (2) B (3) B (4) A

2 熟語の意味のとらえ方

「新聞」「牛乳」など、熟語は漢字が二字以上組み合わさってできたものです。そのもとになる漢字は、一字一字がそれぞれ意味をもっています。意味がわからない熟語や、読めない熟語も、漢字の意味を考えると理解できることがあります。

それでは、熟語の意味をとらえるための具体的な方法を見ていきましょう。

①漢字の訓読みから考える

例 **正確**（正＝訓ただ－しい　確＝訓たし－か）

意味 正しくて確かなこと。

②漢字の意味から考える

訓読みがない場合や訓読みの意味では意味が通じない場合は、漢字のもつ意味を漢和辞典で調べ、その意味から考えましょう。

例 **精読**（精＝くわしい・細かい　読＝訓よ－む）

意味 細かいところまでくわしく読む。

ただし、熟語に読み方が二通りある場合は、漢語か和語かを考えて意味をつかみます。

46ページへもどる

例 ㋐**人気のない夜道は危険だ。** ㋑**これが小学生に人気の本だ。**

㋐「ひとけ」は和語で、訓読みから意味がわかります。しかし、㋑「ニンキ」は漢語で、訓読みをしても意味が通じません。したがって、この場合は、②「漢字の意味から考える」方法で意味を考えます。

学習のポイント

熟語とは、二字以上の漢字が組み合わさってできている語のことです。

もっとくわしく

そのほかの漢字の訓読みから考える熟語

尊重（訓とうと－ぶ＋訓おも－い）

意味 とうとび、重んじる。大切に思う。

そのほかの漢字の意味から考える熟語

群衆（訓む－れ＋意味大勢の人）

意味 むらがった大勢の人。

ここに注意！

漢和辞典でそれぞれの漢字を引くと、意味の項目のところに、たくさんの意味が並んでいます。言葉が使われている文章の流れなどを考えて、その中でふさわしいものを選ぶことが大切です。

③三字以上の熟語は分解して考える

三字以上の熟語は、いくつかの熟語が組み合わさってできていることが多いものです。もとになる熟語に分けて考えるとわかりやすくなります。

例 **合理主義**…合理＝理屈に合う
＋
主義＝守り、変えることのない主張
←
意味 物事を理屈に合うように科学的に見たり、考えようとしたりする立場や考え。

④故事成語は「由来」を調べる

「故事成語」とは、「矛盾」や「杞憂」など、中国の昔の話（故事）からできた熟語のことです。故事成語は、漢字の意味から考えても、その意味はつかめません。その故事成語の「由来（いわれ）」を知っておくことが大切です。

164ページへGO！

練習問題

次のそれぞれの熟語の意味をあとのア～カから選び、記号で答えなさい。

(1) 調和　(2) 感心　(3) 興奮　(4) 活発　(5) 貴重　(6) 衛生

ア ひじょうに大切なこと。
イ つりあいがよいこと。
ウ いきいきとして元気なこと。
エ 心に深く感じること。
オ 気持ちが高ぶること。
カ 清潔にして病気を防ぐこと。

答え 113ページ下段

もっとくわしく

三字以上の熟語の意味のとらえ方

例
反作用＝反＋作用
利便性＝利便＋性
有名無実＝有名＋無実
安全地帯＝安全＋地帯

練習問題の答え

(1) イ　(2) エ　(3) オ
(4) ウ　(5) ア　(6) カ

3 和語の意味のとらえ方

「和語」とは、昔から日本で使われていた言葉や、その言葉が変化してできた言葉です。

和語は「かわいい」「走る」などのように、ひらがなや漢字の訓を使って書き表します。文章中に難しい和語が出てきた場合、漢語のように漢字の読みや意味から見当をつけることが難しいため、次の②・③のような方法で意味をとらえましょう。

111ページへもどる

①漢字の読みや漢字のもつ意味からとらえる

例 **広場**（広＝訓ひろ－い　場＝訓ば）

意味 広い場所。

②前後の文脈からとらえる

前後の文や言葉の関係、文章の流れから、何について述べているのか、どんな様子を述べているのかなどを読み取り、ふさわしい意味を考えます。

例文で考えよう

例 彼は、みんながいやがる仕事も**いとわない**で、進んでする。

「みんながいやがる」仕事を彼は「いとわない」とあります。そのうえ、「進んでする」のです。ここから、「いとわない」という言葉は、「いやがる」と反対の意味の言葉だと考えられます。「いとわない」は、「いやがらない」という意味の言葉です。

学習のポイント

和語の意味をとらえるためには、文中からいかにヒントを得ることができるかということがポイントになります。意味がわからない和語を見つけたら、まずは①～③の方法で意味を考え、正しいかどうかを必ず辞書で確認するようにしましょう。

③文中の働きからとらえる

例文で考えよう

例　子どもたちが列になって歩く姿は、あたかもアリの行列のようだった。

下に、「～のようだ」という言葉が続いているので、「まるで～のようだ」と、たとえていることがわかります。ここから、「あたかも」というのは、「まるで・さながら」という意味の言葉であると考えることができます。

練習問題

次の各文の――線部はどのような意味で使われていますか。最もふさわしいものをあとのア～ウからそれぞれ選び、記号で答えなさい。

(1) わたしはソファーの上で知らない間にまどろんでいた。
ア うとうとねむって　イ ぼんやりして　ウ 口をぽかんと開けて

(2) ひとかけらのチョコレートでなんとか飢えをしのいだ。
ア 受け入れる　イ がまんする　ウ ほかよりまさる

(3) はからずも学級委員に選ばれた。
ア 気づかないうちに　イ 相談されないで　ウ 思いがけず

答え 115ページ下段

もっとくわしく

文章中で難しい言葉が出てきた場合、特に次の接続語に注意すると読み取りやすくなります。

・「つまり」など言いかえの接続語
例　案の定、実験は失敗した。つまり、彼の予想どおりになった。
「案の定」とは、「思ったとおり」という意味。

・「しかし」など逆接の接続語
例　彼は天文学にはくわしい。しかし、地学にはうとい。
「うとい」とは、「くわしくない」という意味。

練習問題の答え

(1) ア　(2) イ　(3) ウ

4 覚えておきたい和語

覚えたらチェック！

あ行・か行

- □あがく…じたばたする。もがく。
- □あからさま…はっきりしている。
- □あくせく…こせこせする様子。
- □欺く…だます。
- □あたかも…ちょうど。まるで。
- よく出る □あどけない…無邪気で悪気がない。
- □あまんじる…我慢して受ける。
- □あわよくば…うまくいけば。
- よく出る □案の定…思ったとおり。
- □いかめしい…立派で重々しい。
- □いそしむ…精を出して励む。
- □いたたまれない…それ以上、その場にいられない。
- よく出る □いたわる…弱い立場の人を大切に扱う。
- □うしろめたい…やましいことがあり、気がとがめる。
- □うつろ…内部が空であること。（気力や生気を失い、）ぼんやりしている様子。
- □うとい…親しくない。よく知らない。
- □うとまれる…嫌だと思われる。
- □うのみ…そのまま受け入れること。
- □おくゆかしい…上品で心ひかれる。
- よく出る □おこがましい…出過ぎていて生意気な様子。
- □おのずから…自然に。ひとりでに。
- □おもむろに…ゆっくり、静かに。
- ハイレベル □かいがいしい…一生懸命で、動作がきびきびしている様子。
- よく出る □かこつける…ある物事のせいにする。

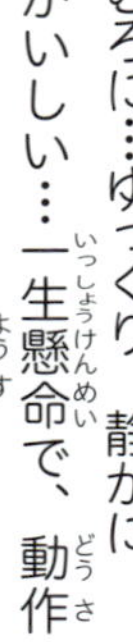

- □かたくなに…自分の意見や態度にこだわり、変えようとしない様子。頑固に。
- □かろうじて…やっとのことで。
- □兆し…物事がこれから起ころうとするしるし。
- □ぎょうぎょうしい…おおげさだ。
- □口ぞえ…横から言って助けること。
- □くつがえす…ひっくり返す。
- □けなげ…りっぱ。感心。
- よく出る □心もとない…頼りなく、不安だ。
- よく出る □こびる…気に入られようと振る舞う。

さ行・た行

- □しいたげる…ひどい扱いをする。
- □しのぐ…なんとか我慢する。
- □所在ない…することがなく退屈だ。
- □すげない…親切心がない。
- □すべがない…方法がない。
- ハイレベル □たしなむ…芸などを身につける。
- ハイレベル □たしなめる…穏やかに注意する。
- □たそがれ…夕方。
- □たたずむ…じっと立っている。
- □月なみ…ありふれている。
- □つつましい…ひかえめ。
- □つぶさに…くわしく、細かに。
- ハイレベル □つまびらか…くわしい。
- □つれない…よそよそしい。

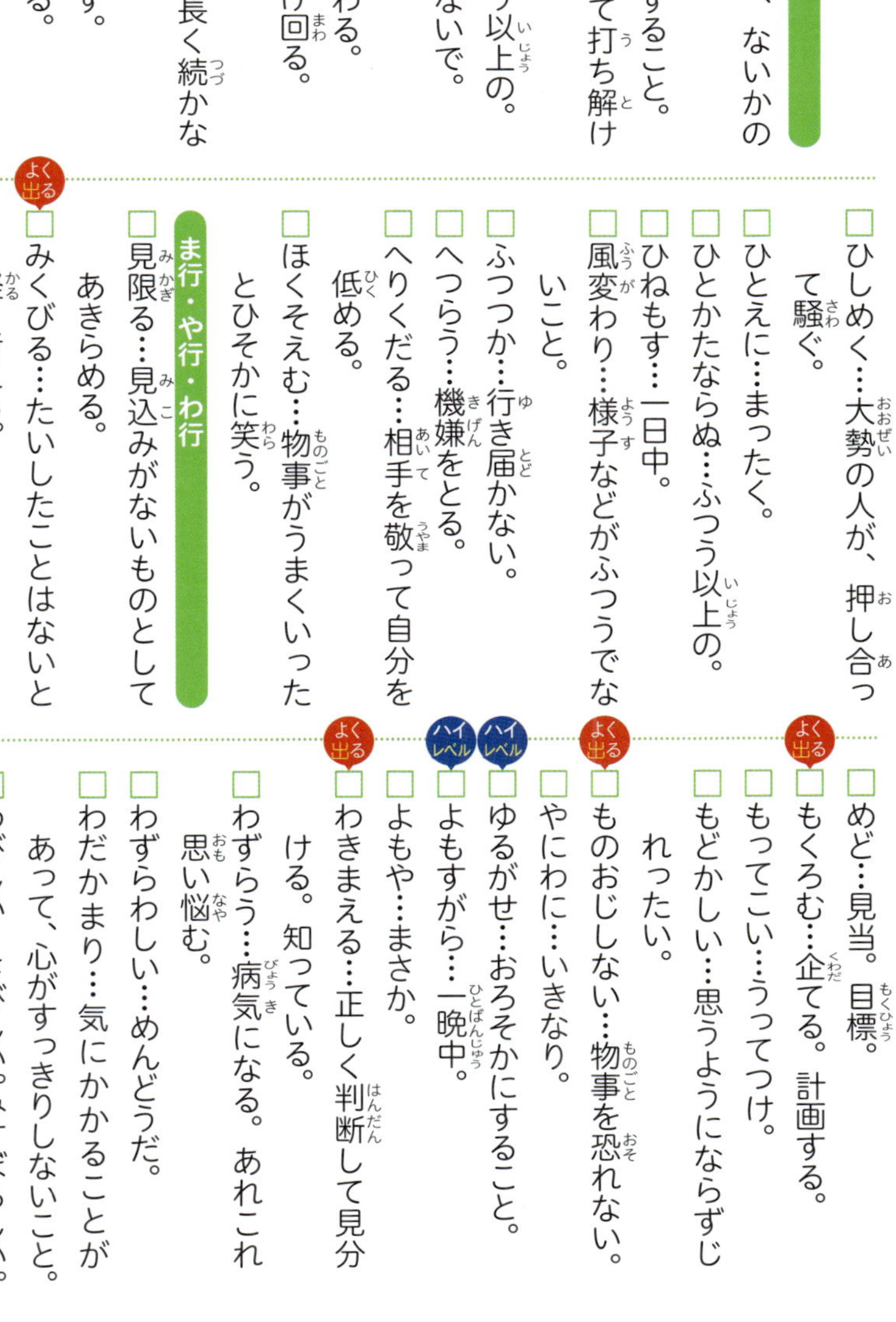

【よく出る】□とどのつまり…結局。

な行・は行

□ないがしろ…あっても、ないかのように軽く扱う。

【ハイレベル】□なおざり…おろそかにすること。

□なごやか…和らいでいて打ち解けた様子。

□なみなみならぬ…ふつう以上の。

□ぬかりなく…油断をしないで。

□ぬれぎぬ…無実の罪。

【よく出る】□ねぎらう…苦労をいたわる。

□のたうつ…苦しみ、転げ回る。

□のっけ…初め。最初。

□はかない…同じ状態が長く続かない。頼りにならない。

□はからずも…思いがけず。

□はぐくむ…大切に育てる。

□はばかる…遠慮する。

□はばむ…邪魔をする。妨げる。

□はびこる…伸びて広がる。よくないものが勢いを奮う。

□ひしめく…大勢の人が、押し合って騒ぐ。

□ひとえに…まったく。

□ひとかたならぬ…ふつう以上の。

□ひねもす…一日中。

□風変わり…様子などがふつうでないこと。

□ふつつか…行き届かない。

□へつらう…機嫌をとる。

□へりくだる…相手を敬って自分を低める。

□ほくそえむ…物事がうまくいったとひそかに笑う。

ま行・や行・わ行

□見限る…見込みがないものとしてあきらめる。

【よく出る】□みくびる…たいしたことはないと軽く考える。

□身じろぐ…体をちょっと動かす。

□みだりに…無分別に。やたらに。

□みやびやか…上品で美しい。

□めど…見当。目標。

【よく出る】□もくろむ…企てる。計画する。

□もってこい…うってつけ。

□もどかしい…思うようにならずじれったい。

【よく出る】□ものおじしない…物事を恐れない。

□やにわに…いきなり。

【ハイレベル】□ゆるがせ…おろそかにすること。

【ハイレベル】□よもすがら…一晩中。

□よもや…まさか。

【よく出る】□わきまえる…正しく判断して見分ける。知っている。

□わずらう…病気になる。あれこれ思い悩む。

□わずらわしい…めんどうだ。

□わだかまり…気にかかることがあって、心がすっきりしないこと。

□わびしい…さびしい。みすぼらしい。

5 外来語の歴史と意味の考え方

① 外来語の歴史

外来語が最初に日本に入ってきたのは、ポルトガル人が種子島に鉄砲を伝えた千五百年代半ばのことです。「ボタン」など、外国製品とともに、多くの言葉が伝わってきました。それから五十年ほどたった江戸時代の初めに（千六百年代）、「ガラス」「ゴム」「ガス」などのオランダ語が入ってきます。初期の外来語には、漢字にあてはめたものもあります。そのため、日本語だと思っていたのに、じつは外来語だったということもよくあります。

外来語の大部分は、江戸時代の終わりである千八百年代以降に伝わってきたアメリカやヨーロッパの言葉です。中でも「カメラ」「レコード」などのような英語が最も多く使われています。

日本に外来語が初めて入ってきてから、およそ四百五十年が経過しました。現在でも、コンプライアンス（法令遵守）などの新しい外来語が日本に入り続けています。日本語は、これからもさらに多くの言葉をもつ言語になるでしょう。

② 外来語の意味の考え方

外来語は物の名前を表す名詞が多いものです。文の中で、主語や目的語になることが多いので、動作や様子を表す言葉に注意して意味を考えましょう。予想した意味が合っているのか、必ず辞書で調べ、正しい意味を覚えましょう。

学習のポイント

外来語の歴史を知り、現在の日本語にはどのような外来語があるのかを考えましょう。

もっとくわしく

日本人は、日本語で使われている外来語の言葉をもとにして、もとの言語には存在しない言葉をつくりました。これらも外来語の仲間で、特に、英語をもとにしてつくられたものを和製英語といいます。

例 キャッチボール
→英語のplay catch（ボール投げをする）からできた和製英語。

外来語はこう考える！

例 最も大切なのは結果ではなく、そこに至るまでのプロセスだ。

結果に至るまでの「こと」がプロセス→「プロセス」は「過程」のことだとわかります。

6 覚えておきたい外来語

覚えたらチェック!

- □アート…芸術。
- □アイデア…着想。
- □アシスタント…助手。
- □アドバイス…助言。
- □アプローチ…接近。
- よく出る □イベント…催し。行事。
- □イメージ…印象。心象。
- □インフォメーション…情報。案内。
- よく出る □エコロジー…環境にいいこと。
- □エチケット…礼儀作法。
- □エレクトロニクス…電子工学。
- □オフィシャル…公式の。
- □オリジナル…独創。創作。
- □カルチャー…文化。教養。
- □ケア…介護。手入れ。管理。
- □コスト…費用。
- □コミュニケーション…伝達。意思疎通。

- □コメント…意見。
- □コラボレーション…共同作業。
- □コレクション…収集。
- □コンディション…状態。
- □サイエンス…科学。
- よく出る □サポート…支援。
- □システム…制度。仕組み。
- □シナリオ…脚本。
- ハイレベル □ジレンマ…板ばさみ。
- □シルバー…高齢者の。
- □シンボル…象徴。
- よく出る □スケジュール…予定。日程。
- □スタンダード…標準。
- □スローガン…標語。
- □セキュリティー…安全。防犯。
- よく出る □ディスカッション…討論。
- □テクノロジー…科学技術。
- □デザイン…図案。設計。
- ハイレベル □ニーズ…要望。

- ハイレベル □バーチャル…仮想の。
- □バイオテクノロジー…生命工学。
- □パフォーマンス…体の表現。演技。
- よく出る □バリアフリー…高齢者や障がい者に配慮した設計。
- □プライバシー…私生活、またはそれが他人から侵害されない権利。
- □プライベート…個人的。
- □プロセス…過程。
- よく出る □マスコミュニケーション…新聞・テレビなどマスメディアを通じて情報を大量に伝達すること。「マスコミ」と略されることが多い。
- よく出る □マナー…行儀作法。
- □マニュアル…手引き書。
- □メッセージ…伝言。
- □ユニーク…独特。
- よく出る □リアル…現実的。現実。
- □レジャー…余暇。

確認問題

第一節 言葉の種類

答え 122ページ

1 次の文の——線部の意味として最もふさわしいものをあとのア〜エから選び、記号で答えなさい。

(1) うちひしがれた心を、自ら励まそうとした。
(2) 殿様にへつらう家来たちがたくさんいる。
(3) あまりに突然で、返事にきゅうした。
(4) もはや古き良き時代の文化もすたれてしまった。

ア どうしてよいかわからず困る。
イ 相手に気に入られるように機嫌をとる。
ウ ショックを受ける。
エ 行われなくなる。

2 次のそれぞれの文が正しい日本語になるように、（　）の中のア〜ウから最もふさわしいものを選び、記号で答えなさい。

(1) はっきりしない彼の言動を見ていると、（ア やましく　イ ひしめく　ウ もどかしく）感じてしまう。
(2) 祖父はどんなときも（ア 温厚　イ 温暖　ウ 温風）な人物だ。
(3) （ア シンボル　イ メッセージ　ウ マニュアル）を留守番電話に残しておく。

つまずいたら

1 3 ▼114ページ 和語の意味のとらえ方

ヒント 文の前後の関係から、何について述べているのかを考える。

2 (1) 3 ▼114ページ 和語の意味のとらえ方
(2) 2 ▼112ページ 熟語の意味のとらえ方
(3) 5 ▼118ページ 外来語の歴史と意味の考え方

ヒント 文の前後の意味をしっかり考えたうえで、正しい語を選ぼう。

3 **次の文の——線部に対応する日本語をあとのア〜クから選び、記号で答えなさい。**

(1) 最新のテクノロジーを用いた実験。
(2) お客様のニーズに合わせた商品づくりを心がける。
(3) あなたのアイデアに感心します。
(4) 安心して暮らしたいのでセキュリティーのしっかりしたマンションに住もう。
(5) この企画はとてもコストがかかります。

ア 科学技術　イ 映像　ウ 防犯　エ 着想
オ 過程　カ 要望　キ 費用　ク 象徴

4 **次のそれぞれの意味を表す言葉をあとのア〜コから選び、記号で答えなさい。**

(1) 物事がうまくいくだろうと安心して考えること。
(2) 物事の様子を細かく見ること。
(3) 病気などが良くなること。
(4) 全体の組み立てのこと。
(5) 思った通りにうまくいくこと。
(6) 正しいことと正しくないこと。

ア 是非　イ 解放　ウ 構成　エ 楽観　オ 証明
カ 快方　キ 観察　ク 見当　ケ 見識　コ 成功

3 ▼119ページ
6 覚えておきたい外来語

ヒント　外来語は、文中から意味を考えることは難しいので、わからないときは辞書を引こう。

4 ▼112ページ
2 熟語の意味のとらえ方

ヒント　熟語と、その意味を結びつけるために、①漢字の訓読み、②漢字の意味という順で考えるようにする。

確認問題の答え

問題 120ページ

1
(1) ウ (2) イ (3) ア (4) エ

2
(1) ウ (2) ア (3) イ

3
(1) ア (2) カ (3) エ (4) ウ (5) キ

4
(1) エ (2) キ (3) カ (4) ウ (5) コ (6) ア

第一節 学習の整理

1 言葉の種類（漢語・和語・外来語）

日本語の言葉は、漢語・和語・外来語の三種類に分けられる。

①漢語＝おもに中国から伝わって日本語として使われるようになった言葉。

②和語＝昔から日本で使われていた言葉や、その言葉が変化してできた言葉。

③外来語＝中国以外の国々、おもにヨーロッパやアメリカから入ってきて、日本語として使われるようになった言葉。

2 熟語の意味のとらえ方

①漢字の訓読みから考える

②漢字の意味から考える

③三字以上の熟語は分解して考える

④故事成語は「由来」を調べる

3 外来語の歴史と意味の考え方

文中の意味を想像できないときは、辞書を引く。

外来語と文化

外来語はその国の特徴を表す

日本語にはさまざまな外来語が使われていますが、外来語が使われている分野には、傾向があるようです。ここでは、英語圏以外の国の外来語を見ていきましょう。

フランスはファションとグルメの国

私たちがふだん身につけている物の中で、フランス語がもとになった外来語は多くあります。たとえば、「ズボン」「ポシェット」「ベレー」など、衣服に関する外来語が多いのが特徴です。ほかに「オーデコロン」など、おしゃれに関する外来語もたくさんあります。

食べ物にもフランスから入ってきた外来語が身近にあります。みなさんの好物にフランス生まれのものはありませんか？「オムレツ」「グラタン」などは、フランス語からきています。洋菓子では、「シュークリーム」「クレープ」などがあります。

グルメと音楽の国イタリア

いまや、「フランス料理」や「中華料理」と並び、日本の食文化になじんでいるイタリア料理。「スパゲッティ」「ピザ」などは、イタリアからきた言葉だとわかりますね。「マカロニ」「ティラミス」などもイタリア語です。

また、イタリアは、音楽が盛んな国です。音楽の階名の「ドレミファソ」や、演奏記号の「フォルティシモ」などの音楽用語はイタリア語がもとになっています。「オペラ」などもイタリア生まれの外来語です。

医療関係はドイツにおまかせ

病院に行くと、お医者さんは「カルテ」をつくります。けがをすると「ガーゼ」で傷を覆います。骨を折ると「ギプス」をはめます。これらはすべてドイツから伝わった言葉です。ほかに「アレルギー」など医療に関する外来語は、圧倒的にドイツ語が多いのです。

これは明治時代の医学校でドイツ医学が採用されたことと関係があるのでしょう。

言語は常に文化とともに伝わってきます。日本はたくさんの国の文化を吸収し、いまある日本語を形成してきたのです。

言葉編
第一章 文字と言葉
第二章 言葉
第三章 言葉のきまり

第二節 類義語と対義語

学習のねらいと目安

類義語と対義語とは？

この節では、熟語の類義語・対義語とは何かを学びます。類義語・対義語を覚えるだけでなく、その成り立ちも学び、熟語に対する理解を深めていきます。また、反対の意味の漢字を組み合わせた熟語についても、成り立ちとともに学びます。

学習の順序

1 似た意味の言葉（類義語）

① 類義語とは

言葉の中には、互いに意味がよく似ている言葉があります。これを類義語といいます。

例

言葉	意味
将来	これから先。ゆくすえ。前途。
未来	これから先にくる時。

右の二つの言葉は、「類義語」です。しかし、意味が似ているからといって、まったく同じように使えるわけではありません。文脈に合わせて最もふさわしい言葉を使うようにしましょう。

例文で考えよう

例
○ ぼくの将来の夢は、医者になることだ。
× ぼくの未来の夢は、医者になることだ。

将来には、「ゆくすえ。前途。」という意味があり、「やがて来るものとして未来よりも現実的な先の時」を表す場合に使います。

②類義語の形

類義語には二種類の形があります。

(1)二字の漢字のうち、一字だけがちがうもの。

例　**永久―永遠**　**処理―処置**　**改良―改善**

(2)二字の漢字のどちらもちがうもの。

例　**消息―音信**　**重宝―便利**　**賃金―給料**　**欠点―短所**

重要　類義語は、似た意味の漢字に着目すると覚えやすい。

練習問題

1　次の熟語の類義語をア～エからそれぞれ選び、記号で答えなさい。

(1) 同意（ア 承知　イ 合点　ウ 賛成　エ 納得）

(2) 自然（ア 当然　イ 必然　ウ 無念　エ 天然）

(3) 宿屋（ア 旅館　イ 宿泊　ウ 外泊　エ 料亭）

2　次の熟語の類義語をあとから選び、漢字に直しなさい。

(1) 不安　(2) 向上　(3) 欠点　(4) 差別　(5) 手段

（しんぽ　たんしょ　くべつ　ほうほう　しんぱい）

答え 125ページ下段

言葉編　第一章 文字と言葉　第二章 言葉　第三章 言葉のきまり

入試には　こう出る！

ある言葉の類義語や対義語を答える問題が出題されます。言葉の意味をきちんと理解して、類義語や対義語を考えたうえで、正しい漢字で書けることが必要です。

「長所↔短所」「常識↔非常識」のように、漢字一字を変えたりつけ加えたりして答える問題もよく出題されます。代表的な類義語・対義語を整理しておきましょう。

練習問題の答え

1　(1) ウ　(2) エ　(3) ア

2　(1) 心配　(2) 進歩　(3) 短所　(4) 区別　(5) 方法

2 反対の意味の言葉（対義語）

①対義語とは

言葉の中には、類義語とは異なり、意味が反対になっている言葉や対になっている言葉もあります。これを対義語といいます。

例

言葉	意味	関係
前進 ― 後退	前進…前に進むこと。 後退…後ろに退くこと。	対立する関係
洋風 ― 和風	洋風…西洋的なもの。 和風…日本的なもの。	対比的・対照的な関係

このように、特定の二つの言葉の関係が、反対で対立している、もしくは、対比的、対照的なもので対になっているものを合わせて「対義語」といいます。

128ページへGO！

②対義語の形

対義語には四種類の形があります。

(1) 漢字一字で対義語になっているもの。

例 **天―地**　**姉―妹**　**晴―雨**　**朝―夕**

(2) 二字の漢字のうち、一字だけが反対または対になっているもの。

例 **安心―心配**　**開会―閉会**　**悪意―善意**　**長所―短所**

学習のポイント

反対の意味の言葉は、それぞれの漢字の意味を理解する必要があります。

(3) 漢字二字で対義語になっているもの。

例 過去－未来　失敗－成功　開始－終了　権利－義務

(4) 漢字の意味を打ち消す「不・無・非・未」がついて反対または対の意味になっているもの。

例 完結－未完　幸福－不幸　平凡－非凡　有色－無色

重要

対義語は、反対の意味の漢字に着目し、意味とともにセットで覚えよう。

練習問題

1 次の熟語の対義語をあとのア～カから選び、記号で答えなさい。

(1) 偶然　(2) 義務　(3) 形式　(4) 楽観　(5) 建設　(6) 生産

ア 破壊　イ 権利　ウ 消費　エ 内容　オ 悲観　カ 必然

2 次の（　）の中に漢字一字を入れて、それぞれの熟語の対義語を完成させなさい。

(1) 悪評－（　）評　(2)（　）進－後退

(3) 積極－（　）極　(4) 延（　）－短縮

(5) 収入－（　）出　(6) 全体－（　）分

答え 127ページ下段

もっとくわしく

反対の意味を表す言葉を「反対語」、対になっている言葉を「対応語」ということがあります。ただし、問題として出てくるときは、「反対語」も「対応語」も、「対義語」として扱われます。

反対語＋対応語＝対義語

と考えましょう。

練習問題の答え

1
(1) カ　(2) イ　(3) エ
(4) オ　(5) ア　(6) ウ

2
(1) 好　(2) 前　(3) 消
(4) 長　(5) 支　(6) 部

3 反対の意味の漢字を組み合わせた熟語

漢字の中には、反対の意味や対になる意味をもっている漢字があります。これらの漢字を組み合わせた熟語は多いので、意味とともにしっかり覚えておきましょう。

例

反対／対の意味の漢字	意味	熟語	熟語の意味
寒—暖	寒い—暖かい	寒暖	寒さと暖かさ。
問—答	問う—答える	問答	一方が問い、他方が答えること。

右の例のように、漢字一字どうしが反対の意味や対になっているものは、その漢字を組み合わせて熟語をつくることができます。そのために、漢字の意味を正しく理解しておくことが大切になります。

練習問題

答え 128ページ下段

次の（　）の中に合う反対の意味の漢字をあとのア～オから選び、熟語を完成させなさい。

(1) 開（　）　(2) 苦（　）　(3) 長（　）　(4) （　）私　(5) （　）裏

ア 公　イ 閉　ウ 短　エ 表　オ 楽

学習のポイント

漢字一字で対義語になっている熟語の成り立ちを考え、互いの漢字のもっている意味を理解します。

また、熟語の中には、反対や対になる意味の漢字を組み合わせてできているものがたくさんあります。まずは、「4 覚えておきたい熟語（反対の意味の組み合わせ）」にある熟語を覚えましょう。

129ページへGO！

練習問題の答え

(1) イ　(2) オ　(3) ウ　(4) ア　(5) エ

4 覚えておきたい熟語（反対の意味の組み合わせ）

覚えたらチェック！

- □安危…安全なことと危険なこと。
- ハイレベル □異同…ちがい。
- □因果…原因と結果。
- よく出る □有無…あるかないか。
- □遠近…遠いことと近いこと。
- □往復…行きと帰り。
- □開閉…開くことと閉じること。
- □加減…加えることと減らすこと。
- □可否…良いか悪いか。
- □寒暖…寒さと暖かさ。
- □去来…行ったり来たりすること。
- □苦楽…苦しみと楽しみ。
- □軽重…軽いことと重いこと。
- □好悪…好き嫌い。
- □公私…おおやけとわたくし。
- □攻守…攻めと守り。
- □高低…高いことと低いこと。
- □合否…合格と不合格。

- よく出る □賛否…賛成と反対。
- □始終…始めから終わりまで。
- □自他…自分と他人。
- よく出る □縦横…縦と横。
- よく出る □集散…集まったり散ったりすること。
- □収支…収入と支出。
- □主従…主人と従者。
- □首尾…始めと終わり。
- □昇降…のぼることとくだること。
- □勝敗…勝ち負け。
- □新旧…新しいものと古いもの。
- □深浅…深いことと浅いこと。
- □進退…進むことと退くこと。
- ハイレベル □是非…良いことと良くないこと。
- □善悪…良いことと悪いこと。
- よく出る □損益…損失と利益。
- □貸借…貸し借り。
- □大小…大きいものと小さいもの。
- □多少…多いことと少ないこと。

- □男女…男性と女性。
- よく出る □断続…途切れたり続いたりすること。
- □長短…長いことと短いこと。長所と短所。
- □動静…人や物事の動き。
- □当落…当選と落選。
- よく出る □得失…得ることと失うこと。
- □難易…難しさと易しさ。
- □濃淡…濃いことと淡いこと。
- □発着…出発と到着。
- □売買…売り買い。
- □表裏…表と裏。
- □貧富…貧しいことと富むこと。
- □夫妻…夫と妻。
- □本末…根本となる重要なことと小さいこと。始めと終わり。
- よく出る □明暗…明るいことと暗いこと。
- □利害…損得。
- ハイレベル □労使…労働者と使用者。
- □老若…老人と若者。
- □和洋…日本と西洋。

5 覚えておきたい類義語・対義語

類義語

覚えたらチェック！

一字だけちがうもの

- □悪評―不評
- □異国―他国
- □一生―終生（生涯）
- □永遠―永久
- □快活―活発
- □格別―特別［よく出る］
- □郷里―故郷
- □区別―差別
- □決心―決意（決断）［よく出る］
- □原料―材料
- □公平―平等（公正）
- □志願―志望
- □失礼―無礼（非礼）［よく出る］
- □死亡―死去
- □体験―経験［よく出る］
- □天気―天候
- □風景―景色
- □案外―意外
- □栄誉―名誉
- □改良―改善
- □帰省―帰郷
- □苦心―苦労
- □結果―結末
- □辞職―辞任
- □将来―未来
- □適当―適切
- □天然―自然［よく出る］
- □不平―不満（不服）
- □母国―祖国
- □予想―予測
- □冷淡―冷酷［よく出る］
- □有名―著名［よく出る］
- □利用―応用

二字ともちがうもの

- □案内―先導
- □原因―理由［よく出る］
- □賛成―同意
- □心配―不安
- □短所―欠点
- □長所―美点
- □賃金―給料
- □宿屋―旅館
- □立身―出世
- □音信―消息
- □好意―親切
- □手段―方法［よく出る］
- □進歩―向上
- □知己―親友［ハイレベル］
- □重宝―便利［ハイレベル］
- □納得―承知［よく出る］
- □容易―簡単
- □留守―不在

対義語

一字だけ反対／対になっているもの

- □赤字―黒字
- □悪評―好評
- □以外―以内
- □悪意―善意［よく出る］
- □安心―心配
- □異質―同質
- □異常―正常
- □一部―全部［よく出る］
- □鋭角―鈍角
- □往信―返信
- □温帯―寒帯
- □開国―鎖国
- □間接―直接
- □干潮―満潮
- □希望―絶望
- □曲線―直線
- □軽視―重視［よく出る］
- □幸福―不幸
- □雑然―整然
- □始業―終業
- □辞任―就任
- □出席―欠席
- □消火―点火
- □勝者―敗者
- □上品―下品
- □進歩―退歩
- □絶対―相対
- □偉人―凡人
- □陰気―陽気
- □益虫―害虫
- □横断―縦断
- □開会―閉会
- □可決―否決［よく出る］
- □寒中―暑中
- □起点―終点
- □客観―主観［よく出る］
- □偶然―必然
- □好況―不況
- □公用―私用
- □子音―母音
- □質的―量的
- □主食―副食
- □順調―不調
- □消極―積極
- □少数―多数
- □植物―動物
- □晴天―雨天
- □大陸―大洋

- □短所—長所
- □直流—交流
- □当番—非番
- □動脈—静脈
- □入場—退場
- □発信—受信
- □否定—肯定（よく出る）
- □表面—裏面
- □副業—本業
- □募集—応募
- □輸入—輸出
- □予習—復習
- □和食—洋食
- □割安—割高
- □暖房—冷房
- □登校—下校
- □投票—開票
- □南極—北極
- □能動—受動（よく出る）
- □悲観—楽観
- □美点—欠点
- □不運—幸運
- □豊作—凶作
- □無害—有害
- □予算—決算
- □和語—漢語
- □割増—割引

二字とも反対／対になっているもの

- □安全—危険
- □移動—固定
- □延長—短縮
- □円満—不和
- □奥行—間口
- □開始—終了
- □一般—特殊
- □運動—静止
- □遠洋—近海
- □応答—質疑
- □解散—集合
- □革新—保守（ハイレベル）

- □拡大—縮小
- □過失—故意
- □歓喜—悲哀
- □供給—需要
- □強固—軟弱
- □勤勉—怠惰
- □形式—内容
- □健康—病気
- □建設—破壊
- □公開—秘密
- □興奮—冷静
- □賛成—反対
- □自然—人工（よく出る）
- □失敗—成功
- □死亡—誕生（出生）
- □出発—到着
- □垂直—水平
- □精神—肉体
- □戦争—平和
- □増加—減少
- □単純（簡単）—複雑（ハイレベル）
- □過去—未来
- □過剰—不足（よく出る）
- □感情—理性
- □強健—病弱
- □許可—禁止
- □具体—抽象（よく出る）
- □軽率—慎重（ハイレベル）
- □現実—理想
- □権利—義務
- □合成—分解
- □困難—容易
- □支出—収入
- □子孫—先祖
- □勝利—敗北
- □生産—消費
- □前進—後退
- □全体—部分（ハイレベル）
- □卒業—入学

- □統合—分裂
- □濃厚—淡泊（淡白）
- □反抗—服従
- □分析—総合
- □返済—借用
- □幼稚—老練
- □利益—損害（損失）
- □理論—実践（よく出る）
- □普通—特別
- □分離—結合
- □冒頭—末尾
- □臨時—定例

言葉編　第一章 文字と言葉　第二章 言葉　第三章 言葉のきまり

確認問題

第二節　類義語と対義語

答え 134ページ

1 次の（　）の中に合う反対の意味の漢字を書き、熟語を完成させなさい。

(1) 強（　）　(2) 公（　）　(3) 表（　）　(4) 軽（　）

(5) 縦（　）　(6) 増（　）　(7) 因（　）　(8) 攻（　）

2 次の各組の熟語の中で、似たような意味の熟語をそれぞれ二つ選び、記号で答えなさい。

(1) ア 親類　イ 知己　ウ 交流　エ 親友　オ 弟子

(2) ア 心配　イ 恐怖　ウ 安心　エ 心外　オ 不安

(3) ア 発育　イ 改善　ウ 進歩　エ 退化　オ 向上

3 次の各組の熟語の中で、反対の意味、または対になる熟語をそれぞれ二つ選び、記号で答えなさい。

(1) ア 現実　イ 創造　ウ 直観　エ 理想　オ 理性

(2) ア 全体　イ 全然　ウ 部首　エ 大体　オ 部分

(3) ア 異同　イ 運動　ウ 静止　エ 休息　オ 行動

つまずいたら

1 ▼128ページ　3 反対の意味の漢字を組み合わせた熟語

ヒント　訓読みに直して、意味を考えてから、反対の意味の漢字を考えよう。

2 ▼124ページ　1 似た意味の言葉（類義語）
▼130ページ　5 覚えておきたい類義語・対義語

3 ▼126ページ　2 反対の意味の言葉（対義語）
▼130ページ　5 覚えておきたい類義語・対義語

4 次の熟語のうち、――線部の漢字を別の漢字に変えて、(1)・(2)は類義語を、(3)・(4)は対義語をつくりなさい。

(1) 永遠 ― 永（　）

(2) 天然 ― （　）然

(3) 順調 ― （　）調

(4) 割安 ― 割（　）

5 次のア・イの熟語は類義語になります。例文に合うように（　）にあてはまる適切な漢字をあとの□から選び、その漢字を書きなさい。

例
ア（区）別…（例文）善悪の□□をしなければならない。
イ（差）別…（例文）社会での性別による□□をなくそう。

(1)
ア（　）（　）別…（例文）母のつくったたまご焼きの味は□□だ。
イ（　）（　）別…（例文）母は入学式のために□□に着物をあつらえた。

(2)
ア（　）（　）外…（例文）事件は□□な展開になった。
イ（　）（　）外…（例文）大変だと思っていたが、□□ラクな仕事だった。

(3)
ア（　）（　）験…（例文）学級委員の□□を生かして、生徒会長を務める。
イ（　）（　）験…（例文）テニススクールに□□入学をする。

物 体 案 得 格 経 不 意 特 心 問

4
1 ▼124ページ 似た意味の言葉（類義語）
2 ▼126ページ 反対の意味の言葉（対義語）

ヒント
漢字のもつ意味をよく考えてから、同じ意味の漢字・反対の意味の漢字を考えよう。

5
1 ▼124ページ 似た意味の言葉（類義語）

ヒント
類義語は、意味が似ているからといって、どんな場合でも同じように使えるわけではない。文脈に合わせたものを使い分ける必要がある。

確認問題の答え

問題 132ページ

1
(1) 弱 (2) 私 (3) 裏 (4) 重
(5) 横 (6) 減 (7) 果 (8) 守

2
(1) イ・エ (2) ア・オ (3) ウ・オ

3
(1) ア・エ (2) ア・オ (3) イ・ウ

4
(1) 久
(2) 自
(3) 不
(4) 高

5
(1) ア 格 イ 特
(2) ア 意 イ 案
(3) ア 経 イ 体

第二節 学習の整理

1

①類義語とは…意味がよく似ている言葉のこと。

②類義語の形

(1) 二字の漢字のうち、一字だけがちがうもの。

例 処理―処置

(2) 二字の漢字のどちらもちがうもの。

例 消息―音信

2

①対義語とは…表す意味が反対、または対になっている言葉のこと。

②対義語の形

(1) 漢字一字で対義語になっているもの。**例** 天―地

(2) 二字の漢字のうち、一字だけが反対または対になっているもの。**例** 安心―心配

(3) 漢字二字で対義語になっているもの。

例 失敗―成功

(4) 漢字の意味を打ち消す「不・無・非・未」がついて反対または対の意味になっているもの。

例 平凡―非凡

3

反対の意味の漢字を組み合わせた熟語 **例** 寒暖

音読みがいくつもあるのはなぜ？

日本における漢字の読み方には、大きく分けて音読みと訓読みがあるということはみなさん学習しましたね。この中で、訓読みは漢字の意味に合った日本語をあてはめたものです。それに対して、音読みは中国式の読み方でしたね。この音読みが、一つの漢字にいくつかある場合が意外に多く、「覚えるのが難しい」と思った人もいるのではないでしょうか。

漢字の音読みがひとつではない理由

漢字は伝えられた時代や、中国語の方言上のちがいによって、読み方が異なっています。漢字の読み方のおもなものに、「呉音・漢音」があります。漢和辞典を調べてみると、漢字の読みの下に、「呉・漢」と、小さな字で書かれています。実際に漢和辞典を開いて、「経」という漢字を調べてみましょう。

糸5【経】(11) 常 教
糸7【經】 6920 6534 7D93
ケイ 漢
キョウ（キャウ） 呉 青 jing
キン 唐
常用音訓 ケイ・キョウ へる

・呉音…奈良時代以前の西暦四百年代半ば～五百年代に、当時文化が栄えていた呉という地方（揚子江下流）から伝わった音です。呉音は仏典に多く使われ、仏教用語に多く残っています。

・漢音…奈良時代後半から平安初期に、遣隋使・遣唐使・留学生・博士などによって伝わった音です。当時の中国の都の長安で標準的に用いられていました。日本では、役人や学者が漢音を用いるようになりました。

呉音・漢音以外に、鎌倉時代よりあとに伝わってきた、「唐音」という音もあります。

このように、漢字の音読みから、漢字が伝わってきた時代背景がわかります。日本語の漢字一字一字に、日本と中国の文化が表れているといえますね。日本語は他国の文化の刺激を大きく受けて、発達してきた言葉なのです。

第三節 熟語

学習のねらいと目安

熟語はどのようにできているか

この節では、熟語の成り立ちを学習します。熟語の成り立ちがわかると、言葉の意味をつかみやすくなります。三字熟語や四字熟語も覚え、語彙力をつけましょう。

学習の順序

1 熟語の意味(組み合わせ)

熟語とは、二字以上の漢字が組み合わさってできた言葉です。一つの漢字をほかの漢字と組み合わせることで多くの熟語ができます。このため、熟語はいくらでもつくることができ、言葉は増えていきます。漢字を使っている日本や中国に言葉が多いのは、このように漢字が組み合わさって多くの熟語ができているからだといわれています。「空」という漢字を例に、漢字の組み合わせを見てみましょう。

例文で考えよう

空＋腹＝腹がすくこと。
空＋席＝席が空くこと。
空＋間＝何も物が存在しないで空いている所。
空＋虚＝内部に何もないこと。実質的な内容や価値がないこと。
空＋港＝飛行機が離着陸する所。

熟語は、音読みをすることが多いものですが、音読みと訓読みを合わせたもの、訓読みだけのもの、二通りの読み方をもつものなどもあります。文脈に合わせて正しく読めるようにしましょう。

46ページへもどる

2 熟語の成り立ち

熟語は、次のような漢字の組み合わせによって成り立っています。

① 二字の漢字でできているもの

(1) 同じ漢字を重ねたもの
例 人々（人＋人）　点々（点＋点）

(2) 似た意味の漢字を重ねたもの
例 永久（ながい＋ひさしい）　尊敬（とうとぶ＋うやまう）

(3) 反対、または対になる意味の漢字を重ねたもの
例 明暗（あかるい＋くらい）　上下（うえ＋した）

(4) 上の漢字が下の漢字を修飾する（説明する）もの
例 海水（海の水）　急増（急に増える）

(5) 下の漢字が上の漢字の目的語「〜に」「〜を」になっているもの
例 登山（山に登る）　負傷（傷を負う）

(6) 上の漢字が主語、下の漢字が述語になっているもの
例 国立（国が立てる）　地震（地が震える）

(7) 上に打ち消しの漢字「不・無・非・未」がついたもの
例 不安　無害　非常　未熟

(8) 下に意味をつけ加える漢字「性・的・化・然」などがついたもの
例 急性　公的　進化　当然

言葉編
第一章 文字と言葉
第二章 言葉
第三章 言葉のきまり

入試にはこう出る！

熟語の問題は、さまざまな形で出題されます。文章中の空欄にあてはまる適切な熟語を選ぶ問題や、四字熟語を答える問題が代表的です。代表的な四字熟語の意味と、文章中での適切な使い方を確認しておきましょう。四字熟語の一部が空欄になっている問題や、まちがった漢字を正しく直す問題も出題されます。「危機一発→危機一髪」のような、まちがえやすい漢字に注意が必要です。

学習のポイント

熟語の成り立ちごとにほかの例もチェックしておきましょう。

(1) 例 山々・口々・日々・続々
(2) 例 増加・切断・調整・表現・永遠・移転・幸福・救助・絵画・引退
(3) 例 男女・有無・開閉・強弱・苦楽・加減・取捨・縦横・

(9) 長い熟語を二字に省略したもの

例 国連（国際連合）　入試（入学試験）

② 三字の漢字でできているもの

(1) 漢字三字が並列のもの（一字＋一字＋一字）

例 **松竹梅**→松＋竹＋梅　**上中下**　**小中高**　**天地人**　**衣食住**

(2) 二字熟語の上に漢字一字がついてできているもの（一字＋二字）

例 ① **犬小屋**→犬＋小屋　**諸外国**　**小規模**　**大勝利**　**短期間**

② **無理解**→無＋理解（打ち消しの「不・無・非・未」がついたもの）　**不公平**　**非公式**　**未確認**

(3) 二字熟語の下に漢字一字がついてできているもの（二字＋一字）

例 ① **加工品**→加工＋品　**裁判所**　**漁業権**　**日用品**　**音楽家**

② **自動化**→自動＋化（意味をつけ加える「性・的・化・然」がついたもの）　**安定性**　**女性的**　**近代化**　**学者然**

140ページへGO！

③ 四字の漢字でできているもの

(1) 漢字四字が並列のもの（一字＋一字＋一字＋一字）

例 **東西南北**→東＋西＋南＋北　**春夏秋冬**　**老若男女**　**前後左右**

(2) 二字熟語が二つ組み合わさってできているもの（二字＋二字）

例 **集団行動**→集団＋行動　**安全地帯**　**自然現象**　**世論調査**

141ページへGO！

(4) 終始・収支

例 会長・親友・短所・黒板・他人・海底・歓声・再会・曲線・青空

(5) 例 開会・帰国・作文・読書・通学・求職・給食・着席・納税・育児

(6) 例 人造・腹痛・頭痛・日没・年長・市営・県立・国有

(7) 例 不足・不良・不備・無理・無事・非番・未来・未満

(8) 例 良性・私的・病的・酸化・整然

(9) 例 中華人民共和国→中国　日本銀行→日銀

もっとくわしく

三字熟語・四字熟語の多くは二字の熟語がもとになっています。まずは、二字熟語の組み立てを理解することが大切です。

練習問題

1 **次の熟語の成り立ちをあとのア〜カから選び、記号で答えなさい。**

(1) 腹痛 (2) 求人 (3) 市立 (4) 映写
(5) 着席 (6) 幸福 (7) 歓声 (8) 定価
(9) 終始 (10) 利害 (11) 神々 (12) 進行

ア 同じ漢字を重ねたもの
イ 似た意味の漢字を重ねたもの
ウ 反対、または対になる意味の漢字を重ねたもの
エ 上の漢字が下の漢字を修飾する（説明する）もの
オ 下の漢字が上の漢字の目的語（「〜を」「〜に」）になっているもの
カ 上の漢字が主語、下の漢字が述語の関係になっているもの

2 **次の漢字の上に「不・無・非・未」のどれか一字をつけて、二字熟語または三字熟語を完成させなさい。**

(1) 害 (2) 正 (3) 行 (4) 然 (5) 協力 (6) 自然

3 **次の漢字の下に「性・的・化・然」のどれか一字をつけて、二字熟語または三字熟語を完成させなさい。**

(1) 必 (2) 老 (3) 病 (4) 中 (5) 突 (6) 建設

答え 139ページ下段

練習問題の答え

1
(1) カ (2) オ (3) カ
(4) イ (5) オ (6) イ
(7) エ (8) エ (9) ウ
(10) ウ (11) ア (12) イ

2
(1) 無害 (2) 不正
(3) 非行 (4) 未然
(5) 非協力 (6) 不自然

3
(1) 必然 (2) 老化
(3) 病的 (4) 中性
(5) 突然 (6) 建設的

3 覚えておきたい三字熟語

覚えたらチェック！

あ行

- ☐ 愛国心（あいこくしん）
- ☐ 愛妻家（あいさいか）
- ☐ 愛読書（あいどくしょ）
- ☐ 案内書（あんないしょ）
- ☐ 衣食住（いしょくじゅう）　よく出る
- ☐ 衣料品（いりょうひん）
- ☐ 引率者（いんそつしゃ）
- ☐ 有頂天（うちょうてん）
- ☐ 映画館（えいがかん）
- ☐ 円周率（えんしゅうりつ）
- ☐ 延長線（えんちょうせん）
- ☐ 温度計（おんどけい）

か行

- ☐ 海岸線（かいがんせん）
- ☐ 海水浴（かいすいよく）
- ☐ 加害者（かがいしゃ）
- ☐ 科学者（かがくしゃ）
- ☐ 拡声器（かくせいき）
- ☐ 気管支（きかんし）
- ☐ 機関車（きかんしゃ）
- ☐ 寄生虫（きせいちゅう）
- ☐ 貴重品（きちょうひん）
- ☐ 逆効果（ぎゃくこうか）
- ☐ 客観的（きゃっかんてき）
- ☐ 救急車（きゅうきゅうしゃ）
- ☐ 救助隊（きゅうじょたい）
- ☐ 共通語（きょうつうご）
- ☐ 銀世界（ぎんせかい）
- ☐ 警察署（けいさつしょ）
- ☐ 芸術家（げいじゅつか）
- ☐ 原始林（げんしりん）
- ☐ 講演会（こうえんかい）
- ☐ 効果的（こうかてき）
- ☐ 候補者（こうほしゃ）

さ行

- ☐ 最大限（さいだいげん）
- ☐ 裁判所（さいばんしょ）
- ☐ 参考書（さんこうしょ）
- ☐ 参拝者（さんぱいしゃ）
- ☐ 司会者（しかいしゃ）
- ☐ 自家用（じかよう）
- ☐ 指揮者（しきしゃ）
- ☐ 試写会（ししゃかい）
- ☐ 始発駅（しはつえき）
- ☐ 週刊誌（しゅうかんし）
- ☐ 消化器（しょうかき）
- ☐ 水源地（すいげんち）
- ☐ 水蒸気（すいじょうき）
- ☐ 正解者（せいかいしゃ）
- ☐ 声楽家（せいがくか）
- ☐ 政治家（せいじか）
- ☐ 成人式（せいじんしき）
- ☐ 専門家（せんもんか）
- ☐ 総合的（そうごうてき）
- ☐ 造船所（ぞうせんじょ）
- ☐ 総領事（そうりょうじ）
- ☐ 測候所（そっこうじょ）

た行

- ☐ 大規模（だいきぼ）
- ☐ 第三者（だいさんしゃ）
- ☐ 対照的（たいしょうてき）　よく出る
- ☐ 大西洋（たいせいよう）
- ☐ 太平洋（たいへいよう）
- ☐ 太陽熱（たいようねつ）
- ☐ 短期間（たんきかん）
- ☐ 地球儀（ちきゅうぎ）
- ☐ 地図帳（ちずちょう）
- ☐ 長距離（ちょうきょり）
- ☐ 調度品（ちょうどひん）
- ☐ 貯水池（ちょすいち）
- ☐ 通用門（つうようもん）
- ☐ 定期券（ていきけん）
- ☐ 天文台（てんもんだい）
- ☐ 東海道（とうかいどう）
- ☐ 討論会（とうろんかい）
- ☐ 特別室（とくべつしつ）

な行

- ☐ 生菓子（なまがし）
- ☐ 難事件（なんじけん）
- ☐ 西日本
- ☐ 日用品（にちようひん）
- ☐ 日記帳（にっきちょう）
- ☐ 人間性（にんげんせい）
- ☐ 年賀状（ねんがじょう）
- ☐ 農産物（のうさんぶつ）
- ☐ 乗組員（のりくみいん）

は行

- ☐ 博物館（はくぶつかん）
- ☐ 博覧会（はくらんかい）
- ☐ 派出所（はしゅつじょ）
- ☐ 発明家（はつめいか）
- ☐ 反作用（はんさよう）
- ☐ 被害者（ひがいしゃ）
- ☐ 飛行機（ひこうき）
- ☐ 非常識（ひじょうしき）　よく出る
- ☐ 微生物（びせいぶつ）
- ☐ 無愛想（ぶあいそう）　よく出る
- ☐ 不気味（ぶきみ）
- ☐ 別世界（べっせかい）
- ☐ 弁護士（べんごし）

ま行

- ☐ 満足感（まんぞくかん）
- ☐ 未公開（みこうかい）
- ☐ 身支度（みじたく）
- ☐ 未知数（みちすう）
- ☐ 無造作（むぞうさ）
- ☐ 無表情（むひょうじょう）
- ☐ 名産地（めいさんち）　よく出る
- ☐ 名投手（めいとうしゅ）
- ☐ 綿製品（めんせいひん）

や行

- ☐ 野球場（やきゅうじょう）
- ☐ 優勝旗（ゆうしょうき）
- ☐ 郵便物（ゆうびんぶつ）
- ☐ 輸出入（ゆしゅつにゅう）
- ☐ 予算案（よさんあん）
- ☐ 予定表（よていひょう）

ら行

- ☐ 来学期（らいがっき）
- ☐ 来年度（らいねんど）
- ☐ 来賓席（らいひんせき）
- ☐ 乱気流（らんきりゅう）
- ☐ 立体的（りったいてき）
- ☐ 利用券（りようけん）
- ☐ 理論的（りろんてき）　よく出る
- ☐ 倫理観（りんりかん）　ハイレベル
- ☐ 類似品（るいじひん）
- ☐ 冷暖房（れいだんぼう）
- ☐ 歴史家（れきしか）

4 覚えておきたい四字熟語

覚えたらチェック！

□**意気投合**…お互いの気持ちが、ぴったり合うこと。（よく出る）

□**異口同音**…多くの人が一度に同じことを言うこと。

□**以心伝心**…言葉がなくてもお互いの気持ちが通じ合うこと。（よく出る）

□**一意専心**…わき目もふらずに懸命に努力する様子。

□**一日千秋**…一日が千年に思えるほど待ちどおしいこと。

□**一部始終**…始めから終わりまですべて。

□**一喜一憂**…状況の変化に、喜んだり悲しんだりすること。

□**一挙両得**…一つのことをして二つのよい結果が得られること。（類義語）一石二鳥

□**一進一退**…よくなったり悪くなったりすること。

□**一心同体**…何人かの心が、ぴったりと合うこと。

□**一朝一夕**…ほんのちょっとの時間。わずかの日時。（よく出る）

□**一長一短**…良いところも悪いところもあって、不完全なこと。

□**意味深長**…言葉に表れたことのほかに深い意味があること。（よく出る）

□**因果応報**…自分の行いにあった報いがあること。

□**右往左往**…どうすればよいかわからず、うろたえること。

□**雲散霧消**…（雲や霧が消えるように）あとかたもなく消えること。

□**外柔内剛**…外からは優しそうに見えるが、実際は強くしっかりしていること。（ハイレベル）

□**我田引水**…自分に都合のいいようにすること。（ハイレベル）

□**危機一髪**…ぎりぎりのところまで危険が迫ること。

□**起死回生**…絶望的な状態から、立ち直らせること。

□**疑心暗鬼**…なんでもないことが疑わしく思え、不安になること。

□**奇想天外**…ふつうでは思いつかないような変わったこと。

□**喜怒哀楽**…喜び、怒り、悲しみ、楽しさなどの感情。（よく出る）

□**急転直下**…うまくいかないことが、急に解決に向かうこと。

□**空前絶後**…過去に例がなく、将来もありそうにないこと。

□**公平無私**…人をひいきしたりせず、平等に扱うこと。

□**公明正大**…心が正しくて、やましいところがないこと。（よく出る）

□**古今東西**…昔からいままで、世界のあらゆる場所で。

□**五里霧中**…どうしたらいいのか、わからないこと。

□**言語道断**…言葉で言い表せないほどひどいこと。

□**再三再四**…何度も何度も。繰り返し繰り返し。

□**山紫水明**…山や川の景色が美しいこと。

□**三拝九拝**…何度も何度もお辞儀をすること。

よく出る □**自画自賛**…自分のしたことを自分でほめること。

□**自給自足**…生活に必要なものを自分で生産し、間に合わせること。

□**四苦八苦**…ひじょうに苦労または苦悩すること。

よく出る □**自業自得**…自分のしたことの報いを受けること。

□**七転八倒**…痛みなどに耐えられず、転げ回ること。

ハイレベル □**質実剛健**…地味でしっかりしていること。

よく出る □**弱肉強食**…強い者が弱い者をえじきにすること。

ハイレベル □**縦横無尽**…物事を思うぞんぶんすること。

□**終始一貫**…始めから終わりまで、変わらないこと。

□**十人十色**…考え方や好みなどは、人それぞれにちがうということ。

よく出る □**取捨選択**…良いものを取り、悪いものを捨てること。

□**枝葉末節**…中心からはずれた重要ではない部分。

□**支離滅裂**…ばらばらで、筋道がたたないこと。

□**心機一転**…何かがきっかけで、気持ちがすっかり変わること。

□**伸縮自在**…自由に伸び縮みすること。

□**針小棒大**…小さなことをおおげさに言うこと。

□**晴耕雨読**…世間の煩わしさから離れ、のんびりと生活すること。

□**絶体絶命**…どうにもならないような、せっぱつまった状態。

□**千客万来**…多くの客がひっきりなしに来ること。

□**千載一遇**…千年に一度のめったにないチャンス。

□**千差万別**…多くのものがそれぞれちがうこと。

よく出る □**前代未聞**…いままで聞いたことのない珍しいこと。

よく出る □**千変万化**…めまぐるしく変わること。

よく出る □**大器晩成**…優れた人はほかの人よりも成功するのに時間がかかるということ。

ハイレベル □**泰然自若**…ゆったりと落ち着いて、

堂々としている様子。

□**大同小異**…少しのちがいだけで、大して変わらないこと。

□**多種多様**…形や性質のちがうものが、数多くあること。

□**単刀直入**…前置きを省いて、すぐに大事な話に入ること。

ハイレベル □**朝令暮改**…命令などがたびたび変わり、一定しないこと。

よく出る □**適材適所**…能力に合った地位や仕事をあたえること。

□**電光石火**…動作や行動などが、とてもすばやいこと。

□**天変地異**…暴風・大雨など自然の異変。

ハイレベル □**内憂外患**…内部にも外部にも問題が多いこと。

□**二束三文**…値段が安く、値打ちが低いこと。

□**日進月歩**…日々絶え間なく進歩すること。

□**破顔一笑**…顔をほころばせてにっこりと笑うこと。

□**博覧強記**…広く書物を読んで、よく覚えていること。

□**馬耳東風**…人の意見を聞き流すこと。

□**八方美人**…だれからも嫌われないように、うまくつきあう人。

□**半信半疑**…人の意見を完全には信じられないこと。

□**美辞麗句**…美しく飾った聞こえのよい言葉。

□**不言実行**…黙ってするべきことを実行すること。

ハイレベル □**付和雷同**…自分の考えがなく、他人に従うこと。

□**粉骨砕身**…苦労を惜しまず、力の限り努力すること。

□**片言隻語**…ほんのちょっとした言葉。

ハイレベル □**傍若無人**…そばに人がいても、勝手気ままに振る舞うこと。

よく出る □**本末転倒**…大切なことと、ささいなことを取りちがえること。

よく出る □**無我夢中**…何かに熱中して、ほかに何も考えられなくなること。

□**明鏡止水**…澄みきって静かな心の状態。

□**優柔不断**…なかなか考えを決められないこと。

□**有名無実**…名前だけで、中身のともなわないこと。

□**用意周到**…用意がじゅうぶんにできて、ぬかりのないこと。

よく出る □**臨機応変**…その場に応じて、適切な手段をとること。

□**老若男女**…年齢や性別に関係なく、すべての人。

□**和魂洋才**…日本の精神をもちながら、西洋の学問や知識を学ぶこと。

確認問題

第三節 熟語

答え 145ページ

1 次の(1)〜(6)と同じ成り立ちの熟語をあとのア〜シから二つずつ選び、記号で答えなさい。

(1) 寒冷　(2) 貯金　(3) 親友　(4) 前後　(5) 不正　(6) 年少

ア 投票　イ 未明　ウ 自他　エ 少量　オ 人造　カ 増加

キ 停止　ク 苦楽　ケ 最後　コ 指名　サ 無言　シ 国営

2 次の（ ）にそれぞれ漢数字を入れて、四字熟語を完成させなさい。

(1) （ア）束（イ）文　(2) （ア）載（イ）遇

(3) （ア）捨（イ）入　(4) （ア）苦（イ）苦

3 下の意味を参考にして、あとの□の漢字を□□にあてはめて、四字熟語を完成させなさい。

(1) □□止水…（意味）澄みきって静かな心の状態。

(2) □□直入…（意味）前置きを省いて、すぐに大事な話に入ること。

(3) 五里□□…（意味）迷ってしまい、方角を失うこと。

(4) 因果□□…（意味）自分の行いに合った報いがあること。

鏡　応　霧　刀　異　中　明　報　単

つまずいたら

1 ▼137ページ

2 熟語の成り立ち

(1) 似た意味の漢字を重ねたもの。

(2) 下の漢字が上の漢字の目的語（「〜を」「〜に」）になっているもの。

(3) 上の漢字が下の漢字を修飾するもの。

(4) 反対、または対になる意味の漢字を重ねたもの。

(5) 上に打ち消しの語がついたもの。

(6) 上の漢字が主語、下の漢字が述語の関係になっているもの。

2 3 ▼141ページ

4 覚えておきたい四字熟語

確認問題の答え

問題 144ページ

1
(1)カ・キ
(2)ア・コ
(3)エ・ケ
(4)ウ・ク
(5)イ・サ
(6)オ・シ

2
(1)ア二　イ三
(2)ア千　イ一
(3)ア四　イ五
(4)ア四　イ八

3
(1)明鏡
(2)単刀
(3)霧中
(4)応報

第三節　学習の整理

1 熟語の意味（組み合わせ）
熟語は二字以上の漢字が組み合わさってできた言葉で、いろいろな組み合わせで、たくさんの熟語ができる。

2 熟語の成り立ち
①(1)同じ漢字を重ねたもの
(2)似た意味の漢字を重ねたもの
(3)反対、または対になる意味の漢字を重ねたもの
(4)上の漢字が下の漢字を修飾する（説明する）もの
(5)下の漢字が上の漢字の目的語（「～を」「～に」）になっているもの
(6)上の漢字が主語、下の漢字が述語になっているもの
(7)上に打ち消しの漢字「不・無・非・未」がついたもの
(8)下に意味をつけ加える漢字「性・的・化・然」などがついたもの
(9)長い熟語を二字に省略したもの

3 三字熟語・四字熟語の成り立ち
多くは二字の熟語がもとになっている

第四節 ことわざ

1 ことわざとは

①ことわざとは

昔から言い習わされてきた短い言葉で、人間が世の中を生きていくうえで役立ついろいろな教えやいましめ、生活の知恵などが込められたものを「ことわざ」といいます。

例 **備えあれば憂いなし**　**灯台下暗し**

②ことわざの特徴

ことわざには、聞く人に印象付けたり、覚えやすくしたり、調子よく口ずさめたりするように、さまざまな工夫を凝らしてあります。

(1) ことわざの文の形は二つの部分からできていることが多い。

何が＋どうである	例 **うそも方便**　**言わぬが花**
何が＋どうする	例 **芸は身を助ける**　**せいては事を仕損じる**
何を＋どうせよ	例 **善は急げ**　**念には念を入れよ**

学習のねらいと目安

ことわざをはじめとした慣用表現にふれよう

この節では、ことわざとは何か、ことわざにはどんな特徴があるか、また、ことわざの意味をどのようにとらえるか、くわしく学びます。ことわざの意味をただ覚えるだけでなく、ふだんから適切に使えるようになること、ことわざの面白さを理解することを目標としています。

学習の順序

(2) 五音や七音を重ねたり、同音を重ねたりして、調子をよくしている。
例 **好きこそものの上手なれ**　**短気は損気**

(3) 数字をうまく取り入れている。例 **石の上にも三年**　**一を聞いて十を知る**

(4) たとえの表現を用いている。例 **猫に小判**　**どんぐりの背比べ**

(5) 逆説的な表現（反対の言い方）をしている。例 **急がば回れ**

(6) 対句を用いている。例 **聞くは一時の恥聞かぬは末代の恥**

(7) 説明を省いて、名詞を重ねている。例 **地震かみなり火事おやじ**

③ことわざの意味のとらえ方

まず、そのことわざに使われている言葉が直接表す意味をつかみます。ことわざはたとえを用いたり、説明を省いたりしているので、直接の意味から、そのことわざに込められている、教えやいましめなどを考えましょう。

例 **井の中の蛙大海を知らず**

意味 井戸の中にいるかえるは、外に広くて大きい海があることを知らない。
←
自分だけの狭い知識や考え方にとらわれて、ほかに広い世界があることを知らないでいることのたとえ。

入試には こう出る！

ことわざの問題は、中学入試でよく出題されます。説明文や物語文などの文章中で問われることも多いので、代表的なことわざの意味と使い方をよく理解しておきましょう。ことわざの意味を答える問題のほか、「□も木から落ちる（答え：猿）」のように、ことわざを完成させる問題もよく出題されます。

もっとくわしく

ことわざと似たものに「格言」があります。ことわざは昔から言い伝えられてきたもので、生活の中から生まれたものであるのに対し、格言は言った人がはっきりしているものをいいます。

例 初心忘るべからず（世阿弥）
少年よ、大志を抱け（クラーク博士）

2 覚えておきたいことわざ

覚えたらチェック!

あ〜お

□**悪事千里を走る** 悪いことはすぐ知られてしまうということ。

□**頭隠して尻隠さず** 一部だけ隠して、全部隠したつもりになっていること。

□**あとは野となれ山となれ** 当面のことさえ無事にすめば、あとはどうなろうとかまわない。

よく出る □**あぶ蜂とらず** あれもこれもと欲ばってやると、すべて失敗するということ。

□**雨だれ石をうがつ** 根気よくやれば、困難なことでも成し遂げられる。

□**雨降って地固まる** もめごとのあとは、前の状態より落ち着いてかえってよくなる。

□**案ずるより産むが易し** 先に心配するよりも、実際にやってみると意外にうまくいくものだ。

□**言うは易く行うは難し** 口で言うのは簡単だが、実行するのは難しい。

よく出る □**石の上にも三年** つらくても我慢していれば、やがてよくなるということ。

よく出る □**石橋をたたいて渡る** 用心の上に用心を重ねて物事を行うこと。

□**医者の不養生** 他人には立派なことを言っても自分はやっていないことのたとえ。

□**急がば回れ** 遠回りでも安全な道を行ったほうが、結局は早く着く。

よく出る □**一日千秋** 待ちきれない気持ちを表す言葉。

□**一寸の虫にも五分の魂** どんなに小さく弱いものにも、意地はあるものだ。

□**犬も歩けば棒に当たる** 出歩いていると、思いがけない災難や幸運にぶつかるということ。

□**井の中の蛙大海を知らず** 自分の狭い知識や考え方にとらわれて、広い世界のことを知らないこと。

□**魚心あれば水心** 自分に対する相手の好意があれば、自分もそれに応えようとする気持ちをもつものだということ。

□**うそも方便** 目的のための手段としてのうそも、ときにはしかたがない。

□**うどの大木** 大きいだけで役に立たないもの。

よく出る □**馬の耳に念仏** いくら言っても効き目のないこと。

□**うりのつるになすびはならぬ** 平凡な親から、非凡な子どもは生まれない。

□**えびでたいを釣る** 少しの元手で大もうけしたり、値打ちのあるものを手に入れたりすること。

□**縁の下の力持ち** 人知れず、かげになって努力することや、その人。

□**鬼に金棒** もともと強いのに、何かを得て、ますます強くなること。

□**鬼のいぬ間の洗濯** 恐れる者がいない間に、のんびりくつろいで、やりたいことをやること。

□**鬼の目にも涙** 鬼のようなひどい人でも、情け深くなることがあるということ。

□**帯に短したすきに長し** 中途半端でどちらの役にも立たないこと。

□**おぼれる者はわらをもつかむ** 危なくなったときには、頼りにならないものまで頼りにするということ。

□**親の心子知らず** 親の深い心を知らずに、子どもは勝手なふるまいをすること。

か～こ

□**かえるの子はかえる** 凡人の子はやはり凡人であるということ。

□**かえるの面に水** どんなひどい目にあっても、まったく平気な様子。

よく出る □**かっぱの川流れ** 油断すると、どんな上手な人でも失敗することがある。

□**壁に耳あり障子に目あり** ないしょ話は、どこかからもれるということ。

□**果報は寝て待て** 幸運は人の力ではどうにもならないから、あせらず時機が来るのを待つしかない。

□**亀の甲より年の功** 長年の経験はなんといっても役に立つということ。

よく出る □**かわいい子には旅をさせよ** 子どもがかわいければ、社会に出して苦労させたほうがよい。

□**聞いて極楽見て地獄** 聞くのと実際に見るのとでは、大きなちがいがあるということ。

□**聞くは一時の恥聞かぬは末代の恥** 知らないことを聞くのは、そのときだけ恥ずかしい思いをすればよいが、知らないままにすると一生恥ずかしい思いをする。

□**九死に一生を得る** ほとんど助からないはずの命が、かろうじて助かること。

よく出る □**口は災いの門** うっかりしゃべると災いのもとになるので、口はつつしめということ。

□**苦しいときの神頼み** 困ったときだけ、神の助けを請うたり、人の助けを求めたりすること。

□**芸は身を助ける** 技芸を身につけておくと、いざというときの助けとなるということ。

□**後悔先に立たず** 失敗してから悔

やんでもとりかえしがつかないということ。

□**弘法筆を選ばず**　名人は道具のよしあしなど問題にしないでうまくできる。

よく出る
□**弘法も筆の誤り**　どんな優れた人でも失敗することがあるということ。

□**紺屋の白ばかま**　人のことをするのに忙しく、自分のことをするひまがない。

□**転ばぬ先のつえ**　失敗する前に、気をつけることが大切だということ。

さ～そ

□**猿も木から落ちる**　どんな名人でも失敗することがある。

□**さわらぬ神にたたりなし**　物事に関わらなければ災いをうけることはない。

□**さんしょうは小つぶでもぴりりとからい**　小さくても優れた能力をもっている。

よく出る
□**三人寄れば文殊の知恵**　何ごとでも、何人かで相談すれば、文殊ぼさつのような優れた考えがわいてくるということ。

□**地震かみなり火事おやじ**　この世で恐ろしいとされているものを、その順に並べた言葉。

よく出る
□**朱に交われば赤くなる**　人はつきあっている友達によって良くも悪くもなる。

□**知らぬが仏**　当人だけが何も知らないで平気でいることを、あざけっていう。

□**好きこそものの上手なれ**　好きなことは上達も早いし大成するということ。

よく出る
□**すずめ百までおどり忘れず**　子どものときの習慣は、大きくなっても変わらない。

□**住めば都**　どんなところでも、住み慣れるとよくなってくる。

□**せいては事を仕損じる**　あわてて すると、失敗するということ。

□**船頭多くして船山に登る**　口出しをしたり、指示したりする人が多くて統一できず、かえってうまくいかないこと。

□**善は急げ**　善いことをするときには、迷わず直ちに実行せよということ。

□**備えあれば憂いなし**　ふだんから用意しておけば、何が起こっても心配ない。

た～と

□**対岸の火事**　自分には害がなく、何の苦痛も感じないこと。

□**大は小をかねる**　大きいものは小さいもののかわりに用いることができる。

よく出る
□**立つ鳥あとをにごさず**　立ち去る

とき、よく始末して、見苦しくないようにする。

よく出る
□**立て板に水**　止まることなくすらすらと話す様子。

□**旅の恥はかき捨て**　旅先で恥ずかしいことをしても、どうせその場かぎりだから気にしない。

□**短気は損気**　短気を起こすと、結局自分が損をするということ。

□**ちょうちんに釣りがね**　形は似ていても、ちがいすぎて比べものにならない。つり合いがとれない。

よく出る
□**ちりも積もれば山となる**　少しのものでも積もり重なれば大きくなること。

□**月とすっぽん**　二つのものの差が比べものにならないくらいかけ離れていること。

□**出るくいは打たれる**　でしゃばるときらわれる。

□**灯台下暗し**　自分のことや身近なことは、かえってわかりにくい。

□**とうふにかすがい**　手ごたえがまったくないこと。

□**となりの花は赤い**　他人のものはよく見える。

□**とびがたかを生む**　平凡な親から優れた子どもが生まれること。

□**とらぬたぬきの皮算用**　物事が決まる前からあてにし、心待ちにすること。

よく出る
□**どんぐりの背比べ**　みんな平凡ですぐれたものがないこと。

な〜の

よく出る
□**泣き面に蜂**　不幸・不運のうえにさらにそれが重なること。

□**泣く子と地頭には勝てぬ**　わがままな者には、こちらがいくら理屈にあったことを言っても、認めてもらえないから、逆らわないほうがいいということ。

□**無くて七くせ**　どんな人でも、いくつかのくせはもっているということ。

□**七転び八起き**　何回失敗しても、くじけないでがんばること。

□**二度あることは三度ある**　物事は何度もくり返し起こるものだということ。

□**二兎を追う者は一兎をも得ず**　同時に二つのことをしようとすると、どちらも成功しないこと。

□**ぬかにくぎ**　何の手ごたえもなく、効き目がないこと。

□**ぬれ手で粟**　それほど苦労しないで、多くの利益を得ること。

□**猫にかつおぶし**　好きなものをそばに置くのは危険だということ。

よく出る
□**猫に小判**　値打ちのあるものでも、持つ人によっては、何の役にも立たないこと。

□**念には念を入れよ**　注意したうえにも、さらに注意せよということ。

□**能あるたかはつめを隠す** 実力がある人はそれをやたらと見せびらかさない。

□**のどもと過ぎれば熱さを忘れる** 苦しかったことも、過ぎ去ってしまえば忘れてしまうものだ。

□**のれんに腕押し** 何の手ごたえもなく、はりあいがないこと。

は〜ほ

□**花よりだんご** 見かけのよさより、実際に役立つもののほうがよいということ。

よく出る □**人のうわさも七十五日** 世の中でうわさになっていることも、しばらくすると忘れられてしまうということ。

□**火のないところに煙は立たぬ** 原因がなければ、うわさが立つはずがない。

□**豚に真珠** 価値のわからない者には無意味であることのたとえ。

□**下手の横好き** 上手でもないのに、むやみに好きなこと。

□**仏の顔も三度** どんなに温和な人でも、いやなことをくり返しされれば怒り出すということ。

ま〜も

□**まかぬ種は生えぬ** 原因がなくては結果は生まれないということ。

□**まくらを高くする** 心配ごとのないこと。

□**負けるが勝ち** 無理に争わず相手にゆずったほうが、結局は有利になる。

□**馬子にも衣装** どんな人でも、立派な着物を着ればよく見える。

よく出る □**待てば海路の日和あり** あせらずにじっくりと待っていれば、やがてよい機会がめぐってくる。

よく出る □**身から出たさび** 自分の失敗が原因で、自分が苦しむこと。

□**三つ子の魂百まで** 子どものときの習慣やくせは、大人になっても変わらない。

□**無理が通れば道理がひっこむ** 正しくないことが行われている世の中では、正しいことが行われなくなる。

□**目の上のたんこぶ** 目障りでじゃまなもの。

□**もちはもち屋** 専門家に任せれば、まちがいはないということ。

□**門前の小僧習わぬ経を読む** いつも見たり聞いたりしていると、いつのまにかそれを覚えてしまうものだ。

や〜よ

よく出る □**焼け石に水** 少しぐらいの助けでは、何の役にも立たないこと。

□**柳の下にいつもどじょうはいない** 一度うまくいったからといって、いつでもうまくいくとはかぎらないということ。

□**弱り目にたたり目**　弱ったときに、さらに災難にあうこと。不運が重なること。

ら〜ろ

□**良薬は口に苦し**　自分のためになるいましめの言葉は、聞くのがつらいものだ。

□**論より証拠**　物事を証明するには、理屈をあれこれ言うより、証拠を示したほうが早いということ。

同じ意味のことわざ

□あぶ蜂とらず
　二兎を追う者は一兎をも得ず

□石の上にも三年
　待てば海路の日和あり

□石橋をたたいて渡る
　念には念を入れよ

□うりのつるになすびはならぬ
　かえるの子はかえる

□かっぱの川流れ
　猿も木から落ちる
　弘法も筆の誤り

□紺屋の白ばかま
　医者の不養生

□すずめ百までおどり忘れず
　三つ子の魂百まで

□ちょうちんに釣りがね
　月とすっぽん

□とうふにかすがい
　ぬかにくぎ
　のれんに腕押し

□泣き面に蜂
　弱り目にたたり目

□猫に小判
　豚に真珠

反対の意味のことわざ

□うそも方便
　うそつきはどろぼうの始まり

□果報は寝て待て
　まかぬ種は生えぬ

□三度目の正直
　二度あることは三度ある

□好きこそものの上手なれ
　下手の横好き

□善は急げ
　せいては事を仕損じる

□立つ鳥あとをにごさず
　あとは野となれ山となれ

□とびがたかを生む
　うりのつるになすびはならぬ

□わたる世間に鬼はない
　人を見たらどろぼうと思え

確認問題　第四節　ことわざ

答え 155ページ

1 **次の言葉に続くものをあとから記号で選んで、ことわざを完成させなさい。**

(1) 早起きは　(2) 猿も木から　(3) 石橋を　(4) せいては
(5) 二兎を追う者は　(6) 弱り目に　(7) 善は　(8) おぼれる者は

ア 一兎をも得ず　**イ** 三文の徳　**ウ** 事を仕損じる　**エ** たたいて渡る
オ 落ちる　**カ** たたり目　**キ** わらをもつかむ　**ク** 急げ

2 **次のことわざの意味にあたるものを、あとの文から選んで、記号で答えなさい。**

(1) 馬の耳に念仏　(2) 三人寄れば文殊の知恵　(3) 聞いて極楽見て地獄
(4) 紺屋の白ばかま　(5) 医者の不養生　(6) 下手の横好き

ア 他人のことに忙しく、自分のことをしているひまがないこと。
イ 他人には立派なことを言っても自分はやっていないことのたとえ。
ウ いくら言って聞かせても、効き目のないこと。
エ ひとりで考えるより、大勢で考えたほうがよいということ。
オ 人から聞くのと、自分の目で実際に見たのとでは大きなちがいがあること。
カ うまくないのに、その物事をむやみに好み、熱心なこと。

3 **次の（　）に字数にあったひらがなを入れて、よく似た意味のことわざを完成させなさい。**

(1) （　三字　）にかすがい＝（　二字　）にくぎ
(2) （　三字　）の川流れ＝（　四字　）も筆の誤り

つまずいたら

1 1 ▼146ページ
②ことわざの特徴

ヒント
ことわざは二つの部分からできている場合が多い。意味として前後がつながるものを選ぼう。

2 2 ▼148ページ
覚えておきたいことわざ

ヒント
意味がわからないことわざは辞書などで調べよう。

2 3 ▼153ページ
覚えておきたいことわざ
同じ意味のことわざ

確認問題の答え

問題 154ページ

1
(1) イ (2) オ
(3) エ (4) ウ
(5) ア (6) カ
(7) ク (8) キ

2
(1) ウ (2) エ
(3) オ (4) ア
(5) イ (6) カ

3
(1) とうふ・ぬか
(2) かっぱ・こうぼう

第四節 学習の整理

①ことわざとは…昔から言い習わされてきた短い言葉で、教えやいましめ、生活の知恵などが込められたもの。

②ことわざの特徴
(1) 文の形は二つの部分からできていることが多い。
(2) 五音・七音・同音などを重ね、調子をよくしている。
(3) 数字をうまく取り入れている。
(4) たとえの表現を用いている。
(5) 逆説的な表現(反対の言い方)をしている。
(6) 対句を用いている。
(7) 説明を省いて、名詞を重ねている。

③ことわざの意味のとらえ方
　ことわざの言葉が直接表す意味をつかんだうえで、教えやいましめなどを考えていく。

・ことわざと格言のちがい
　ことわざが生活の中から生まれたものであるのに対し、言った人がはっきりわかっているものを格言という。

第五節 慣用句

1 慣用句とは

① 慣用句とは

「骨を折る（意味＝苦労する）」などのように、二つ以上の言葉が結びつき、もとの意味とは異なる意味を表すようになった言葉を「慣用句」といいます。慣用句はことわざと同じように、昔から言い習わされてきたきまり文句ですが、ことわざとちがって教訓的な意味はありません。

② 慣用句の特徴

慣用句には、体の部分や動物・植物、生活に関わりの深い道具などを使ったものが多くあります。

	例
体の部分を使ったもの	鼻を明かす　手に余る　口が重い　足を洗う　目から鼻へぬける　耳が痛い
動物・植物を使ったもの	猫の額　馬が合う　根も葉もない　すずめの涙　青菜に塩　根ほり葉ほり

学習のねらいと目安

慣用句を正しく使いこなそう

この節では、慣用句とは何か、慣用句にはどのようなものがあるか、くわしく学んでいきます。

慣用句の意味はその言葉どおりの意味とはまったく変わってくるので、正しい意味をしっかりと理解して使えるようになることを目標としています。

慣用句を使って、読み手を引きつける印象的な文章を書けるようにすることも大切です。

学習の順序

生活に関わりの深い道具などを使ったもの

例
油を売る
手塩にかける
さじを投げる
お茶をにごす
水に流す
棚にあげる

③慣用句の意味のとらえ方

慣用句の意味は、その言葉がもつもとの意味とはちがいます。文中で使われている場合は前後の文章とのつながりや内容から考え、意味をとらえなければなりません。「鼻が高い」「首を長くする」など、言葉が表すそのままの様子をイメージしてみると、意味につながってきます。

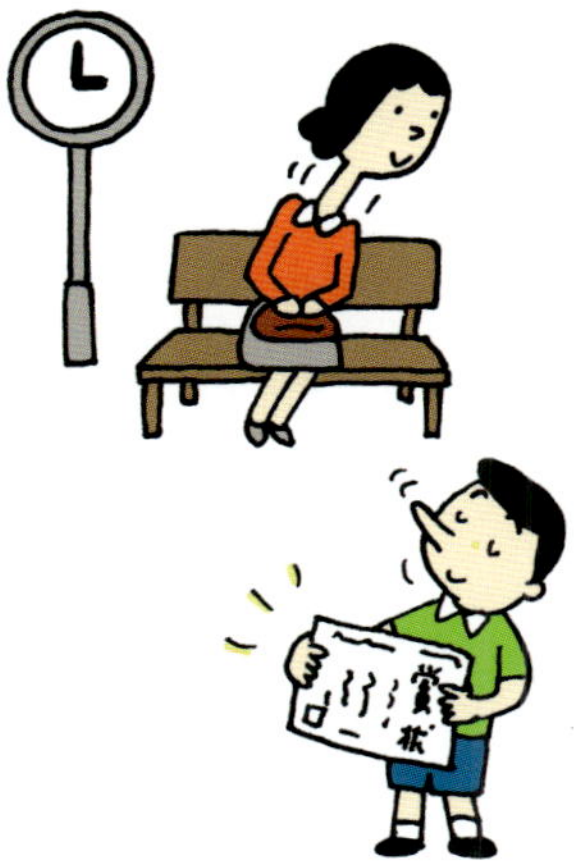

練習問題

次の（　）に、あてはまる漢字一字をあとのア～キから選び、慣用句を完成させなさい。

(1)（　）から火が出る
(2) 青菜に（　）
(3) 目と（　）の先
(4)（　）にたこができる
(5) 手に（　）をにぎる
(6) 白羽の（　）が立つ

ア 汗　イ 顔　ウ 鼻　エ 矢　オ 耳　カ 塩　キ 板

答え 157ページ下段

入試にはこう出る！

慣用句の問題は、中学入試でとてもよく出題されます。「［足］を引っぱる」「［息］をのむ」のように、□にあてはまる語を答えて慣用句を完成させる問題が多く出ています。文章の前後の意味から、あてはまる慣用句を考えることが大切です。特に、「手・頭・肩・足・腹」など、体の部分を使った慣用句はよく出題されますので、整理しておきましょう。

練習問題の答え

(1) イ　(2) カ　(3) ウ
(4) オ　(5) ア　(6) エ

学習のポイント

(2)「青菜に塩」は元気がなくしおれているという意味。(3)「目と鼻の先」とはたいへん近いという意味。

2 覚えておきたい慣用句

覚えたらチェック！

あ～お

□**青菜に塩**　元気なくしおれている。

□**あげ足をとる**　人の言葉のおかしな点や誤りをとりあげてからかう。

□**あごで使う**　いばった態度で人に指示する。

□**あごを出す**　ひどく疲れた様子。

□**あごを外す**　大笑いする様子。

□**足が地に着かない**　心や行動が落ち着かない。

よく出る
□**足が棒になる**　足がたいへん疲れる様子。

□**足もとを見る**　人の弱みにつけこむ。

□**足をのばす**　ある地点から、さらに遠い場所にでかける。

□**足を引っぱる**　他人の成功や前進のじゃまをする。

□**頭にくる**　腹が立つこと。

よく出る
□**あとの祭り**　ちょうどよいときを逃すこと。

□**穴があったら入りたい**　非常に恥ずかしい様子。

よく出る
□**油を売る**　むだ話をしてなまける。

□**あわを食う**　非常に驚きあわてる。

□**息をのむ**　はっとすること。

よく出る
□**板につく**　経験を積んで、それがその人にぴったり合うようになる。

□**一日の長**　物事の経験を多く積んで、ほかの人より優れていること。

□**一目置く**　相手の力が優れていると認めて敬意をはらう。

□**色をなす**　怒りや不快を感じて顔色を変えること。

□**後ろ髪をひかれる**　未練が残って、ふりきることができない。

□**後ろ指をさされる**　かげで非難される。

□**腕が上がる**　技術が向上する。

□**うの目たかの目**　熱心に探す様子。

□**馬が合う**　気が合う。

□**裏をかく**　相手が思ってもいないようなことをして、出しぬく。

□**うり二つ**　非常によく似ている。

□**雲泥の差**　二つのものにひどく差がある。

□**えりを正す**　真面目でおごそかな気持ちになる。きちんとする。

□**おうむ返し**　相手の言ったとおりに言う。

□**大船に乗ったよう**　信頼し、安心しきった様子。

□**おくびにも出さない**　それらしい様子をまったく見せない。

よく出る
□**お茶をにごす**　適当にごまかす。

□**折り紙をつける**　だいじょうぶと保証する。

□**音頭をとる**　人の先頭に立ってことを行う。

か～こ

□**顔がきく**　信用や権力があって、無理な頼みを聞いてもらえる。

□**顔がつぶれる**　恥をかく。

よく出る □**顔が広い**　多くの人に知られている。知り合いが多い。

□**顔から火が出る**　たいへん恥ずかしい思いをする。

□**顔に泥をぬる**　恥をかかせる。

□**肩で息をする**　たいへん苦しそうに息をする。

□**肩で風を切る**　いばって歩く。

□**肩の荷がおりる**　責任や義務を果たして、ほっとする。

□**肩身が狭い**　まわりに引け目を感じる。

□**肩を並べる**　同じくらいの力をもってはりあう。

□**肩を持つ**　味方をする。

□**かぶとを脱ぐ**　かなわないと降参する。

□**かゆいところに手が届く**　細かいところまで気が付いていき届く。

よく出る □**気が置けない**　親しく、遠慮することがない。

よく出る □**木で鼻をくくる**　ぶあいそうにもてなす。

□**木に竹をつぐ**　物事がつりあっていない。

□**肝がすわる**　どっしりと落ち着いている。

□**肝にめいじる**　心にとめて、絶対に忘れないようにする。

よく出る □**肝をつぶす**　非常に驚く。

□**口が重い**　口数が少ない。

よく出る □**口がかたい**　秘密を守ってしゃべらない。

□**口が軽い**　何でもべらべらしゃべる。

□**口車に乗る**　うまい話にだまされる。

□**くちばしが黄色い**　若くて経験が少ない。

よく出る □**口火を切る**　いちばん初めに話し出す。

□**口を割る**　秘密にしていることを、しかたなしに言ってしまう。

よく出る □**首を長くする**　いまかいまかと待ちわびる。

□**雲をつかむ**　とらえどころがない。

さ～そ

よく出る □**さじを投げる**　もう見込みがないと、物事を途中でやめてしまう。

□**舌つづみを打つ**　食べ物がおいしくて、舌をならすこと。

□**舌を巻く**　すばらしいことに驚き、感心する。

□**しのぎをけずる**　激しく争う。

□**春秋に富む**　若くて将来性がある。

よく出る □**白羽の矢が立つ**　多くの中から、特に見込まれて選び出される。

□**尻切れとんぼ**　物事が途中でとぎれて続かないこと。

- □**尻に火がつく**　事態がさしせまる。
- □**白い目で見る**　冷たい目つきで人を見る。
- □**すずめの涙**　あるかないかというぐらいのほんのわずかな量。
- □**図に乗る**　調子に乗ってつけあがる。
- □**すねをかじる**　自分の力で生活できず、親などの世話になる。
- □**背に腹はかえられぬ**　大切なことのためには、少々のことはかまっていられない。

た〜と

- □**たかをくくる**　この程度であろうと軽く思って見くびる。
- □**たち打ちできない**　相手が強すぎて、対等に戦うことができない。
- □**棚にあげる**　ほうっておく。
- □**たもとを分かつ**　人と別れる。絶交する。
- □**血がのぼる**　かっとする。
- □**つめに火をともす**　倹約した生活をする。
- □**つめのあか**　小さい物事のたとえ。
- □**面の皮が厚い**　ずうずうしく、恥ずかしいということを知らない。
- □**面の皮をはぐ**　正体をあばく。
- □**手がかかる**　世話が焼ける。
- □**手塩にかける**　自分で世話をして育てる。
- よく出る □**手に汗をにぎる**　危なっかしくて、はらはらする。
- □**手に余る**　自分の力ではできない。
- □**手を切る**　関係を絶つ。
- □**手を抜く**　仕事などをいいかげんにする。
- □**手を焼く**　しまつに困る。
- □**頭角を現す**　才能などが目立ちはじめる。

な〜の

- □**涙をのむ**　悔しさをこらえる。
- □**二の足をふむ**　気が進まずためらう。
- □**二の舞**　前と同じ失敗をする。
- よく出る □**猫の手も借りたい**　非常に忙しく、手が足りないことのたとえ。
- □**猫の額**　非常に狭い様子。
- □**猫もしゃくしも**　だれもかれもみんな。
- □**猫をかぶる**　本当の性質を隠して、おとなしいふりをする。
- □**根に持つ**　いつまでも恨みに思う。
- □**根ほり葉ほり**　細かい点まで何もかもしつこく聞く。
- □**根も葉もない**　何の証拠もない、いいかげんな。
- よく出る □**寝耳に水**　まったく思いがけないことに驚く。
- □**音をあげる**　へこたれる。
- よく出る □**のどから手が出る**　欲しくてたまらない。

は〜ほ

- □**歯が立たない**　とてもかなわない。
- □**はしにも棒にもかからない**　どう

扱っていいかわからないほどひどいありさま。

□**鼻が高い**　自慢に思って、得意になる。

□**鼻であしらう**　ちゃんとした返事をしないで、いいかげんに扱う。

□**鼻にかける**　自慢する。

よく出る □**鼻を明かす**　得意になっている相手を出しぬいて、あっと言わせる。

□**鼻を折る**　相手の自慢する気持ちをくじく。

□**歯に衣を着せない**　遠慮しないで、思ったままを言う。

□**歯の根が合わない**　あまりの寒さや恐ろしさにふるえて歯がカチカチいう。

□**腹が黒い**　心に悪だくみがある。

□**はらわたがちぎれる**　非常に悲しくつらい思いをする。

□**腹をすえる**　覚悟をきめる。

□**腹を割る**　隠さず、うちあける。

□**非の打ちどころがない**　欠点がまったくない。

□**筆が立つ**　文章を書くことが上手だ。

□**筆を折る**　書くことを途中でやめる。

□**骨を折る**　苦労する。

ま〜も

□**まゆをひそめる**　心配事やいやな気持ちから顔をしかめる。

□**水に流す**　過去のことをなかったことにする。

□**水を差す**　じゃまになることを言ったり、したりする。

□**身に余る**　あまりにすばらしくて、自分にはもったいない。

□**耳が痛い**　自分の弱点や欠点を言われ、聞くのがつらい。

よく出る □**耳にたこができる**　何度も同じことを聞いて、うんざりする。

よく出る □**虫が知らせる**　何となく、何かが起こりそうな予感がする。

□**胸に一物**　口に出さないで、心にたくらみを抱くこと。

□**胸を借りる**　力が上の者に相手をしてもらう。

よく出る □**目から鼻へぬける**　頭の働きがよい。

□**目が高い**　物のよしあしを見分ける力がある。

□**目がない**　たいへん好きだ。

□**目と鼻の先**　たいへん近いこと。

□**目に余る**　することがあまりにひどく、見ていられない。

□**目もくれない**　まったく関心を示さない。

□**目をかける**　めんどうを見てかわいがる。

や〜よ

□**指をくわえる**　強く望みながら手を出せずにだまって見ている。

確認問題

第五節　慣用句

答え 163ページ

1 **次の慣用句の(　)に入る、体の部分を表す漢字一字を答えなさい。またその意味をあとのア～カから選び、記号で答えなさい。**

(1) (　)を引っぱる　(2) (　)を巻く　(3) (　)を折る

(4) (　)が黒い　(5) (　)がかかる　(6) (　)が立たない

ア　世話が焼ける。　イ　心に悪だくみがある。

ウ　すばらしさに驚き、感心する。　エ　苦労する。

オ　他人のじゃまをする。　カ　かなわない。

2 **次の文の(　)にあてはまる慣用句をあとのア～エから選び、記号で答えなさい。**

(1) 花田部長の転勤は(　)だった。

(2) おばあちゃんは甘いものに(　)。

(3) 一日五時間勉強して、ライバルの良一君の(　)。

(4) (　)うわさ話を信じないでください。

ア　根も葉もない　イ　寝耳に水　ウ　鼻を明かす　エ　目がない

3 **次の二文の、慣用句の使い方がまちがっているほうの記号を答えなさい。**

A　気が置けない友とは一緒にいられない。

B　気が置けない友とゆっくり過ごす。

つまずいたら

1 **1** ▼156ページ

② 体の部分を使ったものの例

ヒント

「**2** 覚えておきたい慣用句」も確認しよう。体の部分を使った慣用句は比較的よく出てくるので、おもなものはしっかりと覚えておこう。

▼158ページ

1 **3** ▼157ページ

③ 慣用句の意味のとらえ方

ヒント

「気が置けない」→相手と「気（空気の距離）」を置きたくない関係がどのような関係なのかを考えよう。

確認問題の答え

問題 162ページ

1
(1) 足・オ
(2) 舌・ウ
(3) 骨・エ
(4) 腹・イ
(5) 手・ア
(6) 歯・カ

2
(1) イ
(2) エ
(3) ウ
(4) ア

3
A

第五節　学習の整理

① 慣用句とは

二つ以上の言葉が結びつき、もとの意味とは異なる意味を表すようになった言葉のこと。

② 慣用句の特徴

慣用句には、体の部分や動物・植物、生活に関わりの深い道具などを使ったものが多くある。

例
耳が痛い・手に余る
(体の部分を使ったもの)
すずめの涙・根ほり葉ほり
(動物・植物を使ったもの)
油を売る・お茶をにごす
(生活に関わりの深い道具などを使ったもの)

③ 慣用句の意味のとらえ方

慣用句の意味は、その言葉のもつ本来の意味とはちがっているので、文中で使われている場合は前後の文章とのつながりや内容から意味をとらえる。また、「鼻が高い」など、慣用句に使われている言葉そのままに場面をイメージしてみると、意味につながる。

第六節 故事成語

学習のねらいと目安

故事成語の成り立ちを理解しよう

この節では、まず故事成語とは何か、どういうものかを学びます。そこから、おもな故事成語のいわれと意味をしっかりと覚えていくことを目標としています。

ただ単に意味を覚えるのではなく、その言葉の成り立ちを知ることで、深い理解を得られることを目指しています。

学習の順序

1 故事成語とは……3・4年
2 覚えておきたい故事成語……3・4年

1 故事成語とは

①故事成語とは

「故事」とは昔あった出来事、なかでも中国の昔の出来事や、中国の古典をもとにして、昔から言い伝えられてきたいわれのある事がらをいいます。その故事をもとにしてできあがった言葉が、「故事成語」です。

故事成語

「漁夫の利」のいわれ

昔、ある浜で、しぎという鳥とはまぐりという貝が言い争っていました。そこを通りかかった漁師は、「これは、よい獲物が二つ。ここは両方いただいてやろう。」と、何の苦労もせず、両方をつかまえてしまいました。

→ここから、「漁夫の利」とは「二つの勢力が争っている間に、別の第三者が利益を得る」という意味になりました。

故事成語

「矛盾」のいわれ

昔、中国の楚の国で、矛（やり）と盾の両方を売り歩く商人がいました。「この矛はどんな盾でもうちやぶれるし、この盾はどんな矛でも防ぐことができる。」と言いながら売っていました。それを聞いた人が「では、その矛でその盾をついたらどうなるのか。」と言ったところ、商人は答えることができませんでした。

→ここから、「矛盾」とは「話のつじつまが合わないこと」という意味になりました。

②故事成語の意味のとらえ方

故事成語は、その漢字の意味を考えても、故事成語自体の意味はわかりません。文章の前後から意味を読み取ることも難しいでしょう。故事成語はどのようないわれがあるかを知っておくと理解しやすくなります。

重要

故事成語とは中国の昔の出来事や古典をもとにしてできた言葉。
そのいわれを知っておくことが、意味の理解への近道になる。

入試にはこう出る！

故事成語の意味や、文章中での正しい使い方に関する問題が出題されます。難しく見える故事成語も、由来を知れば覚えやすいでしょう。代表的な故事成語の意味と使い方を整理しておきましょう。

もっとくわしく

故事成語とことわざのちがいをまとめてみましょう。

ことわざは古くから言い習わされてきた教訓や生活の知恵などの言葉です。故事成語は中国の故事（昔話）に基づいてできた言葉です。ともによく似た意味の言葉もありますので、意味の似たものをまとめて覚えておきましょう。

2 覚えておきたい故事成語

覚えたらチェック！

□圧巻
昔、中国で役人を採用するときに行われた試験で、最も成績のよい答案をいちばん上に置いたという故事から、「書物などの中で、最も優れた部分」という意味。

□画竜点睛
壁に描いた竜に眼を描き入れると、本物の竜となって天に舞い上がったという故事から、「最後の仕上げをする」という意味。

よく出る
□杞憂
杞の国にいたある人が、天が落ちてこないかと心配で寝ることもできなかったという故事から、「する必要のない心配をすること」という意味。

よく出る
□蛍雪の功
蛍の光や窓辺の雪明かりで勉強して、立派になった人の故事から、「苦労して勉学に励む」という意味。

□紅一点
一面の緑の草むらの中に、ただひとつ赤い花が咲いている、という故事から、「多くのものの中で、ただひとつの優れたもの」という意味。また、「多くの男たちの中にいるただ一人の女性」という意味にも使う。

□呉越同舟
互いに敵である呉の国の人と越の国の人であっても、同じ舟に乗り合わせたときに暴風にあえばお互い助け合うだろうという故事から、「仲の悪い者どうしが共通の困難に対して協力する」という意味。

よく出る
□五十歩百歩
戦争のとき五十歩逃げた兵が、百歩逃げた兵を、おくびょうだと言って笑った。しかし、どちらも逃げたことにかわりないのだから、笑う資格はない。この故事から、「似たりよったりで、あまりちがいがない」という意味。

□塞翁が馬
昔、ある老人が飼っていた馬が逃げ出し、数か月後にその馬は、良い馬を連れて帰ってきた。その老人の息子が馬に乗っていると、落馬して大けがをした。ところがけがのおかげで息子は戦争に行かずにすんだ。この故事から、「人生の幸福や不幸は予測できない」という意味。

よく出る
□四面楚歌
楚の国の項羽という人が、戦いのときに敵の漢軍に取り囲まれてしまった。夜になって敵軍の中から楚の歌が聞こえてくるので、楚の国の人々が漢に降伏してしまったのかと絶望したという故事から、「周囲がみな敵である」という意味。

□**守株**
ある農夫が、切り株にあたって死んだウサギを手に入れて以来、またウサギを手に入れようと農業をやめて株の番ばかりをし、国中の笑い者になった。この故事から、「古い風習にこだわって進歩のないこと」という意味。

よく出る
□**推敲**
ある詩人が、詩の言葉を「推す」にしようか、「敲く」にしようか迷ったという故事から、「文章を練り直すこと」の意味。

□**杜撰**
杜黙という人の詩は、詩のきまりに合っていなかったという故事から、「詩や文章に誤りが多い」という意味。

□**大器晩成**
大器（大きい器）は、作るのに長い日数がかかるという故事から「大人物は、年をとってから立派になる」という意味。

□**他山の石**
ほかの山から出た石も、宝石を磨くのに役に立つという故事から、「どんなことでも、自分の向上に役に立てることができる」という意味。

□**蛇足**
蛇を描く競争で、早く描きあげてしまった人が、余裕を見せて足まで描いてしまい、その間に絵を描き終えた男に負けてしまった故事から、「よけいなこと」という意味。

□**竹馬の友**
ライバルである殷浩と桓温は、幼いときに竹馬に一緒に乗って遊んだ友だったという故事から、「幼なじみ」の意味。

□**登竜門**
黄河上流の急流「竜門」を鯉が登れば、竜になるという伝説から、「立身出世のための関門」という意味。

□**背水の陣**
川を背に陣をしき、逃げられないようにしたところ、みんな必死で戦い敵に大勝したという故事から、「あとには引かないという決死の覚悟で物事にあたること」という意味。

□**馬耳東風**
人間とはちがい、馬は春風が耳をなでても春の訪れを喜ばないという故事から、「人の言うことや評判などを気にしない」という意味。

□**羊頭狗肉**
看板には羊の頭を出して、実際には犬の肉を売っていたという話から、「表面だけ立派で、中身が伴わないこと」という意味。

確認問題

第六節 故事成語

答え 169ページ

1 次の故事成語の意味をあとのア〜オから選び、記号で答えなさい。

(1) 蛍雪の功　(2) 杞憂　(3) 背水の陣　(4) 白眉　(5) 羊頭狗肉

ア 決死の覚悟で全力を尽くす　イ 苦労して勉学に励んだ成果
ウ 取り越し苦労　エ 見かけ倒し
オ 多くの中でいちばん優れた人やもの

2 次の各文の状況を説明する故事成語として適当なものをあとのア〜オから選び、記号で答えなさい。

(1) 最近、田中さんは空手を始めたそうだ。田中さんは、空手道場の中でただ一人の女子選手らしい。

(2) 毎日けんかばかりしている山口君と原田さんが、明日のテストで悪い点数をとらないように、協力してがんばっている。

(3) 来週の校外学習でのレクリエーションについて、ぼくの提案にはだれもが反対した。

(4) 宿題の作文を何度も見直して、よりよいものにしようとがんばった。

ア 推敲　イ 四面楚歌　ウ 温故知新
エ 紅一点　オ 呉越同舟

つまずいたら ヒント

1 (4) 白眉…蜀という国に才能のある五人兄弟がいたが、中でも眉に白毛がある長男がいちばん優秀だったということから、「多くの中でいちばん優れた人やもの」という意味。

2 ウ 温故知新…「古い事柄をよく調べ、研究し、そこから新しい知識を得て現代に生かしていくこと」。孔子が師となる条件として述べた言葉。

確認問題の答え

問題 168ページ

1
(1) イ
(2) ウ
(3) ア
(4) オ
(5) エ

2
(1) エ
(2) オ
(3) イ
(4) ア

第六節 学習の整理

① 故事成語とは

故事…おもに中国の昔の出来事や、中国の古典をもとにして、昔から言い伝えられてきたいわれのある事がらのこと。

故事成語…故事をもとにして成立した言葉。

② 故事成語の意味のとらえ方

故事成語は、その漢字の意味を考えても意味はわからない。文章の前後から意味を読みとることも難しい。故事成語の意味を理解するには、どのようないわれがあるかを知っておくことが大切。

・故事成語とことわざのちがい

ことわざ…古くから言い習わされてきた、教訓や生活の知恵などの言葉。

故事成語…中国の故事（昔話）に基づいてできた言葉。

第七節 辞典の引き方

学習のねらいと目安

辞典の引き方を身につけられているか

この節では、辞典の種類や性質を理解したうえで、辞典の引き方を学んでいきます。

ここでは、国語辞典の引き方と、漢和辞典の引き方を習得することを目標としています。辞典をスムーズに引けるようになるために、引き方の手順をしっかりと覚えていきましょう。

学習の順序

1 辞典の種類

①辞典にはどのようなものがあるか

国語の宿題をしていて、わからない言葉が出てくると、「国語辞典」を引いてわからない言葉の意味を調べますね。「辞典」には、国語辞典以外にどんなものがあるのでしょう。

②言葉の辞典

「辞典」の「辞」には「言葉」という意味があります。辞典とは、言葉や漢字の意味・読みや使い方を調べるためのもので、ほかに語源や用例も載せてあります。

国語辞典	日本語の言葉の意味・使い方・漢字での書き方・送りがななどが日本語で載せてある。
漢和辞典	漢字の正しい字形・部首・画数・読み・成り立ち・意味などが日本語で載せてある。
英和辞典	英単語の意味や用法を日本語で解説した辞典。英単語の発音・品詞・意味・用例などが載せてある。
和英辞典	日本語から英単語を引くことのできる辞典。

※ほかにも「ことわざ辞典」「古語辞典」などがあります。

③事柄の事典

言葉の「辞典」とはちがい、「百科事典」などは「事典」と書きます。「事」は「事柄」のことで、いろいろな事物・事柄について説明してまとめたものです。「事典」という言葉は、「辞典」と区別するためにつくられました。事典は写真や正確な図が多く用いられるのが特徴です。また、「図鑑」や「年鑑」なども事典の一種です。

百科事典	歴史・社会・自然・文学・芸術などさまざまな分野の知識や事柄を、項目ごとに整理して、解説を加えたもの。
植物図鑑	種類や季節ごとに植物を分類して、写真や図とともに掲載し、解説を加えたもの。
時事年鑑	政治・経済・国際・社会方面の年間の出来事や統計などを収録し、解説を加えた年刊の刊行物。

※ほかにも「人名事典」「法律事典」「理科事典」「数学事典」などがあります。

重要

辞典…言葉や漢字の意味・読みや使い方を調べるためのもの。
事典…いろいろな事物・事柄について調べるためのもの。

入試には こう出る！

辞典の引き方の問題は、中学入試ではあまり出題されませんが、わからない言葉や漢字を辞典で調べることは、国語学習の基本です。ふだんから、辞典を引く習慣を身につけておきましょう。
入試では、漢字の部首と関連して、漢和辞典の引き方について出題されることもあります。

もっとくわしく

小学生用のものは、「漢和辞典」ではなく、「漢字辞典」という名前で発行されているものが多くあります。内容は「漢和辞典」と同じと考えてください。

2 国語辞典の引き方

国語辞典には、いろいろな言葉が五十音順に並べてあります。調べたい言葉があるときは、次のように国語辞典を引きます。

手順

① 五十音順で引く

❶ 第一音が同じときは、第二音が五十音順に、第二音が同じときは、第三音が五十音順になっています。

❷ 濁音（「ば・び」）や半濁音（「ぱ・ぴ」）は、清音（「は・ひ」）のあとに並んでいます。

❸ 小さく書く「っ・ゃ・ゅ・ょ」は、ふつうの字（つ・や・ゆ・よ）のあとに並んでいます。

❹ 外来語の長音（「ー」）は、「スカート」は「スカアト」、「ケーキ」は「ケエキ」、というように、「ー」の部分を前の音の母音に置きかえて引きます。

② 言い切りの形で引く

「靴を探して、」の「探し」を引くときは、「探す」という言い切りの形に直して引きます。

③ 慣用句などを引くときは、もとになる言葉を引く

「顔が広い」「顔がきく」などを調べたいときには、「顔」を引くと、「ーが広い」「ーがきく」というように、まとめて載せてあります。

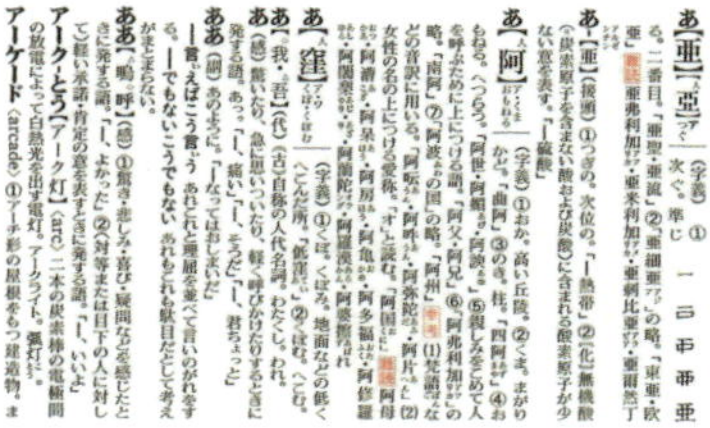

もっとくわしく

❶の例
かいさつ（改札）→かいしゃ（会社）→かくさん（拡散）→かくしごと（隠し事）

❸の例
きよう（器用）→きょう（今日）

❷❹の例
ハート→ハード→バード→パート

ここに注意！

「言い切りの形」とは、句点（。）で終わるときの形のことです。

例 昨日、図書館へ行った。
→言い切りの形は「行く」
空がだんだん明るくなる。
→言い切りの形は「明るい」

④正しいかなづかい・読みで引く

「三日月」「五十歩百歩」などを引くときに、「みかずき」「ごじゅっぽひゃっぽ」と誤ったかなづかいで調べても、見つけられません。「みかづき」「ごじっぽひゃっぽ」と、正しいかなづかいで引きましょう。

補足

一つの言葉にいくつもの意味があった場合は？

前後の文脈を考えて、その文にふさわしい意味を選びましょう。それぞれの用例が載っている場合は参考にしましょう。

例　くわしい【詳しい】
①細かいところまでよくいきわたっている。詳細である。「―い地図」
②細部までよく知っている。精通している。「政治には特に―い人」

練習問題

次の言葉は、国語辞典ではどのような順で並んでいますか。それぞれ並べかえ、記号を順に書きなさい。

(1) ア　悲しい　イ　金具　ウ　警察　エ　ゲーム　オ　ケーキ
(2) ア　ノー　イ　脳　ウ　パソコン　エ　はさみ　オ　歯磨き
(3) ア　飛躍　イ　百千　ウ　客足　エ　規約　オ　逆

答え　173ページ下段

ここに注意！

国語辞典を引くには、正しいかなづかいで引くことが基本です。正しいかなづかいで書けるよう日頃から正しいかなづかいで書けるよう心がけましょう。

60ページへもどる

練習問題の答え

(1) イ　ア　ウ　オ　エ
(2) イ　ア　エ　ウ　オ
(3) エ　オ　ウ　ア　イ

3 漢和辞典の引き方

漢和辞典の引き方には、次の三つがあります。

① **音訓さくいんを使って引く**

↓調べたい漢字の読みが、音読み・訓読みのどちらか一つでもわかっているとき。

音訓さくいんの見出しは五十音順に並んでいるので、知っている読みで探す。

② **部首さくいんを使って引く**

↓調べたい漢字の部首がわかっているとき。

手順

1 調べたい漢字の部首の画数を数え、部首さくいんでページを調べる。

2 同じ部首の漢字は、部首を除いた部分の画数が少ないものから順に並んでいるので、部首を除いた部分の画数の中から、調べたい漢字を探す。

③ **総画さくいんを使って引く**

↓調べたい漢字の読み方も部首もわからないとき。

手順

1 調べたい漢字の総画数を調べ、総画さくいんであてはまる画数のところを見る。

2 同じ画数の字が部首の画数順に並んでいるので、その中から探す。

3 調べたい漢字を見つけたら、書いてあるページを開く。

もっとくわしく

②部首さくいん

例 「仁」という漢字を引く場合

「仁」の部首は「亻（にんべん）」で二画。

↓部首さくいんの二画の部にある「亻（にんべん）」を探し、そのページを調べる。

↓開いたページには「亻（にんべん）」の漢字が、画数の少ないものから並んでいる。

↓「仁」の部首以外の画数は「二画」なので、「二画」のところを見ると「仁」という漢字が載っている。

③総画さくいん

例 「郁」という漢字を引く場合

「郁」の総画数を調べる。「九画」なので、総画さくいんの「九画」のところで「郁」の漢字のページを調べる。

国語の宝箱

言葉遊び

日本語には、楽しく価値のあるさまざまな言葉遊びがあります。ふだんの生活の中で見聞きしたことはあるでしょうか。いくつかしょうかいします。

●しゃれ言葉（語呂合わせなどで人を笑わせる言葉。）

例 石の地蔵さま…口をきかないこと。

犬と猫のけんか…（「ニャ」と「ワン」から）「にゃわん（似合わん）」→似合わないこと。

うさぎの逆立ち…耳が痛い→弱点をつかれて聞くのがつらいこと。

黒犬の尻…尾も白くない→おもしろくない。

五月の鯉…鯉のぼりは大きく口を開けているが腹の中は空っぽである→口ばかりであること。

●畳語（同じ言葉をくり返す。）

例 材木屋…木が多い→気が多い人のこと。
月月に月見る月は多けれど月見る月はこの月の月
→「月」が八回もくり返されている。
為せば成る為さねば成らぬ何事も
成らぬは人の為さぬなりけり
→「為」と「成」がそれぞれ三回もくり返されている。

●回文（上から読んでも下から読んでも同じ読みになる語句や文。）

例 新聞紙（シンブンシ）・八百屋（ヤオヤ）
竹屋が焼けた（タケヤガヤケタ）
私負けましたわ（ワタシマケマシタワ）
確かに貸した（タシカニカシタ）
イカ食べたかい（イカタベタカイ）

言葉遊びが豊富なことも、日本語の豊かさ、特色といえますね。「回文」などは気付かないうちに会話で使っているかもしれません。言葉で遊べることも言語能力の一つです。

章末まとめ問題

解答▼547ページ

1 次の（　）にはそれぞれ動物の名前が入ります。それぞれの意味を参考に、（　）にあてはまる動物の名前をひらがなで答えなさい。

(1)（　　）の涙…あるかないかというぐらいの少ない量。
(2)（　　）の額…大変狭い様子。
(3)（　　）返し…相手の言った通りに言う。
(4) ふくろの（　　）…逃げ場がないこと。
(5) とびが（　　）を生む…平凡な親から優れた子が生まれる。

2 次の慣用句(1)〜(4)には、それぞれ同じ漢字が入ります。その漢字を答えなさい。

(1)
ア（　）に余る
イ（　）を切る
ウ（　）をぬく

(2)
ア（　）を差す
イ（　）に流す
ウ 寝耳に（　）

(3)
ア（　）がさわぐ
イ（　）がのぼる
ウ（　）が通う

(4)
ア（　）もとを見る
イ 二の（　）をふむ
ウ（　）を引っぱる

つまずいたら

1
▼148ページ 2 覚えておきたいことわざ
▼158ページ 2 覚えておきたい慣用句

ヒント
動物を使ったことわざや慣用句はよく出題される。動物ごとにまとめて覚えておこう。

2
▼158ページ 2 覚えておきたい慣用句

ヒント
(1)(3)(4)は体の部分を用いた慣用句。動物を用いた慣用句と同じぐらいよく出題されるので、まとめて覚えておこう。

3 次の(1)～(6)の熟語と同じ成り立ちの熟語をあとから選び、記号で答えなさい。

(1) 歓喜　(2) 白紙　(3) 県立　(4) 首尾　(5) 出社　(6) 未来

ア 開会　**イ** 進退　**ウ** 非常　**エ** 多量　**オ** 探求　**カ** 人造

4 次の言葉と反対の意味(対になる意味)をもつ言葉を漢字二字で答えなさい。

(1) 需要　(2) 心配　(3) 拡大　(4) 破壊　(5) 全体

5 次の(　)に漢字一字を入れ、(1)～(6)の言葉と同じ意味(よく似た意味)をもつ言葉を完成させなさい。

(1) 脚本＝(　)本　(2) 長所＝(　)点　(3) 平等＝(　)平

(4) 賛成＝同(　)　(5) 安全＝(　)事　(6) 進歩＝(　)上

6 次の文中の(　)にあてはまる漢字一字を答えなさい。

(1) 行方不明者の(　)否を確認するために、事故現場に集まる。

(2) このぬいぐるみは(　)売品なので、お店にはない。

(3) 携帯電話などモバイル端末の技術は日進(　)歩だ。

(4) 彼は医者の再三の忠告にも馬(　)東風だった。

3 ▼137ページ 2 熟語の成り立ち

4 ▼126ページ 2 反対の意味の言葉（対義語）

5 ▼124ページ 1 似た意味の言葉（類義語）

6 ▼137ページ 2 熟語の成り立ち
▼140ページ 3 覚えておきたい三字熟語
▼141ページ 4 覚えておきたい四字熟語

入試問題にチャレンジ!

解答▼548ページ

1 **次の熟語と組み立てが同じ熟語を、あとのア～カから一つずつ選び、記号で答えなさい。**（日本大藤沢中）

(1) 均整　(2) 点灯

ア 停止　イ 高低　ウ 残暑
エ 未納　オ 県営　カ 転居

2 **次の(1)～(3)の言葉と反対の意味をもつ言葉を漢字二字で答えなさい。**（広島女学院中）

(1) 自然　(2) 増加　(3) 単純

3 **次の(1)～(4)の語を打ち消すとき、（　）に入る漢字を、あとのア～エからそれぞれ選び、記号で答えなさい。**（高輪中）

(例)（　）常識 → (非)常識

(1)（　）公式　(2)（　）感動
(3)（　）開発　(4)（　）自然

ア 未　イ 無　ウ 非　エ 不

4 **次の(1)～(5)の□の中に、下の〈　〉の意味を参考にして漢字一字ずつを入れ、熟語を完成させなさい。**（清風中）

(1) 下□評〈当事者以外の人が勝手にするうわさや批評。〉
(2) 不□律〈暗黙の了解事項となっているきまり。〉
(3) □飯事〈ごくありふれたこと。日常ふつうのこと。〉
(4) 鉄面□〈恥知らずであつかましいこと。〉
(5) 一家□〈その人独特の主張・論説。また、見識のある意見。〉

5 **次の(1)～(5)の二つの（　）に、それぞれ反対の意味になる漢字を入れて、四字熟語を完成させなさい。**（灘中）

(例)（　）工（　）曲
答え…「同」と「異」を入れて、「同工異曲」

(1) 空（　）絶（　）　(2) 起（　）回（　）
(3)（　）耕（　）読　(4)（　）船（　）馬
(5)（　）往（　）往

6 **次のことわざの□に入る漢字を考え、それがほかと性質のちがうものを一つ選び、記号を答えなさい。**（城北中）

ア 開いた□がふさがらない。（あきれてものが言えない。）

イ □をなでおろす。（安心する。ほっとする。）

ウ □棒を担ぐ。（仕事に協力する。仕事を手伝う。）

エ □がなる。（自信にあふれてすぐに事を始めたい気持ち。）

オ □が立たない。（抵抗できない。とてもかなわない。）

7 **次の⑴～⑷の「ことわざ・慣用句」の意味としてあてはまるものを、あとのア～エからそれぞれ一つずつ選び、記号で答えなさい。**（立正中）

⑴ 弘法にも筆の誤り　⑵ 花よりだんご

⑶ えりを正す　⑷ たなにあげる

ア 風流なものより役にたつものがよい。

イ 気持ちをひきしめる。

ウ 手をつけずに放っておく。

エ どんな名人でも、ときには失敗する。

8 **次の⑴～⑷の「ことわざ・慣用句」の□にあてはまる言葉を、あとのア～エからそれぞれ一つずつ選び、記号で答えなさい。**（立正中）

⑴ どんぐりの□くらべ　⑵ にがした□は大きい

⑶ 飛んで火に入る夏の□　⑷ かえるの面に□

ア 魚　イ 虫　ウ 背　エ 水

9 **次の四字熟語の中で、漢字のまちがいがあるものを一つ選び、記号で答えなさい。**（城北中）

ア 危機一髪　イ 奇想天外　ウ 紅顔無恥

エ 五里霧中　オ 言語道断

10 **次のことわざや言い回しについて、それぞれ最も意味が似ている熟語を、ア～コから一つ選び、記号で答えなさい。**（愛光中）

⑴ 転ばぬ先の杖　⑵ 馬の耳に念仏

⑶ 舌を巻く　⑷ 水に流す

ア 反発　イ 解消　ウ 趣味　エ 親切

オ 元気　カ 実益　キ 用心　ク 感心

ケ 無関心　コ 無責任

第三章

言葉編

言葉のきまり

第一節 文の組み立て

1 文とは何か

言葉をつづり合わせて、「何がどうする」「何がどんなだ」「何がなんだ」というように、事実や感想など、まとまった内容を表したものを「文」といいます。

例文で考えよう

例 桜の花が咲く。（何がどうする）
例 桜の花がきれいだ。（何がどんなだ）
例 これが桜の花だ。（何がなんだ）

→ 右のように、書き出しから句点（。）までのひと続きの言葉が「文」です。文の終わりには「。」以外に、「?」「!」などをおくこともあります。

練習問題

次の文は、下のア〜ウのどの形と同じですか。記号で答えなさい。

(1) 海は広い。
(2) わたしは歩く。
(3) ここは学校だ。

ア 何がどうする
イ 何がどんなだ
ウ 何がなんだ

答え 183ページ下段

学習のねらいと目安

文を組み立てているのは何か?

この節では、文とは何か、文章とは何か、そして文を組み立てている文節や単語について学びます。また、文節と文節の関係についてくわしくみていきます。

小学校でも文節どうしの関係を習います。しっかりと理解することを目標としましょう。

学習の順序

2 言葉の単位

算数の授業では、「センチメートル」「キログラム」などの「単位」を習いましたね。言葉にも同じように単位があります。どのような単位に分けられるか、見ていきましょう。

① 文章
最も大きな言葉の単位で、あるまとまった考えや気持ちを言葉によって表したものの全体を「文章」といいます。文章は、ふつう二つ以上の文から成っています。

② 文
まとまった内容を表し、句点（。）で区切られたひと続きの言葉のことです。意味や構造で分類することができます。

186ページへGO！

例文で考えよう

例　①合唱コンクールで歌う曲が決まった。②「翼をください」という曲だ。③とても広がりのあるメロディーで、ぼくは大好きだ。④これから毎朝みんなで練習する予定だ。

→　右は四つの文が集まって、一つの文章ができているのがわかります。

入試にはこう出る！

中学入試では、文法問題はあまり出題されませんが、言葉のきまりを知ることは国語学習の基本です。入試に出題される長い文章をきちんと正確に読むためにも、言葉のきまりを理解しておきましょう。文の組み立てや文と文の関係がわかると、文章問題の理解度が深まります。主語・述語の関係は文の基本です。また修飾・被修飾のかかり受けは、出題されやすい単元です。文節と文節の関わりがわかるように、この単元できちんと整理しましょう。

ここに注意！

ふつう、文章のことを文といいますが、言葉のきまり（文法）では、文章と文は区別して考えます。

練習問題の答え

(1) イ　(2) ア　(3) ウ

言葉編
第一章 文字と言葉
第二章 言葉
第三章 言葉のきまり

③文節

文を、意味のわかる範囲でできるだけ短く区切った言葉のまとまりを、「文節」といいます。文節は「ネ」を補って区切ることができます。

例

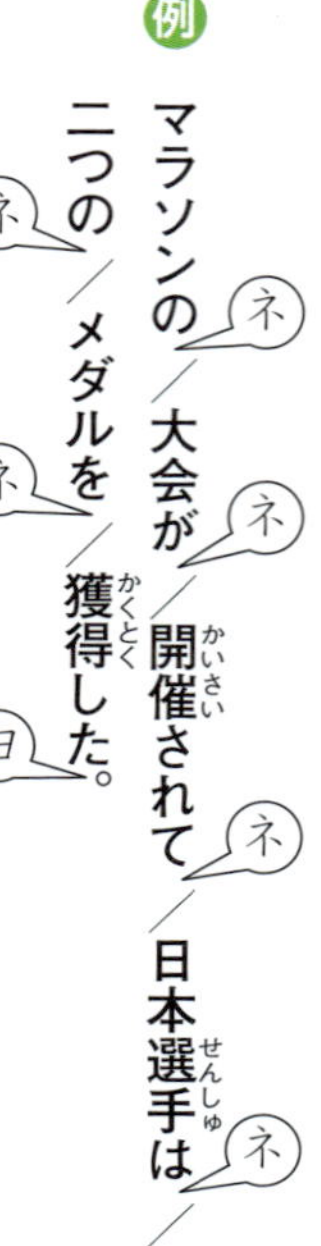

④単語

文節をさらに細かく、意味が失われないところまで区切った言葉の単位を「単語」といいます。単語は、最も小さい言葉の単位で、これ以上細かく分けることはできません。

例 **マラソン｜の｜大会｜が｜開催さ｜れ｜て｜日本選手｜は｜二つ｜の｜メダル｜を｜獲得し｜た。**

重要

文章…最も大きな言葉の単位。
文　…句点（。）で区切られたひと続きの言葉のまとまり。
文節…区切っても不自然にならない言葉のまとまり。
単語…意味をもつ言葉の最小単位。

学習のポイント

「ネ」を入れて文節を発見しよう

文節を区切るときは「ネ」が入るところを探しましょう。意味が通じる範囲で、できるだけ細かく切ることを心がけましょう。

もっとくわしく

「ネ」を入れても文節の区切れがわかりにくいものもあります。
×台風が（ネ）来る（ネ）そうだ（ヨ）。
○台風が（ネ）来るそうだ（ヨ）。
右のような例は、自立語と付属語を学べば理解できるようになります。

198ページへGO!

練習問題

1 **次の文章はいくつの文からできていますか。漢数字で答えなさい。（この文章は句読点が省略されています。）**

> ぼくは図書館で本を読むのが好きだしーんとした空間の中で好きな推理小説を読んでいるとその本の世界にどっぷりつかることができるだから本を買ったり借りたりもあまりしないのである

2 **次のそれぞれの文はいくつの文節からできていますか。漢数字で答えなさい。**

(1) 私の気持ちはもう変わりません。
(2) 秋の虫の鳴き声がリンリンとひびいている。
(3) トロッコは、三人の力がそろうと、突然ごろりと車輪を回した。

3 **次のそれぞれの文は、いくつの単語からできていますか。漢数字で答えなさい。**

(1) 白い車がとまる。
(2) 君たちが学んだ学校だ。
(3) お母さんの得意料理は肉じゃがだ。
(4) そんな服は似合わない。

答え 185ページ下段

練習問題の答え

1 三
2 (1) 四 (2) 六 (3) 八
3 (1) 四 (2) 六 (3) 六 (4) 五

学習のポイント

1 文に句読点を入れて考えよう。
「ぼくは、図書館で本を読むのが好きだ。しーんとした空間の中で、好きな推理小説を読んでいると、その本の世界にどっぷりつかることができる。だから、本を買ったり、借りたりも、あまりしないのである。」

2 (1) 私の／気持ちは／もう／変わりません。
(2) 秋の／虫の／鳴き声が／リンリンと／ひびいて／いる。
(3) トロッコは、／三人の／力が／そろうと、／突然／ごろりと／車輪を／回した。

3 文の種類

文とはまとまった内容を表す、句点（。）までのひと続きの言葉のことでした。文は、「意味上」「構造上」の二つの性質から分類することができます。

① 意味上の分類

平叙文	断定・推量・意志などの一般的な文。	例 ぼくは長男だ。
疑問文	質問や疑問を表す文。	例 君には兄弟がいますか。
感嘆文	感動の気持ちを表す文。	例 ああ、幸せだなあ。
命令文	命令や禁止や願望などを表す文。	例 ここから先は入るな。

② 構造上の分類

(1) 単文➡一つの文の中で、主語と述語が一組で成り立っている文。

例 ぼくは（主語） 一人で 学校に 行く（述語）。

(2) 重文➡一つの文の中で、主語と述語が二組以上あり、それらが対等の関係にある文。

例 父は（主語） 魚つりに 行き（述語）、母は（主語） 買いものに 行く（述語）。

学習のポイント

意味上の分類のちがいを覚えよう

(1) 平叙文
例 私は学級委員だ。（断定）
明日は休みだろう。（推量）
今日はもう帰ろう。（意志）

(2) 疑問文…ふつう、終わりに「か」や「の」がつきます。
例 明日は晴れるだろうか。

(3) 感嘆文…文の初めか終わりに、感動を表す言葉がきます。
例 おお、すばらしい。（感動）

(4) 命令文
例 早く行け。（命令）
ここには入るな。（禁止）
ここから出してくれ。（願望）

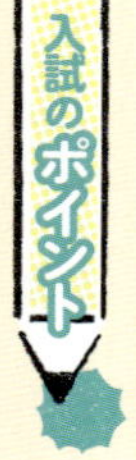

構造上の分類がよく出る！

実際の入試での文の種類の問題は、意味上の分類より、構造上の分類が問われることが多いです。しっかりと理解しておきましょう。

(3) 複文➡一つの文の中で、主語と述語が二組以上あり、それらが対等の関係にない文。

例 姉が 作った アップルパイは とても おいしい。

※右の文の主語「アップルパイは」を修飾している部分である「姉が 作った」にも、主語・述語の関係ができています。二組ある主語・述語が対等ではないことがわかります。

練習問題

次の文と同じ構造の文をあとのア～ウから選び、記号で答えなさい。

(1) 私の父は学校の先生だ。

(2) 兄はサッカーに夢中で、姉はアニメに夢中だ。

(3) 母が育てたチューリップは、とてもかわいらしい。

ア　ポチは草むらをかけ抜け、ぼくは草むらで寝転がる。

イ　小さな子がむじゃきに笑う様子はかわいい。

ウ　梅雨に入り、毎日雨ばかりだ。

答え 187ページ下段

学習のポイント

複文を見分けよう

三つの文の種類のうち、重文がいちばん見分けやすく、単文と複文で悩むことが多いので、まずは重文から探しましょう。

複文は、主語と述語が複雑に入り組んでいる文と覚えましょう。

練習問題の答え

(1) ウ（単文）
(2) ア（重文）
(3) イ（複文）

学習のポイント

(1) 主語が「父は」、述語が「先生だ」で単文。

(2) 「兄は」「夢中で」、「姉は」「夢中だ」と、主語と述語が二組あり、対等の関係にあるので重文。

(3) 「母が」「育てた」、「チューリップは」「かわいらしい」と、主語と述語が二組あり、対等の関係にないので複文。

4 主語・述語の関係

①主語・述語

文は基本的に四つの型に分けることができます。

例文で考えよう

例 一郎君は　走った。　（何が（は）　どうする。）
例 柴犬は　かしこい。　（何が（は）　どんなだ。）
例 あれが　通天閣だ。　（何が（は）　なんだ。）
例 犬小屋が　ある。　（何が（は）　ある（ない）。）

→右の例文の「何が（は）」にあたる文節を「主語」といい、「どうする・どんなだ・なんだ・ある（ない）」にあたる文節を「述語」といいます。

②主語・述語の関係

例 ぼくも（主語）　一緒に　行くよ（述語）。

右の例文のように、「ぼくも」という主語は、「行くよ」という述語にかかります。

このように、主語が述語にかかり、述語が主語をうける関係を「主語・述語の関係」といいます。「主語・述語」は文の骨組みとなる関係です。しっかりと理解しておきましょう。

重要
主語は「が・は」だけでなく、「も・の・さえ・でも・まで」などいろいろな語がつきます。
例 私さえよければよいのか。
君までそんなことを言うの。

学習のポイント
主語・述語の見つけ方
①まず述語を見つける。基本的に述語は文末にあります。
②次に述語に対応する主語を見つける。主語は省略されていることもあります。

用語
「かかる（係る）」と「うける（受ける）」
ある言葉がほかの言葉と意味のうえで結びつくときに、前の言葉はあとの言葉に「かかる」といい、あとの言葉は前の言葉を「うける」といいます。

重要

主語…「何が（は）」にあたる文節。

述語…「どうする・どんなだ・なんだ・ある（ない）」にあたる文節。

練習問題

1 次の各文の文全体の主語と述語を抜き出しなさい。

(1) 今年の　梅雨は　長いです。

(2) 空は　真っ赤に　染まって　とても　美しい。

(3) 彼の　両親の　経営して　いる　古本屋は　隣町に　ある。

(4) ぼくは　絶対　君を　信じるよ、どんな　ことが　あっても。

(5) 本を　読むのが　好きな　弟も　ぼくと　一緒に　図書館へ　行った。

(6) 田中さんこそ　私たちの　リーダーに　ふさわしい　人物だ。

(7) ぼくたちが　飼って　いる　三匹の　猫は　とても　かわいい。

2 次の(1)～(6)の文を、A「何が(は)どうする。」B「何が(は)どんなだ。」C「何が(は)なんだ。」D「何が(は)ある(ない)。」の文型にあてはめ、記号で答えなさい。

(1) 今は謝る気もない。

(2) 弟が一人でめそめそ泣く。

(3) 公園はいつでも楽しい。

(4) 私がこのクラスの学級委員だ。

(5) 母はよく図書館で本を借りる。

(6) ぼくの兄は中学生だ。

答え 189ページ下段

もっとくわしく

主語・述語はそれぞれ二つ以上の文節からできていることがあります。そのような場合、「主部」「述部」という言い方をします。

例
主部：猫と犬は　とてもかわいい。
姉は　述部：かしこくて美人だ。

練習問題の答え

1

(1) 主語・梅雨は　述語・長いです

(2) 主語・空は　述語・美しい

(3) 主語・古本屋は　述語・ある

(4) 主語・ぼくは　述語・信じるよ

(5) 主語・弟も　述語・行った

(6) 主語・田中さんこそ　述語・人物だ

(7) 主語・猫は　述語・かわいい

2

(1) D　(2) A　(3) B　(4) C　(5) A　(6) C

5 修飾・被修飾の関係

①修飾語・被修飾語

ある文節がほかの文節をくわしく説明しているとき、説明する働きをもつ文節を「修飾語」、説明される文節を「被修飾語」といいます。

例文で考えよう

例

ぼくの 自転車は とても かっこいい。

（修飾語「ぼくの」→被修飾語「自転車は」（主語）／修飾語「とても」→被修飾語「かっこいい」（述語））

→右の例文で、「ぼくの」という言葉は、主語の「自転車は」について『だれのものか』をくわしく説明しています。また「とても」は、述語の「かっこいい」について『どれくらいかっこいいのか』をくわしく説明しています。

「ぼくの」「とても」のように、説明する文節を「修飾語」、「自転車は」「かっこいい」のように、説明される文節を「被修飾語」といいます。また、このような文節どうしの関係を、「修飾・被修飾の関係」といいます。

学習のポイント

「被修飾語」の「被」とは？

「被」とは、「〜される」という受け身の意味です。「被修飾語」は「修飾される語（説明される語）」ということになります。

もっとくわしく

修飾語を用いるとくわしくなり、相手に伝わりやすい文になります。ただし、修飾語がどこにかかっているか、わかりにくい文にならないように気をつけましょう。

例 赤いシャツとコートを着た。
→シャツだけ赤いのか、シャツもコートも赤いのかわからない。

訂正すると……
○赤いシャツと、コートを着た。
→シャツだけ赤い。
○赤いシャツと赤いコートを着た。
→どちらも赤い。

②いろいろな修飾

修飾語は文の中でどのような文節を修飾するのでしょうか。具体的な例を見てみましょう。

主語を修飾する	述語を修飾する	修飾語を修飾する
例 外の（修飾語） 空気が（被修飾語・主語） 冷たい。（どこの空気か）	例 歯が 激しく（修飾語） 痛む。（被修飾語・述語）（どのように痛むか）	例 美しく（修飾語） 輝く（被修飾語・修飾語） 星を 見る。（どのように輝くか）

練習問題

次の文の～～～線部が修飾している文節を、答えなさい。

(1) マゼランは　再び　南下を　始めた。
(2) 白い　小さな　花が　ひっそりと　咲いて　いる。
(3) この　十年間に　社会は　激しい　変化を　とげた。
(4) バスで　学校まで　行くのが　いちばん　楽だ。

答え 191ページ下段

ここに注意！

倒置がある場合を除き、修飾語は必ず被修飾語より前にあることを覚えておきましょう。

例 弟は　大声で（修飾語）　話した。（被修飾語）

倒置があると……

話した、（被修飾語）　弟は　大声で。（修飾語）

また、修飾語は被修飾語の直前にあるとは限りません。適切な結びつきを考えましょう。

練習問題の答え

(1) 始めた　(2) 花が
(3) とげた　(4) 行くのが

学習のポイント

(3)被修飾語が修飾語から離れたところにある。このような問題には特に注意が必要だ。

6 文節と文節の関係

基本である「主語・述語の関係」と「修飾・被修飾の関係」は理解できたでしょうか。次に、そのほかの文節と文節の関係を見ていきましょう。

①並立の関係

二つ以上の文節が、対等に並んでいる関係を、「並立の関係」といいます。

例 好物は（主語） ウインナーと かまぼこです。（並立／述部）

好物は（主語） かまぼこと ウインナーです。（並立／述部）

※「並立の関係」は、並ぶ順序を入れかえても文意は変わりません。

②補助・被補助の関係（補助の関係）

前の文節の意味がおもで、あとの文節がこれに補助的な意味を添えている関係を、「補助・被補助の関係」といいます。

例 赤ちゃんが（主語） 眠って（被補助語） いる。（補助語）（述部）

※前の文節を「被補助語」、あとの文節を「補助語」といいます。

学習のポイント

並立の関係のさまざまな形

並立の関係は「〜と〜」という形以外に、「〜たり〜たり」「〜も〜も」などの形で表れます。

例 父も 母も 反対します。

「並ぶ順序を入れかえても文意は変わらない」ということをしっかりと頭においておきましょう。

もっとくわしく

補助・被補助の関係の補助語は、本来の意味が薄れているので、漢字は用いません。文章を書くときには気をつけましょう。

例 × はやく して 欲しい。
○ はやく して ほしい。
× それを 食べて 見る。
○ それを 食べて みる。

③接続の関係

左の例のように、前の文節が何らかの意味を表し（接続語）、あとの文節につなぐ、このような二つの文節の関係を「接続の関係」といいます。

例 山口君は　楽しかったので　笑った。

④独立の関係

ほかのどの文節とも直接結びつかず、それだけで独立している場合、「独立の関係」といい、その文節を「独立語」といいます。

例 へえ、　知らなかったなあ。（感動）

練習問題

1 次の各文の――線部の文節と、並立の関係にある文節を抜き出しなさい。

(1) 紅茶に　牛乳と　砂糖を　入れる。
(2) 息子は　明るく　元気で　いつも　人気者だ。
(3) 算数も　理科も　得意な　科目だ。
(4) 君と　ぼくが　当選した。

2 次の文から、前の文節に意味を添える働きをする文節（補助語）を抜き出しなさい。

(1) 今日の　ことは　心に　しまって　おく。
(2) あちらから　やって　きた　男性に　声を　かけられた。
(3) 母は　父に、　たばこを　吸うのは　やめて　ほしいと　言った。

答え 193ページ下段

もっとくわしく

独立の関係の独立語には、「感動」のほかに「呼びかけ・応答・あいさつ」などを表すものがあります。

例 みなさん、いまがそのときです！（呼びかけ）
はい、わかりました。（応答）
おはよう、気持ちいい朝だね。（あいさつ）

練習問題の答え

1 (1) 砂糖を　(2) 元気で　(3) 算数も　(4) 君と

2 (1) おく　(2) きた　(3) ほしいと

学習のポイント

2 (1)は「置く」、(2)は「来た」、(3)は「欲しい」という語の本来の意味が薄れて、意味を添える働きをしている。

確認問題

第一節 文の組み立て

答え 196ページ

1 次の各文はいくつの文節からできていますか。文節の数を漢数字で書きなさい。

(1) 先週の火曜日に徳島から祖母が来ました。
(2) 中学生の姉は、テストがあるからテレビは見ないとがんばっている。
(3) 学校の裏山の奥にある古い神社は大きなキツネの石の像があることで有名だ。

2 次のア～ウの文の中で、主語と述語とが両方とも備わっているものを一つ選んで、その記号を書きなさい。

ア 放課後のサッカー練習に集まったのは、ほんの数人だった。
イ もうすぐ待ちに待った春ですね。
ウ この小説はとても分厚いけれど、すらすら読めるよ。

3 次の文の――線部の言葉が修飾している部分をあとのア～オから選び、記号で答えなさい。

ぼくは、兄が必ず、いまの悔しさをバネにいつか日本一のピッチャーになると信じている。

ア 日本一の　イ ピッチャーに　ウ なると　エ 信じて　オ いる

つまずいたら

2 1 ▶184ページ
言葉の単位 ③文節

ヒント 文節に分けるときは、切れ目に「ネ」を入れて確認する。

4 2 ▶188ページ
主語・述語の関係

ヒント 「何がどうする。」など文の基本形が整っているかどうかを確認する。

5 3 ▶190ページ
修飾・被修飾の関係

ヒント 「ぼくは～信じている」の中に「兄が」を主語とした一文が入っている。

4 次の文の「かわいらしい」が、「人形」の修飾語になるように、ほぼ同じ意味の文に書き直しなさい。ただし、主語と述語の整った文にしましょう。

この人形はかわいらしい。

5 次の文章を読んで、あとの問題に答えなさい。

この町に①引っ越してきて、もう四年になる。母は最初、マンション暮らしを嫌がった。なぜなら、母は地方育ちで、父は都心育ちであったからだ。しかし、父に押し切られる形でこの②部屋に住むことになった。③住んでみると、この部屋もなかなかよい。[A]駅からは近いし、東京タワーも④見えている。しいていえば、[B]車の音が少し気になるぐらいだ。母も満足しているだろう。

(1) ――線部①〜④の中で、含まれる文節どうしの関係が異なるものが一つだけあります。それを番号で答えなさい。

(2) 〰〰線部のような構造の文を何と呼びますか。次の中から選び、記号で答えなさい。

ア 単文　イ 重文　ウ 複文

(3) ═線部Aの述語に対する主語を一文節で抜き出しなさい。

(4) ═線部Bが修飾している一文節を抜き出しなさい。

(5) ▒▒の文に一文字加えて、疑問文にしなさい。

言葉編　第一章 文字と言葉　第二章 言葉　第三章 言葉のきまり

4 ▼190ページ
5 修飾・被修飾の関係

ヒント
まず、「かわいらしい」が「人形」を修飾するよう、語順を変えよう。

5
ヒント
(1) 修飾・被修飾の関係と補助・被補助の関係とがある。
(2) ▼186ページ
(3) 主語・述語の関係が正しいかどうかを確認するときは、修飾語を省いて主語と述語だけをつなげて読んでみるとよい。
(4) 修飾語と被修飾語だけを抜き出して読んだときに、その二語だけで意味が通るかどうかを確認するとよい。
(5) ▼186ページ

確認問題の答え

問題194ページ

1 (1) 五　(2) 八　(3) 十三

2 ア

3 ウ

4 これはかわいらしい人形だ。
（かわいらしい人形はこれだ。）

5 (1) ②
(2) ア
(3) 部屋も
(4) 音が
(5) 母も満足しているだろうか。

学習のポイント

1 (1) 先週の／火曜日に／徳島から／祖母が／来ました。
(2) 中学生の／姉は、／テストが／あるから／テレビは／見ないと／がんばって／いる。
(3) 学校の／裏山の／奥に／ある／古い／神社は／大きな／キツネの／石の／像が／ある／ことで／有名だ。

5 (1) ②は修飾・被修飾の関係。ほかは補助の関係。

第一節　学習の整理

2 文章→文→文節→単語

3 文の種類
① 意味上…平叙文・疑問文・感嘆文・命令文
② 構造上…単文・重文・複文

4 主語・述語の関係
① 主語…「何が（は）」にあたる文節。
② 述語…「どうする」「どんなだ」「なんだ」「ある（ない）」にあたる文節。

5 修飾・被修飾の関係

6 文節と文節の関係
① 並立の関係…二つ以上の文節が、互いに対等に並んでいる関係。
② 補助・被補助の関係…あとの文節が前の文節に、補助的な意味を添えている関係。
③ 接続の関係…前の文節が何らかの意味を表し、あとの文節につなぐ関係。
④ 独立の関係…ほかのどの文節とも直接結びつかず、それだけで独立している場合。

言葉はどうやってできたの?

言葉は相手に自分の意思を伝えるためにできた

人間は言葉をもっていませんでした。集団行動をするようになって、他人に自分の意思をより正確に伝える手段として、はじめて言葉が必要になってきました。たとえば「四本足で、毛がフサフサで、『ワンワン』とほえる動物が来る」ということを、身振り手振りだけで相手に伝えるのは難しいでしょう。ここで、「四本足で、毛がフサフサで、『ワンワン』とほえる動物」に「犬」と名付けるとします。一つの集団の中で、全員が同じものを、「犬」という言葉で認識することによって、コミュニケーションははるかにスムーズになります。

よりくわしく伝えるために、次は「来る」という動詞が必要になります。このように、他人とのコミュニケーションをはかる中で、言葉は発達していったと考えられています。

国語の宝箱

人間の赤ちゃんは進化のモデル

言葉の発達を考えるうえでのわかりやすい例として、赤ちゃんがあげられます。

赤ちゃんは、生まれて数か月は、泣いて周囲の人に要求を訴えます。それが指をさして要求を伝えるようになり、「まんま(ご飯)」などの単語を話すようになると、泣くよりスムーズに自分の意思を伝えられることを理解します。

赤ちゃんは、周囲の人とコミュニケーションをとりたい一心で、言葉をたくさん使うようになります。「まんま」から、「まんまほしい」「まんまがほしい」「ご飯が食べたい」と、より具体的になるのです。

私たちはふだんなにげなく言葉を使っていますが、言葉は自分以外の人と通じ合うために、必要不可欠なものです。相手に自分の意思をよりわかりやすく伝えるためには、どのように言葉を使えばよいか、相手の立場に立って考えることが大切です。

第二節 言葉の種類と働き

1 単語の性質と働き

単語は、性質と働きによって大きく二つのグループに分けられます。「自立語」と「付属語」です。また、そのグループの中で、それぞれ「活用する単語」と「活用しない単語」に分けることができます。それぞれについて、くわしく見ていきましょう。

①自立語と付属語

例文で考えよう

例 昨日 ぼくは 悲しい 物語を 読んで 涙を 流した。

→ 例文の「昨日」「悲しい」は、その語だけで一つの文節をつくっています。このような単語を「自立語」といいます。「ぼく」「物語」「読ん」「涙」「流し」のように、文節の頭にくることができる単語も自立語です。

次に「は」「を」「で」「た」は、その語だけで一つの文節をつくることができません。必ず自立語のあとにつきます。このような単語を「付属語」といいます。

重要

自立語→その語だけで一文節をつくることができる単語。
付属語→その語だけで一文節をつくることができない単語。

学習のねらいと目安

単語とは？ 品詞とは？

この節では、単語の性質や働き、また品詞について学びます。

小学校では、その単語が自立語か付属語か、また、活用の有無を見分け、各品詞を理解することを目標としています。

学習の順序

②活用する単語と活用しない単語

活用とは、使い方によって語形が規則的に変わることをいいます。

例文で考えよう

例
赤ちゃんが笑わない。
赤ちゃんが笑う。
赤ちゃんが笑えばうれしい。

→例文の「笑う」という単語は、下に「ない」や「ば」などの語がついて語形が変化しています。このようにあとにつく語によって語形が変わることを「活用」といい、語形が変化する単語を「活用する単語」といいます。
また、「笑う」の「笑」の形の変化しない部分は「語幹」といいます。そして、「う」の部分は「わ」「え」などと形が変化します。この部分を「活用語尾」といいます。

練習問題

次の文は単語に分けてあります。自立語を○で囲みなさい。

お父さん　は　電車　に　乗っ　て　会社　に　行く。

答え 199ページ下段

入試には　こう出る！

説明文などの長い文章の中で、空欄にあてはまる接続詞や副詞を答える問題がよく出題されます。文章を読んで、前後をつなぐ言葉や、様子を表す言葉が答えられるようにしましょう。
言葉の働きを見分ける問題では、助動詞の「れる・られる」や、助詞の「の」、助動詞・形容詞の「ない」などがよく出題されます。それぞれの語が文の中でどのような働きをするか、この単元で整理しておきましょう。

練習問題の答え

（お父さん）は（電車）に（乗っ）て（会社）に（行く）。

2 単語の種類

単語を、その性質と働きや意味によって細かく分類したものを、「品詞」といいます。品詞は十種類に分けることができます。

①自立語で活用がある品詞

品詞	説明
動詞	物事の動作や存在を表す語。言い切りの形がウ段の音で終わる。 例 **歩く　ある　感動する**
形容詞	物事の性質や状態を表す語。言い切りの形が「～い」で終わる。 例 **美しい　はかない　赤い**
形容動詞	物事の性質や状態を表す語。言い切りの形が「～だ」で終わる。 例 **はなやかだ　きれいだ　勤勉だ**

②自立語で活用がない品詞

品詞	説明
名詞	物事の名前を表す語。数を表す語、物事をさし示す語（代名詞）も含む。 例 **犬　京都　これ　三台**
副詞	おもに動詞・形容詞・形容動詞を修飾し、その状態や程度をくわしく説明する語。 例 **ひっそり（と）　とても　めったに**
連体詞	名詞を修飾する語。 例 **この　小さな　いわゆる　とんだ**
接続詞	前後の文や文節、単語をつなぐ語。例 **だから　しかし　つまり**
感動詞	感動・呼びかけ・応答・あいさつなどの語。 例 **ああ　やあ　こんにちは　いいえ**

学習のポイント

言い切りの形とは

「言い切りの形」とは、句点（。）で終わるときの形のことです。

例 ぼくは歩く。→言い切りの形

中学校では「終止形」という言葉で習います。

もっとくわしく

動詞・形容詞・形容動詞のように、自立語で活用し、それだけで述語になることができる単語を「用言」といいます。

名詞のように、その語だけで、または「が」「は」「も」などがあとについて、主語になることができる単語を「体言」といいます。

例 紅葉はとてもきれいだ。
（紅葉＝主語・体言／きれいだ＝述語・用言）

③付属語で活用がある品詞

助動詞　ほかの語のあとについて、意味をつけ加える語。

例　**怒らない**　**歩きます**　**食べたい**

④付属語で活用がない品詞

助詞　意味をつけ加えたり、言葉と言葉の関係を示したりする語。

例　**ぼくが考えたけれど、君は知らないね。**

確認　品詞に分けるときは、まず自立語か付属語かを確認し、次に活用するかしないか、そしてどんな意味や働きがあるかを考えよう。

練習問題

1　**次の文中のア～コの品詞名をそれぞれ答えなさい。**

ア春がイやっと来ウた。エさあ、散歩にオ行こう。カそして、キ美しい桜クを見よう。ケあらゆる生き物が目覚める春。空気もコさわやかだ。

2　**次の(1)～(3)のア～エの語の中にはそれぞれちがう品詞の単語が一つだけあります。その単語の記号を答えなさい。**

(1)　ア　切る　イ　なくす　ウ　取る　エ　これ

(2)　ア　美しい　イ　白さ　ウ　悲しい　エ　青い

(3)　ア　本　イ　うそ　ウ　あの　エ　山

答え 201ページ下段

練習問題の答え

1　ア 名詞　イ 副詞　ウ 助動詞　エ 感動詞　オ 動詞　カ 接続詞　キ 形容詞　ク 助詞　ケ 連体詞　コ 形容動詞

2　(1) エ　(2) イ　(3) ウ

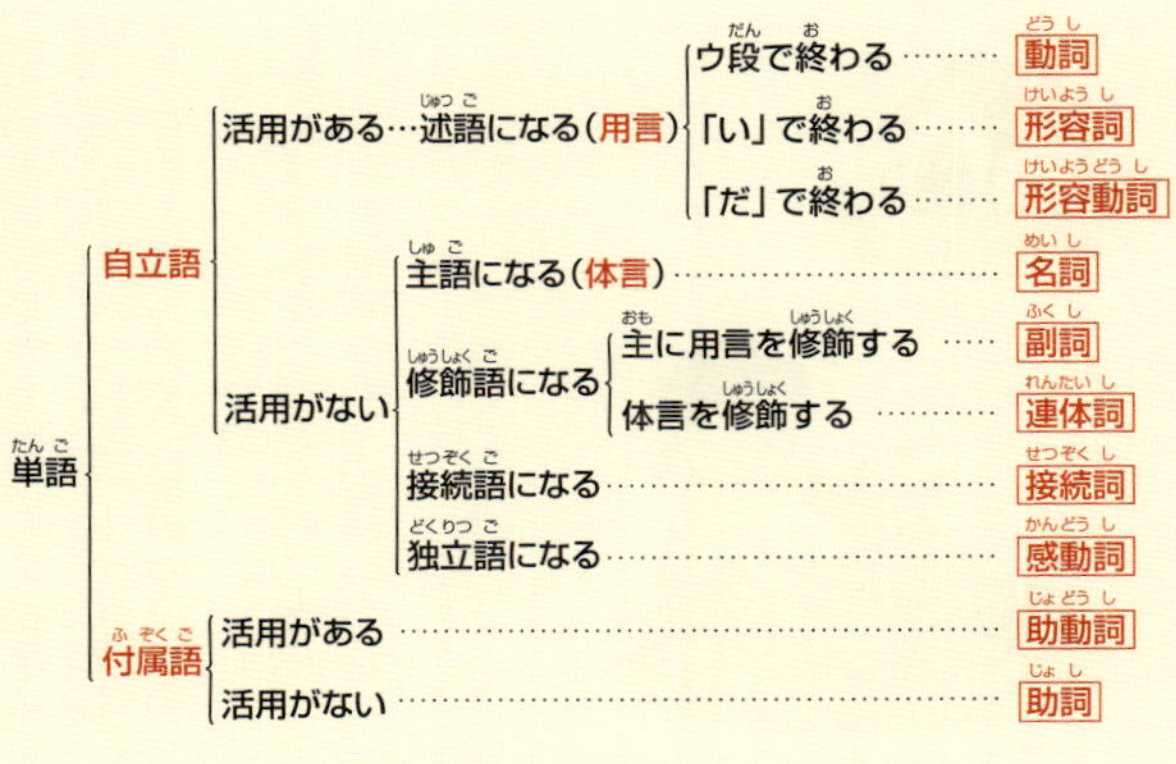

- 単語
  - 自立語
    - 活用がある…述語になる（用言）
      - ウ段で終わる……**動詞**
      - 「い」で終わる……**形容詞**
      - 「だ」で終わる……**形容動詞**
    - 活用がない
      - 主語になる（体言）……**名詞**
      - 修飾語になる
        - 主に用言を修飾する……**副詞**
        - 体言を修飾する……**連体詞**
      - 接続語になる……**接続詞**
      - 独立語になる……**感動詞**
  - 付属語
    - 活用がある……**助動詞**
    - 活用がない……**助詞**

3 物事の名前を表す言葉（名詞）

みなさんにはそれぞれ名前がありますね。動物や植物、形があるものや、形のないものにまで名前があります。このように物事の名前を表す、自立語で活用がない単語を「名詞」といいます。

①名詞の種類

名詞はおもに四種類あります。

種類	説明	例
普通名詞	一般的な物事の名前を表す言葉	山　人間　考え
固有名詞	人・国・事物の名前など、特定の物事の名前を表す言葉	花子　ドイツ　枕草子
数詞	数量・順序などを表す言葉	二歳　三台　四月
代名詞	人や物事の名前をいうかわりに、さし示して表す言葉	それ　どちら　ぼく

例文で考えよう

例　コロという名前の犬が一匹います。それは私の大切な家族です。

→「コロ」はたくさんいる「犬」の中で、世界に一匹しかいない犬です。よって、「コロ」は固有名詞となり、「犬」は普通名詞となります。「一匹」は数を表しているので数詞、「それ」は、「コロ」をさし示しているので代名詞となります。「私」のように人をさし示す単語も代名詞です。

もっとくわしく　ものの名前はもとからついていたの？

人はもとから言葉をもっていたわけではありません。人が言葉をつくり、いろいろなものに名前をつけていったのです。名前によって、一つ一つのものをほかと区別して相手に伝えることができるようになりました。形のあるものや、形のないものにも次々と名前をつけていきました。名前をつけることによって、他人と同じ情報を共有でき、コミュニケーションがスムーズに行われるようになったのです。

② 代名詞の種類

代名詞はさし示す対象によって、二種類に分けられます。

人称代名詞	人をさし示す	例 私 ぼく あなた 君 おまえ 彼 だれ どなた
指示代名詞	事物・場所・方向などをさし示す	例 (事物) これ それ あれ どれ (場所) ここ そこ あそこ どこ (方向) こちら そちら あちら どちら

※指示代名詞は、初めに「こ・そ・あ・ど」がつく、「こそあど言葉」の一つです。

212ページへGO!

練習問題

1 次の文の①～⑥の名詞の種類をあとのア～エから選び、記号で答えなさい。

①母が②広島行きの③新幹線に乗った。④九時に出発し、⑤あちらには⑥昼には着く。

ア 普通名詞　イ 固有名詞　ウ 数詞　エ 代名詞

2 次の文の①～⑤の名詞が、人称代名詞ならA、指示代名詞ならB、それ以外ならCと書きなさい。

①ぼくは②あちらにいる体の大きな男の子をにらみつけた。「③弟をいじめたのは④あいつにちがいない。」ぼくはそう確信すると、⑤ここでじっとしていられるわけがなかった。

答え 203ページ下段

学習のポイント

名詞の働き

「が」「は」などがついて主語になることができます（体言）。

例 海が見える。
朝日はまぶしい。

練習問題の答え

1 ①ア ②イ ③イ ④ウ ⑤エ ⑥ア

2 ①A ②B ③C ④A ⑤B

学習のポイント

1 ①は一般的な物事の名前を表すので普通名詞。代名詞とまちがえないよう注意。③は特定の物事の名前を表すので固有名詞。普通名詞とまちがえないよう注意。

2 ③「弟」は普通名詞。人物をさす言葉でも、「弟」「父」などは普通名詞。一方、「ぼく」「あなた」などは代名詞。

4 動きを表す言葉（動詞）

①動詞とは

物事の動作・存在・作用などを表す単語です。

(1) 自立語で、活用があります。その語だけで述語になることができます。

(2) 言い切りの形がウ段の音で終わります。

②動詞の種類

動詞には、**自動詞**・**他動詞**、**可能動詞**、**補助動詞**などがあります。

(1) 自動詞と他動詞

「**自動詞**」とは、それ自体の動作や作用を表す動詞のことをさします。「**他動詞**」は動作や作用の目的・対象を表す言葉が必要となる動詞をさします。

例文で考えよう

例 戸**が**閉まる。 →「閉まる」は戸が自分自身の力で動くので **自動詞**

例 弟が戸**を**閉める。 →「閉める」は弟の力によって動かされるので **他動詞**

重要

見分け方のポイント

「～を」という動作や作用の目的・対象を表す言葉が必要かどうかを考えましょう。必要であれば**他動詞**、必要なければ**自動詞**です。

学習のポイント

言い切りの形がウ段の音とは

例 歯を磨く。

言い切りの形の最後の音が「～く」などウ段になることをいいます。

動作・存在・作用とは

例 顔を洗う。（動作）

例 姉がいる。（存在）

例 川が流れる。（作用）

もっとくわしく

動詞の活用

活用形	未然形	連用形	終止形	連体形	仮定形	命令形
語幹	活用語尾					
行	か こ	き つ	く	く	け	け
起	き	き	きる	きる	きれ	きろ きよ
生	え	え	える	える	えれ	えろ えよ
あとに続く言葉	ない よう う	た (だ) ます	。	とき こと	ば	！

※活用形については中学校で学習します。

(2) 可能動詞

「〜することができる」という可能の意味をもった動詞を「可能動詞」といいます。「聞く」という動詞に対して、「聞ける」という動詞が可能動詞です。

例 **話す⬇話せる**　**売る⬇売れる**　**書く⬇書ける**

(3) 補助動詞

動詞の本来の意味が薄れ、前の文節に意味を添える働きをする動詞を「補助動詞」といいます。多くの場合、「**〜ている**」のように、「て（で）」のあとに続きます。

例 **方法によって効果が変わってくる。**

※補助動詞は本来の意味が薄れているので、「変わって**来る**」ではなく、「変わって**くる**」のようにひらがなで書きます。「行って**見る**」（目で見る）、「行って**みる**」（試しに行く）のように書き分けることで意味を区別することができます。

練習問題

1 **次の(1)〜(15)の動詞の中から他動詞を見つけて、番号で答えなさい。**

(1) 広まる　(2) 広める　(3) 消す　(4) 消える　(5) ほめる
(6) なくす　(7) 落ちる　(8) 落とす　(9) 終わる　(10) 終える
(11) 変わる　(12) 育てる　(13) 起きる　(14) 届く　(15) 届ける

2 **次の動詞を例にならって、可能動詞に直しなさい。**

〈例〉走る→走れる

(1) 歩く　(2) 習う　(3) 笑う　(4) 遊ぶ

答え 205ページ下段

学習のポイント

他動詞を見分けるときの注意

他動詞かどうかを見分けるときに、「…を〜」の形をとっていない場合でも「を」を入れて確認しましょう。

例 私がかわりに鳴らす。
私がかわりに（ベルを）鳴らす。

学習のポイント

動詞の働き

その語だけで述語になることができます（用言）。

例 私は道を歩く。

練習問題の答え

1 (2)(3)(5)(6)(8)(10)(12)(15)

2 (1) 歩ける　(2) 習える　(3) 笑える　(4) 遊べる

5 思ったことを表す言葉（形容詞・形容動詞）

みなさんは海を見たときになんと言うでしょうか？「広いなあ。」「きれいだね。」など、同じ海を見ても、人それぞれ表現する言葉は異なります。このように物事の性質や状態を表す言葉を「形容詞・形容動詞」といいます。

① 形容詞・形容動詞の意味・活用

形容詞と形容動詞は、物事の性質や状態を表す、活用のある自立語です。左の活用表のように、形容詞は言い切りの形が「〜い」で終わり、形容動詞は「〜だ」で終わります。

活用形	語幹	未然形	連用形	終止形	連体形	仮定形
		活用語尾				
形容詞	早	かろ	かっ く	い	い	けれ
形容動詞	静か	だろ	だっ で に	だ	な	なら
あとに続く言葉		う	た ない なる	。	とき こと	ば

学習のポイント

形容詞・形容動詞の働き

その語だけで述語になることができます（用言）。

例 母はとても若々しい。（形容詞）

例 父はいつでも温厚だ。（形容動詞）

ここに注意！

形容動詞と「名詞＋だ」は紛らわしいので、気をつけましょう。

例 姉はいつも上品だ。→形容動詞
あれは私の洋服だ。→名詞＋だ

※前に「とても」をつけて、意味が通るのが形容動詞です。

例 姉はいつもとても上品だ。○
あれは私のとても洋服だ。×

② 形容動詞の語幹の用法

形容動詞は語幹だけで使われる場合があります。

例文で考えよう

例 まあ、きれい。でも、こっちの花はなんだか変。

→ 例の「きれい」「変」は言い切りの形が、「きれいだ」「変だ」という形容動詞です。語幹（形の変化しない部分）だけを用いて、感動などを表します。

練習問題

1 次の①～⑦の単語が、形容詞ならばA、形容動詞ならばB、それ以外の品詞ならばCと書きなさい。

・①あんなことが起きるなんて、私は②不幸だ。
・少しの③ためらいもあったが、④赤いスカートをはくことにした。
・⑤早くしろと、言われることはいつも⑥同じで、もう⑦いやだ。

2 次の（　）に合うように、「安全だ」という形容動詞を活用させて入れなさい。

(1) そこはきっと（　　）場所だろう。
(2) もっとちゃんと足場を作ってくれれば（　　）う。
(3) このビルの屋上は、思っていたよりも（　　）見える。
(4) この部屋は、思っていたよりずっと（　　）た。
(5) もし（　　）ば、ここにいます。

答え 207ページ下段

ここに注意！

「きれいだ」は形容動詞

形容動詞「きれいだ」の語幹「きれい」を、形容詞とまちがえないようにしましょう。

もっとくわしく

「こんなだ」「そんなだ」「あんなだ」「どんなだ」などは、物事をさし示す形容動詞で、「こそあど言葉」の一つです。

212ページへGO！

練習問題の答え

1 ①B ②B ③C ④A ⑤A ⑥B ⑦B

2 (1) 安全な (2) 安全だろ (3) 安全に (4) 安全だっ (5) 安全なら

学習のポイント

1 ①「あんな」は、物事をさし示す形容動詞。代名詞とまちがえないこと。

6 文と文をつなぐ言葉（接続詞）

接続詞とは、文と文、文節と文節、単語と単語、あるいは段落と段落とをつなぐ働きをする単語です。自立語で活用がなく、それだけで接続語になることができます。

接続詞には次のような種類があります。

種類	働き・例
順接	前の事柄が原因となって、その結果があとにくるときに使う。 例 **兄は弟を許せなかった。だから、二度と口をきかないと決めた。**
逆接	前の事柄と逆の事柄が、後ろにくるときに使う。 例 **猫を飼いたい。しかし、母は猫アレルギーだ。**
並列	前の事柄と後ろの事柄を並べるときに使う。 例 **キャビア、トリュフおよび、フォアグラは世界三大珍味だ。**
添加	前の事柄に何かをつけ加えるときに使う。 例 **彼はカレーを食べた。そのうえラーメンまで食べた。**
選択	前と後ろを比べたり、どちらかを選んだりするときに使う。 例 **電車、またはバスでお越しください。**
説明・補足	前の事柄についての説明・補足をするときに使う。 例 **手術は無事終了しました。すなわち、成功したということです。**
話題転換	前の話をいったんやめて、話題を変えるときに使う。 例 **今日はここで終わりましょう。ところで、帰りは電車ですか。**

学習のポイント

接続詞の種類を理解しよう

接続詞の種類と、どんな語があるか、種類ごとに理解しましょう。

種類	語
順接	だから・それで・したがって・すると
逆接	しかし・けれども・ところが・だが
並列	および・そして・また・ならびに
添加	そのうえ・さらに・しかも・それから
選択	または・あるいは・もしくは・それとも
説明・補足	すなわち・なぜなら・ただし
話題転換	ところで・さて・ときに

練習問題

1 次の各文の（ ）の中に入る接続詞をあとのア〜キから選び、記号で答えなさい。

(1) ドアをノックした。（ ）、だれも出なかった。
(2) ミックスジュース、（ ）アイスクリーム、どちらを注文しますか。
(3) この部屋には入らないでください。（ ）、赤ちゃんが寝ているからです。
(4) 午前の仕事は終わった。（ ）、お昼ごはんでも食べにいこうか。
(5) そっとドアを開けた。（ ）、いきなり弟が飛び出してきた。
(6) 国語（ ）体育は、ぼくの得意科目だ。
(7) かわいいかばんを買った。（ ）靴まで買った。

ア それとも　**イ** すると　**ウ** しかし　**エ** なぜなら
オ そのうえ　**カ** さて　**キ** ならびに

2 次の各文の――線部の接続詞と同じ種類のものをあとのア〜オから選び、記号で答えなさい。

(1) 今日は試合です。ところで昨夜は何を食べましたか。
(2) 私はずいぶん苦労した。それゆえ反対するのだ。
(3) 新郎新婦、ならびにご両家の皆様。
(4) 母は「今日はハンバーグよ。」と言った。しかし、カレーだった。

ア ときに　**イ** なぜなら　**ウ** したがって
エ だが　**オ** および

答え 209ページ下段

練習問題の答え

1 (1) ウ　(2) ア　(3) エ　(4) カ
(5) イ　(6) キ　(7) オ

2 (1) ア　(2) ウ　(3) オ　(4) エ

学習のポイント

1 (1)は（ ）の前後で逆のことが書かれている。(2)は（ ）の前後のどちらかを選ばせている。(3)は（ ）の前の事柄の理由があとで述べられている。(4)は（ ）の前後で話題が変わっている。(5)は（ ）の前で述べられている事柄に続く事柄が書かれている。(6)は（ ）の前後の内容を並べている。(7)は（ ）の前の事柄につけ加えている。

2
(1) 話題転換の接続詞
(2) 順接の接続詞
(3) 並列の接続詞
(4) 逆接の接続詞

7 状態や程度を表す言葉（副詞）

副詞は、自立語で活用がなく、それだけで修飾語になることができます。おもに用言（動詞・形容詞・形容動詞）を修飾し、その語の意味をくわしく説明します。副詞には状態の副詞・程度の副詞・呼応の副詞の三種類があります。

① 状態の副詞

例文で考えよう

例 クマはのしのしと歩く。

→ 例文の「のしのしと」は、「歩く」という動詞を修飾し、「どのように歩く」のか、状態を説明します。このような語を「状態の副詞」といいます。

② 程度の副詞

例文で考えよう

例 そのクマの体はかなり大きい。

→「かなり」は、「大きい」という形容詞を修飾し、「どのぐらい大きい」のか、程度を説明します。このような語を「程度の副詞」といいます。

状態の副詞…「どのように〜するのか」 ※特に動詞を修飾

程度の副詞…「どのぐらい〜なのか」

学習のポイント

用言を修飾する例

例 父は起きてすぐに会社に行く。（動詞を修飾）

例 母の朝食はとてもおいしい。（形容詞を修飾）

例 今朝はずいぶん静かだ。（形容動詞を修飾）

もっとくわしく

1 状態の副詞

例 猫がニャーニャー鳴く。
今日はのんびりとしたい。
なんだかほっとする。
弟がいきなり走り出した。

2 程度の副詞

例 少し怖いけれどだいじょうぶ。
たいへん賢いお子様ですね。
ずいぶん遠くまで来た。

※程度を表す副詞は、ほかの副詞を修飾する場合もある。

例 とてもひっそりした町。
もっとゆっくり歩こう。

③呼応の副詞（陳述の副詞）

副詞の中には、副詞のあとに必ず決まった言葉・言い方が続くものがあります。

例文で考えよう

例 彼女は決して本当のことは話さないだろう。

↓

「決して」という副詞のあとには「ない」という語が続きます。このように、「決して」という呼びかけに対して、応じる「ない」があるような語を「呼応の副詞（陳述の副詞）」といいます。

練習問題

1 次の各文の――線部に注意して、□の数に合う副詞をひらがなで答えなさい。

(1) 反省しているので、□□□許してください。

(2) このイモは甘くて、□□□クリのようだ。

(3) 彼はプロだ。だから、□□□失敗することはあるまい。

(4) こんなにお願いしているのに、□□□□認めてくれないのですか。

(5) そんなことがあったなんて、私は□□□□知らなかった。

2 次の――線部の副詞が、状態の副詞ならA、程度の副詞ならBと書きなさい。

(1) さっさと寝なさい。

(2) きわめて難しい問題だ。

(3) けっこうかわいい近所の犬。

(4) コロッと態度を変える人。

(5) 手のひらにそっとのせる。

(6) 今日はたいそう暑くなるそうだ。

答え 211ページ下段

---

③呼応の副詞

例 決してうそは言わない。（打ち消し）

たぶん驚くだろう。（推量）

まさか知るまい。（打ち消し推量）

なぜ知らないのか。（疑問）

もし、真実を知ったら。（仮定）

まるで夢のようだ。（たとえ）

どうか、教えてください。（願望）

きっと喜ぶにちがいない。（確信）

練習問題の答え

1 (1) どうか（どうぞ） (2) まるで (3) まさか（よもや） (4) どうして (5) まったく（ぜんぜん・ちっとも・すこしも）

2 (1) A (2) B (3) B (4) A (5) A (6) B

学習のポイント

2 (4)は「変える」を修飾しているので、状態の副詞。状態の副詞は、特に動詞を修飾する。

8 連体詞とこそあど言葉

① 連体詞とは

連体詞とは「この人」「あらゆる人間」などのように、名詞（体言）を修飾する自立語で、活用がありません。それだけで修飾語になることができます。

② 連体詞の形

「〜の」形	例 この人　その人　あの人　どの人
「〜な」形	例 小さな木　おかしな木　いろんな木
「〜た」形	例 たいした奴　とんだ災難
「〜る」形	例 ある日　あらゆる人　明くる朝

③ こそあど言葉

私たちは日常の会話の中で、「こ・そ・あ・ど」から始まる言葉をたくさん使っています。

例文で考えよう

例 この服は部屋着で、それは外出用の服です。

↓ 例文の「この」「それ」のように、初めに「こ・そ・あ・ど」がつき、何かをさし示す言葉を「こそあど言葉」といいます。「この」は連体詞で、「それ」は名詞（代名詞）です。

もっとくわしく

一定の形以外の連体詞もあります。

例 わが妹

学習のポイント

連体詞と紛らわしい言葉

(1) 連体詞「小さな」「大きな」と、形容詞「小さい」「大きい」を混同しないようにしましょう。

例 小さな人形
↓ 連体詞…活用がない

小さい人形
↓ 形容詞の名詞にかかる形
…活用がある

※形容詞の活用に「小さな」という形はありません。

206ページへもどる

(2) 連体詞「ある日」の「ある」を、存在するという意味の動詞「ある」と混同しないようにしましょう。

(3) 形容動詞「こんなだ」「そんなだ」「あんなだ」「どんなだ」と混同しないようにしましょう。

自分に近いものをさす

これ（名詞）
この本（連体詞）
こういう本（副詞）
こんな本（形容動詞）

相手に近いものをさす

それ（名詞）
そのペン（連体詞）
そういうペン（副詞）
そんなペン（形容動詞）

自分からも相手からも遠いものをさす

あれ（名詞）
あの机（連体詞）
ああいう机（副詞）
あんな机（形容動詞）

よくわからないものをさす

どれ（名詞）
どの家（連体詞）
どういう家（副詞）
どんな家（形容動詞）

練習問題

次の各文の――線部が二つとも連体詞のときは○を、それ以外（一つだけ連体詞、もしくは二つとも連体詞でない）のときは×を書きなさい。

(1) あんなことを言ってしまって、あの子は怒っているだろうな。
(2) 大きなマンションだが、大きいわりに部屋数が少ない。
(3) わが息子もきたる三月に二歳になります。
(4) 台風で屋根がとんで、とんだ災難でした。
(5) 例の事件の記事が新聞に載っていて、あらゆる人に知られてしまった。

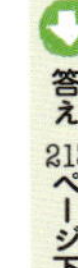
答え 213ページ下段

練習問題の答え

(1) ×（形容動詞・連体詞）
(2) ×（連体詞・形容詞）
(3) ○
(4) ×（動詞＋助詞・連体詞）
(5) ○

学習のポイント

(5)「例の」は「事件」に、「あらゆる」は「人」にかかる。

9 意味をつけ加える言葉（助動詞）

助動詞とは、「聞こえない」「山だ」の、「ない」「だ」のように、さまざまな語について、その働きを助ける役目をする単語です。付属語で、活用があります。では、どのような助動詞があるか、助動詞の意味とともに見ていきましょう。

れる・られる

① **受け身** 例 **母に怒られる。**
➡「〇〇に～される」の意味。

② **可能** 例 **一人で起きられる。**
➡「～することができる」の意味。

③ **自発** 例 **昔が思い出される。**
➡「自然に～する」の意味。「思う」など心に関係する動詞につく。

④ **尊敬** 例 **先生が来られる。**
➡動作をする人への尊敬の意味。

せる・させる

使役 例 **ピアノを習わせる。**
テストを受けさせる。
➡ほかの人に動作をさせる意味。

た（だ）

① **過去** 例 **先月、家族で温泉に行った。**
➡すでに過ぎ去ったことを表す。

② **完了** 例 **電車が到着したところだ。**
➡「今まさに～し終わった」の意味。

③ **存続** 例 **曲がった道を歩く。**
➡ある状態が続いていることを表す。「～ている」と言いかえができる。

まい

① **打ち消し推量** 例 **まだ雪は降るまい。**
➡「～ないだろう」の意味。

② **打ち消し意志** 例 **二度と行くまい。**
➡「～ないようにしよう」の意味。

雨が降るだろう
断定 推量

う・よう

① **推量** 例 **明日は雨が降るだろう。**
➡話し手が「たぶん～だろう」と推し量る。

② **意志** 例 **今日から勉強しよう。**
➡「～しよう」という自分の気持ち。

③ **勧誘** 例 **私の家で遊ぼう。**
➡相手に一緒にするように誘う。

ます

丁寧 例 **お見舞いに行きます。**

たい・たがる

希望 例 **ぼくは白いご飯が食べたい。**
例 **友達はピラフを食べたがる。**
➡「たい」は話し手の希望、「たがる」は話し手以外の希望。

ようだ

① **たとえ** 例 **母は太陽のような人だ。**
➡「まるで～のようだ」の意味。

② **例示** 例 **父のように先生になりたい。**
➡「たとえば～のように」の意味。

③ **推定** 例 **だれか来るようだ。**
➡何らかの根拠に基づき「どうやら～のようだ」と推し量る。

だ・です

断定 例 **あれは私の車だ。**
それはぼくのバイクです。
➡「です」は「だ」の丁寧な言い方。

ない・ぬ

打ち消し 例 **私は決して泣かない。**
わしは決して泣かぬ。

らしい

推定 例 **彼のお父さんは怖いらしい。**
➡「どうやら～だ」と推し量る意味。

そうだ

① **伝聞** 例 **明日は雨が降るそうだ。**
➡人から伝え聞いたことを表す。

② **様態** 例 **明日は雨が降りそうだ。**
➡様子を表す。

練習問題

1 **次の文の――線部の助動詞の意味をあとのア～キから選び、記号で答えなさい。**

昨日、父にすすめ①られて、キュリー夫人の本を読ん②だ。彼女は小さいときから読書家だった③そうだ。彼女の④ような立派な学者になり⑤たいと思い、まずは、今日からたくさん本を読もう⑥と考えた。

ア 伝聞　イ たとえ　ウ 希望　エ 意志
オ 過去　カ 受け身　キ 例示

2 **次の文の――線部が（　）の意味になるように、「う・よう・れる・られる」のどれかをつけて、書き直しなさい。**

(1) あの公園は静かだ。（推量）
(2) みんなでアイスを食べる。（勧誘）
(3) 先生が話す。（尊敬）
(4) 多くのことを得る。（可能）

答え 215ページ下段

練習問題の答え

1 ①カ ②オ ③ア ④キ ⑤ウ ⑥エ

2 (1) 静かだろう　(2) 食べよう
(3) 話される　(4) 得られる

学習のポイント

1 ①は「父に」すすめられているので受け身。直前の「～に」に着目しましょう。

2 (4)「得れる」というのは「ら抜き言葉」といって、好ましくない使い方。きちんと「ら」を入れて、「得られる」としましょう。

10 言葉の働きを見分ける問題1

ここまで学習してきた内容は、次のような形で問われることがあります。しっかり確認しておきましょう。

練習問題

次の――線部の意味・用法を下から選び、記号で答えなさい。

(1) ない
A それは知らない。
B 私のノートがない。
C 虫の命ははかない。

ア 形容詞…「存在しない」の意味。
イ 形容詞の一部…例 少ない
ウ 打ち消しの助動詞…「ぬ」に言いかえ可能。

(2) らしい
A 彼の父は弁護士らしい。
B 女性らしい服を着る。
C すばらしい人生だ。

ア 形容詞の一部…例 めずらしい
イ 推定の助動詞…「どうやら～だ」の意味。
ウ 形容詞をつくる語…「名詞＋らしい」の形。

(3) そうだ
A もうすぐ台風が来そうだ。
B 明日、台風が来るそうだ。

ア 伝聞の助動詞…人から伝え聞いたことを表す。
イ 様態の助動詞…様子を表す。

(4) ようだ
A 猫のような生活をしたい。
B 彼は仕事ができるようだ。
C 氷のような冷たさだ。

ア たとえの助動詞…「まるで～のようだ」の意味。
イ 例示の助動詞…「たとえば～のようだ」の意味。
ウ 推定の助動詞…「どうやら～のようだ」の意味。

練習問題の答え

(1) A ウ　B ア　C イ
(2) A イ　B ウ　C ア
(3) A イ　B ア
(4) A イ　B ウ　C ア

(5) れる られる
A 会場へは徒歩で行かれる。
B 昔の友がしのばれる。
C 先生が上京される。
D 弟が母にほめられる。

ア 受け身の助動詞…「○○に〜される」の意味。
イ 自発の助動詞…「自然に〜する」の意味。
ウ 可能の助動詞…「〜することができる」の意味。
エ 尊敬の助動詞…動作をする人への尊敬の意味。

(6) よう
A ぼくも行ってみよう。
B すぐに空も晴れよう。
C 一緒にアイスを食べよう。

ア 意志の助動詞…自分自身の気持ち。
イ 勧誘の助動詞…だれか相手を誘う。
ウ 推量の助動詞…前に「たぶん」が補える。

(7) た
A テストが終わったところだ。
B 真っ赤に染まった空を見た。
C お父さんと野球を見に行った。

ア 過去の助動詞…すでに過ぎ去ったことを表す。
イ 完了の助動詞…「まさに」が補える。
ウ 存続の助動詞…「〜ている」と言いかえ可。

(8) ある
A 私の家がそこにある。
B ある人がこんなことを言った。

ア 連体詞…体言にかかり「存在」の意味なし。
イ 動詞…「存在する」の意味。

(9) だ
A これが私のふるさとだ。
B 昨日その本を読んだ。
C 彼女の髪の毛はつややかだ。
D 母から聞いたそうだ。

ア 過去の助動詞…「た」が「だ」とにごる。
イ 形容動詞の一部…例「きれいだ」など。
ウ 断定の助動詞…「名詞＋だ」の形。
エ 助動詞の一部…例「ようだ」「そうだ」。

答え 216ページ下段

(5) A ウ B イ C エ D ア
(6) A ア B ウ C イ
(7) A イ B ウ C ア
(8) A イ B ア
(9) A ウ B ア C イ D エ

11 語と語の関係を示す言葉（助詞）

①助詞とは

助詞は、付属語で活用しない単語です。自立語を含む語のあとについて、文節をつくります。助詞はどのような単語でしょうか。

例文で考えよう

例 お姉ちゃんばかり服を買ってもらって、ずるいよ。

→例文の「ばかり」「を」「て」「よ」は、自立語を含む語のあとについて文節をつくり、いろいろな意味をつけ加えたり、上の言葉と下の言葉をつないだりしています。これらはすべて助詞です。

②助詞の種類

助詞は、その働きによって、四つの種類に分けられます。

(1) 格助詞➡おもに体言について、語と語の関係を表す。

例 **私が母親です。**

…「が」は主語をつくる格助詞。

例 **これは山口先生の本です。**

…「の」は名詞を修飾する格助詞。

(2) 接続助詞➡用言や助動詞について、前とあとの言葉や文をつなぐ。

例 **お弁当の日だったのに、うっかり忘れた。**

…「のに」は上の内容と下の内容を、逆接の意味でつないでいる。

もっとくわしく
助詞の種類を覚えよう

(1) 格助詞

が・の・に・を・へ・と・より・や・から・で

例 私が学級委員です。（主語）
母の思い出の品。（名詞を修飾）
妹に勉強を教える。（対象）
おでんよりカレーがいい。（比較）

※格助詞の覚え方

を・に・が・と・より・で・から・の・へ・や
（鬼が戸より出、空の部屋）

(2) 接続助詞

ば・と・ても（でも）・から・が・けれど（けれども）・のに・ので・て（で）・ながら・し・たり（だり）

例 朝になればわかる。（順接の仮定）
怒ったが、ダメだ。（逆接）
若くてきれい。（並立）

言葉編
第一章 文字と言葉
第二章 言葉
第三章 言葉のきまり

(3) **副助詞**→いろいろな単語について、さまざまな意味をつけ加える。

例 **あなたこそ学級委員になるべきだ。**

…「こそ」は主語の「あなた」を強調している。

(4) **終助詞**→文の終わりや、文節の切れ目について、疑問・強調・禁止などの意味をつけ加える。

例 **二度と危険なことはするな。**

…「な」は禁止の意味をつけ加えている。

助詞は付属語で活用がない。文をつないだり、意味をつけ加えたりする働きをしている。

練習問題

次の各文の（　）にあてはまる助詞をあとのア～コから選び、記号で答えなさい。（同じ記号は二度使えません。）

今日（①）家族全員で、新しい家の見学に行きます。前（②）とても楽しみにしていました。新しい家は、庭付き（③）家です。妹は「庭にお花（④）植えよう（⑤）。」（⑥）、いまから母（⑦）言っています。ぼく（⑧）ボール遊びがしたい（⑨）、と考え（⑩）います。

ア から　**イ** は　**ウ** て　**エ** なあ　**オ** の
カ ね　**キ** を　**ク** も　**ケ** に　**コ** と

答え 219ページ下段

(3)副助詞
は・も・こそ・さえ・しか・でも・か・まで・ばかり・ほど・くらい（ぐらい）・だけ・など・なり

例 勉強はすませた。（区別）
これしかないよ。（限定）
計算や図形などが得意。（例示）

(4)終助詞
か・や・の・かしら・なあ・よ・ね（ねえ）・ぞ・ぜ・とも・な・さ

例 聞いてもいいですか。（疑問）
すばらしいなあ。（感動）

練習問題の答え

①イ　②ア　③オ　④キ　⑤カ
⑥コ　⑦ケ　⑧ク　⑨エ　⑩ウ

学習のポイント

副助詞はいろいろな単語につくので、注意が必要。たとえば、①も②も体言についているが、①は副助詞で、②は格助詞。

12 言葉の働きを見分ける問題2

助詞の意味を見分けたり、助詞とほかの品詞を見分けたりする練習をしましょう。

練習問題

次の――線部の意味・用法を下から選び、記号で答えなさい。

(1) と
A おはようとあいさつした。
B 母は姉と出かけた。
C パンとおにぎりを買った。
D 成長し、大人となる。

ア 助詞・対象…「〜と一緒に」の意味。
イ 助詞・引用…「と」の上を「」でくくれる。
ウ 助詞・結果…「〜となる」の意味。
エ 助詞・並立…前後を対等の関係に並べる。

(2) を
A 早朝に出発して大阪を目指す。
B 母が本を読んでいる。
C 川を越えると街がある。

ア 助詞・方向…動作・作用の方向を示す。
イ 助詞・経過…経過する場所を表す。
ウ 助詞・対象…直接働きかける対象を示す。

(3) が
A 私が父親です。
B 寒いが、外で遊びたい。
C うれしい。が、あまり笑えない。

ア 接続助詞…付属語である。逆接の意味。
イ 格助詞…付属語である。主語をつくる。
ウ 接続詞…自立語である。逆接の意味。

(4) から
A 空から雪が降ってきた。
B 寒いからはやく帰ろう。
C 米からお酒をつくる。

ア 助詞・原因…「〜ので・〜のために」の意味。
イ 助詞・起点…起点となる時や場所を示す。
ウ 助詞・原料…「〜で・〜を使って」の意味。

練習問題の答え

(1) A イ　B ア　C エ　D ウ
(2) A ア　B ウ　C イ
(3) A イ　B ア　C ウ
(4) A イ　B ア　C ウ

(5) の
A 妹の机で勉強をする。
B 鳥の鳴く声がする。
C 母は料理を作るのが上手だ。
D 行くの行かないのと大騒ぎだ。

ア 助詞・名詞の代用…「こと」に言いかえ可能。
イ 助詞・主語…「が」に言いかえ可能。
ウ 助詞・修飾語…名詞を修飾している。
エ 助詞・並立…「〜の〜の」と並んでいる。

(6) で
A 会社まで電車で行く。
B 雨で運動会は中止だ。
C 一週間で三キロやせた。
D 公園で友達と遊ぶ。

ア 助詞・場所…場所を表す語のあとにつく。
イ 助詞・手段…「〜を使って」の意味。
ウ 助詞・原因…「〜のために」に言いかえ可能。
エ 助詞・時限…時を表す語のあとにつく。

(7) さえ
A 起きることさえできない。
B パンさえあれば耐えられる。
C 大雨に、雷さえ鳴り始めた。

ア 助詞・限定…「だけ」に言いかえ可能。
イ 助詞・添加…「までも」に言いかえ可能。
ウ 助詞・最低の例をあげて、ほかを推測させる。…「〜すら」に言いかえ可能。

(8) に
A 学校の体育館に集まる。
B 努力して医者になった。
C ぼくは毎朝七時に起きる。

ア 助詞・場所…場所を表す語のあとにつく。
イ 助詞・結果…変化の結果を示す。
ウ 助詞・時間…時を表す語のあとにつく。

答え 220ページ下段

(5) A ウ B イ C ア D エ

(6) A イ B ウ C エ D ア

(7) A ウ B ア C イ

(8) A ア B イ C ウ

13 二つ以上の単語からできた言葉（複合語）

① 複合語とは

ふだん使われる単語の中には、二つ以上の単語が結びついて、新たな一つの単語になったものがあります。

例文で考えよう

例 **春風**が吹いている中を**散歩する**。

春風……………春（名詞）＋風（名詞）→春風（名詞）
散歩する……散歩（名詞）＋する（動詞）→散歩する（動詞）

→ このように、二つ以上の単語が結びついてできた単語を、「複合語」といいます。

② 動詞の複合語

動詞と動詞、またはそれ以外の品詞と動詞が結びついてできた動詞があります。

例 **(1) うわさ**（名詞）＋**する**（動詞）→**うわさする**（動詞）
(2) 物（名詞）＋**語る**（動詞）→**物語る**（動詞）
(3) 泣く（動詞）＋**出す**（動詞）→**泣き出す**（動詞）
(4) 長い（形容詞）＋**引く**（動詞）→**長引く**（動詞）

動詞の複合語では、特に(1)のようなもの（名詞と「する」という動詞が組み合わさったもの）や、(4)のようなもの（形容詞の語幹と動詞が組み合わさったもの）を見落としやすいので、気を付けましょう。

もっとくわしく

動詞の複合語のほかの例には、次のようなものがあります。

(1) 研究する・勉強する
後悔する・お返しする
ドライブする・おともする
(2) 色付く・名乗る・裏切る
(3) 流れ込む・思い出す・申し込む
(4) 遠のく

③形容詞の複合語

例 (1) **心**（名詞）＋**細い**（形容詞）→**心細い**（形容詞）

(2) **聞く**（動詞）＋**苦しい**（形容詞）→**聞き苦しい**（形容詞）

④名詞の複合語

例 (1) **葉**（名詞）＋**桜**（名詞）→**葉桜**（名詞）

(2) **山**（名詞）＋**山**（名詞）→**山々**（名詞）

(3) **夢**（名詞）＋**見る**（動詞）＋**心地**（名詞）→**夢見心地**（名詞）

確認

複合語の品詞は、結びつく単語のいちばん下の品詞と同じになることが多い。

練習問題

1 **次にあげる複合語は、どんな語が結びついてできたものですか。例にならって答えなさい。**

（例）山桜→山＋桜　見苦しい→見る＋苦しい

(1) 花火→　(2) 思いめぐらす→

(3) むし暑い→　(4) 報告する→

2 **次の二つの語が結びついてできる語を答えなさい。**

(1) 歩く＋回る　(2) 若い＋返る　(3) 落ちる＋葉

答え　223ページ下段

もっとくわしく

形容詞の複合語のほかの例には、次のようなものがあります。

(1) 腹黒い・口さびしい

(2) 聞きづらい・見苦しい

名詞の複合語のほかの例には、次のようなものがあります。

(1) 森林・海水・三日月

(2) 常々・時々・人々

(3) 夜明け前・絵かき歌

練習問題の答え

1 (1) 花＋火　(2) 思う＋めぐらす　(3) むす＋暑い　(4) 報告＋する

2 (1) 歩き回る　(2) 若返る　(3) 落ち葉

学習のポイント

1 (1)は名詞の複合語、(2)(4)は動詞の複合語、(3)は形容詞の複合語。

確認問題

第二節　言葉の種類と働き

答え 226ページ

1 次の各文の――線部はまちがっています。指定された字数で、正しく書きなさい。

(1) マラソンは、少しもやりたいと思う。（四字で）
(2) たとえ成功したら、気を抜いてはいけない。（五字で）
(3) どうか私に本当のことを教える。（七字で）
(4) おそらく彼は明日の朝、真実を知る。（五字で）
(5) これだけよい天気ならばまさか雨は降る。（四字で）
(6) 山口君はきっと明日の試験に合格する。（十字で）

2 次の文の――線部を、助動詞「そうだ」を用いて指定された条件で書きかえなさい。

・明日は遠足だが、雨が降る。
(1) 人から伝え聞いたことがわかる表現で。
(2) 様子を自分で見て判断していることがわかる表現で。

3 次の文の――線部の語の、言い切りの形を書きなさい。

(1) 朝はなかなか起きてこない。
(2) とてもさわやかな朝だ。
(3) そんなに広くない部屋だ。
(4) 「はやく走れ。」と叫んだ。
(5) 家をきれいにそうじする。
(6) 今日はテレビを見ない。

つまずいたら

1 ▼211ページ 7 ③呼応の副詞
2 ▼214ページ 9 意味をつけ加える言葉
3 ▼204ページ 4 動きを表す言葉 ▼206ページ 5 思ったことを表す言葉

ヒント

2 (1) 伝聞の意味。 (2) 様態の意味。
3 「言い切りの形」とは、国語辞典にのっている形のこと。

4 **次のA群と同じ関係になるように、B群の（　）に適当な語を入れなさい。**

A群
(1) 遊ぶ — 遊べる
(2) こんな — あんな
(3) 歩く — 歩け
(4) 明るい — 明るさ

B群
(1) 眠る —（　　）
(2) これ —（　　）
(3) 学ぶ —（　　）
(4) 冷たい —（　　）

5 **次の各文の——線部の中で、一つだけ働きのちがうものがあります。それを選び、番号で答えなさい。**

(1) ①豊かな緑がある町に住む。　②彼はとても勤勉な少年だ。
③小さな人形が置かれている。　④わずかなお金しか持っていない。

(2) ①明日もまたここで会おう。　②ここは自然が多く、また神社もある。
③母はまた料理を作り始めた。　④また元気になったら運動を始めよう。

(3) ①計算があまりできない。　②私はもうそんなに若くない。
③本当のことは君には言えない。　④そんなひどいことはありえない。

(4) ①犬の鳴く声がする。　②彼女の言うことなら、まちがいない。
③車の通る音が気になる。　④来週の日曜日に出かけよう。

4 **ヒント**
(1) ふつうの動詞と可能動詞。
(2) ▼212ページ 8 連体詞とこそあど言葉
近いところと遠いところ。
(3) 言い切りの形と命令する形。
(4) 形容詞と名詞。

5 **ヒント**
(1) 連体詞以外は形容動詞。
(2) 接続詞以外は副詞。
(3) 形容詞以外は助動詞。
助動詞「ない」は「ぬ」に置きかえられる。
(4) ▼220ページ 12 言葉の働きを見分ける問題2
修飾語をつくる助詞以外は主語をつくる助詞。主語をつくる助詞「の」は、「が」に言いかえられる。

確認問題の答え

問題 224ページ

1
(1) 思わない　(2) 成功しても
(3) 教えてください　(4) 知るだろう
(5) 降るまい　(6) 合格するにちがいない

2
(1) 降るそうだ　(2) 降りそうだ

3
(1) 起きる　(2) さわやかだ
(3) 広い　(4) 走る
(5) きれいだ　(6) 見る

4
(1) 眠れる　(2) あれ
(3) 学べ　(4) 冷たさ

5
(1) ③　(2) ②　(3) ②　(4) ④

第三節 学習の整理

1 単語の性質と働き

単語は自立語か付属語か、活用するかしないか、どんな意味や働きがあるかで、十種類に分けることができます。これを品詞といいます。

2 単語の種類

① 自立語で活用がある品詞
1 動詞（言い切りの形がウ段）　例 動く
2 形容詞（言い切りの形が「〜い」）　例 美しい
3 形容動詞（言い切りの形が「〜だ」）　例 きれいだ

② 自立語で活用がない品詞
4 名詞　例 家・これ　5 副詞　例 ちょっと・まるで
6 連体詞　例 あの人　7 接続詞　例 しかし
8 感動詞　例 はい・こんにちは

③ 付属語で活用がある品詞
9 助動詞　例 食べない・怒られる

④ 付属語で活用がない品詞
10 助詞　例 私と・彼さえ

国語の宝箱

「方言」という個性

地域に根付いた言葉

「セトモノ」「カラツモノ」「ヤキモノ」……何のことかわかりますか？ これらはすべて、みなさんがご飯を食べるときに使う、お茶わんなどの「陶磁器」を表す言葉です。日本には、地域によって陶磁器のことを言い表す言葉がいくつもあるのですね。なぜこのようなちがいが生まれたのでしょう？

それは、かつてその地域で多く使われていた陶磁器の生産地と関わりがあります。「セトモノ」は、おもに東日本から近畿地方で使われる言葉です。この地域で使用される陶磁器の多くは、愛知県瀬戸市産のものだと考えられています。「カラツモノ」は、佐賀県の唐津近辺でつくられた陶磁器を多く用いていた、九州東部などで使われる言葉です。「ヤキモノ」は陶磁器のことを大きく言い表しています。

陶磁器の呼び方にちがいがあるように、言葉はその地域の暮らしや文化などと深く関わって、さまざまに変化します。このような、ある地域で使われる単語や表現、発音などを含めた独特の言葉を「方言」といいます。

方言で伝わる

地域に根付いた言葉である方言には、そこに住む人の生活感や、生活から生じる思いなどを、適切に言い表した言葉が数多くあります。たとえば漁業の盛んな地域では、同じ魚でも、その成長度合いと大きさによって呼び方が何種類もあります。それは、その地域にとって、そのちがいがとても大切だからです。これらを共通語にすると、意味合いや語感が微妙に変わってしまうことがあります。方言でしか伝えられないことや、気持ち、思いがあるのです。

同じ方言で話すことで、コミュニケーションがより円滑になったという経験が、みなさんにもあるでしょうか。その地域に住む自分の「個性」として、方言を大切に使っていきたいですね。

第三節 敬語

1 敬語の種類

① 敬語とは

みなさんは学校で先生と話をするとき、どんな言葉づかいをするでしょう。友達と話しているときと同じ言葉づかいでは先生に失礼ですね。「敬語」とは、話をするときや文章を書くときに、話の相手や話題になっている人に敬意を表す言い方のことをいいます。

例文で考えよう

例
私は職員室の先生のところに行く。
先生がこちらにいらっしゃる。
私が職員室の先生のところにうかがう。
私は職員室の先生に会いに行きます。

↓

例文の「行く」に対して、「いらっしゃる」「うかがう」「行きます」の語には、先生に対する敬意が込められています。このような言葉を「敬語」といいます。

重要

敬語は、話すときや文章を書くときに、話の相手や話題になっている人に対する敬意を表すのに用いる。

学習のねらいと目安

敬語を正しく使おう

この節では、敬語とは何か、また敬語の種類や敬語の正しい使い方を学びます。敬語はその場面や人間関係に合わせて使われます。自分以外の人とコミュニケーションをはかるうえで、大切な言葉です。敬語の種類を理解し、正しく使えるようになりましょう。

学習の順序

用語

敬意…相手を尊敬する気持ちのこと。

②敬語の種類

敬語には大きく分けて尊敬語・謙譲語・丁寧語の三種類があります。

尊敬語	話の相手や、話題になっている人を持ち上げて敬意を表す言い方。	例 いらっしゃる・来られる
謙譲語	自分や自分側の人を低く表すことで、話の相手や話題になっている人に敬意を表す言い方。	例 うかがう・お届けする
丁寧語	丁寧に言うことで、話の相手に対して敬意を表す言い方。	例 行きます・小学生です

※丁重語、美化語を含めて五種類とすることもあります。

言葉そのものが変化して、それだけで話し手の敬意を表すことができる動詞を敬語動詞といいます。

例

普通語	尊敬語	謙譲語	丁寧語
見る	ご覧になる	拝見する	見ます
言う	おっしゃる	申し上げる 申す	言います
する	なさる	いたす	します
行く	いらっしゃる おこしになる おいでになる	まいる うかがう	行きます

入試にはこう出る！

敬語は、文法の中でも特に出題されやすい単元です。また、ふだん文章や手紙を書くときにも重要な分野ですので、正しい使い方を確認しておきましょう。

入試では、ふつうの動詞を尊敬語・謙譲語に直す問題や、敬語のまちがった使い方を正しく直す問題がよく出題されます。相手との関係を考えて、適切な敬語が使えるように整理しておきましょう。

ここに注意！

「ご覧になる」は「見る」の尊敬語です。単語に分けると「ご覧―に―なる」となり、一つの動詞ではないのですが、ここではほかの敬語動詞と一緒に取り上げています。

言葉編　第一章 文字と言葉　第二章 言葉　第三章 言葉のきまり

2 尊敬語

① 尊敬語とは

話の相手や、話題になっている人を持ち上げて敬意を表す言い方のことをいいます。では、尊敬語はどのような言葉か、具体的に見ていきましょう。

例文で考えよう

例 校長先生がぼくの教室に来た。（ふつうの言い方）
校長先生がぼくの教室に来られた。（尊敬語を用いた言い方）

→ 例文のように、校長先生の行動に「来られた」と尊敬語を用いることによって、「ぼく」が「校長先生」を敬う表現になります。

229ページへもどる

② 尊敬語の使い方

(1) 尊敬の敬語動詞を用いる。
「おっしゃる」「ご覧になる」など

例 **先生がおっしゃることをメモにとる。**

(2) 尊敬の助動詞「れる・られる」を用いる。

例 **先生が話されることはいつも心にひびく。**
先生が生けられた花はきれいだ。

(3) 「お(ご)…になる」「お(ご)…くださる・なさる」の形にする。

例 **先生は二時頃お戻りになる。**
社長が自らご説明なさる。

ここに注意！ 敬語を重ねて使わない！

丁寧な敬語を使おうとするあまりに、敬語をいくつも重ねてしまうことがあります。「二重敬語」といい、誤った使い方です。

例 ×お帰りになられる
「お～になる」の形を用いる方法と、助動詞「れる」を用いる方法を二重に使用しています。「お帰りになる」「帰られる」が、正しい形です。

例 ×ご覧になられる
「見る」の尊敬語の「ご覧になる」を用いる方法と、助動詞「れる」を用いる方法を二重に使用しています。「ご覧になる」「見られる」が、正しい形です。

(4) 接頭語や接尾語を用いる。

例　ご両親　お気持ち　山本様　木村先生

確認

助動詞「れる」「られる」は尊敬以外の意味もあるので気をつけよう。

214ページへもどる

練習問題

1 次の――線部を、（　）の言い方を用いて尊敬語にしなさい。

(1) 先生が遠足の下見に行く。（れる）

(2) そろそろお客様が帰る。（お～になる）

(3) お客様が品物について質問する。（ご～なさる）

(4) 校長先生が朝の会で説明する。（ご～くださる）

(5) 入学おめでとうございます。（接頭語を使う）

2 次の各文の――線部は敬語表現として誤っています。正しい尊敬語に直しなさい。

(1) 田中様、おりましたら二階カウンターまでおいでください。

(2) 先生は朝ごはんに何を食べましたか。

(3) あなたが私にくれたこの本をとても大切にしています。

(4) 先生が絵を拝見しています。

答え　231ページ下段

学習のポイント

接頭語・接尾語

接頭語…単語の前について、意味を添える語。

例　お母さん・ご家族・素肌
お酒・か弱い・ま後ろ

接尾語…単語のあとについて、意味を添える語。

例　大森様・まもる君・温かみ
厚さ・寒け

練習問題の答え

1

(1) 行かれる

(2) お帰りになる

(3) ご質問なさる

(4) ご説明くださる

(5) ご入学

2

(1) いらっしゃい

(2) めしあがり・お食べになり・食べられ

(3) くださった

(4) ご覧になっ

3 謙譲語

① 謙譲語とは

文章を書いたり話をしたりするときに、自分や自分側の人をへりくだって表すことで、話の相手や話題になっている人に敬意を表す言い方のことを**謙譲語**といいます。

では、謙譲語はどのような言葉か、具体的に見ていきましょう。

例文で考えよう

例　ぼくは明日、先生に本を返す。（ふつうの言い方）

ぼくは明日、先生に本を**お**返し**する**。（謙譲語を用いた言い方）

↓例文のように、「ぼく」の行動に「**お**返し**する**」と謙譲語を用いて自分を低く表現することによって、「ぼく」が「先生」を敬う表現になります。

尊敬語は敬意を表したい相手の行動に用いて相手の立場を高めます。

それに対して、謙譲語は自分や自分側の人の行動に用いて自分を低く表します。そうすることで、自然と相手の立場が上がり、相手に対する敬意を表すことになるのです。

② 謙譲語の使い方

(1) 謙譲の敬語動詞を用いる。

「拝見する」「いただく」など

例 **先生が描かれた絵を拝見する。**

229ページへもどる

ここに注意！

身内のことを他人に話すとき

家族など、自分の身内のことを、他人に話すとき、身内の行動は謙譲語で表さなければなりません。

例 ×父がかわりにご覧になります。

↓父は身内の人間なので尊敬語は使いません。

○父がかわりに拝見します。

↓父は身内の人間なので謙譲語を使います。

(2) 「お(ご)…する」「お(ご)…いたす」の形にする。

例 **私がご一緒する。**
父がご案内いたします。

(3) 動詞に続く形で「あげる」「さしあげる」「いただく」を使う。

例 **ぼくが駅まで案内してさしあげる。**
先生に説明していただく。

練習問題

1 次の——線部を、（ ）の言い方を用いて謙譲語にしなさい。

(1) 私があなたの洋服を用意する。（ご～する）
(2) お客様の荷物を持つ。（お～する）
(3) こちらからお客様に聞きます。（お～いたす）
(4) ぼくが校長先生に説明します。（ご～いたす）
(5) 先生を駅まで案内する。（動詞に続く形で「さしあげる」を使う）

2 次の——線部を、謙譲の敬語動詞を使って書きかえなさい。

(1) 明日、横浜に住んでいるおじさんの家へ行く。
(2) 校長先生に自分の考えを言う。
(3) 先生のお描きになった絵を見る。
(4) お客様の部屋は私が掃除をします。

答え 233ページ下段

言葉編
第一章 文字と言葉
第二章 言葉
第三章 言葉のきまり

学習のポイント

謙譲語の敬意の表し方

謙譲語は相手の動作に直接敬語表現をつけるのではなく、自分の動作を低めることによって、相手の立場を上げる間接的な方法です。相手に対する敬意は尊敬語と同じです。

練習問題の答え

1
(1) ご用意する
(2) お持ちする
(3) お聞きいたし
(4) ご説明いたし
(5) 案内してさしあげる

2
(1) まいる・うかがう
(2) 申し上げる・申す
(3) 拝見する
(4) いたし

学習のポイント

1 (3)(4) ——線部のあとの「ます」に続く形にする。

2 まちがって尊敬の敬語動詞を使わないこと。

4 丁寧語

① 丁寧語とは

話をするときに、丁寧な表現で相手に対して敬意を表す言い方を**丁寧語**といいます。文章を書くときも、読み手に対して敬意を表すために、丁寧語を使うことができます。

では、丁寧語はどのような言葉か、具体的に見ていきましょう。

例文で考えよう

例 今日は家に早く帰る。（ふつうの言い方）
今日は家に早く帰ります。（丁寧語を用いた言い方）

→ 例文のように、「ます」という丁寧語を用いた言い回しをすることによって、話の相手（聞き手）に対して敬意を表す表現になります。

例 中をご覧になりますか。
→ご覧になる（尊敬語）＋ます（丁寧語）

→ 右の例文のように、尊敬語や謙譲語は単独で用いられることが少なく、丁寧語とともに用いられることが多いです。

例 雪が降ります。

→ 「雪」のように主語が人間以外でも、この出来事を伝える相手に対して丁寧な気持ちを表すために用います。

もっとくわしく

丁寧語は尊敬語や謙譲語と比べると、敬意が軽くなります。具体的にどんな場面で使われるでしょうか。

学校の先輩や少し年上の知人、近所の親しい大人など、尊敬語を使うには少々大げさになってしまう関係の人と話すときに使うのがよいでしょう。

例 △あの映画をご覧になりましたか？
→尊敬語＋丁寧語で、かたくるしい印象を与えます。
○あの映画を見ましたか？
→丁寧語のみで、かたくるしい印象を与えません。

② 丁寧語の使い方

(1) 助動詞「です」「ます」を用いる。

例 その花を生けたのは私です。

(2) 「ございます」「おります」を用いる。

例 ありがとうございます。

(3) 接頭語「お(ご)」をつける。

例 ご飯　お水　お茶

確認

丁寧語は単独または尊敬語や謙譲語と一緒に使われることが多い。使う機会がいちばん多いので、しっかり覚えよう。

練習問題

次の文の――線部を、指示されたとおりにすべてひらがなで書き直しなさい。

(1) おはよう。今日もいい天気ですね。(丁寧語を用いて九字で。)
(2) あなたにあったお部屋を紹介しよう。(丁寧語を用いて五字で。)
(3) それはぼくが買った本だ。(丁寧語を用いて二字で。)
(4) 父はそのように言う。(謙譲語と丁寧語を用いて五字で。)
(5) 私は朝食にパンを食べた。(丁寧語を用いて五字で。)
(6) のどがかわいたので茶を飲みました。(丁寧語を用いて三字で。)

答え 235ページ下段

もっとくわしく

尊敬の接頭語「お」と丁寧の「お」のちがいを確認しておきましょう。

例 お気持ち・お客様
→相手のものや存在に対しての敬意＝尊敬

例 お米・お水・お野菜・お酒
→聞き手に対して丁寧に言う表現＝丁寧

練習問題の答え

(1) おはようございます
(2) しましょう
(3) です
(4) もうします
(5) たべました
(6) おちゃ

確認問題

第三節 敬語

答え 238ページ

1 次の各文の——線部は、A尊敬語・B謙譲語・C丁寧語のうちのどれですか。記号で答えなさい。

(1) 父はパソコンを使って仕事をしています。

(2) 母は、お客様に手作りのパンをさしあげた。

(3) あなたがご覧になった絵は、私の作品です。

(4) お手紙はのちほど拝見します。

(5) 新年明けましておめでとうございます。

2 次の文の——線部を、文に合う敬語動詞に直しなさい。ただし、「お（ご）…になる」「お（ご）…なさる」「お（ご）…する」「お（ご）…いたす」の形は用いません。

(1) Aお客様がコーヒーを飲む。
B父はお客様と一緒にコーヒーを飲む。

(2) Aぼくは先生に自分の意見を言う。
B先生はぼくに先生の意見を言う。

(3) A校長先生がぼくにあいさつをする。
Bぼくは校長先生にあいさつをします。

(4) Aあなたがこの場所に来るのですか。
B私がこの場所に来るほうがよいですか。

つまずいたら

1 ▼228ページ

ヒント
尊敬語と謙譲語の使い分けを見分けるには、動作主を考えよう。尊敬語は話題になっている人を持ち上げるのだから、動作主は相手になる。謙譲語は自分の側をへりくだることで相手に対する敬意を表すのだから、動作主は自分の側になる。

なお、丁寧語は尊敬語や謙譲語より敬意が軽くなる。文の意味から考えよう。

2 ▼229ページ
1 ②敬語の種類

ヒント
A・Bは尊敬語・謙譲語のセット。

3 次の文章の□にひらがなを一字ずつ入れて、正しい敬語が使われている文章にしなさい。

ここ数日、日が暮れるのが早くなって(1)□□□ました。みなさんお元気で(2)□□□□□ますか。こちらは家族全員毎日元気に暮らしております。

もうすぐ夏休みですね。いちばん上の姉が、そちらに遊びに行かせていただきたいと(3)□□□ております。私もみなさんにお会いしたいです。夏休みに家族でそちらに(4)□□□□てもよろしいでしょうか。(5)□都合がよろしければ、お返事ください。よろしくお願い(6)□□□ます。

4 次の文の敬語の使い方で、正しいものには○、誤っているものには×と答えなさい。

(1) 先生、父が先生にお会いしたいとおっしゃっています。
(2) ご用の方は係員におっしゃってください。
(3) 明日私たちは校長先生のお宅にいらっしゃる。
(4) こちらには何月までいらっしゃいますか。

5 次の会話文の――線部を、店員がお客様に言うときにふさわしい表現に直しなさい。

「お客様、①どこにいるか。」

「商品が届き次第、②こっちから電話する。」


どちらを尊敬語にするか、謙譲語にするかは、主語で判断しよう。

3 ▼228〜235ページ

ヒント まず、ふつうの言い方だと何が入るか考えてから敬語に直そう。

4 (1)(2)▼232ページ
3 謙譲語

5 ①「どこ」を丁寧な言い方に、「いる」を尊敬語＋丁寧語に。
②「こっち」を丁寧な言い方に、「電話する」を謙譲語＋丁寧語に。

確認問題の答え

問題 236ページ

1 (1) C　(2) B　(3) A　(4) B　(5) C

2 (1) Aめしあがる　Bいただく
(2) A申す（申し上げる）　Bおっしゃる
(3) Aなさる　Bいたし
(4) Aいらっしゃる
Bまいる（うかがう）

3 (1) まいり　(2) いらっしゃい　(3) もうし
(4) うかがっ　(5) ご　(6) いたし

4 (1) ×　(2) ○　(3) ×　(4) ○

5 ① どちらにいらっしゃいますか
② こちらからお電話します（いたします）

学習のポイント

4 (1)「おっしゃって」は尊敬語。父が主語なので謙譲語に直す。
(3)「私たち」が動作主なのに、「いらっしゃる」という尊敬の敬語動詞が用いられている。「まいる」「うかがう」などを用いる。

第三節 学習の整理

1 ① 敬語とは…話をするときや文章を書くときに、話す相手や話題になっている人に敬意を表す言い方。
② 敬語の種類…尊敬語・謙譲語・丁寧語

2 尊敬語…話す相手や、話題になっている人を持ち上げて敬意を表す言い方。
例 いらっしゃる・来られる

3 謙譲語…自分や自分側の人を低く表現することで、話す相手や話題になっている人に敬意を表す言い方。
例 うかがう・お届けする

4 丁寧語…丁寧な表現を用いることで、相手に敬意を表す言い方。
例 行きます・小学生です

国語の宝箱

「まちがい敬語」とは？

うっかり使ってしまっている「まちがい敬語」

最近、「まちがい敬語」について、新聞やテレビで取り上げられることが多くなっています。飲食店やコンビニエンスストアの店員が、敬語を使っているつもりで実はまちがった使い方をしている例などがあげられています。では、どんな「まちがい敬語」があるのでしょう。

①「以上でよろしかったですか？」

これは、飲食店などで注文をしたとき、店員が確認を求めるときに用いた例です。今聞いた注文を「よろしかったですか？」と強めの確認の助動詞にすることで、「さっきの注文まちがえてないよね？」と念を押しているようで、相手に失礼な印象を与えてしまいます。

②「お客様はこちらにおられます。」

「れる」という尊敬の助動詞を使っているのはよいのですが、「おる」という動詞はもとは謙譲語です。現在は丁寧語として使われることが多い言葉ですが、この場合、「お客様はこちらにいらっしゃいます。」と、尊敬語の「いらっしゃる」を使うのがよいでしょう。

③「先輩、ご苦労さまです。」

「ご苦労さま」という言葉はふつう自分より下の者に用いる言葉です。目上の人には「大変お疲れさまでした。」と丁寧に言うのがよいでしょう。

相手に不快な思いをさせないよう、敬語を使おうとする気持ちはとても大切です。しかし、誤った敬語を使っていては、あまり意味がありません。

これから大きくなるにつれて、先輩や年上の人と接することが多くなってきます。敬語を使う機会がぐんと増えるでしょう。よりよい人間関係を築くためにも、しっかりと敬語の使い方を身につけておきましょう。

第四節 書き言葉と話し言葉

1 書き言葉と話し言葉

私たちがふだん使う言葉には、「書き言葉」と「話し言葉」があります。「話し言葉」とは、日常の会話に用いる言葉で、物事を「音声で伝える」ときの言葉です。「書き言葉」とは、文章を書き表すときに用いる言葉で、物事を「文字で伝える」ときの言葉です。この二つにはどのようなちがいがあるでしょうか。

例文で考えよう

話し言葉 例 「ねえ、あの犬見て！ かわいいね。ふわふわしてるよ。」

書き言葉 例 横断歩道の向こうから歩いてくる犬は、白い毛がふわふわしていて、とてもかわいらしかった。

→話し言葉では、相手（聞き手）が同じ場所で同じものを見ているので、「あの」という指示語を用いて、くわしい説明をしていません。
書き言葉では、相手（読み手）がその場にいないので、「どこからやってくる」「どんな犬が」という状況をくわしく説明しています。

学習のねらいと目安

聞き手・読み手に正しく伝えるためには？

この節では、事実や自分の思い・考えなどを、相手に正しく伝えるために、どのような工夫をするかを学びます。まず、「話し言葉」「書き言葉」を理解し、それぞれを用いるときの注意点を学んでいきます。
実際に話したり書いたりするときに、正しく伝えるための工夫ができるようになることを目標としています。

学習の順序

学習のポイント

相手に正しく伝えよう
相手に正しく伝えるために最も大切なのは、「相手の立場になって考え

言葉編
第一章 文字と言葉
第二章 言葉

第三章 言葉のきまり

① 話し言葉を使うときに気をつけること

(1) 「箸」と「橋」など、同じ音で意味がちがう単語を相手に正しく伝えるために、それぞれを適切なアクセントで発音しましょう。

(2) 耳からの情報は相手が聞き逃すこともあるので、できるだけわかりやすく、簡潔に話しましょう。

② 書き言葉を使うときに気をつけること

(1) だれが読んでもわかるように共通語を用いて、丁寧な言葉づかいをしましょう。共通語とは、全国共通で使用する言葉づかいです。

(2) ひらがなばかりだと読みづらくなる場合もあるので、漢字やひらがな、かたかなを使い分けて、意味が伝わりやすくなるように工夫をしましょう。

例 **にわにはにわにわとりがいる。**

→ **庭には二羽ニワトリがいる。**

練習問題

次の文を「文末を上げて話す」としたら、どのような意味を表しますか。ア〜ウから選びなさい。

・「仕事が終わったらご飯を食べに行かない。」

ア 「ご飯を食べに行くことはしない。」という意味を表す。

イ 「一緒にご飯を食べに行きましょう。」と誘う意味を表す。

ウ 「行くか、行かないか。」話し手が迷っている意味を表す。

答え 241ページ下段

る」ことです。常に「聞き手」「読み手」のことを考えるようにしましょう。

入試にはこう出る！

書き言葉・話し言葉の問題は入試ではあまり出題されませんが、記述問題に答えるとき、この単元の内容がとても重要になります。国語の記述問題は、ふだんの話し言葉ではなく、正しい書き言葉で答えなければなりません。たとえ内容が合っていても、話し言葉で書いてしまうと減点になることがあります。書き言葉・話し言葉の特徴を理解して、きちんと使い分けられるようにしましょう。

練習問題の答え

イ

章末まとめ問題

解答▼550ページ

1 次の各文の形は、あとのA～Cのどの文の形と同じですか。それぞれ記号で答えなさい。

(1) こんなふうに誕生日を祝ってもらえるなんて、私はとても幸せだ。
(2) 川田先生ならきっとこの瓦を割ることができる。
(3) 彼は有名な医者で、私の大切な親友だ。
(4) 三年前、これは夢かと思うような不思議な体験をした。

A 妹が笑う。　**B** 妹はかわいい。　**C** 妹は小学三年生だ。

2 次の各文の（　）にあてはまる言葉を指示された字数で書き入れて、文を完成させなさい。

(1)（　三字　）、あなたに限ってそんなことはあるまい。
(2) おそらくうちの母が電話する（　三字　）。
(3)（　二字　）早くそれを言わないのですか。
(4) 今日（　二字　）金曜日まで、父は出張です。
(5) 目先のこと（　二字　）考えられない人間にはなるな。

3 次の文は敬語の使い方が誤っています。正しい言い方に直した文を書きなさい。

(1) 父が先生に、よろしくとおっしゃっていました。
(2) 花子さん、お父様がお迎えにまいりました。

つまずいたら

1 ▼182・188ページ　1 文とは何か　4 主語・述語の関係

2 (1)(2)(3)▼211ページ　7 ③ 呼応の副詞
(4)▼218ページ　格助詞
(5)▼219ページ　副助詞

3 ▼229ページ　1 ② 敬語の種類

4 次の文章を読んで、あとの問いに答えなさい。

キッチン[の]ᴬガラス戸が、ガタリとゆれる。空は黒灰色[の]ᴮ雲におおわれ①ていた。台風が近づいているらし②い。青く晴れあがった秋の空も、やわらかな金色[の]ᶜ日差しも、やさしく包み込む風も、今日はない。黒く陰鬱な雲が、蔦野[の]ᴰ町をおおいはじめていた。

「なんだか、いやな気分だね。」

凜が、ぽつんといった。

そういったとたん、蘭の背すじに軽い寒気が走った。ほか[の]ᴱ三人も、おなじだったらしい。真剣な表情で顔を見合わせている。

「蘭[の]ᶠいうとおりだな。あんましあまく考えてると、たいへんなことになりそうな予感、するよな。」

（あさのあつこ「私の中に何かがいる」より）

(1) ――線部①と意味用法が同じものを次から選び、記号で答えなさい。

ア 先生が話された。　**イ** ぼく一人で行かれた。　**ウ** みんなに笑われた。

(2) ――線部②と意味用法が同じものを次から選び、記号で答えなさい。

ア 春らしい洋服。　**イ** すばらしい歌詞。　**ウ** 犯人はどうやら男らしい。

(3) A～Fの[の]の中で一つだけ用法がちがうものがあります。記号で答えなさい。

(4) 〰〰線部「空も」に対する述語を、文中から一文節で抜き出しなさい。

(5) ══線部「見合わせている」は二文節から成り立っていますが、これと同じ文節と文節の関係のものを次から選び、記号で答えなさい。

ア とってほしい　**イ** にぎやかな街　**ウ** 兄は帰る　**エ** 安くておいしい

4
(1) ▼214ページ 9 意味をつけ加える言葉（助動詞）
(2) ▼216ページ 10 言葉の働きを見分ける問題1
(3) ▼220ページ 12 言葉の働きを見分ける問題2
(4) ▼188ページ 4 主語・述語の関係
(5) ▼192ページ 6 文節と文節の関係

入試問題にチャレンジ！

解答▼551ページ

1 **次の――線部がかかる部分を――線部からそれぞれ選び、記号で答えなさい。**（智辯学園中）

(1) 私は　先生が　ア次は　イ何を　ウ話してくれるのだろうと　エわくわくしながら　オ待っていました。

(2) その歌手の　歌声には　ア胸に　イ幸せな　ウ気持ちが　エ広がるような　オ温かさが　カありました。

(3) 校庭に　ア桜の花が　イいっせいに　ウ咲き　エみんなが　オその美しさに　カ感動しました。

2 **次の(1)・(2)について、ア〜オの中から、性質の異なる言葉を一つずつ選び、記号で答えなさい。**（公文国際学園中）

(1) ア　まいる　イ　いただく　ウ　うけたまわる　エ　うかがう　オ　めしあがる

(2) ア　まるい　イ　赤い　ウ　きれい　エ　小さい　オ　遠い

3 **次の(1)〜(5)の□にあてはまる接続の言葉をあとから選び、記号で答えなさい。（記号は一度しか選べない。）**（星美学園中）

(1) 雪が積もった。□、物置からソリを出した。

(2) 天気予報では快晴のはずだった。□、雨が降ってきた。

(3) チョコレート□クッキーのどちらかを選んでください。

(4) このラーメンは値段が高い。□味も悪い。

(5) やあ、いいお天気だね。□、今、何を勉強しているの。

ア　それに　イ　しかし　ウ　ところで　エ　もしくは　オ　そこで

4 **次の(1)・(2)それぞれの――線部の中で、言葉のきまりの上で一つだけ種類が異なるものを選び、記号で答えなさい。**（共立女子中）

(1) ア　君のような人がふさわしい。
イ　水が流れるように話した。
ウ　まるで太陽のようだ。
エ　制服はきちんと着よう。

(2)
ア 台の上に乗らせる。
イ 絵をかかせる。
ウ たくさん勉強させる。
エ 私は英語を話せる。

5 **次の――線部の言葉と同じ働きをするものをア〜エの中から一つ選び、それぞれ記号で答えなさい。**（東京家政学院中）

(1) 友達から一枚の紙切れを渡された。
ア 先生が羽田空港に着かれた。
イ 昨年の運動会が思い出されてならない。
ウ 図書館へは十分もあれば、行かれます。
エ 彼は選挙により、生徒会長に選ばれた。

(2) 寒いうえに、食べるものさえない。
ア 暗いところに、露さえ出てきた。
イ こんなこと、子どもでさえできる。
ウ 映画さえあれば、何もいらない。
エ 数さえ足りれば問題はない。

6 **次の文の――線部を敬語に直しなさい。**（明治学院中）

(1) 先生が来た。
(2) 先生からもらった。
(3) 先生が言った。
(4) 先生が見た。

7 **次の――線部を〈　〉内の敬語表現に言いかえたとき、どのような表現になるか。適切なものを選び、記号で答えなさい。**（聖和学院中）

(1) 届いたお手紙を見た。〈謙譲語〉
ア ごらんになりました　イ みせてもらいました
ウ 拝見しました

(2) 友達の家で夕飯を食べた。〈謙譲語〉
ア いただきました　イ めしあがりました
ウ 食べました

8 **次の(1)・(2)の各文について、（　）内の指示にしたがって答えなさい。**（和洋九段女子中）

(1) 中学生になるのだからしっかりしなきゃいけない。（――線部を正しい書き言葉に直しなさい。）

(2) 私は本を読みながら音楽をきいている弟を呼んだ。（本を読んでいるのが「弟」だとわかるように、文中に一か所「、」をつけなさい。）

国語の宝箱

「笑うことの文化」～狂言の魅力～

いま、テレビをつければ、お笑い番組などでいろいろな笑いが提供されています。しかし、テレビのない昔から、日本人は「笑い」の芸能を楽しんできました。

その一つが「狂言」です。狂言は、せりふとしぐさを主とした劇で、舞台の上で演じられます。主役を「シテ」、その相手役を「アド」といいます。せりふは昔の言葉のままで、独特の調子があります。観客に自分を紹介したり、物音を言葉で表したり、というような工夫もされています。

狂言には、大名・大名に仕える家臣・山伏・農民・神・雷・鬼などさまざまな人物が登場し、それぞれが引き起こす失敗やちょっとした事件などが、笑いとともに演じられます。

有名な狂言の演目を一つ見てみましょう。

▲狂言「棒縛」

写真提供／万作の会　撮影／政川慎治

『附子』

主人が外出するにあたって、大切にしている「附子」を家来の二人に預ける。その際、「これは猛毒だから、気をつけて見張れ。」と言い置いていく。「附子」が気になる二人は、やがて正体が砂糖（水あめ）であると気づき、みんな食べてしまう。さて、主人に言い訳をするためにとった二人の行動は……

狂言は、約六百年前の室町時代に生まれ、創造と伝承をくり返しながら現代に受け継がれてきました。登場するのは、その時代や社会を映し出した人物ですが、現代社会にもいそうな人物も多く登場します。また、狂言で描かれるのは、だれの身にも起こり、だれもが経験しそうな出来事です。その出来事を客観的に見せることで、人間の賢さや愚かさを、親しみやすい笑いに変えているのです。

▲狂言の舞台となる能楽堂

アフロ

読む編

第一章

読む編

読み方の基本

第一節 「文章を読む」ということ

1 「文章を読む」とは？

私たちは、毎日の生活の中で、さまざまな文章を読んでいます。しかし、その「文章を読む」というなにげない行いの中には、ほかでは得られない精神の働きがかくされています。

本や新聞、資料、広告など、いろいろなものに書かれた文章を読んで私たちがまず行うのは、言葉の意味をとらえ、どんな話題について書いているのかを知ることです。しかし、話題がわかっただけでは、その文章を「理解した」とはいえません。そこから筆者の考えや目的を読み取ることで、自分の考えや感想を抱き、判断を下します。そこで感動したり、納得したりして、はじめてその文章を「理解した」といえるのです。「文章を読む」とは、このようなひとつながりの精神の働きをさすのだといえます。

「文章を読む」力を磨くことで、私たちは、そこからより多くのものを吸収し、自分の生き方を考え、心の栄養とすることができるのです。

〈文章を読むということ〉

文章の話題をとらえる
↓
文章全体の要旨をとらえる
↓
どんな意図（目的）で書かれた文章なのかを考える
↓
自分で考えたり、判断したり、生活とつなげたりする

学習のねらいと目安

文章を読むことの意味

この節では、「文章を読む」とは、どういうことなのか、また、文章の種類にはどのようなものがあるのかを紹介します。

文章を読むときは、単に内容を理解するだけでなく、そこからさらに、自分なりの考えをもったり、筆者の考えと自分の考えを比較したりする（批判的な読み方をする）ことが大切です。このことを念頭において、学習していきましょう。

学習の順序

2 文章の種類

①文学的文章
物語などのように、作者が想像力を働かせ、表現と構成を工夫して書いた文章を文学的文章と呼びます。
例 **物語(小説)・紀行文・随筆・脚本** など

②説明的文章
ある事柄や物事などについて、くわしく、わかりやすく説明・分析した文章を説明的文章といいます。
例 **説明文・記録文・論説文・報告文** など

③そのほかの文
主に日常生活に使う文章を実用文といいます。
例 **手紙文・日記** など

練習問題
次の文章の種類は何ですか。あとのア〜オから選び、記号で答えなさい。

花の色にはいろいろあり、青色の花も多くあります。しかし、バラは、野生のバラでも花屋にあるバラにも、白色、黄色、だいだい色、ピンク色、赤色のものはありますが、青色のものはありません。
青い花を咲かせるバラが自然界にないのは、花が青くなるために必要な色素をつくる遺伝子がバラにはないからです。
(池内了「命はどのようにして生まれたの?」より)

ア 物語　イ 紀行文　ウ 説明文　エ 脚本　オ 論説文

答え 251ページ下段

もっとくわしく

紀行文
旅行中の体験・見聞・感想などを書いた文章のことです。

随筆
自分の身近に起こったこと、見聞きしたこと・経験したことなどを、思うままに書いた文章のことです。

脚本
劇をするために書かれた文章のことで、台本とも呼ばれます。

記録文
①生活の記録(日記・日誌など)。
②観察・実験の記録。
③見学・旅行の記録。
④会議や行事などの記録。

論説文(論文)
調べたことなどをもとに、自分の考えをまとめて説明した文章のことです。

練習問題の答え
ウ

第二節 文章の読み取り方

1 文章の話題と文脈のつかみ方

文章の流れの中にある意味のつながりを**文脈**といいます。文章を読むときは、まず**話題**をつかみ、文脈にそって読むことが大切です。

①文章を読み取る順序

1. まず、全文を通して読み、話題をつかむ。
2. 段落の要点をつかみ、全体の流れをつかむ。
3. 細かい点を正確にとらえる。
4. 文章の結論や筆者の意図をつかみ、自分の考えや感想をもつ。

②文章の話題のつかみ方

・文章の中でくり返し使われている言葉に注目する。
・文章の中心になっている語句（キーワード）に注目する。

③文章の流れ（文脈）のつかみ方

・それぞれの段落の要点をつかみ、どんな順番に並んでいるかをとらえる。
・指示語がさす言葉や接続語に注意して、文脈の流れをつかむ。

練習問題

1 次の文章を読んで、あとの問いに答えなさい。

学習のねらいと目安

読み取りの基本をおさえよう

この節では、文章の読み取り方を、段階をふんで具体的に学習します。文章は、まず、ざっと読んで「話題」をつかみます。「話題」とは、その文章が「何について書いてあるかということ」です。「話題」がつかめると、文脈の流れも頭に入りやすくなります。

学習の順序

振り返ってみると、もっとも喜びを感じるのは、やはり何かを発見したり、思わぬことに気付いたりする時ではないかと思う。その時、世界を見る視点を与える階段を、一歩上ったように感じる。今までよりも広い視野を得る。そして、階段を上る瞬間、一陣の爽やかな風が吹いたような思いを抱くのである。

相対性理論を構想し、人類の時間や空間の観念に革命を起こした物理学者のアルベルト・アインシュタインは、「感動するのをやめた人は、生きるのをやめたのと同じである」という言葉を残した。

ここでアインシュタインが言っているところの「感動」は、気付きや発見と深く結びついている。もちろん、生きる上で大切な価値に繰り返し立ち返り、その度に感動するということもあるであろう。しかし、より大きな感動をもたらすのは、やはり今まで気付かなかった何かに目を開かされた時である。

（茂木健一郎「脳はもっとあそんでくれる」より）

(1) この文章の話題は何ですか。

(2) 次のア〜ウを、この文章の流れの順に並べなさい。

ア 気付きや発見は、より大きな「感動」をもたらす。

イ もっとも喜びを感じるのは、発見や気付きがあった時ではないか。

ウ アインシュタインは、「感動」することの大切さを説いている。

答え 253ページ下段

学習のポイント

くり返されている言葉に注目しよう

くり返される言葉に注目すると、文章の話題がつかめます。上の文章の場合、「気付き（気付く）」「発見」「感動」という言葉がくり返されています。

もっとくわしく

「指示語」に注意しよう

一度述べたことについて、くり返し述べる場合、「これ」「それ」「この」「その」などで言いかえることがあります。これらを指示語といいます。

例 **その時、世界を見る視点を与える階段を、一歩上ったように感じる。**

↓「その時」とは、前の部分の「何かを発見したり、思わぬことに気付いたりする時」をさしています。

練習問題の答え

1 (1) 例 喜びや感動をもたらす「気付きや発見」について。

(2) イ－ウ－ア

2 段落の要点のつかみ方

① 要点とは

一つの段落で述べられている内容の中で、その中心になる大事な事柄を要点といいます。説明文や論説文では、段落ごとの要点をしっかりつかみ、何をどのように説明しているのかをとらえることが、読み方の基本になります。

② 段落の要点のつかみ方

段落の中の文章は、要点となる中心文（キーセンテンス）と、それを説明する細部に分かれます。中心文は、細部をまとめる内容となっており、要点が述べられています。

例文で考えよう

〈中心文〉
世の中には、さまざまなスポーツがあります。サッカーやバレーボールのように、ボールを使うスポーツがあります。陸上競技のように、走ったりとんだりするスポーツもあります。水泳のように、水の中でするスポーツもあります。

要点	世の中にはさまざまなスポーツがある。
細部①	サッカーやバレーボールのように、ボールを使うスポーツがある。
 細部②	陸上競技のように、走ったりとんだりするスポーツもある。
 細部③	水泳のように、水の中でするスポーツもある。

もっとくわしく

(1) 中心文が最初におかれる場合

中心文 / 細部① / 細部② / 細部③

(2) 中心文が最後におかれる場合

細部① / 細部② / 細部③ / 中心文

(3) 中心文が途中におかれる場合

細部① / 細部② / 中心文 / 細部③

練習問題

次の文章を読んで、1〜4の段落の要点をそれぞれまとめなさい。

1　生まれたばかりの子は、ことばなどまったく知らないことはすでにのべた通りである。それをなにもしないで、ほっておいて、自然にことばを使えるようになると考えるとしたら、たいへんな考え違いである。ゼロのものは、ほったらかしにしておいて大きくなるわけがない。

2　親が教えなくてはならないのである。これは人間だけのことではなく、ある種の動物でも、生まれたばかりの子に早期の教育をすることが知られている。

3　たとえば、鳥のカモやガンは孵化してヒナになると、親はすぐに教えることを始める。動物学ではこれを「刷り込み（インプリンティング）」と呼んでいる。親の方に教える準備があるのはもちろん、ヒナの側にも、学ぶ用意ができているというから驚く。

4　ヒナにとって、生まれて最初に目に入る、㈠自分より大きなもの、㈡動くもの、㈢音を出すもの、が、刷り込んでくれる〝先生〟であることを直観的に知るようになっている。この三条件に合うのは、普通、母親であるから、ヒナは母鳥を先生にして、いろいろなことを学ぶ。学ぶというのは適当ではないかもしれない。いちいちまねる、あとをついて行こうとするのである。

（外山滋比古「頭のよい子は『ことば』で育つ」より）

答え　255ページ下段

ここがポイント！

文章中でくり返し用いられ、話題につながる言葉をキーワードといいます。筆者の意見や考えを読み取るカギとなる言葉です。

練習問題の答え

1の要点
例　生まれたばかりの子をほっておいて、自然にことばが使えるようにはならない。

2の要点
例　人間でも動物でも、親が教えなくてはならない。

3の要点
例　鳥の親は、ヒナが生まれるとすぐに教えることを始める。

4の要点
例　ヒナは生まれて最初に目に入る母鳥を先生にして、その行動をまねる。

3 段落の役割

①段落とは

文章は、いくつかの意味のまとまりからできています。この一つの意味のまとまりを**段落**といいます。段落には、始まりを一字下げて、改行によって区切れを示す**形式段落**と、その形式段落がいくつか集まって、大きな意味のまとまりに分かれた**意味段落**があります。

②段落の役割

段落にはそれぞれ、**前置き・問題提示・事実の例示・結び**などの役割があります。どの段落がどの役割をもっているかをつかみ、**段落と段落のつながり**をとらえましょう。その際、**接続語**が手がかりになります。

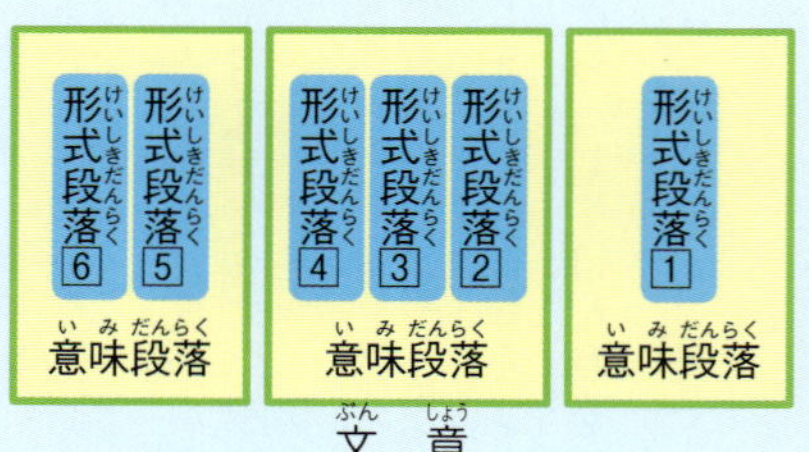

例文で考えよう

1 みなさんはプールなどで水にもぐって、何秒間がまんしていられるか、試してみたことはありますか。たいていは、一分もしないうちに苦しくなってしまうでしょう。

2 私たち人間は、水の中で呼吸するこ

1 前置き……文章の導入部分

要点 私たち人間は、長時間水にもぐっていられない。

学習のポイント

段落の役割をつかもう

段落の内容を理解するために、次のような視点で読んでみましょう。

(1) 中心文を見つけ、要点をおさえる。
段落の中の**キーワード**（何度も出てくる言葉）に気をつけて、段落の中心となる文を見つけましょう。

(2) 要点から、文章全体における段落の役割をつかむ。
・前置き
・問題提示
・事実の例示
・結び

(3) 段落どうしのつながりをとらえ、文章全体の組み立てを調べる。

とはできません。長時間水の中にもぐっていれば、おぼれてしまうでしょう。なぜ魚は、水の中でおぼれずに生きていけるのでしょうか。

（中略）

3 魚は、口から吸いこんだ水をエラから出します。魚のエラは櫛のようなしくみになっていて、そこにたくさんの毛細血管が通っています。エラに水を通すと、水中の酸素が血液中に取りこまれます。逆に、体内のいらなくなった血液中の二酸化炭素は、エラから水中に捨てます。

4 魚は、私たちが肺で行っているのと同じことをエラですることによって、水中で呼吸できるのです。この呼吸法を「エラ呼吸」といいます。

（池内了「命はどのようにして生まれたの？」より一部改め）

2 3 4

2 問題提示…読者に問いかける

要点 なぜ魚は、水中で生きていけるのか。

3 事実の例示…2の問題提示に対する説明

要点 魚はエラを使って、水中の酸素を体の中に取り入れ、二酸化炭素を体内から水中に捨てている。

4 結び…3の例示のまとめ 2の問題提示の答え

要点 魚は、「エラ呼吸」によって水中で呼吸できる。

学習のポイント

段落の初めにある接続語に注目

接続語によって、前後の段落のつながりがわかります。

(1) 順接…前の段落と順当につながる。

例 だから・それで・すると・そこで・したがって・このように

(2) 逆接…前の段落と対立してつながる。

例 けれども・でも・しかし・それでも・だが・ところが

(3) 並列・添加…前の段落に追加したり並んだりしてつながる。

例 また・さらに・しかも・そして・そのうえ

(4) 選択…どちらかを選ぶ。

例 それとも・あるいは・または

(5) 説明・補足…前の段落について説明したり、補ったりする。

例 なぜなら・すなわち・つまり・ただし

(6) 転換…話題を変える。

例 ところで・さて・では

4 文章の構成

文章の構成とは、何をどんな順序で述べるかという、文章の組み立てのことです。

①序論・本論・考察（まとめ）・結論から成り立つ型（＝説明文・論説文に多い型）

序論…話題を示す部分（前置き・問題提示）
本論・考察（まとめ）…説明の部分（事実の例示・説明）
結論…まとめの部分（中心的な内容・結び）

本論（説明）と結論（まとめ）のおき方には、次の三種類があります。

頭括型

先に結論を述べ、あとで理由を説明する。

尾括型

先に説明し、あとで結論を述べる。

双括型

初めに結論を述べ、説明したあと、結論をくり返す。

②起承転結から成り立つ型（＝物語に多い型）

起…始まり
承…続き
転…変化
結…終わり

例文で考えよう

例
起 剣道の大会に出場し、準々決勝で勝った。
承 準決勝も勝った。
転 防具がこわれた。
結 親友の防具で戦い、優勝した。

学習のポイント

序論・本論・考察（まとめ）・結論の見分け方

序論・本論・考察（まとめ）・結論のどれにあたるかを見分けるには、接続語や文末表現が手がかりになります。

〈序論〉
例 （なぜ、）～でしょうか。（問いかけ）
例 （では、）～について述べます。

〈本論・考察（まとめ）〉
例 （たとえば、）～という例があります。（事実の例示）
例 （なぜなら、）～だからです。（理由）

〈結論〉
例 （このように、）～なのです。
例 （したがって、）～といえます。
例 （以上の理由から、）～と考えます。
例 ～ではないでしょうか。

ここがポイント！

【尾括型】のつながり方

説明のあとで結論を述べるので、

練習問題

1 次の文章を読んで、あとの問いに答えなさい。（1～5は段落の番号です。）

1 あなたは、「役不足」という言葉の意味を知っていますか。それをちゃんと正しく使っていますか。（中略）

2 こんな小さな役目では、あなたのような大物に頼むのも申しわけないくらいであり、役に不満がおありでしょうけれども、そこをひとつお願いします。

3 それが「役不足」の意味である。

4 ところが、NHKが調査したところ、役不足というのを、力不足で役がつとまらない、という意味で使っている人が六六パーセント、与えられた役が軽い、という本来の意味で使っている人は三〇パーセントだったそうである。

5 そこまで受け止め方が逆転してしまっているなら、言葉の意味も変わっていくよなあ、と私は思う。

（清水義範「行儀よくしろ。」より）

(1) 文章全体の話題を示している段落は、どれですか。番号を答えなさい。

(2) この文章の構成の型に合うものを次から選び、記号で答えなさい。

ア 双括型　イ 頭括型　ウ 尾括型

答え 259ページ下段

「…などの例がある。（本論・考察（まとめ））」→「だから、私は…と考える。（結論）」のようなつながりになります。

【頭括型】のつながり方

結論のあとに理由を説明するので、「私は…と考える。（結論）」→「なぜなら、…などの例があるからである。（本論・考察（まとめ））」というつながりになります。

練習問題の答え

1 (1) 1　(2) ウ

学習のポイント

1 (1) 1段落は、「～いますか。」という問いかけの表現で読み手をひきつけ、これから「役不足」という言葉について述べることを示している。

(2) 2～4段落の文末は事実を述べる表現、5段落は「～思う。」という、考えを述べる表現になっている。つまり、「結論」が最後にある型である。

5 要旨のとらえ方

① 要旨とは

主に説明的文章で、筆者が最も読者に伝えようとしている内容を「要旨」といいます。文学的な文章の場合は、「主題」といいます。

② 要旨のとらえ方

手順

1 中心段落を探す

説明的な文章の場合、258ページの「文章の構成」で説明した基本的な型があります。この「結論」の部分に、筆者が伝えたい中心段落があります。

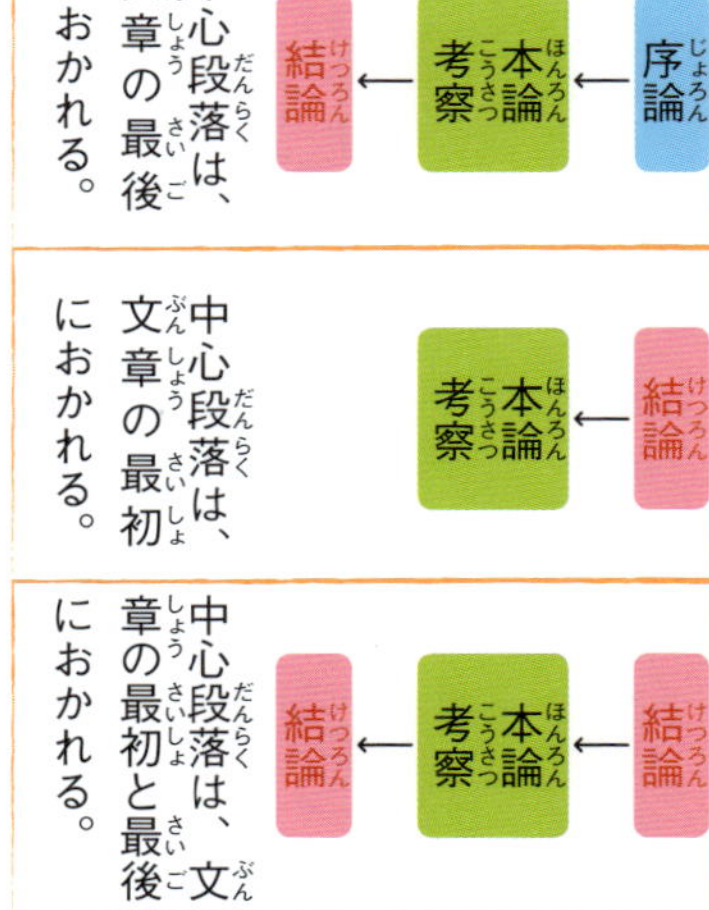

2 中心段落の要点をまとめる

中心段落の中で、筆者の伝えたいことがまとめられている中心文を探し、要点をおさえます。それが要旨になります。「ですから」「つまり」「このように」などの接続語に続く文は、それまでの内容をまとめているので、これを手がかりに中心段落・中心文を探しましょう。

練習問題

次の文章を読んで、全体の要旨をまとめなさい。（1～5は段落の番号です。）

学習のポイント

中心段落を見つけよう

要旨をとらえるには、筆者が最も伝えたい内容が書かれている「中心段落」がどこにおかれているか、意識しながら読んでいきましょう。

258ページへもどる

最も伝えたい主要なこと＝要旨

1　「不況」「不景気」「不透明」。ここ最近、ちまたに溢れる言葉にはこうした「不」の字がつきものです。経済情勢の厳しさがいやおうなく反映される毎日の中で、鬱々とした気持ちで日々を暮らさざるを得ない状況が増えているのを僕らは肌身で感じています。

2　しかしその一方で、不況の荒波にも負けずに充実した生活を送っている人がたくさんいることも忘れてはいけません。その違いはなんでしょうか。そこにはどのような生活の知恵が隠されているのでしょうか。

3　生活の知恵とは「生きる」知恵です。一つひとつはなんのために役に立つのか分からない、雑多なものの集まりです。それが総動員され知恵となる。模範解答もなければ他人との比較もできない一人ひとりに宿るもの。要するに、生活の知恵とは個人の知恵なのです。

4　「知恵の最後の結論はこういうことになる、自由も生活も、日毎にこれを闘い取ってこそ、これを享受するに値する人間といえるのだ、と」
ゲーテの戯曲『ファウスト』の第二部にはこのような言葉が出てきます。「日毎に闘い取る」とはなんとも厳しい表現ですが、暗い時代を明るく生きていくための「知恵の武器」とは銃でも刃物でもありません。では、何か。

5　一言でいえば、それは目に見えない「道具」です。笑顔で健やかに毎日を暮らしている人々には、脳の中を数多くの「道具」で満たしているという共通点があるのです。

（茂木健一郎「脳を活かす生活術」より）

答え　261ページ下段

練習問題の答え

例　充実した生活を送る人は、脳の中を明るく生きるための「道具」で満たしている。

学習のポイント

〈序論〉
1　最近、鬱々とした気持ちで日々を暮らさざるを得ない状況が増えている。

2　その一方で、充実した生活を送る人もいるが、そこには、どんな生活の知恵があるのか。

〈本論〉
3　生活の知恵とは個人の知恵である。

4　明るく生きていくための知恵の武器とは、銃でも刃物でもない。

〈結論〉
5　笑顔で暮らしている人々は、脳の中を「道具」で満たしている。

読む編
第一章 読み方の基本
第二章 いろいろな文章を読む
第三章 韻文を読む
第四章 古典を読む

6 文章の要約の仕方

要約とは、長い文章を短くまとめることです。要旨は、中心内容だけを一文にまとめますが、要約は全体の流れもわかるようにするため、結論や結末以外の内容にもふれます。ですから、要約は要旨よりは長く、文が複数になることもあります。
また、結論を含まない文章でも、各段落の要点をつなぐことで要約できます。

① 説明文・論説文の要約→あらまし・大意・概要

「(話題のもの)は、……(という理由)から、……だと考えられる。」のような形でまとめます。次の手順で要約します。

手順

1 「序論(話題)」「本論(説明)」「結論(まとめ)」の意味段落に分ける。
2 それぞれの意味段落の要点をおさえる。
3 それぞれの意味段落の要点を、流れがわかるようにつなぐ。

② 物語の要約→あらすじ

物語の中の出来事を、時間順に「だれ(何)が、どうした。そして、どうなった。」と並べていく形になります。次の手順でまとめます。

手順

1 「人物」「時」「場所」(物語の三要素)に注目して、場面を分ける。
2 主人公を中心に、場面ごとの出来事をまとめる。
3 主要場面の出来事を選び、時間順に並べる。
4 「つまり、友情の物語である。」など、結びで主題を示してもよい。

学習のポイント

要約文を制限字数内で書く

字数に合わせて要約を書く場合は、書く要素の優先順位を決めます。

説明文の場合

話題と結論(中心内容)をおさえた「要旨」に、結論を導く根拠や理由の説明部分を加えます。
それぞれの段落の要点と結論との関係を読み取り、結論との結びつきの強いものを優先させます。同じ内容を一つにまとめたり、くわしい事例などを省いたりして短くします。

物語の場合

まず、最大の出来事(山場)を見つけます。そこを「転」と見て、起承転結の型にあてはめ、主要場面をおさえます。それ以外の主要でない出来事を省けば、短くまとまります。

258ページへもどる

練習問題

次の文章の要約として適切なものをあとのア～ウから選び、記号で答えなさい。

　ものを売る人、手品をする人、演説をする人などのまわりには、自然にまるい人がきができる。サーカスは、今も昔も、まるいテントの中でおこなわれる。サーカスという言葉も、もともと〈まるい〉という意味である。

たくさんの人が集まって、ひとつのものを見物するとき、まるい輪がつくられるのはどうしてだろうか――。

　それは、みんなが同じ距離から、なかよく見物することができるからである。

（中略）

　昔も今も、大ぜいの人が集まるときには、まるい形はなにより便利な形なのである。

（坂口康「まるい世界」より）

ア　サーカスは、今も昔も、まるいテントの中でおこなわれる。サーカスという言葉も、もともと〈まるい〉という意味である。

イ　多くの人がひとつのものを見物するときは、みんなが同じ距離から見物できるまるい形が便利である。

ウ　みんなが同じ距離から、なかよく見物することができるように、円は円周のどの場所からも、中心までの距離（半径）が同じなのである。

答え　263ページ下段

練習問題の答え

イ

学習のポイント

　第一・二段落が「序論」、第三段落が「本論」、最後の段落が「結論」である。「序論」の二つの段落から、「たくさんの人が集まって、ひとつのものを見物するとき、まるい輪がつくられる」という話題をとらえる。

　アは、省いてもいい内容しかないので不適切、ウは、説明と結論の流れを逆にとらえているのでやはり不適切である。

章末まとめ問題

解答▼553ページ

1 次の文章を読んで、あとの問いに答えなさい。

1 程度の差はあるが、みんな他人の評価を気にする。人から悪く思われたくない、という気持ちは誰もが抱く。だが、それが高じて「誰からも好かれよう」などと*無謀な*企てはしないほうがいい。

2 人から好かれたいと思うのは、自分の*尊厳と関係している。人に認められてはじめて「自分」を誇らしく思える。そういう気持ちがあるから、他人の評価が気になって、ことさら意識しなくても*八方美人のような生き方をしてしまうのだ。

3 それはやめたほうがいい。自分のことを考えれば、その意味がわかるはずだ。

4 あなたは会う人すべてを好きになるだろうか。そんなことはないはずだ。嫌いな人間も必ずいる。ということは相手も同じ。これといった理由がなくても、「好きになれない人」が出てくるのがふつうの人間の感覚だ。

5 これは、なぜか嫌いな食べ物があるのと同じで、たぶん幼少期あたりに原因があるのだろうが、いまさらたどりようもないから、「自分はそういう人間なんだ」と受け入れるしかない。

6 受け入れて、その気持ちを大切にしたほうがいい。

7 むろん、その気持ちを相手にあからさまに出したり、他人に言ったりすることはよくないが、無理して好きになる必要はない。大切なことは「人づきあいで八方美人にならない」と固く心に決めることだ。

意味

*無謀…深い考えがない。無茶。
*企て…計画を立てること。もくろみ。
*尊厳…尊くおごそかなこと。
*八方美人…誰に対してもよい感じにふるまうこと。

8 そのほうが、はるかに魅力的な人間に見えるし、よい人間関係が結べるはずである。

（川北義則「人間関係のしきたり」より）

(1) この文章の話題は何ですか。次の（　）にあてはまる言葉を答えなさい。

・人から好かれたいがために、人づきあいにおいて（　）にならないことについて

(2) この文章を、①人から好かれたいと思うこと、②八方美人のような生き方をやめる意味、③人づきあいで大切なこと、という三つの意味段落に分ける場合、②の意味段落にあたる形式段落を、1～8の段落番号で答えなさい。

(3) ――線部「それ」がさしている言葉を、文章中から抜き出しなさい。

(4) 段落4・5で、筆者は「好きになれない人」が出てくることに対してどのような意見をもっていますか。要点をまとめて簡潔に答えなさい。

(5) この文章は、どのような考えを伝えるために書かれたと思いますか。三十字以内で書きなさい。（、や。も一字に数えます）

つまずいたら

1 (1) ▼252ページ 1 ② 文章の話題のつかみ方

3 (2) ▼256ページ ① 段落とは

(3) ▼253ページ 「指示語」に注意しよう

2 (4) ▼254ページ 段落の要点のつかみ方

5 (5) ▼260ページ 要旨のとらえ方

第二章

読む編

いろいろな文章を読む

第一節 物語を読む

学習のねらいと目安

物語を読む力をつけよう

この節では、「物語」の読み取り方を学びます。場面や人物の気持ちのとらえ方など、読み取りの基本をおさえて読解問題に取り組みましょう。

学習の順序

1 場面をとらえる

物語を読むときは、「いつ、どこで、だれが、どうした」という「場面」をおさえることが基本です。一つ一つの「場面の変化」によって物語がつくられます。

場面の四つの要素

- 時（時代・年月日・季節・時刻など）
- 場所
- 人物（場面に登場している人物）
- 人物の会話・行動・様子

場面の変化

- 時間の変化…時刻や日付、太陽の動き（日が沈んだ）など
- 場所の変化…出来事が起こっている場所の移動
- 人物の増減・人物の様子の変化

例文で考えよう

例「そのとき、仲間が部屋に入ってきた。」
↓ 仲間が入ってくる前と入ってきたあとでは、別の場面になります。

例「すると、それまでだまって見ていたキツネが急に立ち上がってさけんだ。」
↓ キツネが立ち上がる前とあとでは、別の場面になります。

練習問題

1 次の文章を読んで、あとの問いに答えなさい。

六月第一日曜日。空はどんよりと灰色の厚い雲に覆われている。ときおり雲の切れ間から差しこむ光は、まるで黄色の蛍光ペンのように妙に明るくて、なんだか落ちつかない。

木成小学校、子ども会ポートボール大会決勝、戸川地区対桜町地区。

「いけー、そのままいけ、さえ、いけ！」

田中コーチがすぐそばで大きな声を出す。私は桜町のマークを左手でかわしながらドリブルを続けて、身体がねじれたままのちょっと無理な姿勢から、黄色の光に目を細めてシュートをした。

ボールは高くよろよろと弧を描き、桜町のはたきのジャンプを通りこし、台に乗っているみどりちゃんのまっすぐ伸びた大きな手にすっぽりと収まった。

「よし、やったぞ！」

歓声がわきあがり、審判のピーッという試合終了の笛が鳴った。

「きゃー勝ったあ」

「やったあー、さえちゃん、やったね」

「わあ、優勝だ」

（椰月美智子「十二歳」より）

(1) この物語の主人公はだれですか。名前で答えなさい。

(2) この文章は、どのような場面を描いていますか。簡単に答えなさい。

答え 269ページ下段

練習問題の答え

1

(1) さえ

(2) 例 さえが、子ども会ポートボール大会の決勝戦で決勝ゴールを決める場面。

学習のポイント

1

(1) この作品に個人として登場する人物は、さえ(私)、田中コーチ、みどりちゃんの三人。田中コーチに「さえ、いけ！」と言われている人物が、ドリブルしている「私」であることから、さえが主人公であることがわかる。

(2) 場面を構成する要素は、次の四つ。

・六月第一日曜日
・木成小学校
・戸川地区のさえ、みどり、田中コーチと、桜町地区の選手、審判。
・さえが、シュートを入れて優勝が決まる。

2 登場人物の人柄と気持ちをとらえる

① 登場人物の人柄をつかむ

物語では、主人公やほかの人物が、どんな人柄（性格）かをつかみながら読み進めましょう。人柄がつかめると、人物の行動が予想できたり納得できたりします。また、人物の気持ちを読み取るためにも、人柄をつかんでおくことが大切です。

人柄のつかみ方

・その人物の年齢・性別・会話・行動・様子からつかむ
・ほかの人が評価している言葉からつかむ

例文で考えよう

例「そんなことないよ、気にしない、気にしない。」
と言って、ナツコはカオルの肩をぽんとたたき、明るく笑ってみせた。
→ナツコの人柄…さっぱりしていて明るく、友達思い。

例「タケルは、照れているのよ。」といって、母はくすくす笑った。
→タケルの人柄…素直にうれしさを表せない照れ屋な性格。

② 人柄によって、気持ちの読み取り方が変わる

例文で考えよう

例「手伝ってくれなんて、頼んでないのに……」
A 人の世話になるのがきらいな人柄の場合 → 迷惑がっている
B 素直にうれしさを表せない人柄の場合 → 実は、喜んでいる

学習のポイント

人柄を読み取る方法

① 性格や人柄を直接表す言葉に注目する
例 **「○○には、ちょっとおせっかいなところがあって、～」**
→おせっかいな人柄

② 会話・行動・考えから読み取る
例 **「○○は、『ちょっと、ぼくにやらせて』と言って試してみたがった。」**
→自分で試さないと気がすまない性格

③ 人物の外見の様子から読み取る
例 **「○○は、いつも肩で風を切るように歩いていた」**
→堂々として自信にあふれた人柄

練習問題

1 次の文章を読んで、あとの問いに答えなさい。

巧の足音が遠ざかってすぐ、べつの足音が聞こえた。

「お父さん」

真紀子が、さっきまで息子のいた場所にしゃがみこんだ。

「あいかわらず、薪のおふろにこだわってるの」

「あたりまえじゃ。ふろのことは、まかせておけ」

真紀子はうつむいて、焚き口の中をのぞきこんだ。

「お父さん、さっき巧がここにいたでしょ。何を話してたの？」

「なに、ちょっとした頼み事じゃ。断ったけどな。こりゃ、真紀子、そんなにつっこむな」

真紀子は、慌てて薪をひっこめた。オレンジ色の火の粉がはじけるように散った。

「お父さん、巧の頼みきいてやってくれない？ 何を頼んだのか知らないけど、あの子が、頼み事するなんてめずらしいのよ。だめ？」（あさのあつこ「バッテリー」より）

(1) 巧はどんな性格の子だと考えられますか。記号で答えなさい。

ア 人によくあまえる子　イ 自分のことは自分でする子
ウ がんこで聞き分けのない子　エ 軽はずみでうっかり屋の子

(2) 真紀子は巧のことをどう思っていますか。記号で答えなさい。

ア 腹を立てている。　イ 信頼している。　ウ うとましく思っている。

答え 271ページ下段

練習問題 の答え

1 (1) イ
(2) イ

学習のポイント

1 人柄を表す言葉に注目しよう

この文章では、主人公である巧について、母親の真紀子が人柄を語っている場面が描かれている。

(1) 「あの子が、頼み事するなんてめずらしいのよ。」という文から、巧の人柄がわかる。

(2) 「巧の頼みきいてやってくれない？」「何を頼んだのか知らないけど、」と言っていることから、巧の頼みが、ただのわがままなものではないはずだと信じていることがわかる。

3 会話と行動から心情をとらえる

物語を読むうえで、登場人物の心情（気持ち）をとらえることはたいへん重要です。直接説明する言葉以外にも、会話や行動・様子から読み取ることができます。

①会話の言葉づかいや声の調子から心情をとらえる

例文で考えよう

例「わかった、アンタなんかに、もう頼まない！」
ミカは投げつけるようにそう言って、くるりと向こうへ走っていった。

→いかりと失望

＊「アンタなんか」という乱暴な言い方や、「！」という符号による語気の強さ、「投げつけるように」という声の荒さから、心情が読み取れる。

②行動やしぐさ、表情、様子から心情をとらえる

例文で考えよう

例 少年はそれを聞くと、ガッツポーズをして、大急ぎで身仕度を始めた。

→うれしさと期待

＊「ガッツポーズ」というしぐさや、「大急ぎで」という行動の様子から、心情が読み取れる。

練習問題

1 次の文章を読んで、あとの問いに答えなさい。

学習のポイント

表情から心情を読み取ろう

顔の表情を表す言葉に注目しましょう。

例 **「それを見た○○は、目を丸くした。」**
→驚き

例 **「少女は、ほほを赤らめながら前に進み出た。」**
→緊張・恥ずかしさ

例 **「ひきだしの中を見て、彼は、あおざめた。」**
→非常に困った気持ち

入試のポイント

会話や行動から登場人物の心情をとらえる問題は、物語文でとてもよく出題されます。人物ごとに、会話・行動・様子を確認しながら読んでいきましょう。会話や行動の変化から、心情がどう変わったのかを読み取ることも大切です。

先生が言う日付と時刻に合わせて星座盤を回すのを、何度か繰り返した。

「はい、だいぶ動かし方にも慣れたと思いますので、今度はグループの中で順番に日付と時刻を指定して、星空を探してください」

静かだった会議室は、またにぎやかになった。

少年は、ちらりと隣を見た。女の子も少年に遠慮がちに目をやって、「どっちから言う？」と訊いてきた。想像していたより細くて、高くて、優しそうな声だった。

「……そっちからでいいよ」

少年の声は（　　）うわずってしまった。

女の子は「あ、そう」と軽く応え、すぐに、まるで最初から決めていたように日付と時刻を口にした。

「十二月十九日の夜七時」

胸が、どきん、とした。

「なんで？」――思わず訊くと、女の子は逆にきょとんとした顔で少年を見て、それからクスッと笑った。


（重松清「プラネタリウム」より）

(1) （　）にあてはまる言葉を次から選び、記号で答えなさい。

ア 緊張で　**イ** イライラして　**ウ** うれしくて

(2) 「きょとんとした顔で」とありますが、このときの女の子の気持ちを別の言葉で表すとどうなりますか。次から選び、記号で答えなさい。

ア おどろいて　**イ** 喜んで　**ウ** 不思議に思って　**エ** がっかりして

答え 273ページ下段

練習問題の答え

1 (1) ア　(2) ウ

学習のポイント

1 (1) 「うわずってしまった」とは、緊張したときに声がかん高くなることをいう。「……そっちからでいいよ」の「……」も、言葉がすぐには出てこない様子を表している。つまり、少年がどきどきしながら言葉を選んで、女の子に順番を譲っている様子が読み取れる。

(2) 「きょとんとした顔」とは、わけがわからない出来事に、あっけにとられている表情のこと。

4 場面の展開と心情の変化をとらえる

登場人物（特に主人公）の心情の変化をとらえることは、物語の主題を読み取るうえでとても重要です。人物の心情は、一つ一つの場面での出来事を人物がどのように受け止めたかによって変わります。場面が移り変わり、出来事が展開していくにつれて、心情も変化していきます。

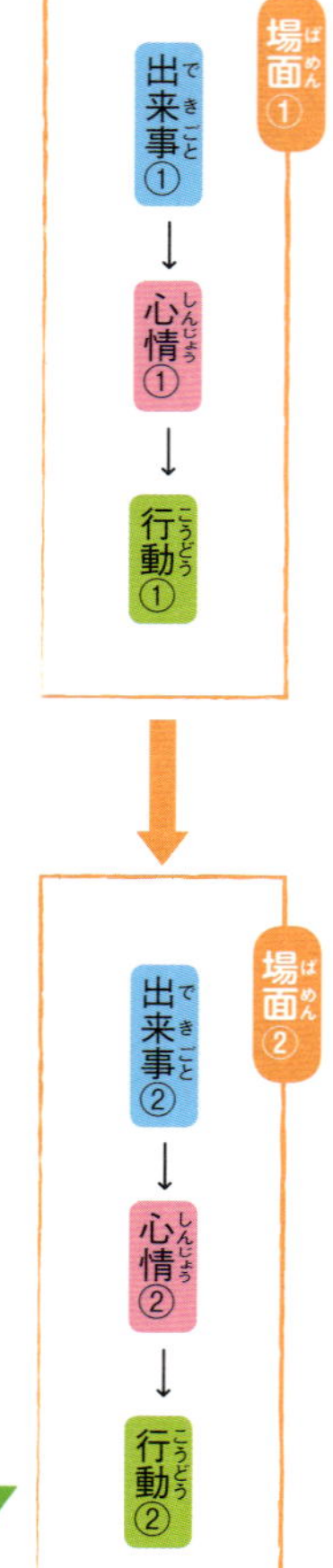

このように、物語文は、「出来事」→「心情の変化」→「行動」→「出来事」という描写がくり返されるので、場面ごとの心情をつなげていくと、心情の変化の流れがわかります。そして、それは、主人公の成長につながっていきます。

学習のポイント

心情語から心情をとらえよう

登場人物の心情は、まず心情を直接表す「心情語」に注目してとらえましょう。

・文末表現の心情語

例 **「～と感じる（感じた）。」「～と思う（思った）。」「～したい・したくない（したかった・したくなかった）。」**

・気持ちをそのまま表す心情語

例 **「楽しい」「うれしい」「がっかり」「悲しい」「驚いた」**など

練習問題

次の文章を読んで、あとの問いに答えなさい。

違った。

父よりも年上のおじさんで、ヘンな顔のひとで、よく見ると体型も髪型も全然似ていなかった。

でも、ひと違いなんて、カッコ悪い。いまさら立ち止まって、ごめんなさい間違えました、なんて言えない。

「お父さん！　お父さん！　お父さん！　お父さん！」

少年はまっすぐ前を見て、遠くに向かって声をかけながら、走るスピードをゆるめずにおじさんを追い越した。

「お父さーん！　お父さーん！　お父さーん！」

前を歩くひとは誰もいないのに、叫びつづけた。すれ違うひとにアブない子どもだと思われても、どこかの家の窓からおばさんが不思議そうに覗いていても、叫びながら走りつづけた。最初は恥ずかしさをごまかすためだったが、途中からは変わった。ひさしぶりに呼んだ「お父さん」が、口にも耳にも気持ちよかった。

家まであと少し。薄紫色の空に星が見えた。その星が、ゆらゆらと揺れた。

（重松清「ケンタのたそがれ」より）

問い「お父さん！」と叫びつづけているときの気持ちが、「途中からは変わった」とありますが、最初はどんな気持ちだったのですか。また、「途中から」どのような感じに変わったのですか。それぞれ答えなさい。

答え 275ページ下段

練習問題の答え

最初…恥ずかしさをごまかそうという気持ち。

途中から…ひさしぶりに呼んだ「お父さん」が、口にも耳にも気持ちよい感じ。

学習のポイント

ひと違いをしてしまった主人公が、その失敗をごまかそうとする中で、自分の気持ちの変化に気づいていく場面である。

設問の「最初は」と「途中から」という言葉を手がかりに、それぞれのときの気持ちを表す言葉を見つけよう。

また、最後にある「薄紫色の空に星が見えた。」という情景描写にも、主人公の気持ちがプラスに変化したことが表れている。

5 表現をとらえる

物語を読み取るには、「会話文」や「登場人物の行動」「人柄や気持ち」などのほかに、「情景描写」や「その物語がどんな視点で語られているか」をとらえることも重要です。

① 情景描写をとらえる

(1) 作品全体の背景として描かれている場合

例 **「ある晴れた日のことでした。」**

(2) 物語の展開の中で人物の気持ちの表現として描かれている場合

例 **「ぼくは、林の中を風のように走っていた。木や草花がキラキラと輝いて見える。」**

情景描写には、(2)のように、登場人物の気持ちと重ね合わせて描かれている場合があります。

② 語りの視点をとらえる

物語は、だれによって語られるかで、出来事に対する視点が変わります。

(1) 一人称視点の物語…話者が「私」や「ぼく」として登場する。

例 **「あれは、ぼくがまだ小学生だったころの出来事だ。……」**

(2) 三人称視点の物語…話者が基本的に登場しない。

例 **「だれもいない公園で、ススムはいつまでもブランコをこいだ。……」**

用語

一人称…「私」「ぼく」など、自分をさす言葉。

三人称…自分や、相手（「あなた」「君」）以外の第三者をさす言葉。名前や「彼・彼女」などと表す。

もっとくわしく　動物が一人称で語る物語

代表的な小説に、夏目漱石「吾輩は猫である」があります。

吾輩は猫である。名前はまだ無い。

という書き出しは広く知られています。猫の目から見たさまざまな人間の姿を描き、社会を風刺した作品です。

練習問題

次の文章の――線のときの「ぼく」の気持ちをあとから選び、記号で答えなさい。

すごい空だった。百トンはありそうなグレーの雲のかたまりを、湿った風がゴゴゴゴと押し流している。ぼくの自転車も追い風を受けてペダルが軽い。背丈よりも高いひまわりの軍団が、首をそらしてお化けのように踊っているのが、どうも気味悪かった。

入口のシャワーを浴びるとぞくっとくる。いつも超満員の市民プールもその日はさすがに人影がまばらだった。丸い池のような子供用に二人、学校と同じ縦二十五メートルの長方形のプールに十人くらいの寒そうな姿が見える。

ぼくは勢いよく飛び込むと、クロールで二十五メートルの往復を始めた。水は冷たかったが、こんなぜいたくな泳ぎはめったなことでは出来やしない。四往復で、いったん上にあがり、今日の目標を決めた。十往復、五百メートル。うわお！　ぼくのクロールの限界はもっか、三百メートルだ。もっとスマートなターンのやり方について、ぼくが考えていると、ブオーというような音をたてて風がおそってきた。水面に小さな波がたつ。ぽたんぽたんと雨粒がやってくる。

（佐藤多佳子「サマータイム」より）

ア プールに行くのをやめて、すぐに家に帰りたい気持ち。
イ 自転車をこぐのがめんどうな気持ち。
ウ プールで泳ぐことへの期待と不安が入り混じった気持ち。

答え 277ページ下段

練習問題の答え

ウ

学習のポイント

「百トンはありそうなグレーの雲のかたまりを…」「ひまわりの軍団が、首をそらしてお化けのように…」という描写からは、あらしがやってくることが予想され、主人公の不安な気持ちが読み取れる。

また、「ぼくの自転車も…ペダルが軽い。」という表現は、それでも泳ぎたい、という「ぼく」の気持ちを表している。

6 人物の関わり合いをとらえる

物語では、さまざまな登場人物との関わり合いの中で、主人公の心情が変化していく様子が描かれます。

例文で考えよう

太一は、幼いときから父のような漁師になろうと思っていた。父はもぐり漁師だった。（中略）二メートルもある大物をしとめても、父は自慢することもなくいうのだった。

「海のめぐみだからなあ」

父は、大魚・クエ（瀬の主）に敗れて死んだ。太一は与吉爺さの弟子になり、千匹いるうち一匹を釣ればいいと教わる。一人前になった後、爺さも死んだ。

「海に帰りましたか。与吉爺さ、心から感謝しております。おかげさまでぼくも海で生きられます」

母の心配をよそに、太一は父が死んだ瀬にもぐり、ある日瀬の主に出会う。この魚をとらなければ、と思ったが、殺すのをやめた。

「お父、ここにおられたのですか。またあいにきますから」こう思うことによって、太一は瀬の主を殺さないですんだのだ。大魚はこの海のいのちだと思えた。

（立松和平「海のいのち」より）

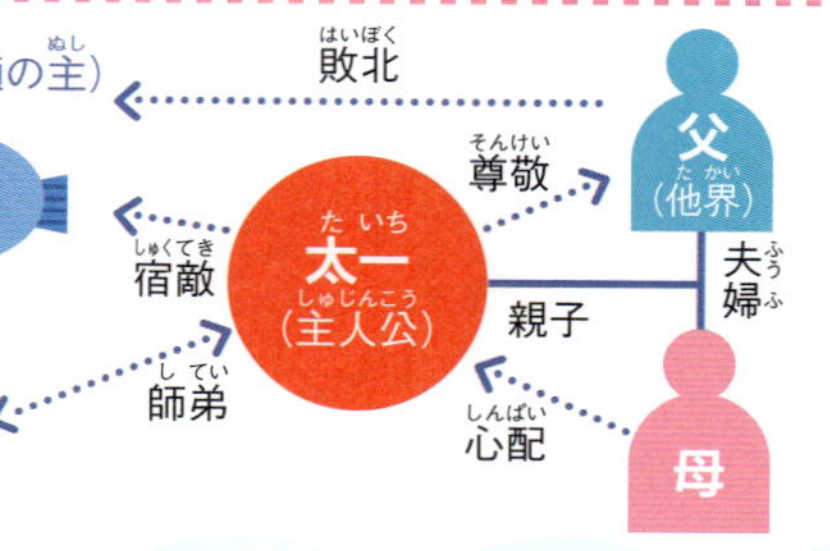

＊主人公を中心に、人物関係をつかみます。

ここに注意！

呼び名が複数ある場合

同じ人物でも、人間関係によって、呼び方が変わる場合があります。だれのことをさしているのかに注意して、関係をつかみましょう。

例 （先生が呼ぶ場合）**「田中くん」**
（母親が呼ぶ場合）**「ヒロアキ」**
（妹が呼ぶ場合）**「お兄ちゃん」**
（友達が呼ぶ場合）**「ヒロ」「ヒロくん」**

場面ごとに、登場人物はだれか、どういう関係か、どのように思っているのかを確認しながら読みましょう。

入試のポイント

入試に出題される物語文では、友達や家族との関係を描いたものが多いといえます。それぞれの人物に対する主人公の発言や態度に着目して、関係を読み取りましょう。物語の展開にしたがって、関係がどう変化したかを読み取ることも大切です。

練習問題

次の文章の――線のときの誠吾の気持ちをあとから選び、記号で答えなさい。

「こんなちいさな島でもいろんなことがあります。泣いたり笑ったりが人間なのでしょうが、どうも泣くような立場になるものは泣いてばかりの方に行くんですね。けれど泣いてばかりじゃいけない。人間にはお腹の底から笑えることがあるんだ。それが生きるってことなんだということを、私は子供たちにちゃんと教えてやりたいんです。おや、今夜はまた綺麗な月ですね」

誠吾も窓辺に寄った。

「吉岡先生。私はね、たくさんの教え子たちを戦争へ行かせたんですよ。戦争が愚かなことはこころの半分でわかっていました。それでもお国のために戦地へ行けと言ったんです。それは恥と言うより罪でした。私は自分自身を見て、つくづく人間は愚かなものだと思います。愚かなことをする人間をつくらないことが肝心です。裸の王様を裸と言えるようにあの子供たちは育って欲しいと思っています。それだけでいいと思っているんです」

周一郎が誠吾を見た。誠吾も周一郎を見返した。周一郎が手を差し出した。誠吾がその手を握った。握った誠吾の手を周一郎が強く握り返した。

（伊集院静「機関車先生」より）

ア　また今度、いっしょに食事をしたいという気持ち。
イ　二人でこんな綺麗な月が見られて、うれしいという気持ち。
ウ　周一郎と同じ考えで子供たちを育てたいという気持ち。

答え 279ページ下段

練習問題の答え

ウ

学習のポイント

二人の関わり合いから考えよう！

二つの会話文は、どちらも周一郎のもの。「教え子」とあるので周一郎は学校の先生だとわかる。また、誠吾は「吉岡先生」と呼ばれているので、周一郎と同じ学校の先生だとわかる。

誠吾が聞き手で、周一郎が話し手。周一郎は教育についての自分の考えを話し、それを聞いた誠吾が、差し出された周一郎の手を握ったことから、誠吾は周一郎の考えに賛同していることを読み取ろう。

7 物語の組み立てをとらえる

①物語を構成する三つの要素

場面……いつ・どこで
登場人物…だれ（何）が
出来事……どうする・どうなる

②物語の組み立て方

「起承転結」型

起……物事の起こり・事件の始まり・原因。
承……その事件を受けて、話が進行・発展。
転……話が思わぬ方向、意外な方向にひっくり返る。
結……結果・結末。どうなったか。オチ。

「序破急」型

序……導入部
破……展開部
急……結末部

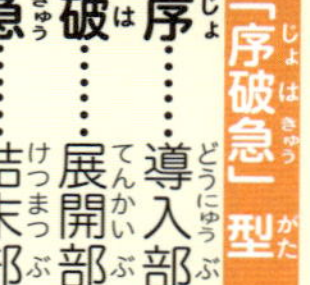

ほとんどの物語は、このどちらかの組み立て方で成り立っています。物語を読む際にも、「どこから、事件（出来事）が始まっているのだろう？」「ここが、この物語の転の場面だな。」と整理しながら読むことで、展開がつかみやすくなります。

学習のポイント

起承転結の流れをつかもう

新美南吉の「ごんぎつね」で、「起承転結」の流れを具体的に確認しましょう。「転」で、出来事が大きく変化することがわかります。

起 村のはずれに、いたずら好きのごんという子ぎつねが住んでいた。

承 ある日、兵十にいたずらしたことをくやんだごんは、つぐないに、くりやまつたけを届けるようになった。

転 またいたずらをしに来たな、と思った兵十が銃でごんをうつ。

結 ごんがいつも自分に届け物をしていたことに気づき、兵十は深く後悔する。

読んでみよう

上々のすべりだしだと思って、良太が教科書から顔をあげると、窓際の最前列でぼんやりと笑っている本多元也に気づいた。机のうえには筆箱以外なにもない。

「本多くん、どうした」

元也は明るい表情を変えなかった。まったく悪びれずにいう。

「社会の教科書を忘れました」

「それなら、最初にそういわなきゃダメだろう。木島さん、見せてあげて」

となりの席の木島志乃が開いた教科書を横に動かした。元也は正面をむいたままだ。

「いえ、教科書はいいです。もう勉強してありますから」

元也がかよう進学塾は、東京に本部のある名門だという。では、お手なみ拝見といってみようか。

「山形県の米づくりでは、どんなことを習ったんだ」

「はい、山形県の代表的な米の品種は、はえぬきです。庄内平野の東側には、鳥海山や羽黒山があって、そこの雪解け水や雨水が最上川、赤川になって日本海に注ぎます。二〇〇二年の庄内米の出荷量は約十二万トン。三分の一が関東で消費されています」

頭のなかにあるテキストを読みあげているようだった。

（石田衣良「5年3組リョウタ組」より）

学習のポイント

起承転結の「起」をつかむ

上の文章は、主人公の小学校教師・中道良太が、クラスの子どもたちや保護者の言動に悩まされながらも、クラスと自身を成長させていく物語の前半部です。つまり起承転結の「起」の部分にあたります。

「起」の部分には、物語のこれからの展開を暗示するエピソード（伏線）が書かれていることがあります。

伏線を見つける

上の文章は、良太が元也に対して、かすかな違和感をもつ場面です。この違和感が、あとの展開の伏線になります。

・ぼんやりと笑っている
・正面をむいたままだ。
・頭のなかにあるテキストを読みあげているようだった。

元也はどうしてこのような様子だったのか、また、このあと物語はどう展開するのか予想してみましょう。

8 物語の主題をとらえる

物語の「主題」とは、その作品を通して作者が伝えようとしている「中心となる事柄」です。では、どのように読めば、物語の主題をとらえられるでしょうか。

手順

① **あらすじをとらえる**

＊あらすじ…物語が展開する様子。おおまかな流れ。

284ページへGO！

② **登場人物の思い（心情）をとらえる**

動物も「人物」と考えます。中心人物を主人公としておさえます。人物たちの関わり合いや思いが主題につながります。

270～275ページへもどる

③ **山場をとらえる**

「起承転結」の「転」にあたる、最も盛り上がる部分（クライマックス）です。ここで伝えられる事柄が主題に直結します。

280ページへもどる

④ **主題をまとめる**

練習問題

次の文章の主題は何ですか。あとのア～ウから選び、記号で答えなさい。

何を言っても遅きに失した。次の子も、そのまた次の子も、架空の球に挑むどの少年の頭も、もはやいかに道化的にふるまってみせるかでいっぱいになっている。（中略）

そのたびにコーチは吠え、少年たちは爆笑し、ギャラリーからはため息が洩れる。

「結局さ、さんざんユニホームだのグローブだのってお金をかけたあげくに、高校

ここに注意！

あらすじと主題

どちらも物語の内容を短くまとめることですが、あらすじが、物語のおおまかな流れであるのに対し、主題は、作者が伝えようとする中心内容のことです。

次のような短い物語で確認しましょう。

例 **「おおきなかぶ」**

〈あらすじ〉おじいさんが育てた大きなかぶをなかなか引き抜くことができず、おばあさんや孫や犬、ねこなど、みんなで力を合わせて抜いたというお話。

〈主題〉みんなで力を合わせることの大切さ。

生くらいになったらお母さん、僕はお笑い芸人になりたいんだとか、突拍子もないこと言いだしたりするんだろうね」

　となり合わせた母親たちの会話がにわかにリアリティを帯びてきた。

「だよね。親の気も知らないで、俺は巨人よりも吉本の星になりたいんだ、とかさ」

「ボールよりも夢を追いかけたい、なんてね。マジ許せない」

「勘当もんだよ、勘当」

　母親の一人が乾いた笑い声をたてながら「でも」と言い添える。

「でも、許しちゃうんだろうな」

「うん。許しちゃうんだろうね」

　そうだ許しちゃうんだろうこの人たちは、と突然、影と影とが重なりあうように、彼女たちの心と私のそれとが同化した。今のこの一瞬——夕映えになまめくグラウンドで、調子に乗って羽目を外して動物みたいにじゃれあって、生まれたてみたいなくしゃくしゃの笑顔を風にさらしている、このたった一瞬を思いだしただけでも、この母たちはきっと数年後の彼らをいとも簡単に許してしまうのだろう、と。

（森絵都「架空の球を追う」より）

ア　子どもはふざけるということ。

イ　母の愛は深いということ。

ウ　野球は人気がないということ。

答え 283ページ下段

練習問題の答え

イ

学習のポイント

主題を考える

　上の文章のクライマックスは、「許しちゃうんだろうな」「許しちゃうんだろうね」の部分。親の思いをよそに、大きくなったら好き勝手をするであろう子どもたちに対して、「勘当もん（親子の縁を切って、家から追い出すこと）だよ」と言いながらも、母親たちはふと、親としての本音を語っている。

　ここで「私」は、どの母親も、広く深い心で子どもに愛情を注いでいるのだ、と感動している。それがこの文章の主題になっている。

9 物語を要約する

物語を要約するとは、あらすじをまとめることです。

手順

① 物語の三つの要素をおさえる

場面……いつ・どこで
登場人物…だれ（何）が
出来事……どうする・どうなる

② 字数に注意して文章にまとめる

物語の組み立て（起承転結）に従い、出来事のつながりがわかるように書きます。山場（転）と結末（結）を落とさないようにします。字数の条件に合わせて、長すぎる場合は、なくてもわかる部分を省きます。

練習問題

次の文章を読んで、百字以内で要約しなさい。

男は四十年間、バスだけを運転してきた。観光バス、長距離夜行バス、路線バス、そして六十を過ぎた五年前からは、幼稚園バス。

子供たちは絶えず動き回り、大きな声を出し、少しも油断がならない。まるでそれが本当の名前であるかのように、「バスのおじちゃん」と馴々しく男を呼び、ハンドルやサイドブレーキや制帽に触りたがる。

学習のポイント

物語のあらすじを話そう

物語を要約する練習として、「おもしろかった物語のあらすじを人に話して聞かせる」という方法があります。長い物語では、いちばんの山場を盛り込んで、だれが何をしてどうなったかを、かいつまんで話してみましょう。まずは、おうちの人に話して聞いてもらいましょう。

「大人しくしてないと、危ないぞ」

そう言って聞かせてはみるが、たいして効果はない。ふと触れた子供の手のあまりの小ささに、はっとして思わず息を詰めてしまう。

男は子供を持ったことがない。四十代で連れ合いに先立たれてからずっと、一人で暮らしている。

一番困るのは泣かれることだ。彼らはいともたやすく涙を流す。

「さあ、泣くんじゃない。泣き止んだらドロップをあげよう。君は何味が好きかな？

苺、葡萄、桃、チョコレート、ハッカ」

「葡萄」

「ようし。葡萄味が出てくるよう気合いを入れよう。さあ、えいっ」

男はドロップの缶を振り、子供の掌に一粒転がす。

「ほうら、ご覧。君はいい子だから、お望みどおり葡萄が出てきた」

途端に子供は泣き止む。頬をドロップでふくらませ、涙をためて微笑む。

男は五つのドロップ缶を買い、中身を全部出し、一つの缶に一つの味のドロップを入れて制服のポケットに忍ばせている。苺と葡萄はブレザーの右と左、桃とチョコレートはズボン、ハッカの子は滅多にいないから内ポケット。

こうして、ポケットの中で、カタカタと鳴るドロップの音を聞きながら、男は幼稚園バスを走らせている。


（小川洋子「缶入りドロップ」より）

答え 285ページ下段

練習問題の答え

例　幼稚園バスの運転手の男は、子供に泣かれるのが一番困る。子供が泣くと、缶から子供のほしい味のドロップを出してみせて、笑顔にさせている。男は、味別に分けた五つの缶を、ポケットに忍ばせているのである。（九十七字）

学習のポイント

物語の三つの要素をおさえる

①場面…幼稚園バスの中
②登場人物…幼稚園バスの運転手の男
③出来事…男は、泣いた子供に好みのドロップを出して泣き止ませる。男はドロップを味別に五つの缶に分けてポケットに忍ばせている。

ここがポイント！

「男は、子供が泣くと困る。→ドロップで笑顔にさせる。→実は必ず笑顔になるしかけをしている。」という流れで書きます。読み返して、わかりにくいところやむだな部分があれば直しましょう。

確認問題

第一節　物語を読む

答え 288ページ

1 次の文章を読んで、あとの問いに答えなさい。

今年は桜の開花が早かった。校庭には風に吹かれて、だれかに踏まれてしまった花びらがそこかしこに落ちている。春の淡い空気がぼくを取り巻いて、ぼくは少し息苦しくなってしまう。

ざわざわとする校庭で、大きく貼り出されたクラス名簿にやっと自分の名前を見つけた。五年二組。クラスメイトの名前よりも先に、担任の先生の名前を探す。椎野清子先生。四年生のときと同じ椎野先生だ。その名前を見て、ぼくは半分くらいほっとして、同じくらい気も引けた。

だって椎野先生は、なんていうのか、ぼくをすごく気にかけてくれるから。何かにつけて声をかけてくれる。授業中、ぼくが手をあげていなくたって、関係なく指して、ぼくに何かをしゃべらせようとする。まるでぼくの中から新しいぼくを見つけて、外に出そうとしているみたいに思えるのだ。でも実際のぼくは、このままが百パーセントのぼくだから、①先生に申し訳なく思ってしまう。

だから、椎野先生のクラスっていうのはうれしいんだけど、それはちょっと離れたところから見ているぶんには安心できるっていうことで、実際に面と向かって話しかけられるのは苦手だということ。

でも、やっぱり椎野先生でよかったと思った。生徒に人気のある、若くて血気盛んな先生をぼくは苦手だった。「がんばれ」「やればできる」「元気出せ」と背中を

つまずいたら

1 ① (1) ▼268ページ 場面をとらえる

ヒント 主人公の「ぼく」は、途中で場所を移動している。どこからどこへ場所を移動しているかをとらえよう。

5 (2) ▼276ページ 表現をとらえる ②語りの視点をとらえる

ヒント 一人称が使われている。

2 (3) ▼270ページ 登場人物の人柄と気持ちをとらえる

たたかれると、とたんに気力が萎えてしまうのだった。

すごすごと教室に入り、出席番号順になっている席に座った。②ぼくには、仲のいい友達もいなかったから、だれかといっしょになってうれしいとか、だれかと離れて残念だとかいう気持ちはまったくなかった。

（椰月美智子「しずかな日々」より）

(1) この文章を、二つの場面に分けるとき、それぞれの場面の場所を答えなさい。

(2) この文章は、だれの視点から書かれていますか。文章中の言葉で答えなさい。

(3) この文章からは、椎野先生のどんな人柄がわかりますか。次から選び、記号で答えなさい。

ア まじめできびしい人柄
イ 落ち着いて思いやりのある人柄
ウ のんびりしておとなしい人柄
エ 明るく活力にあふれた人柄

(4) ――線部①「先生に申し訳なく思ってしまう」とありますが、どうしてそう思うのですか。次から選び、記号で答えなさい。

ア 先生が「ぼく」にしゃべらせようとしても、何も話せないから。
イ 先生が気にかけてくれているのに、実は迷惑に思っているから。
ウ 先生がいくら期待しても、新しい「ぼく」は、出てきそうもないから。

(5) ――線部②「ぼくには、仲のいい友達もいなかった」とありますが、それがわかる「ぼく」の行動を、第二段落から一文を抜き出して答えなさい。

2 (4) ▼270ページ
登場人物の人柄と気持ちをとらえる

6 ▼278ページ
人物の関わり合いをとらえる

ヒント
すぐ前に理由を表す「〜から」がある。それがどうして申し訳ないことになるのか、さらにさかのぼって読み取ろう。

3 (5) ▼272ページ
会話と行動から心情をとらえる

ヒント
クラスの名簿を見るとき、「ぼく」がどのようなことに注目しているかを読み取ろう。

確認問題の答え

問題 286〜287ページ

1

(1) （第一場面）校庭
（第二場面）教室

(2) ぼく

(3) イ

(4) ウ

(5) クラスメイトの名前よりも先に、担任の先生の名前を探す。

学習のポイント

1

(1) この文章は、主人公の「ぼく」が、場所を移動することによって、場面が変わっている。主人公のいる場所をおさえよう。

(2) 「ぼく」という一人称で書かれていることに注目しよう。この文章は、すべて「ぼく」の視点で、「ぼく」が見たり感じたり考えたりしたことを中心に書かれている。

(3) 椎野先生の人柄を直接表す言葉はないが、「ぼく」が、「やっぱり椎野先生でよかった」と思っていること、それは、「ぼく」の苦手な先生ではなかったから、という文の流れをつかもう。つまり、椎野先生は、「若くて血気盛んな先生」ではない、ということ。また、おとなしい「ぼく」のことを気にかけていることから、「思いやりのある人柄」であることも考えられるだろう。

(4) すぐ前に、理由を示す「〜から」がある。「ぼく」は「このままが百パーセントのぼくだから」、先生に申し訳ないと思っている。先生は「ぼくの中から新しいぼくを見つけて、外に出そうとしているみたいに思える」が、「ぼく」はもう「百パーセント」、つまりこれで全部なので、「新しいぼく」が出てきそうもないと思っている。したがって、先生の期待にそえないことを、申し訳ないと思っているのである。

(5) 第二段落は、クラス名簿を見るシーンが書かれている。「仲のいい友達」がいれば、友達の名前を探すだろう。しかし、クラスメイトの顔ぶれよりも、担任の先生が気になっている。その様子を描いた一文から、「ぼく」に「仲のいい友達」がいないことがわかる。

国語の宝箱

「怪談」～怖さを感じさせるしかけ～

夏の風物詩といえばさまざまありますが、「怪談」もその一つでしょう。いわゆる「怖い話」です。「怪談」は、日本の文学史でも重要な位置を占めています。『日本霊異記』『今昔物語集』『宇治拾遺物語』『雨月物語』など、怪談を取り上げた古典作品も数多くあります。また、日本各地に古くから伝わる怪談を集め、物語として書かれたものに、小泉八雲の『怪談』があります。「むじな」「ろくろ首」「耳無し芳一」「雪女」などの話は、一度は聞いたことがあるでしょう。

これらの怪談話には、ある共通の「しかけ」があります。

伏線

伏線とは、のちの展開にそなえて前もってほのめかされるエピソードのことで、「むじな」などに見られます。のっぺらぼうに遭遇したことが伏線となって、二度目に遭遇したときに、さらなる恐怖を感じさせるしかけです。

場面設定

「柳・風・雨・夜・闇・突然の物音」など、典型的な場面設定で怖さを感じさせるしかけです。また、吹雪の中の山小屋、夜の墓地など、ふつうとはちがう状況に怖さを感じさせるのも、しかけといえます。

結末の驚き

結末で明かされる秘密や、物語が突然終わって、登場人物がその後どうなるのかがわからないような描写に怖さを感じさせるしかけもあります。

これらのしかけによって怖さを感じさせる怪談は、歌舞伎などの舞台や、映画・ドラマの題材としても取り上げられ、人々の娯楽の一つになっています。同じように、笑いを誘うしかけ、悲しみを感じさせるしかけなど、どんな物語にも、読み手の感情を動かすための作者の工夫が凝らされています。たくさんの作品にふれ、これらのしかけを読み取ってみましょう。

▲「四谷怪談」お岩のゆうれい
早稲田大学演劇博物館所蔵

第二節 紀行文・随筆を読む

1 紀行文・随筆を味わうためには

紀行文とは
旅行などをして、旅先で見聞きしたことや、感じたことなどを書いた文章。

随筆とは
自分が思ったことや感じたこと、見聞きしたことを思うままに書いた文章。エッセイともいう。

手順
1 **話題をつかむ**
タイトル、書き出しから話題をつかみます。
2 **事実と筆者の感想・意見を読み分ける**
3 **主題をとらえる**
筆者のものの見方・考え方をとらえます。

文章の話題
事実
感想・意見
↓
・主題
・筆者のものの見方・考え方

紀行文や随筆は、説明文のように形式にとらわれず、筆者独自の感性や表現技法を生かした文章になっています。その表現を楽しみながら読んでいきましょう。
また、紀行文・随筆を味わったら、それらを参考に、自分でも普段の生活や旅先で体験したことをもとにして、紀行文・随筆を書いてみましょう。

学習のねらいと目安

紀行文・随筆を読み味わう

この節では、「紀行文・随筆」を学びます。物語や小説とは種類の異なる文章を読むには、どのようなことに気をつければよいのか、また、文章の表現を味わうとはどういうことなのかを学習していきましょう。

学習の順序

練習問題

1 次の文章を読んで、あとの問いに答えなさい。

家で仕事をするようになって、すっかり世情に疎くなった。先日、道を歩いていると、四、五歳の幼児が数人集まって以下のような会話をしていた。

——ぼく、イチゴポテト好きなんだ。——ぼくも。でもぼく、コーヒーヨーグルトも好きだよ。——うん、あれおいしいよね。

どんな食品のことなのか、私にはまるで想像できなかった。近頃の食生活にはついてゆけそうもない。

一方、或る夏に京都へ出かけたとき、茶店や喫茶店の「冷やしあめはじめました」という貼り紙には随分悩んだ。近畿圏の方はまさかと思うだろうが、関東に冷やしあめを出す店はおそらくない。京都では、駅の自動販売機にもあった。たかがおやつといえども、世代や場処によって大きく違ってくるものなのだ。私自身は、アポロチョコ登場をはじめとするおやつ革命の時代、自分が子供だったことを幸運だと思っている。

（長野まゆみ「ことばのブリキ罐」より）

問い ——線部のように感じるきっかけとなった食品の具体例を見つけ、次の(1)・(2)に分けて、文章中の言葉で答えなさい。

(1) 世代によるおやつの違いを感じるきっかけとなった食品

(2) 場処によるおやつの違いを感じるきっかけとなった食品

答え 291ページ下段

練習問題の答え

1 (1) イチゴポテト
コーヒーヨーグルト

(2) 冷やしあめ

学習のポイント

上の文章を、出来事（事実）を書いた部分と、筆者の感想・意見を述べた部分に分けてみよう。

〈出来事〉

①幼児のおやつに関する会話を聞いて、どんな食品か、想像できなかったこと。

②京都で初めて「冷やしあめ」というおやつを知ったこと。

〈感想・意見〉

①おやつといえども、世代や場処によって大きく違う。

②おやつ革命の時代に自分が子供だったことを幸運に思う。

2 文章の話題を読み取る

随筆や紀行文では筆者が日常生活や旅先で体験した出来事が話題（テーマ）になっています。筆者にとってとりわけ印象的だった出来事を取り上げて、それにまつわる自分の感想や意見を交えて書いているのです。

① **題名に注目する…**文章の題名が、そのままその文章の話題であることが多い。

② **書き出しに注目する…**文章の最初（書き出し）に話題が提示されることが多い。

読んでみよう

花鳥風月　田辺聖子

庭があってはじめて経験したのに、鳥が、庭の上を飛んでいくながめがある。私はビーチチェアのようなものに長々と寝て、空を見ていた。するとヒヨのような鳥が屋根すれすれに庭を横切って飛んだが、胸から腹から脚まで、何しろ真下から仰ぎ見ることになる。鳥は「ワッ、かくしどころを見られちゃった」という顔だった――この辺は鳥の多い所で、夏のあいだ中「ピー・ペー・ペー」というヒヨの啼き声がやかましく、それが秋口になるとばったり、という感じできこえなくなる。そのころから庭に、蟬の死骸がよく落ちているようになり、これも私を*興がらせた。

いったい、こんな風にして私が**花鳥風月**のことをエッセーに書くなぞと、昔の私ならちょっとでも予想したろうか。

*興がらせた…面白がらせた。

もっとくわしく

随筆・紀行文の名作

日本では古くから、優れた紀行文や随筆が書かれてきました。古典的な作品からは当時の風物やものの見方・考え方が理解できます。現代と変わらない筆者の感性に、驚くことがあるかもしれません。また、新しい作品を読めば、筆者ならではの物事のとらえ方を感じられるでしょう。

〈代表的な随筆〉

『枕草子』（清少納言）408ページへGO！

『方丈記』（鴨長明）

『徒然草』（兼好法師）413ページへGO！

『硝子戸の中』（夏目漱石）

『寺田寅彦随筆集』（寺田寅彦）

『考えるヒント』（小林秀雄）

〈代表的な紀行文〉

『土佐日記』（紀貫之）412ページへGO！

『奥の細道』（松尾芭蕉）

『どくとるマンボウ航海記』（北杜夫）

『街道をゆく』（司馬遼太郎）298ページへGO！

練習問題

1 次の三つの文章は、すべて富安陽子さんの随筆「さいでっか見聞録」の中に収められている作品の「書き出し」です。これらを読んで話題をとらえ、あとのア〜オからそれぞれ題名を選び、記号で答えなさい。

(1) この前、犬の散歩をしていたら、近所のおばさんに「あらら、シロちゃん、お元気？」と、声をかけられた。このシロちゃんというのは、もちろんわたしのことではなく、わたしが引っぱっている……いや、わたしを引っぱっている犬の名前である。

(2) 昔むかし、わたしが小学校の三年生か四年生のころ……つまり、いまを遡ること三十年近く前になるが、〈シー・モンキー〉という不思議なペットが売りだされたのを、ごぞんじだろうか？

(3) 四十を過ぎた頃から、わたしのまわりでは友だちが、「最近、めっきりもの忘れがひどくなった」と、しきりにこぼすようになった。しかし、わたし自身に関しては、こういう不安は微塵もない。

ア 哀しき、シー・モンキー　イ もの忘れの頃
ウ 愛犬談義　エ 電話問答
オ 道草の記

答え 293ページ下段

練習問題の答え

1 (1) ウ (2) ア (3) イ

学習のポイント

どの文章も、書き出しの一・二文でその文章の話題にふれている。それに対応する題名を選ぼう。

また、読み手の興味をひく題名が多いのも、随筆の特徴である。筆者の個性が感じられるのではないだろうか。

読む編　第一章 読み方の基本　第二章 いろいろな文章を読む　第三章 韻文を読む　第四章 古典を読む

3 事実と筆者の感想・意見を読み分ける

随筆を書く目的は、「事実（出来事）」を伝えることではなく、その事実から生まれた筆者の「感動・感想・意見」を伝えることです。この二つの部分を区別してとらえましょう。

例文で考えよう

例

とつぜんだが、私はカレーライスには少々うるさい。＝感想・意見

先日も、夕食にカレーを作ったが、「パパのカレーは、ひと味ちがう」と家族に好評だった。＝事実

カレーの味の決め手は、やはりスパイスにあると思う。＝感想・意見

↓

書き出しで、自分のいちばん伝えたい意見を述べて、次にその意見を具体的に説明するために、「夕食にカレーを作って好評だった。」という事実を述べています。そして、さらに意見を述べて、話題をふくらませています。

確認

随筆を読み取るときは、話題とともに、筆者が体験した事実とそれに対する感想・意見をとらえよう。

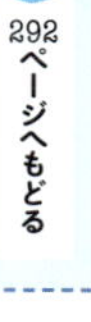

292ページへもどる

ここに注意！

事実を述べた文の中には、感想・意見との区別をはっきりつけられないものもあります。たとえば、「当時の私は、ネコを見るととても喜んだ。」という文の場合、「喜んだ」というのは「感想」ですが、「過去に喜んだことがある」という事実でもあるわけです。

このように、事実の中に感想が含まれている場合は、新たに述べられた感想・意見のほうに注目するとよいでしょう。

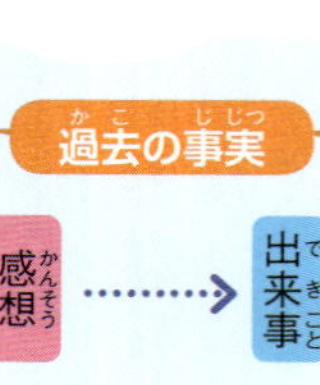

読んでみよう

先日、「水回りの頑固な汚れには、ミカンの汁が効く」と祖母に教えられた。ちょうどかすかすになってしまったデコポンがあったので、無理やり搾って汁をシンクに振りまいておく。三十分後、期待に満ちて金ダワシで擦ってみるが、汚れはちっとも取れない。すごくがっかりした。

だが考えてみれば、キッチンハ〇ター以上に強力な「汚れ落とし効果」が、食べ物であるデコポンに備わっているわけがないのだ。そうか、祖母の感覚からすると、「強力な酸＝ミカンで決まり！」なんだな……。「水回りの汚れが落ちる」と聞くと、私はどうも冷静さを失って、ついなんでも試してしまう。そのうち、ドイツ製の高い洗剤とか買っちゃいそうだ。

（三浦しをん「桃色トワイライト」より）

事実

・水回りの汚れには、ミカンの汁が効くと祖母に教えられた。
・デコポンの搾り汁をシンクに振りまき、金ダワシで擦ってみたが汚れは取れなかった。

その感想・意見

・すごくがっかりした。
・洗剤以上に強力な効果が食べ物に備わっているわけはない。
・祖母の感覚では「強力な酸＝ミカン」なのだ。
・「水回りの汚れが落ちる」と聞くと、私は冷静さを失ってしまう。

このように、ある事実に対して、自分の感想・意見を必ず織り交ぜていることがわかります。

学習のポイント

上の文章では、筆者の生活のこだわりについて語っています。どのような事実が述べられているか、また、それに対する筆者の感想・意見はどのようなものなのかをとらえましょう。

4 旅行の道順や時間の経過をとらえる

ほとんどの紀行文では、出発から旅の終わりまでが順を追って述べられています。旅の行程を順序よくたどりながら読み進めましょう。

手順 **紀行文の味わい方**

1 時間の経過と道順に注意し、旅の行程をつかむ。
2 筆者が見聞きした情景を、表現に注意しながら想像する。
3 筆者が旅先で感じたこと、考えたことを読み取る。

練習問題

次の文章を読んで、道順に従ってあとのア〜エを、並べなさい。

翌日は申しわけないほどのいい天気だった。八時起きの九時めし、十時出発という緩やかな時間配分で身支度を整えた。外に出ると晴れていても気温は低く、マイナス四度だった。白い息を吐きながらガウチョ*たちが馬の出発の準備をしている場所にセルヒヨの車で行った。十頭ほどの馬と三人のガウチョがいた。

（中略）

大柄なガウチョ、リンドールを先頭にした我々の騎馬隊列は山が左右に迫ってくる峡谷に入ってきた。進んでいく先に大きな川が流れている。ホセが馬でその中ほどまで入っていったが流れが強そうだった。渡河ルートを諦めやがて我々は踏み跡のついた勾配を上がっていくルートに入っていた。

学習のポイント

筆者の旅の思いを想像しよう

紀行文では、目的地にたどりつくまでの道のりで、筆者が感じたことを想像しながら読みましょう。

上の文章では、危険な道のりの様子が描かれ、筆者の恐怖心が伝わってきます。

もっとくわしく

時代とともに変わった旅行先

江戸時代の日本では鎖国令がしかれ、外国との交流が禁じられていました。紀行文に書かれた旅行先も、国内に限られています。交通手段が発達していない当時は、東北・北陸を旅した松尾芭蕉の『奥の細道』も、百五十日をかけた大旅行でした。

日本で一般の人々が外国を観光するようになったのは、一九六〇年代の半ば以降です。旅行記の内容も、ヨーロッパやアメリカに限らず、アジアや中東、南半球など、幅広い地域をあつかうようになりました。

少し高度が上がっただけで雪道になった。いきなり川沿いの谷の切れ込みが深くなる。道はかなり急勾配の崖の端を進んでいくようになってきた。幅が四十センチもないようなところがある。しかもそこに雪がついており、石の上についた雪の上を歩いていくのはいかにもあぶなっかしい。馬が片足のひづめを滑らせバランスを失ったら垂直に近い崖を馬もろとも落ちていくしかないだろう。（中略）

勾配はさらに急になり高度も急速に上がっている。足元から垂直に落ちている崖は百メートルほどになっているだろう。落ちたら絶対に助からない。

（中略）

山の腹を回り込んで行くとやがて目の前に遠く大きな山が現れた。雪と岩の圧倒的に巨大な山塊である。そのあたりは風が強いのだろう。山頂付近に真っ白な雲がからみつき、それが目に見える早さで形を変えていく。しかし山頂付近にからみつく雲はまったく消えることなくあとからあとから湧きだしてくるようであった。（中略）もう転落の危険はない。リンドールが昼飯にしよう、と言った。

（椎名誠「真昼の星――熱中大陸紀行」より）

＊ガウチョ…南米の民族の名前。

ア　崖の端の雪道　　イ　目の前に大きな山の見える道

ウ　峡谷へ入る道　　エ　勾配を上がっていくルートに入る道

答え 297ページ下段

練習問題の答え

ウ―エ―ア―イ

学習のポイント

時間の経過と道順をまとめよう

上の文章から読み取れる、筆者の旅の時間の経過と移動の様子をまとめると、次のようになる。

時間の経過

八時起床→九時朝食→十時出発→昼食

道順

①山が左右に迫る峡谷に入る。
②渡河ルートは諦め、勾配を上がる。
③急勾配の崖の端の雪道を進む。
④勾配はさらに急になり高度も急速に上がっている。
⑤山の腹を回り込み、やがて目の前に遠く大きな山が現れた。

5 旅先の土地の話題・特徴をとらえる

紀行文では、いつ、どこへ旅をしたのか、どのような体験をしたのかを読み取りながら、筆者がその土地のどんな話題や特徴を読み手に伝えたいのかをとらえます。

練習問題

1 次の文章を読んで、あとの問いに答えなさい。

小野川温泉というのは、以前はずいぶん繁昌したものらしい。京都あたりの絹関係の商人が米沢に買いつけにきてここに逗留*したからだが、いまは交通が便利になってしまって、逗留客はすくない。

（中略）

料理も、土地のものが多い。

舞茸などいろんな茸類もあるし、牛の舌かと思って食ってみるとそれよりも旨く、きけばあけびの皮を油でいためてやわらかくしたものだった。

大きな器に、汁が入っている。ふたをとると、汁の中に、サトイモと牛肉と白ネギが入っていて、サトイモが大変なうまさだった。

「芋煮汁というんです」

尾崎さんは、この人の癖で、聞きとれぬほどの低さで言う。サトイモの季節になると、米沢ではどの家でもこの芋煮汁をつくるのだ、というのである。

その上、「芋煮会」という催しまである。町内、職場、学校、親戚、といったグループが河原へ出て、大鍋にこの芋煮汁をつくって秋をたのしむのである。小学生の芋

鑑賞のポイント　筆者がとらえた土地の特徴

歴史
昔と今のちがい。「以前はずいぶん繁昌したものらしい。」→「いまは交通が便利になってしまって、逗留客はすくない。」

料理
「舞茸などいろんな茸類もある」、「あけびの皮を油でいためてやわらかくしたもの」、「サトイモと牛肉と白ネギの芋煮汁」

行事
「『芋煮会』という催しまである」「大鍋にこの芋煮汁をつくって秋をたのしむのである」

季節
「サトイモの季節」、「稲の取り入れ前に骨休めをする」季節。また、「足早にやってくる冬の前のほんのひとときのいい季節」。

煮会もある。

「秋分のころになると、どの河原でも芋煮会をやっていますよ」

と、川口さんがいった。秋分のころにサトイモがとれるからだが、ひとつには稲の取り入れ前に骨休めをするということもあるだろうし、また足早にやってくる冬の前のほんのひとときのいい季節を楽しむということもあるのかと思える。

材料は前記の三種類にかぎられている。それらを持ち寄り、椀もめいめいが持って集まる。

「椀は、どういう椀ですか」

「会津塗です」

と、尾崎さんがいった。

後日、山形市の書店の奥さんが教えてくれたところでは、芋煮会は山形でもやる。やはり材料は以上の三品にかぎられる。

（司馬遼太郎『街道をゆく10 羽州街道・佐渡のみち』より）

*逗留…旅先に滞在すること。

(1) この文章は、筆者がいつの季節に旅をしたときのものですか。漢字一字で答えなさい。

(2) 筆者は、この文章で小野川温泉のどんな話題を伝えようとしていますか。次から選び、記号で答えなさい。

ア 郷土料理の芋煮汁の材料の話題
イ 郷土料理と芋煮会の話題
ウ 会津塗の椀の話題
エ 小野川温泉の昔の話題

答え 299ページ下段

練習問題の答え

1 (1) 秋
(2) イ

学習のポイント

この文章は、筆者が小野川温泉（山形県米沢市）に旅して、宿泊した宿で出された郷土料理について書いたものである。本文の前半では、まずは見たこと、食べて感じたことなど、筆者の体験を中心に書いている。後半は「芋煮汁」をきっかけに、地元の人々から聞いた「芋煮会」について紹介し、考えたことを書いている。

文章から、その土地の特徴やそこで生きる人の生活の仕方、考え方を想像しながら読んでみよう。

6 主題や筆者のものの見方・考え方をとらえる

意見文や説明文などでよく用いられる文章の型に、「頭括型」「尾括型」「双括型」があります。随筆では主に、「双括型」と「尾括型」が使われています。

258ページへもどる

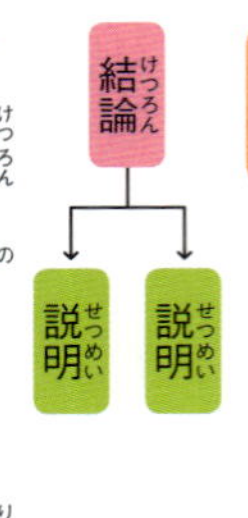

頭括型：先に結論を述べ、あとで理由を説明する。

尾括型：（説明・説明→結論）先に説明し、あとで結論を述べる。

双括型：（結論→説明・説明→結論）初めに結論を述べ、説明したあと、結論をくり返す。

筆者のものの見方・考え方は、「結論」の部分に書かれています。文章がどの型で書かれ、筆者の考えがどこに表れているかを、考えながら読みましょう。

練習問題

1 次の文章を読んで、あとの問いに答えなさい。

1 年を取るといえば、我家のラブラドール、ラブも十二歳を迎えた。獣医さんによると人間の年齢の八十九歳に当たるらしい。確かに足が弱り、立ち上がる際もよろよろしてお爺さんくさくなってはいたが、まさか八十九歳とは知らず、もう少しいたわってやらねばと反省した。（中略）

もっとくわしく

主題であつかわれるものの種類

随筆は形式も内容もまったく自由であるために、その種類もさまざまですが、およそ次のようなものがあります。

(1) 身近な出来事や社会の出来事に対する考えを書いたもの。

(2) 動物や植物の不思議さや美しさについて書いたもの。

(3) さまざまな自然現象を科学的にとらえ、その魅力について書いたもの。

(4) 人生のいろいろな問題について、自分の考えを書いたもの。

2 つい一月前には耳の外側にも怪しげなものがくっ付いていた。垂れた三角形の耳のちょうど中央付近。毛に埋もれるようにして半分隠れているそれを覗いてみると、色といい大きさといい表面の皺といい、コーヒー豆としか思えない疣だ。レストランの見本を作る職人さんでも、これほど上手くはできないだろうというくらいの見事さだった。

3 八十九歳と宣言されようと、耳にコーヒー豆ができようと、ラブは一向に気にしない。自分はこんなにも年を取ってしまった、と嘆いたりしない。ただ平穏に眠るだけだ。

4 私もラブを見習わなければ、と思う。カラーひよこが消えても、仕事場の仲間が皆年下になっても、未来より過去の分量の方が多くなっても、動揺してはいけない。どんなに慌てても、やはり時は流れてゆくのだ。ならばラブのように、堂々と年を取ろうではないか。

5 昼寝から一瞬目覚めたラブは、伸びをし、体勢を変えてまた寝転がった。さっきまで身体の下敷きになっていた耳の縁が、ほんの少しめくれ、寝癖がついていた。相変わらず惚れ惚れするコーヒー豆は、くっ付いたままだった。

（小川洋子「カラーひよことコーヒー豆」より）

(1) この文章の主題は、どの段落で述べられていますか。番号で答えなさい。

(2) この文章の型は、次のうちどれにあてはまりますか。記号で答えなさい。

ア 頭括型　　イ 尾括型　　ウ 双括型

答え 301ページ下段

練習問題の答え

1

(1) 4段落

(2) イ

学習のポイント

4段落の最後の一文では「ならばラブのように、堂々と年を取ろうではないか。」と、筆者の決意が述べられている。これが、この文章の主題である。「コーヒー豆としか思えない疣」「耳の縁が、ほんの少しめくれ、寝癖がついていた」などの表現は、筆者が深い愛情をもっているからこその表現だ。そして、ラブを見習って前向きに生きようとする筆者自身の考え方につながっている。

7 表現の工夫を味わう

紀行文や随筆では、筆者が感じたことが直接表現されています。特に随筆は形式にとらわれないため、文章から筆者の感受性や人柄が伝わってきます。筆者の個性が感じられる、特徴的な表現に注目しながら読みましょう。

① **随筆の特徴的な表現**

(1)季節感を入れる　例「花火大会」「こたつ」

(2)比喩　例「まるで、宝石のようだ。」

(3)体言止め　例「朝日を浴びながら飲む、いれたてのコーヒー。」

② **紀行文の特徴的な表現**

(1)比喩　例「大きな杉の木が、道路にのしかかってくるようだった。」

(2)現在法…過去や未来の出来事を現在の形で表す方法。

(3)対照法…風景の美しさなどを表現するために、対照的な事柄を取り上げる方法。

練習問題

次の文章を読んで、あとの問いに答えなさい。

宮古の浄土ケ浜に行ったら驚いた。なんともまあ懐かしい風景がひろがっていたからだ。なるほど浄土もかくやと思わせる清浄な白い砂のつらなる海岸に沢山の海水浴の人がいる。

沖に白い①衝立のような岩壁がつらなっているのでそこは横にむかって②外波のはいらない大きなプールのような湾になっているから見るからに安全で、家族連れも親

もっとくわしく

紀行文のテーマあれこれ

紀行文には、ただ旅先の様子を記すだけではなく、特定のテーマに注目しながら書かれたものもあります。筆者の関心がどこに向けられているのかに気をつけながら、さまざまなテーマの紀行文を読んでみましょう。

特定のテーマをもった代表的な紀行文

・歴史をテーマにした紀行文
『街道をゆく』(司馬遼太郎)

・食文化をテーマにした紀行文
『もの食う人びと』(辺見庸)

・芸術をテーマにした紀行文
『イタリア古寺巡礼』(和辻哲郎)

・建築をテーマにした紀行文
『南イタリアへ！──地中海都市と文化の旅』(陣内秀信)

・宿をテーマにした紀行文
『よい匂いのする一夜』(池波正太郎)

子の海水浴客もみんなのんびり遊んでいる。

③笛をもってうるさく注意をしまくるエラそうな監視員もいない。いやどこかにいるのだけれどことさら目立っていないだけなのかもしれない。

ぼくは最初この浜を一望したとき、三〇年代の頃のわが青春時代の海の風景を見ているような気分になった。

その理由はすぐにわかった。海水浴の人々が東京近辺に較べて不思議なくらいひっそりと静かに落ちついているように見えたからだ。着ている水着や遊んでいる道具などは東京近郊のそれと殆ど変わらない。日本は今や全国同時に同じものを売っている時代である。油を体に塗りたくってギラギラしているねえちゃんやあんちゃんがいないのかな、と思ったらそうでもない。ちゃんとここにもギラギラ人間はいるのだった。④では何がどう違うのかなあ、と思ってなおもゆったり眺めまわしたら、だんだんわかってきた。

⑤騒音が少ないのである。⑥モノ売り業者が無粋に巨大な音楽を浜中に聞こえわたるような音で鳴らしまくっているようなことはなく、少し聞こえてくるとしたら、ところどころにある個人的なラジカセの音楽程度。あとは海浜特有の大人や子供の楽しく遊び回る声だけである。その自然さがなんとも気配としてここちよいのだった。こういう夢のような静かで美しい海岸がいつまでも変わらずに残っていてほしいと思った。

（椎名誠「北への旅　なつかしい風にむかって」より）

問い　――線部①～⑥の中から、比喩的表現の文をすべて選び、番号で答えなさい。

答え 303ページ下段

練習問題の答え

①・②

学習のポイント

筆者は、「宮古の浄土ケ浜」の風景を、感動とともに表現している。紀行文の特徴的な表現を探して、読み味わってみよう。

〈比喩〉
「白い衝立のような岩壁」「外波のはいらない大きなプールのような湾」

〈対照法〉
「笛をもってうるさく注意をしまくるエラそうな監視員もいない」「モノ売り業者が無粋に巨大な音楽を浜中に聞こえわたるような音で鳴らしまくっているようなことはなく」

〈問いと答え〉
「では何がどう違うのかなあ」
→「騒音が少ないのである。」

確認問題

第二節　紀行文・随筆を読む

答え 306ページ

1 次の文章を読んで、あとの問いに答えなさい。

わたしは昔、道草の達人だった。小学一年生で入学した学校は、家からずいぶん離れていて、その行き帰りの長い長い道のりの間じゅう、道草を食い放題だったのだから、達人にもなろうというものである。とくに、ゆるやかな□風が吹くころには、わたしのこころは勝手にスキップをはじめ、とてもまっすぐに道を歩いてなんかいられなくなるのだった。道ばたに咲くタンポポの花で、大きなボンボンをつくったり、筆箱のふたで田んぼの中のおたまじゃくしをすくったり、草むらでつかまえた毛虫に道路をはわせて、どこまでいくのか、うしろをついていってみたこともある。

時の経つのを忘れ、あそびほうけて家路をたどると、家の前の通りには必ず、わたしを待つ母の姿があった。その姿を見たとたん、「もう、道草はくいません」と母に誓った約束が胸の中によみがえり、わたしは夢から覚めたような、うすら寒い気分になるのである。

あるとき、いつものように道草をくいくい、家に帰り着いて、ランドセルを開けてみたら中身が空っぽだったことがある。教科書もノートも、宿題も連絡帳も筆箱も、なにひとつ入っていない！　スッカラカンのカン！

まぬけなわたしは、空っぽのランドセルをかついだまま、はるばる家まで帰ってきたというわけだった。おそるおそる白状すると、母は隣家で自転車を借り、わた

つまずいたら

1 (1)▼292ページ　文章の話題を読み取る

2 ヒント　随筆は、文章の書き出しに話題を提示することが多い。

(2)▼302ページ　表現の工夫を味わう

7 ヒント　「タンポポ」や「おたまじゃくし」などの季節を感じさせる言葉に注目し、いつ頃の出来事を描いた文章なのかを読み取る。

しを荷台に乗せて学校まで忘れものを取りにいってくれた。あのとき、自転車の荷台でしがみついた母の背中の暖かさと、赤い夕陽の色がなつかしい。

（富安陽子「さいでっか見聞録」より）

(1) この文章の話題は何ですか。次から選び、記号で答えなさい。

ア　小学校のときの忘れものの思い出　イ　小学校のときの道草の思い出

ウ　小学校のときの母との誓い　エ　小学校のときの自転車の思い出

(2) □にあてはまる季節を、漢字一字で答えなさい。

(3) ——線部「夢から覚めたような、うすら寒い気分になる」ときの「わたし」の気持ちとしてあてはまるものを、次から選び、記号で答えなさい。

ア　しまった。また、やってしまった！

イ　しまった。このあと、習い事があったんだ！

ウ　今日のお母さんは、どうやら機嫌が悪いようだぞ。

エ　しまった。また、学校に忘れものをしてしまった！

(4) この文章で取り上げた話題について、筆者はどんな感想を述べていますか。次から選び、記号で答えなさい。

ア　道草を食ってばかりのまぬけな子どもでも、立派な大人に成長するものだ。

イ　道草を食うたびに、家で受けるお説教のこわかったことが忘れられない。

ウ　いまの子は、のんびり道草を食うこともできないので、かわいそうである。

エ　親にしかられると知りつつ、楽しく道草を食っていたあのころがなつかしい。

(3) 筆者の言動や態度、表情などに注目して、思いを読み取る。

3 (4) ▼294ページ 事実と筆者の感想・意見を読み分ける

ヒント 随筆の内容を「事実」と「筆者の感想・意見」の二つに区別して、筆者の考えを読み取る。

確認問題の答え

問題 304～305ページ

1

(1) イ
(2) 春
(3) ア
(4) エ

学習のポイント

1

(1) 随筆は文章の書き出しに話題が提示されていることが多いので、まず最初の部分に注目する。「わたしは昔、道草の達人だった。」とあり、そのあとの文章も、道草の具体的な内容が描かれていることから、この文章の話題は「筆者が小学校の行き帰りに道草をして遊んだ思い出」であることが読み取れる。アの「忘れもの」やウの「母との誓い」、エの「自転車」は、いずれも道草に関連した出来事であり、文章全体の話題ではないことに注意しよう。

(2) 随筆は、筆者の感想や意見を読み取ると同時に、それを伝えるための表現技法を味わいながら読むことも重要。「道ばたに咲くタンポポの花」で始まる情景描写から、文章の中の季節が春であることを読み取ろう。ほかにも「わたしのこころは勝手にスキップをはじめ」といった擬人法や、「スッカラカンのカン！」といったユーモアに満ちた表現をちりばめることで、魅力のある随筆になっている。

(3) 「家の前の通りには必ず、わたしを待つ母の姿があった」「母に誓った約束が胸の中によみがえり」などの表現から、「わたし」が道草をしたのは、一度や二度ではないことがわかる。したがって、アかエのどちらかになるが、エの忘れものに関する出来事は、――線部のあとの文章なので、答えはアとなる。

(4) 随筆を読むときは、文章の内容を「事実」と「筆者の感想・意見」に分けて、その結びつきを考える。この文章では、道草をしている様子と、母親との思い出が「事実」で、――線部の、「夢から覚めたような、うすら寒い気分」と最後の一文の「あのとき、～背中の暖かさと、赤い夕陽の色がなつかしい」が、「筆者の感想」の部分。筆者は、母親にしかられると知っていながら道草をして遊んだ過去を、「なつかしい」と感じているのである。

国語の宝箱

随筆を書こう！

随筆の面白さ――それは、筆者のものの見方・考え方を知ることによって、自分の感性が刺激されることでしょう。ささいな出来事であっても、それを筆者がどうとらえたか、どう思ったかが面白く書かれていれば、読みごたえのある文章になります。たとえば、304～305ページにある富安陽子さんの随筆では、

・小学生の頃、学校が家から遠かったので、よく道草をしながら帰った。

・空っぽのランドセルで帰ったことがあった。

これだけのことを、書き出しの「わたしは昔、道草の達人だった」という表現で読者を引きつけ、道草の様子、そのときの気持ちを豊かに描いて読ませます。

では、どうすれば、面白い文章になるのでしょう。

今回は、随筆を書くポイントを紹介します。

随筆の種を探し、テーマを決める

随筆は、エピソードが命です。日頃から随筆の素材になるような経験を書き留めておきましょう。

また、随筆は、自由な形式の文章ですが、読み手に伝えたい「テーマ」をもつことも大切です。そこで、書き留めておいた種から題材を一つ選び、その題材で伝えるテーマを考えます。

構成を決め、効果的な表現を使って文章を書く

随筆の組み立て方に従い、構成を決めます。

300ページへもどる

自分の伝えたいことを文の頭にもってくるのか、終わりにもってくるのかを考えると、組み立てやすいでしょう。

文章を書くときは、会話文や比喩など、選んだテーマにふさわしい表現方法を考えながら書いていきます。

推敲する

文章を書き上げたら、読み返し、不要な部分を削って文章を整えましょう。文章を練って表現をみがくことを、「推敲」といいます。

438ページへGO！

第三節 説明文を読む

学習のねらいと目安

説明文を読み取るには?

この節では、「説明文」の読み取り方を学習します。

説明文は、事実や筆者の考えを、読み手に理解してもらうために書かれています。文や段落のつながりをていねいにたどることで、筆者が伝えたいことをつかむことができます。

また、文章に対して自分の考えや感想をもつことも大切です。

学習の順序

1 段落をとらえる

① 説明文とは

説明文とは、ある事実について筋道を立てて分析・説明したり、筆者の考えを述べたりする文章のことです。内容が正しく伝わるように、筆者はさまざまな工夫を凝らしています。説明文を理解するためには、その工夫を読み取ることが重要です。

② 段落とは

文章の中の一つの内容のまとまりの区切りを段落といいます。

形式段落

見た目の段落。始まりを一字下げて表記し、段落の変わり目を改行して区切る一まとまり。

意味段落

意味上の段落。形式段落を話題ごとにまとめたもの。段落をとらえるとは、形式段落を意味段落にまとめることをいう。

確認

段落には、どのような役割があるだろう?

256ページへもどる

手順

① **形式段落の内容をとらえる**
形式段落の要点をおさえ、同じ話題が続くところを一つの意味段落としてまとめます。

② **接続語に着目する**
段落初めの接続語は前後の段落の関係を示します。

257ページへもどる

③ **指示語に着目する**
段落初めに指示語がある段落は多くの場合、前とつながります。

練習問題

次の文章を三つの意味段落に分け、二つ目と三つ目の初めの八字を書きなさい。

春に黄色い花を咲かせる菜の花は、「アブラナ」の別名です。アブラナの花は、くきや枝の先いっぱいにつきます。つぼみは下から咲いていきます。
花の形は十字型です。花びらの数は四枚です。おしべも四本です。
アブラナの花には、みつを吸いに多くの虫が集まります。ミツバチやクマバチ、モンシロチョウ、テントウムシなどが来ます。
ミツバチは花粉も食べます。花粉を団子のように丸めて後あしにくっつけて巣に運びます。
アブラナの種には油分が四〇パーセントも含まれています。その油は「菜種油」といいます。アブラナという名前は、種から油をとることから付いたものです。

答え　309ページ下段

ここがポイント！

形式段落の要点を読み取るには、段落の中から中心文を探し、その文を中心に内容をつかみます。

254ページへもどる

長い文章を意味段落に分ける場合は、「序論―本論・考察―結論」のまとまりに大きく分けてから、本論の中をいくつかに分けてみましょう。

258ページへもどる

練習問題の答え

二つ目…アブラナの花には
三つ目…アブラナの種には

学習のポイント

上の文章は五つの形式段落でできている。これらは、次のような三つの意味段落に分かれる。

①アブラナの花そのものについて
②アブラナに集まる虫について
③アブラナの種の油について

読む編　第一章 読み方の基本　第二章 いろいろな文章を読む　第三章 韻文を読む　第四章 古典を読む

2 段落どうしの関係をとらえる

①段落どうしの関係

説明文の筆者は、段落を改めるとき、前の内容について理由をあげたり、補足したり、言いかえたり、例を示したりします。また、前と似た事柄をあげて並べたり、対立する事柄をあげて比べたり、ちがう話題に入ったりもします。このような段落どうしの関係をつかみながら、結論にいたる道筋をとらえましょう。

②段落どうしの関係のつかみ方

前の段落に対して、あとの段落がどんな役割をもっているのかを考えます。形式段落どうしでも、意味段落どうしでも、とらえ方は同じです。

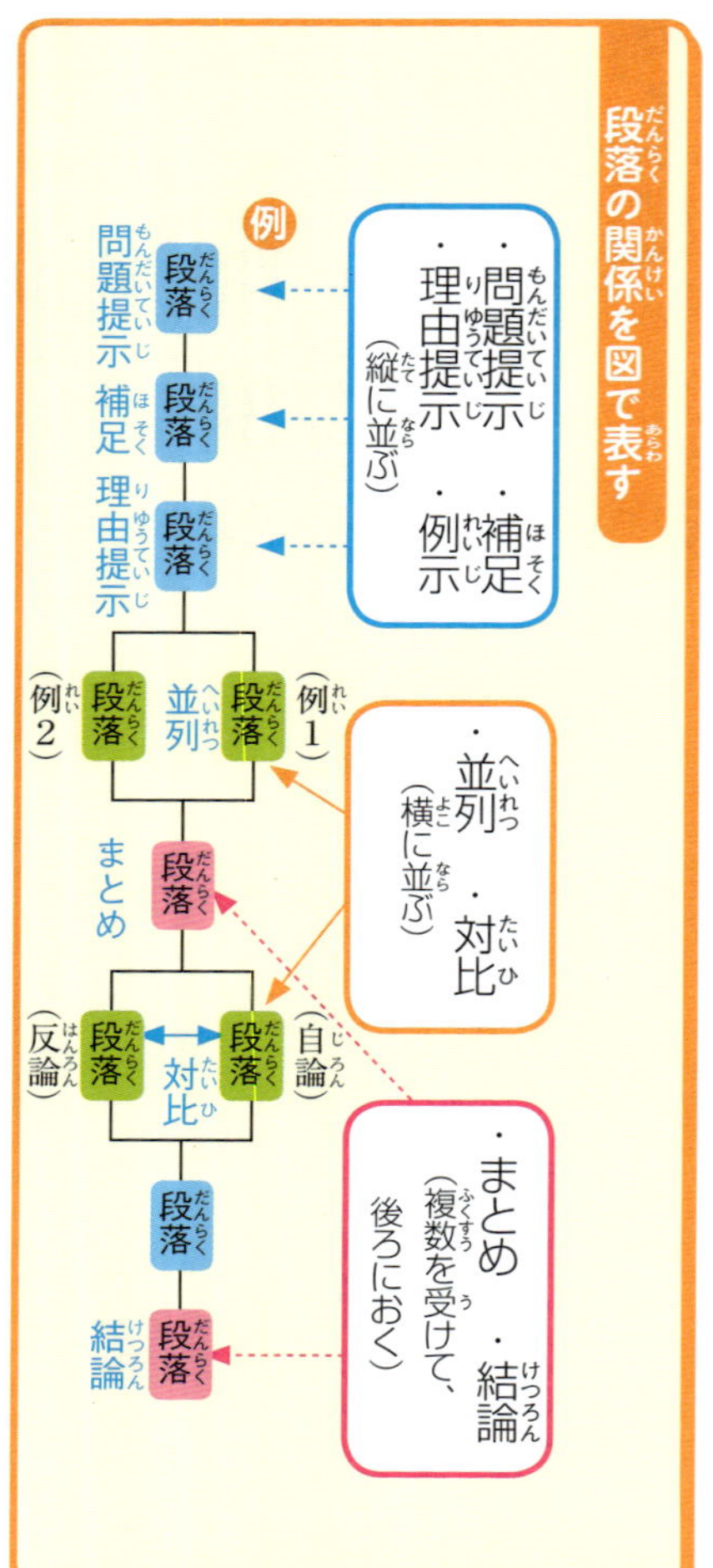

もっとくわしく　前の段落との関係を表す段落初めの接続語

(1) **順接の接続語**

…前の内容と順当につながる結果や、結論を示すときに使う。

例 だから・ゆえに・すると・そこで

(2) **添加の接続語**

…前の内容に付け加えるときに使う。

例 それに・さらに・そして・そのうえ

(3) **並列の接続語**

…並べるときに使う。

例 また・ならびに・次に・第二に

(4) **選択の接続語**

…どちらかを選ばせる内容を並べるときに使う。

例 または・もしくは・あるいは

(5) **逆接の接続語**

…対立する内容を示すときに使う。

例 だが・しかし・でも・一方

(6) **言いかえの接続語**

…言いかえるときに使う。

練習問題

次の文章を読んで、1と2の段落の関係、3と4の段落の関係、5と6の段落の関係を、それぞれあとのア～ウから選び、記号で答えなさい。

1 ピアノは、けんばんを押すと音が出ます。別のけんばんを押すと別の音がします。けんばんごとに、出る音がちがいます。

2 それは、ピアノの内部には金属でできたたくさんのかたい弦があり、それぞれをたたくハンマーが付いていて、けんばんの一つ一つが、個別のハンマーと弦につながっているからです。

3 ハンマーでたたいて音を鳴らすのなら、ピアノは打楽器なのでしょうか。

4 しかし、弦があることから考えれば、弦楽器ともいえるかもしれません。

5 調べたところ、弦楽器とは、しなやかな弦をこすったりはじいたりしてふるわせ、その振動を空どうの箱にひびかせることで鳴らす楽器、打楽器とは、物体を直接打って音を出す楽器をいうのだそうです。

6 そうしてみると、かたい弦を打ち鳴らす点で、どちらかといえば、ピアノは打楽器だということになると思います。鳴らし方や音も、弦楽器のバイオリンより、打楽器の木琴のほうに似ています。

ア 対比の関係　イ 前の段落に対してあとの段落が理由を示す関係
ウ 前の段落の内容を根拠としてあとで結論を述べる関係

答え 311ページ下段

例 つまり・すなわち・要するに
(7) **補足・説明の接続語**
…補う事柄や理由、事例を示すときに使う。
例 ただし・なぜなら・たとえば
(8) **話題転換の接続語**
…話題の切れ目を示すときに使う。
例 さて・では・ところで

練習問題の答え

1と2…イ
3と4…ア
5と6…ウ

学習のポイント

段落の役割をとらえて関係をつかむ

2段落は「それは～からです。」の形で、1段落であげたことの理由を述べている。

3段落と4段落は、それぞれがピアノの種類を考えた段落として、対等。つまり、対比の関係である。

6段落は、5段落の内容を根拠にして、ピアノの分類についての結論を示している。

読む編　第一章 読み方の基本　第二章 いろいろな文章を読む　第三章 韻文を読む　第四章 古典を読む

3 要旨をとらえる

「要旨」とは、筆者が最も伝えようとしている、文章の中心的な内容です。260ページを参考にして、次の文章の要旨をまとめてみましょう。

例文で考えよう

例 豪雨で増水したとき、上流の農地に水を引き受け、下流住宅地での洪水を防ぐ。その農地を遊水地という。

上流の堤防の一部を低く造り、川の水位が上がるとそこから水があふれて農地に流れこむ仕組みだ。平時はふつうに耕作し、災害時のみ被害を引き受け、被害分は県が補償する。よく考えられた最新の治水制度である。

補償されても、生育中の作物が泥水に漬かればつらいはずだ。だが上流の農家は下流住民を思い、遊水地化に賛成した。まさに人間の知恵と温かさが生んだ治水方法といえるだろう。

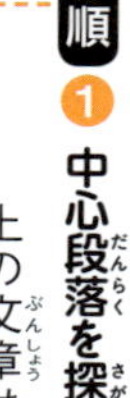

手順 ① 中心段落を探す

上の文章は尾括型です。結論は□部分で、これが中心段落です。

② 中心段落の要点をまとめる

結論の□部分は三つの文からできていますが、これを、中心文である最後の一文に代表させてまとめます。

要旨

遊水地は、人間の知恵と温かさが生んだ治水方法である。

もっとくわしく　要旨をとらえる方法

(1) 問いかけの答えを探す

「〜にはどうすればよいのでしょう」など、文章の最初に問いかけの文が書かれていることがあります。この答えにあたる文が、全体の中心文である可能性があります。

(2) 文末表現に注目する

中心文の多くは、意見を述べる文末表現になっています。次のような言い方を探しましょう。

例 〜ではないだろうか。
〜しなければならない。
〜すべきである。
〜だろう。
〜と思う。

(3) 特に中心文がない場合

各段落の要点をおさえ、つないで短い一文にし、それを要旨としましょう。

練習問題

次の文章の要旨をあとのア～ウから選び、記号で答えなさい。

税金を農民にひじょうに手厚く使うことが、ヨーロッパと日本のいちばん大きな違いです。国民の生命線を農家が担っているのだから、国は税金を使って、彼らを守る。そうしないと国民を守れない。（中略）

そのかわりに、「あなたはトマトを一年間に何トンつくりなさい」「あなたは小麦を何トンつくりなさい」といって、ノルマを与えます。それが達成されたときにお金を補助するシステムなのです。全国でそういうことをすれば、生産調整ができますから、捨てたり、不足したりすることがありません。こういうことをヨーロッパではやっているのです。

（中略）

日本では稲作農家が多くて、国民が米離れしたからという理由で、米をつくらない農家に補償金を出しています。これこそばらまき政策であり、文化的な政策とはとてもいえません。ヨーロッパのように、しっかりした計画を国が立てて、国や自治体が農業を守り、国民の生命線を維持するという政策を、日本はとらねばいけないと私は思っています。

（小泉武夫「いのちをはぐくむ農と食」より）

ア　国民が米離れをしたので、米をつくらない農家には補償金を出すべきだ。
イ　国民の生命線を維持するために、国が農業を守る政策をとるべきだ。
ウ　ヨーロッパと日本は考え方がちがうので、ちがう政策をとるべきだ。

答え　313ページ下段

読む編
第一章　読み方の基本
第二章　いろいろな文章を読む
第三章　韻文を読む
第四章　古典を読む

練習問題の答え

イ

学習のポイント

筆者の意見がわかる部分を探そう

〈第一段落〉ヨーロッパでは税金を使って農家を守る。

〈第二段落〉ヨーロッパでは農家にノルマを与えて生産調整をし、むだや不足を防いでいる。

〈第三段落〉日本もヨーロッパのように国や自治体が農業を守る政策をとらなければいけない。

第三段落が、筆者の意見を述べた段落。その中の最後の文に「～とらねばいけないと私は思っています。」という考えを述べる文があり、これが中心文となる。イは、この中心文の内容に合っている。

4 表やグラフを対応させて読む

説明文では、事実を正確に伝え、意見の根拠とするために、表やグラフ、イラストなどの図を使うことがあります。

例文で考えよう

例 総支出に占める食費の割合は、低いほど生活は豊かだということになっている。

それが日本では、一九六一年に三七・六パーセントだったのが、一九八五年で二五・七パーセントになり、二〇一八年では二四・一パーセントまで下がった。

日本の家庭生活は豊かになり続けているというべきだろう。

意見

年	食料	住居	光熱	被服	その他
1961	**37.6%**	**10.2%**	**4.8%**	**11.8%**	**35.5%**
1985	**25.7%**	**4.7%**	**5.9%**	**7.0%**	**56.7%**
2018	**24.1%**	**5.8%**	**5.2%**	**4.1%**	**60.8%**

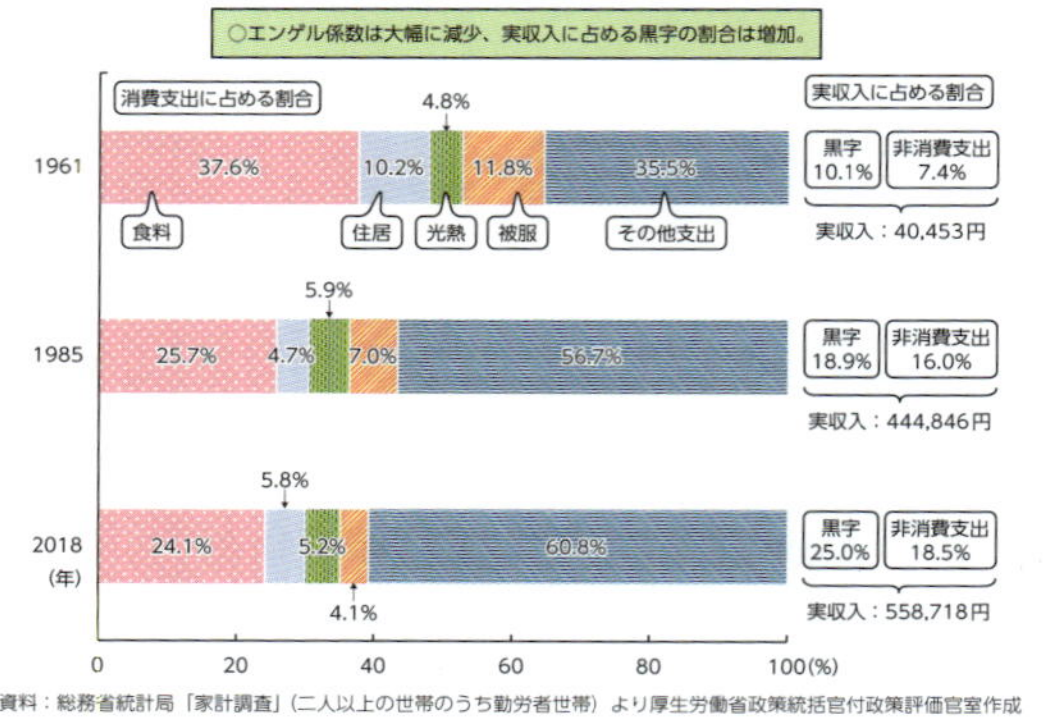

資料：総務省統計局「家計調査」（二人以上の世帯のうち勤労者世帯）より厚生労働省政策統括官付政策評価官室作成

表やグラフを用いて、どのような意見を伝えようとしているのかを考えます。

もっとくわしく イラストを示した文章の例

左は、わかりやすくするためにイラストを示した文章の例です。

例 福岡県農業改良普及所の宇根豊さんは「虫見板」を使い、田のなかにいる虫にあらためて関心をもってもらう試みを開始しました。株をたたき、虫見板の上に落ちてくる虫を、害虫、益虫、ただの虫に見分ける能力をまずつけてもらいます。

（森住明弘「環境とつきあう50話」より）

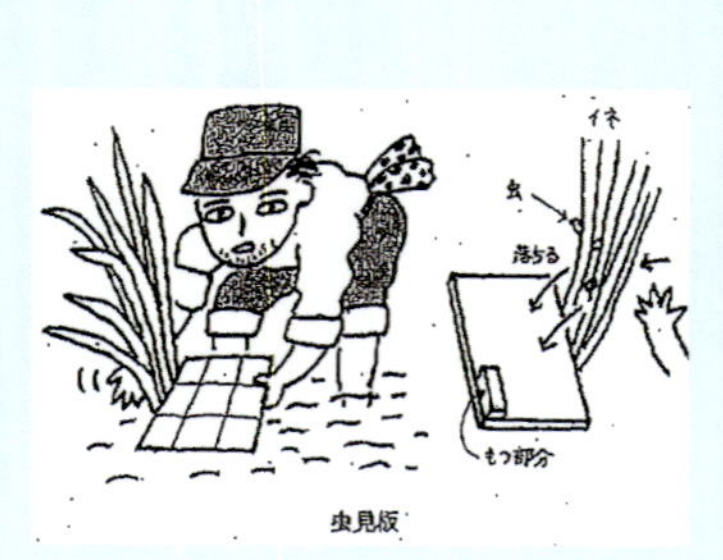

練習問題

1 次の表と文章を読んで、あとの問いに答えなさい。

表1.3

	新潟県中越地震	能登半島地震
負傷者率の比	1 :	1.75
高齢者率	24%	47%
震度	7	6強
地震マグニチュード	6.8	6.9

能登半島地震の最大の特徴は、住民の高齢者率が五〇パーセントに近い地域を襲った地震ということです。表1・3は、同じ震度だった新潟県中越地震の値と比較したものです。ここで、負傷者率が大きいのは、□が大きいことが関係しています。高齢者はとっさに身をかわすことが難しく、怪我をしやすいのです。しかも、怪我は地震のときだけに限りません。避難所に避難して少し落ち着いたと思っても、気が動転し、緊張している状態が続きます。このようなときに買い物などで外出すると、歩道にできていた段差に躓いたり、店の入り口の何でもないスロープで足をとられたりして思わぬ大怪我をしやすいものです。とくに高齢者は要注意です。

(河田惠昭「これからの防災・減災がわかる本」より)

(1) □にあてはまる四字の言葉を表の中から探して答えなさい。

(2) 次はこの文章の要旨です。(　　)にあてはまる三字の言葉を答えなさい。

・災害時に、高齢者は怪我をしやすいので(　　　)である。

答え 315ページ下段

練習問題の答え

1 (1) 高齢者率
(2) 要注意

学習のポイント

1 表と文章を見比べて読もう

(1) 直前の「ここで」とは、表の「能登半島地震」の項目で、ということ。「能登半島地震」で、「新潟県中越地震」に比べて「負傷者率の比」が大きいのは、「高齢者率」が大きい、つまり高齢者の割合が多いからである。

(2) 表が示す「高齢者が多いと負傷者も多い」という事実から、「災害時は高齢者が怪我をしやすい」ことを読み取り、災害時、「とくに高齢者は要注意」だという考えを述べている。

5 事実と考えとを読み分ける

説明文は、事実をあげた部分と、筆者の考えが書かれた部分からできています。筆者の考えが読み手によく伝わるように、事実をあげて説明しているのです。

例文で考えよう

例

私の住んでいる町の駅前の道には、放置自転車が多い。放置自転車が点字ブロックをかくしてしまい、目の不自由な人が困っている。また、道がせまくなるため、火事のとき消防車などが通れず、救助がおくれてしまう場合もある。

だから、放置自転車は絶対になくすべきだ。そのためには、駅の近くに駐輪場を設置することが必要だと思う。

↓

□が「事実」、□が「筆者の考え」です。□の「事実」によって、放置自転車があると困ることがよくわかり、□の考えが説得力をもって伝わります。

アフロ

重要

どの事実とどの筆者の考えがつながっているかをとらえると、筆者の主張が理解できる。

学習のポイント

事実と筆者の考えを読み分けよう

その文の内容が事実か考えかを読み分けるとき、手がかりになるのは文末表現です。

(1) **事実を述べる文末表現**
…軽い断定、過去形、言い切り、などになります。

例 「～だ。」「～た。」「～である。」「～いる。」

(2) **考えを述べる文末表現**
…推量や推定、希望、強い断定などになります。

例 「～だろう。」「と思う。」「～らしい。」「～ようだ。」「～たい。」「～なのだ。」

ここに注意!

事実が先とは限らない

・**事実→それに対する考え**
という順番のほかに、
・**考え→それに関する事実**
という順番で述べる場合もあります。

練習問題

1 次の文章を読んで、あとの問いに答えなさい。（1～5は段落番号）

1 みなさんは、イチロー選手を知っていますか。日本で大活躍し、その後アメリカのメジャーリーグでも活躍している野球選手です。

2 イチロー選手は、小学生のころから野球選手になりたいという夢をもっていました。なぜ、イチロー選手は、子どものころの夢をかなえることができたのでしょうか。

3 小学生だったイチロー選手は、お父さんと一日三時間キャッチボールをしました。また、バッティングセンターにも毎日のように通い、練習をしていました。一年間のうち、練習を休んだのはたったの五日しかありませんでした。

4 このようなきびしい練習の結果、イチロー選手は夢をかなえ、野球選手になることができたのです。

5 夢をかなえるためには、努力することが必要なのです。

(1) 筆者の考えを述べている段落の番号を答えなさい。

(2) (1)の筆者の考えの根拠となっている事実は、どの部分に書かれていますか。連続した二つの段落を探し、番号で答えなさい。

答え 317ページ下段

練習問題の答え

1
(1) 5
(2) 3・4

学習のポイント

1 事実と考えの関係をとらえる

(1) 文章の終わりの結論の部分に、筆者の考えが述べられている。文末が「必要なのです。」と強い断定となっていることからも、考えを述べているとわかる。

(2) 実際に「努力」する様子がわかる3段落と、その結果としてどうなったか、という事実を書いた4段落が、5段落の考えの根拠となっている。

6 要約する

説明文の内容を短くまとめることを「要約」といいます。
要約は要旨とちがって、結論だけでなく、説明の部分も含めてまとめます。

262ページへもどる

例文で考えよう

手順
1. 「話題」「説明1／説明2……」「結論」の意味段落に分ける。
2. それぞれの意味段落の要点をおさえる。（　部分が要点）
3. それぞれの意味段落の要点を、流れがわかるようにつなぐ。

例

1 手紙のよさとはどんなことだろう。 ―― 意味段落1 話題

2 まず、用件が確実に伝わるということだ。
3 電話のように聞きちがいや聞きもらしがない。 ―― 意味段落2 説明1

4 次に、書き手の心づかいも伝わるということだ。
5 ていねいな文字や、おしゃれな便せんや封筒が使われていると、もらうほうはうれしくなる。 ―― 意味段落3 説明2

6 電話やメールは手軽だが、手紙には手紙のよさがある。手紙を送る習慣は大切にしたいと思う。 ―― 意味段落4 結論

要約

手紙には、用件が確実に伝わったり、書き手の心づかいが伝わったりするというよさがある。だから、手紙を送る習慣は大切にしたい。

学習のポイント

要約のポイントをつかもう

説明文の要約で、意味段落の要点をつなぐときは、説明の筋道がわかるようにします。そのためのポイントをおさえましょう。

(1) 書かれた順につなぐ。
(2) 短い表現に言いかえる。
(3) 前後の関係にふさわしい接続語を使う。

例 並列の場合…「～し、～。」「～。また、～」「～たり、～たり」
例 逆接の場合…「～。しかし、～。」「～が、～。」
例 順接の場合…「～から、～。」「～。だから、～。」「～ので、～。」

ここがポイント！

文章中の接続語のままでなくても、同じ種類なら短いものにかえてよいのです。もとの文章に接続語がなくても、ふさわしい言葉でつなぐとわかりやすくなります。

練習問題

次の文章を読んで、百字以内に要約しなさい。

地産地消はひじょうに大切です。昔は、どこでも地産地消で生活していました。その土地で獲った魚や育てた農産物を地元で食べるのが地産地消ですから、いまさらその大切さを強調されなくてもわかっていると思うかもしれません。

ではなぜいま、あらためて地産地消がいわれているのでしょうか。

それはいまの日本の農と食に大きな問題があるからです。日本はいま、農業が衰弱して、外国産の食料を大量に買っているのです。そのためこの国の食料自給率は三九％まで落ちてしまいました。これでは将来、とてもこの国はもちこたえられません。

地産地消の原点は、食べものはどこの誰がつくったのか、確実にわかるものを食べるということです。（中略）そのためには消費者の地元の食べものならばまちがいありませんし、そのうえ新鮮でおいしいのです。さらに、地元の農家は田畑の近くで農産物が売れるので豊かになります。そういうことを実践しながら「昔にもどりましょう」ということが、地産地消の考え方なのです。

また、昔はみんな手づくりしていました。最近はやりの「スローフード」の精神もそこに宿るのです。そういうものも一つにして、昔の食の世界にもどろうということなのです。

とにかく、地産地消をすることにより、地元のものを食べることによって食べものの安心・安全が確保でき、食料自給率が高まり、農家が活性化するのです。

（小泉武夫「いのちをはぐくむ農と食」より）

答え　319ページ下段

練習問題の答え

例　地産地消は大切だ。いまの日本でこれが見直されているのは、農業が衰弱し、食料自給率が落ちているからだ。地産地消ができれば、食べものの安心・安全が確保でき、食料自給率も高まり、農家が活性化するのである。（九十九字）

学習のポイント

論の流れに沿って要約しよう

(1) **話題をとらえる**
くり返されている言葉「地産地消」が話題。

(2) **結論をとらえる**
「地産地消は大切だ」が筆者の考えであり、結論。頭括型の文章である。

(3) **根拠をとらえる**
第三段落以降から、地産地消が大切だという理由をつかむ。

確認問題

第三節 説明文を読む

答え 322ページ

1 **次の文章を読んで、あとの問いに答えなさい。**

日本語の間という言葉にはいくつかの意味がある。まずひとつは空間的な間である。「すき間」「間取り」というときの間であるが、基本的には物と物のあいだの何もない空間のことだ。絵画で何も描かれていない部分のことを余白というが、これも空間的な間である。

日本の家は本来、床と柱とそれをおおう屋根でできていて、壁というものがない。これは部屋を細かく区分けし、壁で仕切り、そのうえ、鍵のかかる扉で密閉してしまう西洋の家とは異なる。西洋の個人主義はこのような個室で組み立てられた家に住んできたからこそ生まれたというのはよくわかる話である。

それでは、壁や扉で仕切る代わりに日本の家はどうするかというと、障子や襖や戸を立てる。「源氏物語絵巻」などに描かれた王朝時代の宮廷や貴族たちの屋敷を見ると、その室内は板戸や蔀戸、襖や几帳などさまざまな間仕切りの建具で仕切られてはいるものの、いたるところすき間だらけである。西洋の重厚な石や煉瓦や木の壁に比べると、何という軽やかさ、はかなさだろうか。

［　　］、このような建具はすべて季節のめぐりとともに入れたりはずしたりできる。冬になれば寒さを防ぐために立て、夏になれば涼を得るためにとりはずす。それだけでなく、住人の必要に応じて、ふだんは座敷、次の間、居間と分けて使っていても、いざ、大勢の客を迎えて祝宴を開くという段になると、すべてをつないで

つまずいたら

1

(1) ▼316ページ 5 事実と考えとを読み分ける

ヒント 文末表現に注目して、事実を述べた文と区別しよう。

(2) ▼310ページ 2 段落どうしの関係をとらえる

ヒント 前の段落で建具を取り上げ、あとには、その建具が自由にはずせることが付け加えられている。

大広間にすることもできる。このように日本人は昔から自分たちの家の中の空間を自由自在につないだり切ったりして暮らしてきた。
次に時間的な間がある。「間がある」「間を置く」というように、こちらは何もない時間のことである。芝居や音楽では声や音のしない沈黙の時間のことを間という。

（長谷川櫂「和の思想」より）

(1) 第三段落の文中から、筆者の考えを述べた一文を探し、初めの五字を答えなさい。

(2) □にあてはまる言葉を、次から選び、記号で答えなさい。

ア なぜなら　**イ** ところが　**ウ** たとえば　**エ** しかも

(3) この文章の五つの形式段落を、大きく二つの意味段落に分ける場合、前半の意味段落は、第何段落までになりますか。答えなさい。

(4) この文章の要約として合うものを次から一つ選び、記号で答えなさい。

ア 日本の家の造りは、個人主義を生んだ西洋の家の造りに比べ価値が低い。
イ 日本人は、季節に応じて家の内部を変え、暮らしの変化を楽しんできた。
ウ 日本語の間という言葉には、空間的な間、時間的な間などの意味がある。
エ 時間的な間とは沈黙の時間のことをいい、空間的な間よりわかりやすい。

1 (3) ▼308ページ 段落をとらえる

ヒント 話題のつながりと切れ目をとらえよう。「まず」「次に」という接続語に注目する。

6 (4) ▼318ページ 要約する

ヒント 話題を適切におさえ、また、(3)で分けた意味段落の内容や関係をとらえてまとめているものを選ぶ。

確認問題の答え

問題 320～321ページ

1

(1) 西洋の重厚

(2) エ

(3) 第四段落

(4) ウ

学習のポイント

1

(1) 「それでは、～」で始まっているのが第三段落。この中には三つの文がある。文末を見ると、初めの二文は「～立てる。」「～である。」と事実を述べる言い方、最後の一文だけが「～だろうか。」という言い方になっている。
この最後の文から、筆者が、日本の家の壁のない室内は西洋に比べると軽やかさやはかなさを感じさせる、と考えていることがわかる。「何という～だろうか。」は感嘆文で、筆者が心に思ったことを感動を込めて述べる表現。

(2) □の前では、日本の家は建具を立てることを取り上げ、あとでは建具が自由にはずせることを付け加えている。したがって、前後は添加の関係といえる。この関係にふさわしいのは、ア～エの中では「しかも」だけである。

(3) この文章の全体の話題は「日本語の間という言葉の意味」だが、その意味を「まずひとつは空間的な間～」、「次に時間的な間～」と二つに分けて説明している。取り上げる「間」の種類が「時間的な間」へと変わる第五段落が、後半の意味段落。
第二～四段落の話題は「日本の家」だが、「家」は空間なので、第一段落につながっている。

(4) 要約とは、全体の流れがわかるようにまとめたもの。この文章の全体の中心文は最初の一文。それに、「日本語の間という言葉」がもつ複数の意味を加えてまとめているウが正解。ほかは、文章中の言葉が入っていても、文章全体の流れや、中心文の内容をおさえていないので誤り。

物語を読み手と書き手両方で

世の中は、さまざまな物語であふれています。自分の好きな物語を見つけることは、とても楽しいものです。自分の好きな物語を見つけるためには、多くの物語にふれることが大切です。ふれた本が多いほど、自分はどういった物語が好きなのかわかってきます。また、ふれた物語の分だけ、自分の想像力も広がるといってもいいかもしれません。

興味のある分野から読む

最初は短い物語からでもいいのです。自分が「面白そう」と思ったものから読み進めていきましょう。興味のある分野があるならば、その分野の本から読み始めると、すんなりと本の世界を楽しめるかもしれません。ファンタジー、サスペンス、ホラー、推理、歴史……、多くの分野の中から、自分の好きな物語を探してみましょう。

物語を書いてみよう

物語の可能性は無限といってもいいでしょう。一度自分で物語を書いてみると、その可能性がより明確に経験できます。物語を作ることで想像力が豊かになり、その力は文章を読み取る際にも発揮されることでしょう。

物語を自分だけで楽しむために書くのであれば、特に何かを意識して書く必要はありません。しかし、一人でも読む人がいるならば、その読み手のことを意識する必要が出てきます。場面を印象づけるために、複雑な構成とするのも時には効果的です。推敲の段階で、わかりにくい部分や読みにくい部分、伝わりにくい部分などをけずり、さらに洗練された物語にしていきましょう。

読み手がいて、初めて物語が生きてきます。物語を読み手と共有することで、作者の創造した物語はさらなる広がりをみせるのです。読み手と書き手とを両方経験することで、想像することの楽しさを深く感じることができるでしょう。

第四節 記録文・報告文を読む

1 目的や動機をとらえる

「記録文・報告文」とは、ある事柄について観察したことや調べたこと、研究したこと、話し合ったことなどの経過や結果を整理し、まとめた文章のことです。

①種類

例 **観察記録、実験記録、見学記録、議事録、活動報告、報道文（新聞記事）**

②特徴

(1) 目的や動機が書かれている

記録文・報告文には、その文章を書いた目的や動機が明確に示されています。それをはっきりとさせてから読むことが大切です。

(2) 順番に書かれている

記録文・報告文では、ふつう、始まりから結果までの経過が順番通りに書かれています。どういう順番で出来事が起こったのかを、確実に読み取りましょう。

(3) 図表・グラフ・写真などが用いられることが多い

事柄の経過や結果がよりわかりやすくなるように、図表・グラフ・写真などが資料としてよく使われます。資料と文章の結びつきを考えて読み取りましょう。

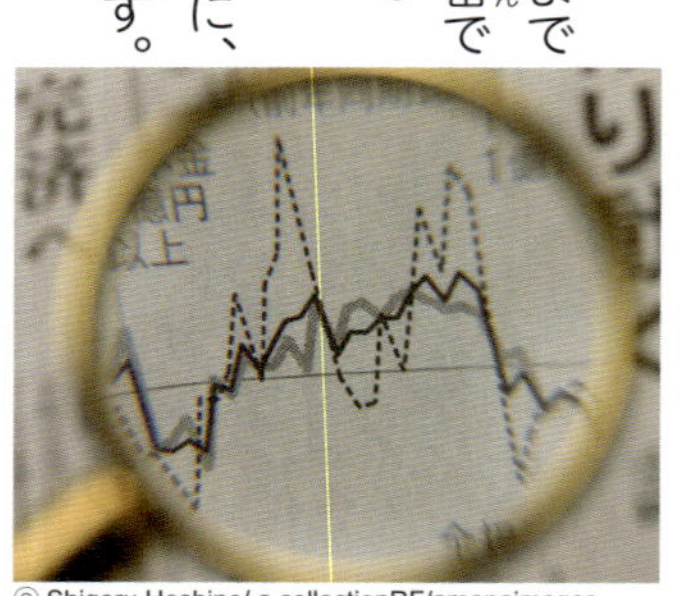

Ⓒ Shigeru Hoshino/ a.collectionRF/amanaimages

学習のねらいと目安

記録文・報告文とは何か？

この節では、「記録文・報告文」について学びます。物語や説明文に比べてなじみがない文章に思えますが、新聞や伝記、また、ニュース番組で読まれる報道文など、ふれる機会の多い文章です。

どのような種類や特徴があるのかをしっかりとおさえ、読み取り方を学びましょう。

学習の順序

③目的・動機

記録文・報告文では、ほとんどの場合、その目的や動機が文章の最初の部分に書かれています。まず、それらをとらえましょう。

目的や動機の書かれ方

・自身の体験や、話題にしたい事柄についての説明から入る。
・読み手への問いかけで文章を始める。
・事柄の結果を先に書いてから、どんな経緯でその結果となったのかを書く。

練習問題

次の報告文は、どんなことが動機になって調査した報告文ですか。答えなさい。

わたしたちは、主として、お米を食べています。でも、パンやスパゲッティなど、外国からきた食べ物を、お米のかわりに食べることもあります。

「外国の人も、お米を食べているのかな。食べているとすれば、どのように食べているのかな」

「外国の人も、お米をおいしいと思っているのかな」

わたしはまず、こういう気になる点を、調べることにしました。調べ方その①、見る、聞く、記録する、確かめる「四拍子法」で、実際に世界のお米を調べていきます。

（山口進「お米は、なぜ食べあきないの？」より）

答え 325ページ下段

入試には こう出る！

入試では、グラフや表と報告文を組み合わせて出題されることがあります。記録文・報告文の読み取りでは、その文章が何について書かれたものかをおさえていることが前提です。題名も内容に関わることが多いので、目的や動機を理解するヒントになります。

練習問題の答え

例 外国の人もお米を食べるのか、どのように食べているのか、おいしいと思っているのか、という点が気になったこと。

2 見出しごとに要点をとらえる

記録文・報告文では、文章の題名以外にも、それぞれの内容のまとまりごとに「見出し（小見出し）」をつけることがあります。「見出し」は、内容を短い言葉でまとめたもので、そのまとまりの文章の最初におかれます。

〈新聞の見出しの例〉

原爆資料、国連欧州本部に常設展示

広島・長崎両市協力

展示予定の浦上天主堂の天使像＝長崎原爆資料館提供

長崎市と広島市は共同で11月11日から、スイス・ジュネーブの国連欧州本部内に原爆資料を常設展示する。長崎市の浦上天主堂で被爆した天使像や原爆投下当日の広島市の写真などを出展。両市による常設展は米ニューヨークの国連本部に続き2カ所目となる。

長崎市が17日発表した。設置場所は国連欧州本部1階のエントランスホール。メーンの天使像は爆心地から約500㍍の浦上天主堂外壁に飾ってあった石像で高さ53㌢、重さ約150㌔。キリスト教文化を持つ欧州で理解を深めてもらえるよう天主堂から市が寄贈を受けた。

長崎市からは天主堂の壁の一部など計8点。広島市からは熱線で溶けた屋根瓦や変形したガラス瓶など5点。このほか長崎で背中に大やけどを負った谷口稜曄さんや広島市街地などの写真十数点も展示する。

▲見出しでおおよその記事の内容がわかる

提供／朝日新聞

練習問題

1 次の文章を読んで、あとの問いに答えなさい。

アイスコーヒーよりホットコーヒーに親近感

コロラド大学のウィリアム博士らが奇抜な研究を行っています。実際に温度は精神状態に影響を与えるのでしょうか――そんなアイデアを試す実験です。

博士らは、エレベータの中で「少しメモを取りたいので、このコーヒーを持っていてもらえますか」と他人に頼む実験を行いました。このときホットコーヒーとアイスコーヒーのどちらかを用意して、相手の反応を比較します。

もっとくわしく

「章・節・項」の見出し

記録文・報告文で求められるのは、論理的な文章構成です。文章が長くなる場合は、三つの階層で内容を整理するのが一般的です。まとまりの大きな順に、「章・節・項」と呼びます。つまり、全体を大きくいくつかの章に分け、それぞれの章をさらにいくつかの節に分け、それぞれの節をいくつかの項に分けるという方法です。

それぞれの「章・節・項」に見出しがつくこともあります。それぞれの見出しに目を通せば、文章全体の大まかな構成や内容がつかめます。

実験終了後に、コーヒーを持ってくれた人に、依頼者の人間性の印象を尋ねたのです。アイスコーヒーよりも、ホットコーヒーのほうが「穏和で親近感を覚える人柄だった」と高評価を与えられることがわかりました。

（中略）

スポーツの成績は赤色で勝率が高まる!?

温度だけでなく、色もまた、私たちの心に大きな影響を及ぼすことが知られています。最近わかってきたことを紹介しましょう。

ボクシングの試合では青コーナーよりも赤コーナーのほうが勝率は高いのをご存知でしょうか。理由は単純で、赤コーナーには、一般に青よりも強い選手、たとえばタイトル保持者や経験の長い者が立つからです。加えて、入場の順番で後から会場に入る赤コーナーの選手のほうが、入場時のファンの声援や会場の雰囲気が、そのまま試合開始へと引き継がれるため、さらに有利となります。

ところが、英ダーラム大学のヒル博士らが、オリンピック大会でのボクシングやレスリングなどの試合を徹底的に調べ上げたところ、やはり、赤サイドの方が青サイドよりも10～20％ほど勝率が高いことを見いだしました。オリンピックでは赤と青の選手はランダムに割り当てられますし、入場も同時です。にもかかわらず差があるのです。赤色のユニフォームやプロテクターを身に着けると、それだけで勝機が高まるということです。

（池谷裕二「脳には妙なクセがある」より）

(1)　この文章は、何を調べた記録文ですか。

(2)　見出しの「アイスコーヒーよりホットコーヒーに親近感」とは、研究のどのような結果を表した言葉ですか。

答え　327ページ下段

練習問題の答え

1
(1)　温度や色が私たちの心に及ぼす影響

(2)　例　人は冷たいものよりも温かいものに親近感を覚えるということ。

学習のポイント

1
(1)　二つ目の見出しの直後に「温度だけでなく、色もまた、私たちの心に大きな影響を及ぼすことが知られています。」と書かれている。

(2)　見出しには、そのあとに書かれる文章の内容のうち、最も印象的な事柄を表す短い言葉を用いて、読む人をひきつける工夫がされている。

3 事実と筆者の感想・意見を読み分ける

記録文・報告文には、事実だけではなく、その事柄についての筆者の感想や意見も書かれています。それらを区別して読み進めることが大切です。

①文末に注目する

文末の種類

- **事実について書かれている**
  例「〜である。」「〜であった。」「〜ている。」「〜ていた。」など
- **伝聞や引用について書かれている**
  例「〜だそうだ。」「〜と言われている。」「〜と述べている。」など
- **筆者の感想・意見が書かれている**
  例「〜だろう。」「〜と考える。」「〜ではないか。」など

②筆者の感想・意見が、どの事柄についてのものなのかを考える

- 直前の段落に書かれている事実に着目する。
- 指示語に注意をする。
- 何度も出てくる言葉や事柄に注目する。

もっとくわしく

事実は5W1Hにあり

事実を正確に伝えるには、5W1Hを欠かさないことが大切です。

- いつ（When）
- どこで（Where）
- だれが（Who）
- 何を（What）
- なぜ（Why）
- どのように（How）

5W1H

新聞記事の特徴

新聞記事などの報道文は、次のような独特の形式で書かれています。

(1) **見出し**
まず、記事の要点を短い言葉でまとめた見出しが示されます。

(2) **リード文**
記事を要約したリード文が、本文の前に置かれます。短い記事の場合は、省略されることもあります。

(3) **本文**
大切な事柄（5W1H）を先に書き、そのあとにくわしい内容を補足します。

練習問題

1 **次の文章を読んで、あとの問いに答えなさい。**

[1] そこで、ぼくらは、まず卵を産もうとしているメスのアゲハチョウが、はたしてどのような行動をとるか、野外でくわしく観察することからはじめた。（中略）

[2] メスのアゲハチョウにも、「チョウ道」がある。第一部で述べたように、メスも日のあたっている樹木の葉に沿って飛んでゆく。もし、何も生えていない裸の地面や、たけの低い草の生えた場所にでてしまうと、飛びかたはたいてい速くなって、どこか近くの樹木をめがけて飛ぶ。その点はオスの場合とかわりがなかった。

[3] けれど、オスがカラタチそのほかミカン科の木にとくに関心を示さないのに対して、メスはちがっていた。たまたまそういう木にでくわすと、急に飛ぶのがゆっくりになって、さっき産卵のところで書いたように、フワリフワリ、ゆきつもどりつしながら、卵を産みはじめるのである。

[4] メスがオスと同じように、チョウ道に沿って飛ぶこと、裸の地面より草地、草地より樹木のほうを「好む」こと、そしてその樹木は、べつにミカン科でなくてもいっこうにかまわないことなどから考えると、アゲハチョウのメスが、最初からミカン科の植物のにおいにひきつけられているのでないことは、ほぼたしかだと思われた。

（日高敏隆「チョウはなぜ飛ぶか」より）

(1) この文章は、どのようなことを観察したことについて報告した文章ですか。

(2) 筆者の考えが述べられているのは、どの段落ですか。番号を答えなさい。

答え 329ページ下段

練習問題の答え

1
(1) 卵を産もうとしているメスのアゲハチョウが、どのような行動をとるかということ。
(2) [4]

学習のポイント

1
(1) 観察記録文や報告文では、何について観察したのかということが明記されている。
(2) 観察した結果（事実）を述べた部分と、その結果を受けて筆者が考えたことを述べる部分を、しっかり読み分けよう。文末表現に注目して探すと、最後の段落の一文が、「〜と思われた。」となっていることに気づく。

4 図表やグラフを読み取る

記録文・報告文に用いられる図表やグラフは、文章の内容をよりわかりやすくするために用いられます。文章とのつながりをとらえて、何のために示された資料なのかを考えながら読み取りましょう。

資料の目的

① 様子を伝える

図や写真などで、文章中に語られている物事が、実際にどのような様子であるかを示します。

たとえば、昔の出来事や人物について語られている場合は、当時の様子がわかる資料や、その人物に関わるものが示されます。

② 手順を示す

実験などの経過や、方法の手順をいくつかの図や写真を使って説明をする場合があります。

③ データを示す

筆者の意見の根拠となるデータや実験の結果などを、表やグラフを使って示します。

引用された資料の場合は、どこから得たのか、いつつくられたのかなども示されています。

学習のポイント

資料の示し方をおさえよう

(1) **文章が資料を直接さす場合**

文章中に「この表（図1）が示す通り」「〜という結果が出た（グラフ2参照）。」のように、特定の資料を示す言葉が出てくることがあります。この場合は、必ず示された資料を参照して、筆者の伝えたいことを確実につかみましょう。

「図1」「図2」などのように、多くは番号がふられているので、その番号に従って参照します。

(2) **文章と別の所に資料がある場合**

文章中に出てきた人名や用語の解説や参考にした本の紹介など、内容理解を深めるための資料が、文章のあとや別のコーナーにおかれることがあります。どの内容に関する資料かを判断して参考にしましょう。

練習問題

次の文章を読んで、「次ページの図」にふさわしい資料を選びなさい。

ある役所の採用試験の折、二〇人の志願者にこんな面接が行なわれました。面接の最初の一五分間は普通の面接をし、次の一五分間では面接者が頻繁にうなずきます。そして、最後の一五分間では、うなずくのを止めてしまいます。

次ページの図から明らかなように、うなずきが多くなると応募者の喋っている時間が長くなることがわかりました。

一方、まったくうなずかなくなると、応募者の喋る時間が減少してしまうこともわかります。

このように、うなずくことは、相手に話し続けるように要求する行動であることがわかります。

（渋谷昌三「電車で楽しむ心理学の本」より）

ア

イ

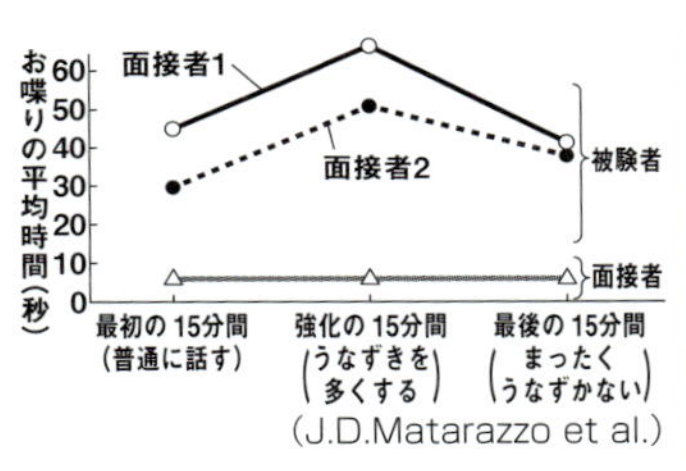

ウ

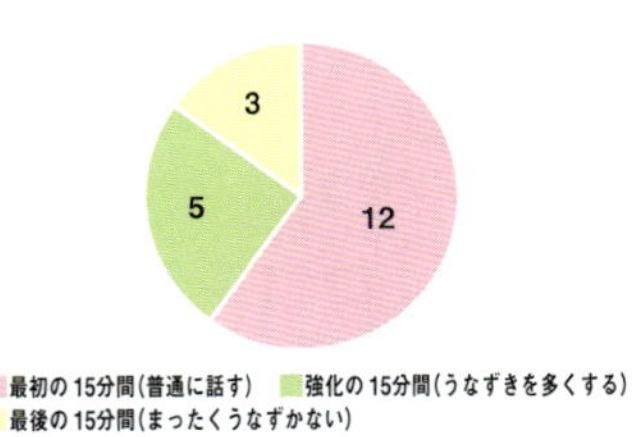

答え　331ページ下段

練習問題の答え

イ

学習のポイント

文章の内容から、面接での実験結果についての資料であることを読み取ろう。

5 伝記を読む

「伝記」とは、偉人の人生や考え方、業績などを書いた文章のことです。

伝記の特徴

①物語文のように書かれている

伝記は、人物の行ったことだけではなく、そのときの感情もあわせて書かれます。そのため、会話文や情景描写など、物語文のような表現で書かれています。

②筆者の感想・意見が書かれている

伝記には、人物の行動や考え方について、筆者がどう感じたのかが書かれています。伝記を読むときには、事実を述べた部分と、筆者の感想・意見を述べた部分を読み分けるようにします。

③出来事の起こった年代や日付が書かれている

史実として正確であることがわかっている場合、「○年○月○日」など、くわしい年代や日付が書かれています。

④図や写真などの資料が掲載されている

人物が生きた時代の様子がわかるものや、実際の様子などの資料が、図や写真などで示されることがあります。また、年表などが示されていることもあります。

伝記
マリー・キュ
伝記シリーズ3
キュリー夫人

学習のポイント

偉人の生き方に学ぼう

伝記は、知識を与えてくれるだけではありません。偉人たちのエピソードを通して、よりよい生き方や考え方を教えてくれます。

また、偉人に対する筆者の意見・感想が書かれた部分には、読者に感じてほしい事柄も書かれています。注意して読み取りましょう。

もっとくわしく

熱意のもとを読み取ろう

伝記の中心人物が、困難なことをやりとげたとき、何がきっかけとなり、また、何がその人物の力となったのかを読み取りましょう。

- 人物の生い立ち
- 幼い頃からの興味・関心
- 人物との出会い
- 物事との出会い

伝記を読んでおきたい人物

日本の人物

聖徳太子
飛鳥時代、法隆寺を建て、十七条憲法、冠位十二階などの制度をつくった。

源 義経
幼名は牛若丸。源 頼朝の弟で、源氏の武将として平家を討伐した。

豊臣秀吉
織田信長の下で足軽から頭角を現し、信長の死後、天下を統一した。

坂本龍馬
江戸時代末期に活躍。新しい時代のために力を尽くした。

福沢諭吉
明治時代の思想家・教育家。『学問ノスヽメ』を書いた。

野口英世
貧しさの中で勉学にはげみ、細菌学者として世界中で研究成果をあげた。

本田宗一郎
技術者であり実業家。本田技研工業(ホンダ)の創業者。

手塚治虫
漫画家。「マンガの神様」と呼ばれ、「マンガ」文化に大きな影響を与えた。

外国の人物

諸葛孔明
中国・三国時代に、軍師として活躍、主君の劉備をよく支えた。

ナイチンゲール
クリミア戦争に、看護師として従軍した。近代看護教育の生みの親。

トーマス・エジソン
「発明王」と呼ばれたアメリカの発明家。電球などを発明した。

キュリー夫人
ポーランド出身の科学者。放射能の研究で、ノーベル賞を二度受賞した。

アインシュタイン
物理学者。それまでの科学の常識をくつがえす相対性理論を発表した。

ヘレン・ケラー
聴力・視力・言語に障がいがありながら、福祉活動に尽力した。

マザー・テレサ
貧しい人々のために活動し、ノーベル平和賞を受賞した。

アンネ・フランク
『アンネの日記』の著者。ドイツの強制収容所で、15歳で死去した。

6 情報リテラシー

情報を正しく理解したり扱ったりするために、次のポイントを理解しましょう。

①情報の扱い方

情報の扱い方を間違えると、相手を傷つけたりするなど大変な事態をまねくときもあります。情報を得たら事実かどうかを確かめ、むやみに外部にもらしたりしてはいけません。内容を正しく理解して、その情報を適切に管理し、使用することが大切です。

情報を見つけたときに考えること
情報を見つける
↓
その情報を使用していいのか、公開していいのかを考慮する。

②情報をうのみにしない

情報を得たからといって、それがいつもすべてが正しいものとは限りません。特にSNSなどインターネットの世界はうそや誇張も多く存在しています。必要な情報を見つけたと思っても、まずその情報が本当に正しいのか、それはどこでわかるのかなどを調べ検証しましょう。大人に相談することもいいでしょう。

学習のポイント

情報はどこから入手するか

・本
・雑誌
・テレビ
・ラジオ
・新聞
・インターネット

このほかにも、情報はどこから入手できるかわかりません。受けとった情報は本当かどうかを確かめ、正しく使用する必要があります。

もっとくわしく

インターネットの情報

インターネットは便利ですが、どの情報か、だれが発信しているのかわからないものを信じるのはとても危険です。

公式サイトや信頼できるサイト、出典が信頼できるものから情報を入手しましょう。

③情報と情報の関係

いくつかの情報を得た場合、さらにくわしく読み取る必要があります。全体の情報の目的や立場、表現方法がどういったものか、その中で自分が得たい情報は何なのかを考えて、必要な情報を主体的に選んでいきましょう。

全体の情報
↓
必要な情報を見つける
↓
必要な中心となる情報

④情報の整理

情報が集まると、どの情報が必要なのかわかりにくくなってしまいます。自分にとって本当に必要な情報を取り出すため、整理、分類してわかりやすくしましょう。

例
・探している情報の語句（キーワード、見出し）を書き留める。
・必要な情報を選択し分類する。要約したり引用したりする。
・図や表などを利用して、視覚的にもわかりやすくする。

スマートフォンの新機種発売時期が知りたい場合
・発売時期が書かれている部分を書き留める。
・新機種に関するほかの情報と区別する。
・欲しい情報があった場合、〇印でかこむなどする。

学習のポイント

発信者となる場合、情報をどこから使用しているならば、そのことも示して発信する必要があります。
・引用……何かの本などから文などを使用するときに、使用した部分を「　」で表すこと。
・出典……引用した元の本などのこと。名称・年月、出版社など。
情報の受け手としても、どこから引用しているのか、出典はどこなのかがわかると、信頼する判断材料とすることができます。

もっとくわしく
辞書や事典を使う
情報を正しく読み取るためにも、わからないことは辞書や事典を使って調べましょう。

章末まとめ問題

解答▼554ページ

1　次の文章を読んで、あとの問いに答えなさい。

いわゆる環境問題は、いつ発生したのだろうか。人間が登場する以前から、地球環境の大変動は何度も起こっていた。生物進化の歴史をさかのぼれば、九割五分以上の生物が絶滅した時期がある。地質学上の古生代、中生代、新生代という大区分は、その境で大絶滅が起こったことを意味している。それぞれの区分がさらに細分されるが、それらもじつは絶滅の時期で境される。つまり①大災害が何度もあったに違いないのである。記録された人類の歴史にも、ノアの洪水という伝説があるが、おそらくまったくのデタラメではない。（中略）いまの人間が考える規模を超えた災害は、［A］にもあったし、［B］起こる確率は低いが、［C］も起こりうる。生物の大絶滅は二千五百万年周期で起こるという絶滅周期説もある。

②地球上の自然は、大きなシステムと見なすべきである。地勢、気候、生物がたがいに影響しあい、あるていどの安定と調和が保たれている。システムとは本来安定したものをいうが、思わぬ揺さぶりを受け、大きく傾いてしまうこともある。有名な例は恐竜の絶滅であろう。いまから六千五百万年ほど前に恐竜が絶滅したのは、ユカタン半島付近に巨大隕石が落下したためだとされる。隕石は地球全体を襲ったわけではないが、気候を大きく変え、さまざまな影響を与えたと考えられている。その結果、あれだけ栄えた恐竜がまったくいなくなった。もっとも鳥として生き延びたと思えば、完全に絶滅したとはいえない。ともあれ巨大隕石の落下ほど大きな事件でなくても、③地球上の自然というシステムに影響を与える事件は、いくらでもあったに違いない。恐竜の絶滅を火山活動の活発化によると考える説も、相変わらず残っている。

自然のこうした大災害を尺度にとれば、人間の活動など、なにほどのことがあろうか。そう思う人もあるだろう。［D］人間の活動が自然というシステムに影響を与えていることは間違いない。人間の活動は、人間の登場以前に起こった多くの事件と同じように、システムを崩壊させる恐れをはらんでいる。実際、多数の生物種が人間の活動が原因で絶滅に追い込まれている。地質学的にこれだけ平穏な時代に、生物が絶滅するような事態はこれまでなかったはずである。

（養老孟司「いちばん大事なこと」より）

(1) ――線部①「大災害が何度もあったに違いない」とありますが、これは、どのような事実を根拠にしていますか。次から選び、記号で答えなさい。

ア 人類の登場以前から、九割五分以上の生物が絶滅したという事実。
イ 地質学上の区分と生物の絶滅の区分とが同じであるという事実。
ウ ノアの洪水の伝説がまったくのデタラメとはいえないという事実。

(2) [ ]A〜Cにあてはまる組み合わせを、次から選び、記号で答えなさい。

ア これから・いますぐ・これまで
イ これから・これまで・いますぐ
ウ これまで・これから・いますぐ
エ これまで・いますぐ・これから

(3) ――線部②「地球上の自然は、大きなシステムと見なすべきである」とは、地球上の自然のどんな様子を表していますか。文章中の言葉を使って、四十字程度で答えなさい。

(4) ――線部③「地球上の自然というシステムに影響を与える事件」として、文章中であげられているものの二つを答えなさい。

(5) [D]にあてはまる接続語を、次から選び、記号で答えなさい。

ア たとえば　イ したがって　ウ しかし　エ あるいは

(6) この文章で、筆者が最も伝えようとしているのはどのようなことですか。四十字以内でまとめて答えなさい。

つまずいたら

1

(1) ▼316ページ
5 事実と考えとを読み分ける

ヒント
「つまり」という言葉に注目する。

(2) 文章の流れを考えよう。

(3) システムというものを、筆者はどのように考えているだろう。

(5) ▼310ページ
2 段落どうしの関係をとらえる接続語

ヒント
前後の内容が対立関係にある。

(6) ▼312ページ
3 要旨をとらえる

入試問題にチャレンジ!

解答▼555ページ

1 次の文章を読んで、あとの問いに答えなさい。

（日本大第一中）

こどものときから、忘れてはいけない、忘れてはいけない、と教えられ、忘れたと言っては叱られてきた。そのせいもあって、忘れることに[1]をいだき続けている。悪いときめてしまう。

学校が忘れるな、よく覚えろ、と命じるのは、それなりの理由がある。教室は知識を与える。知識をふやすのを目標にする。せっかく与えたものを片端から、捨ててしまっては困る。よく覚えておけ。覚えているかどうか、ときどき①試験をして調べる。覚えていなければ減点して警告する。点はいい方がいいにきまっているから、みんな知らず知らずのうちに、忘れるのをこわがるようになる。

教育程度が高くなればなるほど、そして、頭がいいと言われれば、言われるほど、知識をたくさんもっている。[2]、忘れないでいるものが多い。頭の優秀さは、記憶力の優秀さとしばしば同じ意味をもっている。それで、生き字引というような人間ができる。

ここで、われわれの頭を、どう考えるかが、問題である。これまでの教育では、人間の頭脳を、倉庫のようなものだと見てきた。知識をどんどん蓄積する。倉庫は大きければ大きいほどよろしい。中にたくさんのものが詰まっていればいるほど結構だとなる。

せっかく蓄積しようとしている一方から、どんどんものがなくなって行ったりしてはⅠことだから、忘れるな、が合言葉になる。ときどき在庫検査をして、なくなっていないかどうかをチェックする。それがテストである。

倉庫としての頭にとっては、忘却は敵である。博識は学問のある証拠であった。[3]、こういう人間頭脳にとっておそるべき敵があらわれた。コンピューターである。これが倉庫としてはすばらしい機能をもっている。いったん入れたものは決して失わない。必要なときには、さっと、引き出すことができる。Ａ整理も完全である。

コンピューターの出現、普及にともなって、人間の頭を倉庫として使うことに、疑問がわいてきた。コンピューター人間をこしらえていたのでは、本もののコンピューターにかなうわけがない。

そこでようやく創造的人間ということが問題になって

きた。コンピューターのできないことをしなくては、というのである。

人間の頭はこれからも、一部は倉庫の役をはたし続けなくてはならないだろうが、それだけではいけない。新しいことを考え出す工場でなくてはならない。倉庫なら、入れたものを紛失しないようにしておけばいいが、ものを作り出すには、そういう②保存保管の能力だけではしかたがない。

だいいち、工場にやたらなものが入っていては作業［4］が悪い。よけいなものは処分して広々としたスペースをとる必要がある。それかと言って、すべてのものをすててしまっては仕事にならない。B整理が大事になる。

倉庫にだってC整理は欠かせないが、それはあるものを順序よく並べるD整理である。それに対して、工場内の整理は、③作業のじゃまになるものをとり除く整理である。

この工場の整理に当ることをするのが、忘却である。人間の頭を倉庫として見れば、危険視される忘却だが、工場として能率をよくしようと思えば、どんどん忘れてやらなくてはいけない。

そのことが、いまの人間にはよくわかっていない。それで④工場の中を倉庫のようにして喜んでいる人があらわれる。工場としても、倉庫としてもうまく［5］しない頭を育ててしまいかねない。コンピューターには、こういう忘却ができないのである。コンピューターには倉庫に専念させ、人間の頭は、知的工場に重点をおくようにするのが、これからの方向でなくてはならない。それには、忘れることに対するⅡ偏見を改めなくてはならない。そして、そのつもりになってみると、忘れるのは案外、難しい。

（外山滋比古「思考の整理学」より）

(1) ［1］に入る最も適当な言葉を次から選び、記号で答えなさい。

ア 対抗心　イ 緊張感
ウ 恐怖心　エ 不信感

(2) ［2］・［3］に入る最も適当な言葉を次から選び、それぞれ記号で答えなさい。

ア および　イ まるで　ウ ところが
エ つまり　オ それとも

(3) ［4］・［5］には漢字二字の言葉が入る。それぞれ文中から抜き出しなさい。

(4) ――線部Ⅰ「こと」・Ⅱ「偏見」の意味として、最も適当なものを次から選び、それぞれ記号で答えなさい。

Ⅰ「こと」
ア 大変　イ 有害　ウ 奇妙　エ 無駄

Ⅱ「偏見」
ア ありふれた考え　イ 時代遅れの考え
ウ かたよった考え　エ すばらしい考え

(5) ――線部A～Dの「整理」の中で、意味が異なるものを一つ選び、記号で答えなさい。

(6) ――線部①「試験」のたとえとして使われている言葉を、文中から五字以内で抜き出しなさい。

(7) ――線部②「保存保管の能力」と同じ意味で使われている言葉を、文中から抜き出しなさい。

(8) ――線部③「作業」の説明として、最も適当なものを次から選び、記号で答えなさい。

ア 人間がコンピューター内のデータを探して、必要な情報をコンピューターから引き出すこと。
イ 人間がコンピューターにはできない創造的活動を行うため、幅広い知識を頭に詰め込むこと。
ウ 新しいものごとをコンピューターが創造できるよう、人間がコンピューターを改良すること。
エ 新しいものごとを創造するという、コンピューターにはできないことを人間の頭で行うこと。

(9) ――線部④「工場の～喜んでいる」という状態を表す四字熟語として、最も適当なものを次から選び、記号で答えなさい。

ア 付和雷同　イ 優柔不断
ウ 本末転倒　エ 七転八倒

(10) 次の文の中で、本文の内容に合っているものを二つ選び、記号で答えなさい。

ア 今までの学校や教育のあり方が、倉庫のような性質の人間を作り出す原因となっていた。
イ これからはコンピューターがあるので、人間の頭が倉庫の役割をはたす必要は一切ない。
ウ コンピューターというものは、時には人間に害をもたらすこともあるので注意が必要だ。
エ 人間はこれから発想の転換をして、自分の時間を自由に使っていくことも考えるべきだ。
オ これからは忘れないということよりも、忘れるということの方が大切になる時代である。

国語の宝箱

読書ノートを書いてみましょう

読書ノートの作り方

みなさんは、「読書ノート」を知っていますか。読書ノートとは、その名のとおり、読書をしたあとに、読んだ内容のまとめや学んだこと、考えたことなどを書き留めておくノートのことです。

自分で好きなサイズのノートを準備するのもよいですし、店頭に売っている専用のものを使ってもよいでしょう。ノートの中には、次のような内容を書きます。

①本の基本情報

本のタイトル、著者名、出版社名といった基本情報は必ず書きます。読み始めた日と読み終わった日も書いておくと、自分がいつどれくらいのペースで読書をしているのかがわかりやすくなります。

②本から学んだこと

特に説明文や記録文・報告文の場合、学習や生き方、実生活に役立つ情報がのっていれば、ぜひ記録しておきましょう。

③印象に残った言葉や表現

その言葉や表現がなぜ印象に残ったのか、その理由も合わせて書きましょう。自分で文章を書くときに使うことができる言葉や表現もあるかもしれません。

④意見や感想

短くてもよいので、読んだ本に対する意見や感想を自由に書きましょう。読書ノートはだれかに見せる必要はないので、思ったとおりのまま書いてよいのです。

読書ノートの効果

読書をしても、時間がたつとその内容を忘れてしまうことはありませんか。読書ノートをつけておくと、あとでもう一度その本を読みたくなったときや、その本の内容を知りたくなったときにとても便利です。

また、「読書ノートに書く」ことを前提とすることで、「何を書こうか」と考えながら本を読むことができます。そうすることで、単に文字を追うだけの読書から、より深く内容を読みこむような読書に変わることが期待できます。みなさんも読書ノートを書いてみませんか。

第二章

読む編

韻文を読む

第一節 韻文

1 韻文の種類

詩や短歌・俳句などのように、一定の形式をもつ、整った文章のことを「韻文」といいます。これに対して、物語文や説明文などは「散文」といいます。

韻文の例を読んでみよう

詩

ひなた　　新美南吉

ひなたよ、ひなたよ、
まるいけむりよ。
ひなたよ、ひなたよ、
まるで兎よ。
ひなたよ、ひなたよ、
赤児をおろすよ。
ひなたよ、ひなたよ、
みんなぬくいよ。

短歌

秋来ぬと　目にはさやかに　見えねども
風のおとにぞ　おどろかれぬる
藤原敏行

俳句

雪とけて　村いっぱいの　子供かな
小林一茶

声に出して読むと、一定のリズムがあることに気がつきます。つまり韻文とは、「一定のリズムをもった文章」ということもできます。

学習のねらいと目安

韻文とは何か？

この節では、詩・短歌・俳句などの詩歌をまとめて「韻文」とは何か、を学びます。「散文」とは異なる、一定の形式をもった文章についての知識を、きちんと学習しましょう。

韻文は、もともと声に出して言葉のひびきを味わう、音楽的な文学です。これから紹介するさまざまな作品をぜひ声に出して読んでみましょう。

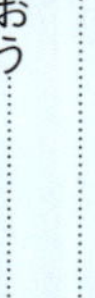

学習の順序

2 韻律を味わおう

「韻律」とは、韻文（詩・俳句・短歌など）を耳で聞いたときの、音声の音楽的な調子のことです。言葉の長短・アクセント、母音や子音の一定の並び方や、言葉の音の数を、五音、七音でそろえたリズムのことをさします。

韻律に注意して読んでみよう

例 さいた さいた チューリップの はなが ＊童謡 ア段の音のくり返し

例 あしひきの やまどりのおの しだりおの ながながしよを ひとりかもねむ ＊短歌 オ段の音のくり返し

俳句は、五・七・五の音数、短歌は、五・七・五・七・七の音数でできています。このほか、詩や歌詞なども「五七調」「七五調」のものが多くあります。

練習問題

次の詩は、どんな韻律でできていますか。記号で答えなさい。

もしもし、かめよ、かめさんよ、
せかいのうちに、おまえほど、
あゆみの、のろい、ものはない、
どうして、そんなに、のろいのか。

ア 五音・七音をくり返す「五七調」
イ 七音・五音をくり返す「七五調」

答え 345ページ下段

入試には こう出る！

詩・短歌・俳句いずれの場合も、表現技法とその効果や、うたわれている内容・情景の読み取りを中心に出題されます。

中学入試では、韻文の出題は多くはありません。ただし、毎年のように出題されている学校もありますので、受験する学校の傾向を確かめておくとよいでしょう。

もっとくわしく

みなさんの学校の校歌の韻律を数えてみると、そのほとんどが七五調や五七調になっていることがわかります。

私たち日本人は、この韻律を心地よく感じたり、読みやすく感じたりする感覚をもっています。

練習問題 の答え

イ

読む編 第一章 読み方の基本 第二章 いろいろな文章を読む 第三章 韻文を読む 第四章 古典を読む

第二節 詩

1 詩とは

詩とは、生活の中で感じた思いや、美しい風景などを、自分の言葉で表現したものです。日記や作文とはちがい、短い言葉の中に、思いを込めて表現されます。

① 詩の用語上の種類

(1) 口語詩……現代の言葉（口語）でつくられた詩です。口語とは話し言葉のことです。

(2) 文語詩……昔の言葉（文語）でつくられた詩です。文語とは書き言葉のことです。

文語詩を読んでみよう

千曲川旅情の歌　島崎藤村

小諸なる古城のほとり
雲白く遊子悲しむ
緑なすはこべは萌えず
若草も籍くによしなし
しろがねの衾の岡辺
日に溶けて淡雪流る
（以下略）

② 詩の形式上の種類

(1) 定型詩……七五調などの一定の音数やリズムによってつくられた詩です。短歌、俳句、川柳などもこれにあたります。

(2) 自由詩……音数などに制限がなく、形式はありません。近年つくられている詩の多くは、この自由詩です。

(3) 散文詩……散文とは、ふつうの文章のことです。散文の形でつくられた詩を、散

学習のねらいと目安

詩に込められた思いを読み取ろう

この節では、詩について学びます。詩は、作者が感じたさまざまな感動や思い、美しい情景を表したものです。

詩に用いられる言葉は、作者によって選び抜かれたものです。言葉に込められた作者の思いを感じながら、その様子を想像したり、言葉のひびきを味わったりしましょう。

学習の順序

1 詩とは　導入
2 詩の表現技法　5・6年
3 詩を味わう　発展
4 覚えておきたい詩　発展

文詩と呼びます。見かけの上では、散文とほとんど同じですが、詩によくみられる表現技法を使って、詩的な内容を述べています。

③ 詩の内容上の種類

(1) 叙情詩……作者の思いや考えがその内容の中心となる詩です。風景や物事、人物に、作者の思いや気持ちが投影されることもあります。

(2) 叙景詩……自然の様子などを、ありのままに表現した詩です。

(3) 叙事詩……歴史的な出来事や人物について表現した詩です。神話や伝説などの多くは、この形で語られます。

練習問題

次の詩の種類は、あとのア～エのどれですか。記号で答えなさい。

友におくる詩　　山村暮鳥

何も言ふ(う)ことはありません
よく生きなさい
つよく
つよく
そして働くことです
石工が石を割るやう(よ)に
左官が壁をぬるやう(よ)に

それでいい
手や足をうごかしなさい
しつ(っ)かりと働きなさい
それが人間の美しさです
仕事はあなたにあなたの欲する
一切のものを＊与へ(え)ませう(しょう)

ア 口語自由詩　イ 口語定型詩　ウ 文語自由詩　エ 文語定型詩

答え 347ページ下段

入試にはこう出る！

入試では、詩に使われている表現技法がよく問われます。比喩・体言止め・倒置法など、おもな表現技法を確認しておきましょう。また、「口語自由詩」「文語定型詩」などの詩の用語・形式が問われることもあります。使われている言葉やリズムに着目して、形式を見分けられるようにしておきましょう。

練習問題の答え

ア

鑑賞のポイント
作者の思いを読み取ろう

「つよく」「つよく」のくり返しに込められた思いや、どんな口調で「友」に語りかけているのかを想像して読んでみましょう。

＊与へ(え)ませう(しょう)…与えるでしょう

2 詩の表現技法

詩では、効果的な表現のために、さまざまな表現技法が用いられます。表現技法が何のために用いられるかをつかむことで、詩をより深く味わえます。

詩の表現技法は大きく分けると、次の三つに分類することができます。

①余白を生かす技法

行分け…文の途中や一文ごとに行をかえることによって、感動の強さを表したり、作品にリズムや余韻を与えたりします。言葉の下の空白がイメージを広げたり、強調したりする効果も生みます。

連…内容のまとまりによって、何行かを集めてつくったものをさします。通常、連と連との間には一行分の空白を設けます。

②たとえを用いる技法

比喩…「たとえ」ともいい、ほかの何かに言いかえることで、印象を強めたり、イメージを広げたりします。

・直喩…「～のようだ」「～みたいに」などの言葉を用いた表現です。明喩とも

読んでみよう

大漁　　金子みすゞ

朝焼小焼だ
大漁だ
大羽鰮の
大漁だ。

浜はまつりの
ようだけど
海のなかでは
何万の
鰮のとむらい
するだろう。

（「金子みすゞ童謡全集」より）

学習のポイント

余白から想像を広げよう

詩には、作文とちがって多くの空白があります。その空白は、見た目で読者にうったえかけてくるだけではなく、伝えたいことを強調するために、意図的につくられています。

なぜ作者がそこで行分けをし、その連をつくっているのかを考えて詩を鑑賞することが大切です。

鑑賞のポイント

『大漁』

文を短く区切って行分けし、下に余白を置いています。

また、真ん中の一行を空けて、二つの連に分けています。第一連は大漁のにぎやかな様子、第二連は、海の中の悲しみに沈んだ様子が描かれ、異なる場面となっています。

七音・五音をくり返す「七五調」のリズムで書かれています。

いいます。

・隠喩…「ようだ」などの言葉を使わずに、たとえだけをあげた表現です。暗喩ともいいます。

擬人法…「花びらが舞う」のように、人間ではないものを、人間がするように表現する方法です。

③言葉や表現に関わる技法

呼びかけ…呼びかけるような表現で、親しみの感じを強めます。

省略法…わざと言葉を省いて、作品を引きしめたり、深い余韻を残したりしたいときに用いられます。

くり返し…同じ言葉や似た言葉をくり返すことで、強調したり、リズムをつくったりします。

対句…対になる言葉を、表現の形をそろえて並べることで、強調したり、リズムをつくったりします。

読んでみよう

果物　八木重吉

秋になると
果物はなにもかも忘れてしまって
うっとりと実ってゆくらしい

読んでみよう

雲　山村暮鳥

おうい雲よ
ゆうゆうと
馬鹿にのんきさうぢやないか
どこまでゆくんだ
ずつと磐城平の方までゆくんか

読んでみよう

雪　三好達治

太郎を眠らせ、太郎の屋根に雪ふりつむ。
次郎を眠らせ、次郎の屋根に雪ふりつむ。

鑑賞のポイント

『果物』
「なにもかも忘れてしまって」「うっとりと」しているのは、「果物」です。このように、人ではないものをまるで人であるかのように表現するのが、「擬人法」です。

『雲』
全体が、雲に呼びかける形で書かれています。作者自身の、おおらかでのんびりした気持ちが感じられる詩です。

『雪』
「太郎」と「次郎」が対になる言葉です。表現をそろえてくり返し、リズムをつくっています。

読む編　第一章 読み方の基本　第二章 いろいろな文章を読む　第三章 韻文を読む　第四章 古典を読む

押韻…行の始めや終わりを、同じ音でそろえる技法です。この技法を使うことを、「韻をふむ」といいます。作品にリズムを与えることができます。

例を見てみよう

例 あかい花さいた あおい鳥とんだ
＊ア段の音をそろえて韻をふんでいる

例 見たい 知りたい 行ってみたい
＊「タイ」の音をそろえて韻をふんでいる

体言止め…行の終わりを体言、つまり名詞で止める技法です。印象を強めたり、余韻をもたせたりします。

例を見てみよう

例 みんなで見上げる 青い空
心にあふれる 明るい希望
＊行の終わりを「空」「希望」という名詞で止めている

倒置法…言葉の順序を入れかえることで、意味や感動を強める技法です。「すばらしい、この絵は」のように、強くうったえたいことを先にもってきます。

例を見てみよう

例 わたしは歩き続けるだろう
たとえ それがけわしい道でも
＊「歩き続けるだろう」を前にもってきて強調している

もっとくわしく
歌詞の韻に耳をすませてみよう

押韻はどちらかというと、外国の詩でよくみられる技法です。日本語では、ポピュラーソングや、ラップミュージックの歌詞によく用いられています。

例
夏が過ぎ 風あざみ
だれのあこがれに さまよう
青空に残された
わたしの心は 夏模様（以下略）
（井上陽水「少年時代」）

＊「過ぎ」「あざみ」の「ギ」「ミ」のイ段の音、「さまよう」「夏模様」の「ヨウ」の音が、韻をふんでいます。

練習問題

1 次の詩について、あとの問いに答えなさい。

道程

高村光太郎

1 僕の前に道はない
2 僕の後ろに道は出来る
3 ああ、自然よ
4 父よ
5 僕を一人立ちにさせた広大な父よ
6 僕から目を離さないで守る事をせよ
7 常に父の気魄を僕に充たせよ
8 この遠い道程のため
9 この遠い道程のため

（※1〜9は行の番号）

(1) 1と2に用いられている表現技法を、次から選び、記号で答えなさい。

ア 体言止め　**イ** 倒置法　**ウ** 対句

(2) この詩の「父」とは、何をたとえた言葉ですか。漢字二字で答えなさい。

(3) この詩には、倒置法が使われています。ふつうの語順に直すと、8、9は、詩のどの行のあとに置けばよいですか。番号で答えなさい。

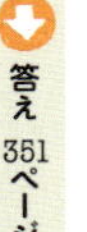

答え 351ページ下段

練習問題の答え

1 (1) ウ　(2) 自然　(3) 5

学習のポイント

1

(1) 1の「僕の前に」と2の「僕の後ろに」、1の「道はない」と2の「道は出来る」が、それぞれ対になっている。

(2) 「ああ、自然よ／父よ」とある。これは、「自然」と「（肉親の）父」の両方に呼びかけているのではなく、万物を創造した「自然」を、偉大な父と呼んでいるのである。5の「広大な父よ」という表現にも注目。

(3) 「父（自然）」に対して、6「〜守る事をせよ」、7「充たせよ」と呼びかけており、これは「遠い道程のため」なので、5のあとに置けばよい。

3 詩を味わう

詩を深く味わうためには、短い言葉に込められた作者の思いを読み取ることが大切です。作者の感動を自分の心の中でとらえ直すとともに、言葉のひびきを楽しむ姿勢も必要になります。

①言葉の意味を正しくとらえる

詩の中の言葉は、ていねいに考え、選び抜かれたものです。一つ一つの言葉の意味をまちがいなくとらえることが、最初の一歩です。

②情景をよく読み取る

言葉を手がかりにして、季節・時間・天候・場所などの情景を思い浮かべましょう。

③リズムを味わう

詩は、本来は声に出して読まれるものです。言葉の意味を考えながら、声に出して読んでみましょう。言葉のひびきやリズムを味わうことで理解が深まります。

④作者の思いを読み取る

詩は、作者の感動から生まれます。作者が何を思ってこの詩をつくったのかを、言葉の意味や、描かれた情景をもとに、想像してみましょう。

確認

詩の表現技法をおさえ、作者の思いを読み取ろう。

348ページへもどる

学習のポイント

行や連に注目しよう

行の分かれ目は、作者が意図的につくっているものです。伝えたいことを強調させるためなのか、リズムをつくるためなのかを読み取りましょう。

連は内容のまとまりです。それぞれの連に書かれていることを的確に読み取りましょう。さらに、連と連のつながりをおさえていくことで、詩全体の構成をとらえることができます。

もっとくわしく

作者の人物像にふれてみよう

この作者は、なぜこの詩を書こうと思ったのか、なぜこの言葉を選んだのかなど、作者の思いを考えるとき、その作者がどんな人物だったのかを調べてみるとたいへん参考になります。作者を知り、作者の立場に立って考えることは、作品を味わううえでも大切です。

練習問題

1 **次の詩を読んで、下の問いに答えなさい。**

忘れもの　　高田敏子

入道雲にのって
夏休みはいってしまった
「サヨナラ」のかわりに
素晴らしい夕立をふりまいて

けさ　空はまっさお
木々の葉の一枚一枚が
あたらしい光とあいさつをかわしている

だがキミ！　夏休みよ
もう一度　もどってこないかな
忘れものをとりにさ

迷子のセミ
さびしそうな麦わら帽子
それから　ぼくの耳に
くっついて離れない波の音

(1) 詩の中の「けさ」の天気を答えなさい。

(2) 入道雲にのって「夕立をふりまい」たものは何ですか。

(3) 「忘れもの」とは何ですか。詩の中から三つ探して答えなさい。

(4) この詩で、作者の思いが最も強く表現されているのは、第何連ですか。また、どんな気持ちを表現していますか。簡潔に答えなさい。

答え 353ページ下段

練習問題の答え

1
(1) 晴れ
(2) 夏休み
(3) 迷子のセミ・さびしそうな麦わら帽子・ぼくの耳にくっついて離れない波の音
(4) 第三連・㊞楽しかった夏休みが終わってしまったことを残念に思う気持ち。

学習のポイント

1
(1) 「夕立」という言葉もあるが、「けさ　空はまっさお」「あたらしい光とあいさつ」から、晴れであることがわかる。
(2) 倒置法になっている。
(3) 「忘れもの」とは、夏の思い出のこと。ただ、どこか寂しげな言葉がついていることにも注目しよう。
(4) 呼びかけの表現に注目をしよう。

4 覚えておきたい詩

天

山之口貘

草にねころんでゐると
眼下には天が深い

風
雲
太陽
有名なもの達の住んでゐる世界

天は青く深いのだ
みおろしてゐると
体躯が落つこちさうになつてこはい
のだ
僕は草木の根のやうに
土の中へもぐり込みたくなつてしま
ふのだ。

雨ニモマケズ

宮沢賢治

雨ニモマケズ
風ニモマケズ
雪ニモ夏ノ暑サニモマケヌ
丈夫ナカラダヲモチ
欲ハナク
決シテ瞋ラズ
イツモシヅカニワラッテヰル
一日ニ玄米四合ト
味噌ト少シノ野菜ヲタベ
アラユルコトヲ
ジブンヲカンジョウニ入レズニ
ヨクミキキシワカリ
ソシテワスレズ
野原ノ松ノ林ノ蔭ノ
小サナ萓ブキノ小屋ニヰテ
東ニ病気ノコドモアレバ

鑑賞のポイント

『天』　空を見上げながら、まるで空を見下ろしているかのように書かれた新鮮な表現に注目しましょう。ともすると深い悲しみに落ちこみそうになる気持ちを描いた詩です。

『旅上』　この詩が書かれたのは、まだ海外旅行が難しかった大正時代。「新しき背広」「朝」「うら若草のもえいづる心」などの言葉から、作者の未来に対するあこがれの気持ちを想像しましょう。

『雨ニモマケズ』　自分の損得を考えず、他人のために尽くしたいという献身的な生き方を述べた詩です。そういう生き方を望むのが「ワタシ」であることが最後の二行からわかります。この詩が書かれた手帳を、賢治は生前に家族にも見せていなかったということも印象的なエピソードです。

旅上

萩原朔太郎

ふらんすへ行きたしと思へども
ふらんすはあまりに遠し
せめては新しき背広をきて
きままなる旅にいでてみん。
汽車が山道をゆくとき
みづいろの窓によりかかりて
われひとりうれしきことをおもはむ
五月の朝のしののめ
うら若草のもえいづる心まかせに。

行ッテ看病シテヤリ
西ニツカレタ母アレバ
行ッテソノ稲ノ束ヲ負ヒ
南ニ死ニサウナ人アレバ
行ッテコハガラナクテモイイトイヒ
北ニケンクヮヤソショウガアレバ
ツマラナイカラヤメロトイヒ
ヒデリノトキハナミダヲナガシ
サムサノナツハオロオロアルキ
ミンナニデクノボートヨバレ
ホメラレモセズ
クニモサレズ
サウイフモノニ
ワタシハナリタイ

▲宮沢賢治
アフロ

もっとくわしく
宮沢賢治の作品にふれよう

宮沢賢治は、自然への愛情あふれる豊かな視点で多くの詩や童話を残しています。

一方で賢治は、農業指導者としても活躍しました。上の作品には、故郷岩手の農民と生活をともにした賢治の人間への愛情と善意があふれており、人に尽くすことをいとわない生き方を強く感じさせます。

大阿蘇

三好達治

雨の中に馬がたつてゐる
一頭二頭仔馬をまじへた馬の群れが
雨の中にたつてゐる
雨は＊蕭々と降つてゐる
馬は草をたべてゐる
尻尾も背中も鬣も　ぐつしよりと濡れそぼつて
彼らは草をたべてゐる
草をたべてゐる
あるものはまた草もたべずに　きよとんとしてうなじを垂れてたつてゐる
雨は降つてゐる　蕭々と降つてゐる
山は煙をあげてゐる
中嶽の頂きから　うすら黄ろい　重つ苦しい噴煙が濛々とあがつてゐる
空いちめんの雨雲と
やがてそれはけぢめもなしにつづいてゐる

秋の夜の会話

草野心平

さむいね。
ああさむいね。
虫がないてるね。
ああ虫がないてるね。
もうすぐ土の中だね。
土の中はいやだね。
痩せたね。
君もずいぶん痩せたね。
どこがこんなに切ないんだろうね。
腹だろうかね。
腹とったら死ぬだろうね。
死にたかあないね。
さむいね。
ああ虫がないてるね。

鑑賞のポイント

『大阿蘇』

風景画のような詩です。馬の群れと雨、遠くにぼやけるように浮かぶ阿蘇の大自然を、視覚的にだけではなく、音やにおいも想像しながら味わいましょう。

＊蕭々と…雨がもの寂しく降っている様子。

くり返しに注目

「…ゐる」という言葉がまるで雨のリズムに合わせるように使われています。声に出して読むときは、強弱やテンポを工夫しましょう。

「もしも…」の一行に着目

風景を一枚の絵のように描いたこの作品の中で、唯一、作者の思いが表れている部分です。雨にぬれた草原の光景をいつまでも見続けている作者の姿を想像することができます。

『秋の夜の会話』

詩には、作者それぞれの特徴的な表現のしかたがあります。草野心平は「かえるの詩人」と呼ばれ、この

馬は草をたべてゐる
艸千里浜のとある丘の
雨に洗はれた青草を　彼らはいつしん
にたべてゐる
たべてゐる
彼らはそこにみんな静かにたつてゐる
ぐつしよりと雨に濡れて　いつまでも
ひとつところに　彼らは静かに集ま
つてゐる
もしも百年が　この一瞬の間にたつた
としても　何の不思議もないだらう
雨が降つてゐる　雨が降つてゐる
雨は蕭々と降つてゐる

箱庭

金子みすゞ

私のこさえた箱庭を、
たあれも見てはくれないの。
お空は青いに母さんは、
いつもお店で忙しそう。
まつりはすんだに母さんは、
いつまであんなにいそがしい。
蟬のなく声ききながら、
私はお庭をこわします。

作品で会話をしているのも、実はかえるなのです。

「箱庭」　金子みすゞの作品は、弱者への優しいまなざしがあふれています。それとともに、ときには自分自身の悲しみも詩に表現されているのです。悲しみをよく知るみすゞだからこそ、優しさあふれる作品が多いのだといえます。

▲金子みすゞ
写真提供／金子みすゞ著作保存会

露

北原白秋

草の葉に揺れゐる露の
落ちんとし、いまだ落ちぬを、
落ちよとし、見つつ待ちゐて、
落ちに*けり。驚きにけり。

*けり…「〜だなあ」という感動を表す助動詞。

虹

まど・みちお

ほんとうは
こんな　汚れた空に
出て下さるはずなど　ないのだった
もしも　ここに
汚した　ちょうほんにんの
人間だけしか住んでいないのだったら

でも　ここには
何も知らない　ほかの生き物たちが
なんちょう　なんおく　暮らしている
どうして　こんなに汚れたのだろうと
いぶかしげに
自分たちの空を　見あげながら

その　あどけない目を
ほんの少しでも　くもらせたくないた
めに
ただ　それだけのために

もっとくわしく

近代詩の流れ

明治時代になって、『新体詩抄』や森鷗外の訳詩集『於母影』によってヨーロッパの詩が紹介されると、青年の浪漫的な感情を盛る器として、短歌や俳句に代わる新しい型の詩が求められるようになりました。島崎藤村の『若菜集』は、近代叙情詩のさきがけといわれています。

それまでの文語定型詩に対し、明治時代末期から大正時代にかけて三木露風や北原白秋、山村暮鳥らによって文語自由詩や口語詩がつくられ、高村光太郎が口語詩を中心とした詩集『道程』を出版しました。口語自由詩は萩原朔太郎の詩集『月に吠える』によって完成されました。

鑑賞のポイント

文語詩

『露』『花』の詩は、どちらも文語詩です。普段とはちがう言葉のひびきと七五調のリズムを意識して、声に出して読んでみましょう。

花

武島羽衣

春のうららの隅田川、
のぼりくだりの船人が
櫂のしづくも花と散る、
ながめを何にたとふべき。

見ずやあけぼの露浴びて、
われにもの言ふ桜木を、
見ずや夕ぐれ手をのべて、
われさしまねく青柳を。

錦おりなす長堤に
くるればのぼるおぼろ月。
げに一刻も千金の
ながめを何にたとふべき。

*うらら…のどかに日が差している様子。

*見ずや…ごらんなさい。

*あけぼの…夜が明ける頃。

*錦…美しいもよう。

*げに…本当に。

虹は　出て下さっているのだ
あんなにひっそりと　きょうも

ある日ある時

黒田三郎

秋の空が青く美しいという
ただそれだけで
何かしらいいことがありそうな気のする
そんなときはないか
空高く噴き上げては
むなしく地に落ちる噴水の水も
わびしく梢をはなれる一枚の落葉さえ
何かしら喜びに踊っているように見える
そんなときが

鑑賞のポイント

『虹』

虹に対して「出て下さる」と敬語を使っていることに注目しましょう。作者には、地球を汚した人間として申し訳なく思う気持ちと、それにもかかわらず空に出てくれた虹への感謝の気持ちがあるのでしょう。


『ある日ある時』

呼びかけの技法を使った作品です。晴れた秋空を見て、今まで「むなしく」「わびしく」見えていた景色が輝いて見えた気持ちを、読者にも共感を求める形で書いています。

入試のポイント

詩の問題では、心情や情景、主題がよく問われます。表現技法に着目し、くり返されている言葉や、強調されている部分に注意して、内容を読み取りましょう。詩の題名も、内容や主題をつかむヒントになります。

確認問題

第二節 詩

答え 361ページ

1 **次の詩を読んで、下の問いに答えなさい。**

わたしは見た　　与田準一

春のおかでわたしは見た。
しずかに燃える太陽を、
草がつけた小さな花を。

夏のおかでわたしは見た。
夕だちのあとのニジの橋を、
草に光る雨のしずくを。

秋のおかでわたしは見た。
うろこ雲のきれいな列を、
草がつけたちいさい実を。

冬のおかでわたしは見た。
山をこえるわたり鳥を、
かれ葉のかげで春を待つ芽を。

(1) この詩で用いられている表現技法を二つ選び、記号で答えなさい。

ア　呼びかけ
イ　対句
ウ　倒置法
エ　体言止め

(2) 「夏のおか」で、わたしが見ているものを答えなさい。

(3) 各連の二行目、三行目に描かれているものはそれぞれ何ですか。次の□にあてはまる漢字一字の言葉をそれぞれ答えなさい。

・二行目…□にあるもの。
・三行目…□の様子。

(4) 作者はこの詩で、何に対する感動を伝えようとしていますか。考えて答えなさい。

つまずいたら

2 1 (1) ▼348ページ 詩の表現技法

ヒント

声に出して読んでみると、技法に気がつく。

ヒント

(2) 倒置法の語順になっていることに注意する。

(3) ・二行目…「太陽」「ニジの橋」「うろこ雲」「わたり鳥」から考える。

・くり返し使われる同じ意味の言葉を探す。

(4) 「わたし」がいつ、どこで、何を見つめ続けているかを考える。

確認問題の答え

問題 360ページ

1

(1) イ・ウ

(2) 夕だちのあとのニジの橋・草に光る雨のしずく

(3) 二行目…空
三行目…草

(4) (例) 季節の移り変わりと、それぞれの自然の美しさ

学習のポイント

(1) 四つの連は、それぞれ次のような同じ構成になっていることにまず着目する。

【季節】のおかでわたしは見た。
【空にあるもの】を、
【草の様子】を。

季節の移り変わりが、イの対句を用いることによって、鮮やかに表現されている。また、ウの倒置法を使って、「わたしは見た」という事実を強調している。

「春を待つ芽」などの擬人法や、「しずかに燃える太陽」などの豊かな情景描写が「わたし」が見ているものの美しさを伝えている。

(2) 一行目と二・三行目が倒置になっている。二・三行目に書かれているものを抜き出す。

(3) 「わたし」が見ているものは、空にあるものと、足もとにある草である。

(4) 季節が変わるたびに、同じおかに上がり、空を見上げ、足もとの草を見つめ続ける「わたし」。空には、四季それぞれの自然の美しさ、足もとの草には、小さくてもひたむきに生きる生命がある。それらに対する「わたし」(作者)の感動を、この詩から感じることができる。

鑑賞のポイント
言葉の表記にこだわる

この詩では、虹が「ニジ」とかたかなで表記されている。なぜ、漢字でもひらがなでもなく、かたかなにしたのかを考えてみよう。詩の印象が変わるかもしれない。

第三節 短歌

1 短歌とは

短歌とは、五・七・五・七・七の三十一音からなる伝統的な定型詩です。自然の様子や日々の出来事を描くことで、作者のさまざまな心の様子が表現されています。

① 音数と文字数

「音数」とは、一定の長さをもった音の数を表すときに使われ、一般的に文字数とは区別して使われています。

音数の数え方

① 猫……漢字で書くと一文字だが、音数は「ネ」と「コ」で、二音。

② きょう……ひらがなで書くと三文字だが、「キョ」で一音とし、「キョ」と「ウ」で二音。

③ ラッパ……「ゃ・ゅ・ょ」は一音と数えないが、「っ」だけは一音と数える。「ラ」と「ッ」と「パ」で三音。

④ ソーダ水…音をのばす記号「ー」も一音と数える。「ソ」「ー」「ダ」「ス」「イ」で五音。

学習のねらいと目安

短歌のひびきを味わおう

この節では、短歌について学びます。短歌は古くからつくられており、昔の歌は昔の言葉で書かれています。現代語の訳や解説を読んで、意味を確かめながら読みましょう。

また、意味だけでなく言葉のひびきを味わうことも大切です。

学習の順序

②基本の形は三十一文字

短歌は、すべてひらがなで書くと、五・七・五・七・七の三十一文字になるので、三十一文字（みそひともじ）とも呼ばれます。また、それぞれのかたまりのことを、次のように呼びます。

○○○○○ ○○○○○○○ ○○○○○ ○○○○○○○ ○○○○○○○

初句 二句 三句（上の句） 四句 結句（下の句）

※三十一音にならない短歌

五音や七音の部分が、六音や八音になったり、四音や六音になったりする場合があります。三十二音以上になる場合を「字余り」、三十音以下になる場合を「字足らず」といいます。

③句切れ

短歌はふつう、歌の終わりまで意味がひと続きになっていますが、途中で意味が切れるものがあります。たとえば、次の短歌は三句で切れる「三句切れ」の歌です。上の句では情景を、下の句ではそれに対する思いを描いています。

句切れをした句は、感動の中心になる場合が多いです。

句切れに注意して読んでみよう

例 おりたちて 今朝の寒さを 驚きぬ ＞句切れ 露しとしとと 柿の落葉深く　伊藤左千夫

入試にはこう出る！

短歌の出題では、表現技法や意味の切れ目を答えるものや、詠まれている季節や情景、心情を問う問題が中心です。そのほか、作者や時代を答える文学史の問題、上の句と下の句を組み合わせる問題などが出題されることもあります。

学習のポイント

句切れの見つけ方

・歌の意味を考えて、「。」を付けられる所を探す。

・「ぞ」「かな」「や」「けり」「ず」「ぬ」「らむ」のある所を探す。

・「や」「けり」「なり」「かな」「かも」など、感動を表す語を探す。

鑑賞のポイント

「おりたちて」の歌

(上の句) 今朝、起きて庭におりたら、あまりに寒いので驚いた。

(下の句) しっとりと夜露にぬれた柿の落ち葉が深く積もっている。

2 和歌と短歌

和歌とは、古くから日本で詠まれた韻文のうち、漢詩（漢字だけでつくられた詩）に対して、日本の言葉で書かれたものをいいます。「長歌」や「施頭歌」などさまざまな形式のものがありましたが、平安時代以降では、おもに短歌のことをさします。

①短歌の歴史

短歌は、千三百年以上も昔からつくられ、今もたくさんの人たちに親しまれています。昔の貴族たちにとっては、なくてはならない教養の一つであり、短歌の上手な人たちは、多くの尊敬を集めていました。

②短歌に詠まれているもの

・自然の風景などを詠んだ歌……**叙景歌**
・事実をそのまま表した歌……**叙事歌**
・気持ちや感動を表した歌……**抒情歌**

内容をより直接的に表すときには、「○○詠」という呼び方をしています。

・植物について詠んだ歌……植物詠
・家族について詠んだ歌……家族詠　など

③歌集

和歌を集めて本にしたものを歌集といいます。

・勅撰和歌集……天皇などの命令によって作られた歌集
・私撰和歌集……個人が選んだ歌集
・私家集……個人の歌を集めた歌集

学習のポイント

百人一首に親しもう

百人一首は、かるたにもなっているので、お正月に遊んだことがある人もいるでしょう。

声に出して読んだり、かるたで遊びながら覚えたりして、短歌の言葉やひびきに慣れておくといいでしょう。

もっとくわしく

『小倉百人一首』とは

藤原定家が、飛鳥時代から鎌倉時代までの優れた歌人百人の短歌を一首ずつ選んだものです。後に、和歌を学ぶ入門書として広まり、江戸時代には木版画の技術の発達によって、絵入りの歌がるたとして一般に親しまれるようになりました。

④百人一首

百人一首とは、百人の歌人の短歌を一人一首ずつ選んだ歌集のことです。中でも、いまからおよそ八百年前に、藤原定家が選んだという『小倉百人一首』は広く知られており、ふつう『百人一首』といえば、この小倉百人一首をさします。

424ページへGO！

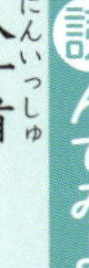

読んでみよう

百人一首

これやこの行くも帰るも別れては知るも知らぬも逢坂の関　蟬丸

天の原ふりさけ見れば春日なる三笠の山に出でし月かも　阿部仲麻呂

わが庵は都のたつみしかぞすむ世をうぢ(じ)山と人はいふ(う)なり　喜撰法師

練習問題

1 次の短歌を、五・七・五・七・七に区切りなさい。

(1) かすみ立つ長き春日を子供らと手まりつきつつこの日くらしつ　良寛

(2) 金色のちひ(い)さき鳥のかたちして銀杏ちるなり夕日の岡に　与謝野晶子

答え365ページ下段

意味

「これやこの」の歌
これがまあ、東に行く人も都に帰る人も、知っている人も知らない人も、ここで別れてはまた逢うという、逢坂の関なのだな。

「天の原」の歌
大空を見上げると、ふるさとの春日の三笠山で見た、なつかしい月がのぼっているよ。

「わが庵は」の歌
私の家は、都の東南の宇治山にある。このように心静かに住んでいるのに、世間の人たちは、私がつらい（憂し）と思って、そこに逃れていると言っているそうだ。

練習問題の答え

1
(1) かすみ立つ／長き春日を／子供らと／手まりつきつつ／この日くらしつ
(2) 金色の／ちひさき鳥の／かたちして／銀杏ちるなり／夕日の岡に

3 短歌の表現技法

短歌の表現技法には、詩とは異なるものが多くあります。特に覚えておきたいものに、「掛詞」、「枕詞」、「序詞」があります。

① 掛詞

一つの言葉を、二つの意味で使う技法です。「まつ」という言葉に、「待つ・松」という二つの意味をもたせたり、「ながめ」という言葉に、「眺め・長雨」という二つの意味をもたせたりします。

読んでみよう

たち別れ　いなばの山の　峰に生ふる　まつとし聞かば　今帰り来む　在原行平

意味　あなたと別れて因幡（いなば）の国へ行っても、山に生えている松ではないが、待っていると聞いたならば、すぐに帰って来よう。

大江山　いく野の道の　遠ければ　まだふみも見ず　天の橋立　小式部内侍

意味　大江山を越えて、生野を通って行く道は遠いので、あの有名な天の橋立をまだ踏んでもいませんし、文（手紙）も見ていません。

② 枕詞

特定の言葉の上につけて、言葉の調子を整えたり、印象を強めたりする言葉です。意味はほとんどなく、五音以内の短い言葉です。たとえば、「ちはやぶる」という枕詞は、「神」「宇治」「氏」などにつきます。

学習のポイント

ひらがなの言葉に注目しよう

「掛詞」という技法を用いることによって、三十一音でしか表現できない短歌に、より深い意味をもたせることができます。あえてひらがなで書かれている部分は、別の意味が込められていることがあるので、気をつけて読むようにしましょう。

鑑賞のポイント

① 掛詞

「たち別れ」の歌

「いなば」に「因幡（昔の国名）」と「往なば（行くならば）」の二つの意味が、「まつとし聞かば」の「まつ」に、「松」と「待つ」の二つの意味が掛けられています。

「大江山」の歌

「いく野の道の」には、「生野」と「行く」が、「まだふみも見ず」では、「踏み」と「文」が掛けられています。

読んでみよう

ちはやぶる　神代も聞かず　竜田川　からくれなゐに　水くくるとは

在原業平

意味　神々の時代にも聞いたことがない。竜田川の水面に紅葉が散り、川の水を鮮やかな真紅の染め物のように飾っているのは。

あしひきの　山鳥の尾の　しだり尾の　長ながし夜を　ひとりかも寝む

柿本人麻呂

意味　山鳥の尾のたれさがったように長い長い夜を、一人で眠るのは、なんとも寂しいことだ。

③ 序詞

特定の言葉を引き出すための前置きとして用いる表現です。その言葉の音や意味にちなんだ、二句以上の言葉を使います。

読んでみよう

たち別れいなばの山の峰に生ふる　**まつ**とし聞かば今帰り来む

（序詞：たち別れいなばの山の峰に生ふる）

あしひきの山鳥の尾のしだり尾の　**長ながし**夜をひとりかも寝む

（序詞：あしひきの山鳥の尾のしだり尾の）

鑑賞のポイント

② 枕詞

「ちはやぶる」の歌

「ちはやぶる」は、「神」「宇治」などにかかる枕詞。

「あしひきの」の歌

「あしひきの」は、「山」や「峰」にかかる枕詞。

鑑賞のポイント

③ 序詞

「たち別れ」の歌

「たち別れ～峰に生ふる」までが、「まつ」にかかる序詞。

「あしひきの」の歌

「あしひきの～しだり尾の」までが、「長ながし」にかかる序詞。

4 短歌を味わう

短歌は、三十一音の音数からなる、伝統的な定型詩です。限られた言葉に込められた、作者の思いや情景、豊かな技法などを味わって読みましょう。

①情景を想像する

季節や時間、場所をつかんで、短歌の中の言葉で表されていない情景について、自分なりに想像をふくらませて読み味わいましょう。

読んでみよう

山ふかみ春とも知らぬ松の戸にたえだえかかる雪の玉水　式子内親王

意味 深い山の中なので、春になったのにも気がつかない。家の松の戸に、とぎれとぎれに落ちてきている、玉のように輝く雪解け水よ。

ようやく雪が解け始めた、早春の山の中の家の周りの様子を想像しましょう。

②作者の思いをとらえる

作者の思いをとらえることが、その短歌の最も言いたいこと、つまり主題をとらえることになります。何に感動しているのかなど、どんな気持ちでその短歌をつくったのかを考えることが大切です。

学習のポイント

一つの言葉から想像を広げよう

たとえば「雨」という言葉でも、どれくらいの強さなのか、長く降り続けている雨なのかなど、さまざまな様子を考えることができます。

また、外にいるのか、家の中にいるのかでも、その情景は変わってきますね。

短歌が詠まれた背景を知ろう

短歌には、その歌が詠まれた背景が必ずあります。その背景を知ることで、よりその短歌についての理解を深めることができます。

・何かに感動したとき
・うれしさや悲しさを感じたとき
・相手に自分の思いを届けたいときなどの背景が考えられます。

読んでみよう

街をゆき子供の傍を通る時蜜柑の香せり冬がまた来る
木下利玄

意味　街を歩いていて子供のそばを通った時、ぷうんとみかんの香りがした。ああ、今年もまたあの冬がやってくるのだなあ。

③豊かな技法を読み味わう

短歌には言葉遊びのような技法もあります。「折り句」と「沓冠」です。

・**折り句**…各句の最初の文字を読んでいくと、ある言葉になるもの。
・**沓冠**…各句の最初と最後の文字を読んでいくと、別の意味の文になるもの。

読んでみよう

折り句の短歌

から衣　着つつなれにし　つましあれば　はるばる来ぬる　たびをしぞ思ふ(う)
在原業平

沓冠の短歌

①夜も涼し⑩　②寝覚めのかりほ⑨　③た枕も⑧　④ま袖も秋に⑦　⑤へだてなきかぜ⑥
兼好法師

鑑賞のポイント

「街をゆき」の歌

この歌がつくられた大正時代、十一月はじめくらいになると、駄菓子屋の店先に青みかんが並びました。それで、それを食べた子供たちからすっぱいみかんのにおいがしたのです。作者は、子供の頃の冬に出会ったような思いがしたのでしょう。

もっとくわしく

折り句「から衣」の歌

この短歌の各句の最初の文字を読んでいくと、「かきつは(ば)た」という言葉（花の名前）が現れます。

沓冠「夜も涼し」の歌

この短歌は、作者が親しい友人に送ったものです。①〜⑩の番号の通りに読んでいくと、「米給へ　銭もほし」となります。つまり、「お米を送ってください。お金もほしいです」というお願いの歌なのです。

5 覚えておきたい短歌

春すぎて夏来にけらし白妙の衣ほすてふ天の香具山

持統天皇

意味
春が過ぎて、もう夏が来たらしい。夏になると、真っ白な衣を干すという、天の香具山に、白い衣がひるがえっている。

解説
「白妙の」は、「衣」にかかる枕詞です。天の香具山は、奈良県にあり、古くから神聖な山としてあがめられてきました。

山里は冬ぞ寂しさまさりける人目も草もかれぬと思へば

源宗于朝臣

意味
山里は冬になると、とても寂しく感じられることだなあ。訪ねてくる人もいなくなり、草も枯れてしまうことを思うと。

解説
「かれぬ」の「かれ」は、人が「離れる」(いなくなる)と草が「枯れる」の掛詞。

ひさかたの光のどけき春の日にしづ心なく花の散るらむ

紀友則

意味
日の光がのどかな春の日に、桜の花は、どうしてこうもあわただしい気持ちで散っているのだろうか。

解説
上の句に、ハ行の音がくり返し使われ、やわらかな音のひびきを感じさせます。美しい情景とともに、音のひびきにも着目しましょう。

入試のポイント

作者の思いを読み取ろう

短歌は、理解力や鑑賞力がよく問われます。意味はもちろんですが、作者の思いや感動がどこに表れているかを読み取ることが大切です。古典から現代まで、さまざまな時代の短歌が出題されています。時代を問わず、代表的な歌人の歌に親しんでおくとよいでしょう。また、古典のかなづかいや言葉にも慣れておきましょう。

鑑賞のポイント

感動を強める表現に注目

「山里は」の歌

「まさりける」の「ける」は、感動を強める「けり」の連体形。このほか、「ぞ」「なむ」「かも」「たり」「なり」なども感動を強める表現です。

「ひさかたの」の歌

「ひさかたの」は「光」にかかる枕詞。また、平安時代以降の短歌で「花」というと、ほとんどは桜の花

読む編
第一章　読み方の基本
第二章　いろいろな文章を読む
第三章　韻文を読む
第四章　古典を読む

人はいさ心もしらずふるさとは花ぞ昔の香ににほひける

紀貫之

意味
人の心はいつまでも同じかどうかわかりません。しかし、なつかしいこの場所で、梅の花だけは、昔と同じ香りで咲いています。

解説
しばらくぶりに訪れた宿の主人に、「なかなか来てくれませんでしたね」と言われた貫之が、庭の梅の花をひと枝折って、返した歌です。

子どもらと手まりつきつつこの里に遊ぶ春日は暮れずともよし

良寛

意味
子どもたちといっしょに手まりで遊ぶ、この里での春の一日は、このまま暮れないでいてほしいものだ。

解説
良寛は江戸時代の僧であり、歌人です。子どもたちと遊ぶことが大好きで、人々にも慕われていました。日常の生活をうたった作品です。

たのしみは朝おきいでて昨日まで無りし花の咲ける見る時

橘曙覧

意味
私の楽しみは、朝起きて、昨日までは咲いていなかった花が、朝になって咲いているのを見る時だ。

解説
『独楽吟』という、すべて「たのしみは」で始まる歌集にある作品の一つです。日常の素朴な喜びが表現されています。

をさします。

「人はいさ」の歌

この歌の「花」は、桜ではなく梅の花のこと。紀貫之の時代（平安時代の初め）までは、「花」といえば、多くは梅の花をさしました。また、香りのあることからも、梅の花であることがわかります。紀貫之は平安時代を代表する文学者です。この歌は、人の心と梅の花を対比してうたった有名な作品です。

もっとくわしく

『独楽吟』の歌を読んでみよう

たのしみはまれに魚煮て児等皆が
　うましうましといひて食ふ時
たのしみはあき米櫃に米いでき
　今一月はよしといふとき
たのしみは三人の児どもすくすくと
　大きくなれる姿みる時
たのしみは妻子むつまじくうちつどひ
　頭ならべて物を食ふ時

くれなゐの二尺伸びたる薔薇の芽の針やはらかに春雨のふる
正岡子規

意味 ばらの木に、真っ赤な新芽が伸びて二尺（約六十センチ）にもなっている。その針はまだやわらかく、降り出した春雨にいまはぬれている。

解説 見たままを作品に写しとる「写生」が大切だと唱えた正岡子規は、近代の短歌に大きな影響を与えました。

みちのくの母のいのちを一目見ん一目みんとぞただにいそげる
斎藤茂吉

意味 東北にいる、余命わずかの母に、一目会いたい、一目会いたいという一心で、ただただひたすらに急いだのだ。

解説 「一目見ん」「一目みん」のくり返しに、作者の母親を思う気持ちと、焦りがみえる作品です。

いのちなき砂のかなしさよ
さらさらと
握れば指のあひだより落つ
石川啄木

意味 命のない砂の悲しいことよ。私が手で握ってみれば、さらさらと指の間からこぼれ落ちてしまった。

解説 自分の大切なものも、いつかなくなってしまうという悲しさを、こぼれ落ちる砂で表現した作品です。

もっとくわしく

近代短歌の発展

明治時代になると、新しい時代にふさわしい短歌をつくろうという運動が起こります。与謝野鉄幹が創刊した『明星』で注目された与謝野晶子は、歌集『みだれ髪』を出版しました。一方、正岡子規らは、見たとおり感じたとおりに作品をつくる、写生的な短歌をめざし、近代短歌を発展させました。若山牧水、前田夕暮、石川啄木らは、自然や個人の生活を対象とした短歌をつくりました。啄木の三行書きの短歌は有名です。

子規の短歌革新を継承した伊藤左千夫は、『アララギ』を創刊し、斎藤茂吉らを育てました。北原白秋は、歌集『桐の花』で短歌に近代的な感覚を盛り込みました。

向日葵（ひまわり）は金の油（あぶら）を身（み）にあびてゆらりと高し日のちひ（い）ささよ　前田夕暮（まえだゆうぐれ）

意味

ひまわりが金の油を身にあびたように、日の光を受けて、ゆらりと高く伸びている。太陽さえも小さく見えるよ。

解説

作者はこの短歌を、「絵画的」という言葉で説明しています。この作品から一枚の絵を描くこともできそうな作品です。

白鳥（しらとり）はかなしからずや空の青海のあを（お）にも染（そ）まずただよふ（う）　若山牧水（わかやまぼくすい）

意味

白いかもめは悲しくはないのだろうか。空の青にも、海の青にも混じり合うことなく、ぽつんとただよって飛んでいるのは。

解説

ここでの「白鳥」は、「かもめ」のことです。かもめの白と、空や海の青とが対比され、より一層、その孤独が際立つ作品となっています。

トーストの焼（や）きあがりよく我（わ）が部屋（へや）の空気ようよう夏になりゆく　俵万智（たわらまち）

意味

今朝のトーストは、いつもより香ばしく焼き上がった。私の部屋の空気も、だんだんと夏のものになってきているのだな。

解説

トーストの焼き上がり方という、日常の変化から、季節の変化を感じている様子がうたわれている作品です。

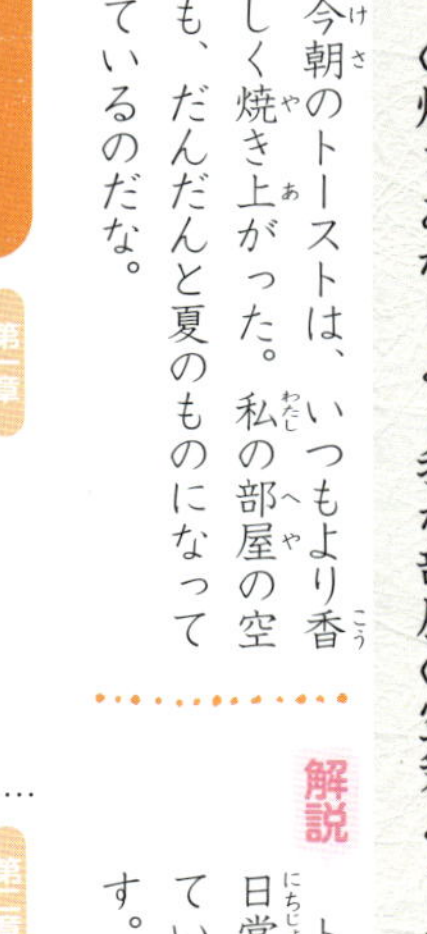
© Radius Images/amanaimages

もっとくわしく

俵万智は、現代を代表する歌人の一人です。作品は、話し言葉やかたかな語が効果的に使われています。

「この味がいいね」と君が言ったから七月六日はサラダ記念日

また、五・七・五・七・七のリズムをずらした作品もつくっています。

なんでもない会話なんでもない笑顔なんでもないからふるさとが好き

確認問題

第三節 短歌

1 次の短歌を読んで、あとの問いに答えなさい。

① やさしいね陽のむらさきに透けて咲く去年の秋を知らぬコスモス
② たはむれに母を背負ひて／そのあまり軽きに泣きて／三歩あゆまず
③ その子二十櫛にながるる黒髪のおごりの春のうつくしきかな
④ あをによし奈良の都は咲く花のにほふがごとく今さかりなり

(1) ①～④の短歌について解説したものを、それぞれ次から選んで答えなさい。

ア 最初の楽しげな雰囲気から、一転して悲しみにくれている様子が描かれている。
イ 花が咲きほこっている様子をたたえているが、それがまた、別のものの勢いのよさをたたえるたとえとなっている。
ウ 女性のもつ輝きが、まるで自らをたたえているかのように生き生きと表現されている。
エ けがれなく咲く花の美しさをたたえるように花に呼びかけている。

(2) ①～④の短歌の作者を選んで答えなさい。

ア 石川啄木　イ 与謝野晶子　ウ 斎藤茂吉　エ 俵万智　オ 小野老

(3) ④の短歌の枕詞を答えなさい。

答え 375ページ

つまずいたら

1
(1)
ヒント
① 「やさしいね」と呼びかけている。
② 「たわむれに」は、「面白半分に」の意。「軽きに泣きて」とは、母親の体重があまりに軽いので悲しくなってしまったのである。
③ 「おごり」は、自分が人よりも優れていると思う気持ちのこと。

(2) ▼370～373ページ

ヒント
歌人の生きた時代と短歌に使われている言葉や情景から考えよう。

(3) ▼366ページ
3 短歌の表現技法

確認問題の答え

問題 374ページ

1
(1) ①エ ②ア ③ウ ④イ
(2) ①エ ②ア ③イ ④オ
(3) あをによし

学習のポイント

(2) ①は、現代の言葉で書かれているので、現代の歌人の歌だとわかる。②のような母を思う短歌としては、斎藤茂吉の作品も有名。③の作者は、明治から昭和の初めに活躍した女流歌人。④は、日本で最初の歌集である「万葉集」に収められた、代表的な和歌。

372ページへもどる

(3) 「あをによし」は、「奈良」にかかる枕詞。「あをに」とは青丹、青土のことで、古くは顔料として使われた。奈良の近くでよくとれたことや、奈良の都の美しさを表しているということなどが、その由来といわれている。

【短歌の意味】

① なんて優しく咲く花なのだろう。秋の日差しを、紫色の花びらに明るく透かしている。去年の秋の様子なども知らないで。

② 面白半分に母を背負ってみたら、母があまりに軽く、母が老いたことを思い知らされた。それが悲しくて涙があふれてしまい、そのまま三歩と歩くことができなかった。

③ 二十歳をむかえたその子は、流れるような黒髪をくしでとかしながら、自分の美しさに満足している。その青春の姿の美しいことよ。

④ 奈良の都の平城京は、咲きほこる花がかぐわしく香るように、今は本当にはなやかに栄えているよ。

第四節 俳句

1 俳句とは

俳句とは、五・七・五の十七音からなる、伝統的な定型詩です。世界で最も短い形をもつ文学作品であり、自然の景色や作者の感動が、限られた言葉の中に込められています。

読んでみよう

古池や蛙飛びこむ水の音　松尾芭蕉

季語　蛙
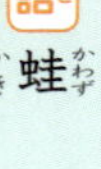

季節　春

柿くへ（え）ば鐘が鳴るなり法隆寺　正岡子規
季語　柿
季節　秋

① 俳句の歴史

平安時代末期頃から、短歌の「上の句（五・七・五）」と「下の句（七・七）」を別の人が交互に詠み合う「連歌」が流行し、室町時代に飯尾宗祇が大成しました。その後、機知と笑いをねらった「俳諧の連歌」が生まれ、連歌の最初の五・七・五の「発句」とともに「俳諧」と呼ばれました。

江戸時代前期に、それまで滑稽や言葉遊びを主としていた「俳諧」は、松尾芭蕉によって芸術性が高められました。さらに明治時代になると、正岡子規によって、「俳句」と呼び改められ、広められました。

学習のねらいと目安

俳句に込められた感動にふれよう

この節では、俳句について学びます。まずは、音律や季語など、形式上の特徴を理解することが大切です。短い言葉の中に込められた、作者の感動を味わいましょう。

学習の順序

② 代表的な俳人

〈江戸時代〉

・松尾芭蕉

江戸時代前期に、俳諧を芸術的なものに高めようと、多くの弟子を育てました。多くの俳諧撰集とともに、『のざらし紀行』や『奥の細道』などの紀行文も残しています。後の俳諧・俳句に大きな影響を与え、代表的な俳人として世界中にその名を知られています。

・与謝蕪村

画家としても優れた作品を残した、江戸時代中期の俳人です。芭蕉の死後、俗化しつつあった俳諧の芸術性を、再び高めました。絵画的な作品や古典的教養を背景にした作品が知られています。

・小林一茶

江戸時代末期の俳人です。豊かな農家に生まれましたが、その生涯は決して幸福とはいえないものでした。方言も交えたやさしい言葉で、小さく弱いものに目を向けた作品を数多く残しました。

〈明治時代〉

・正岡子規

明治時代中頃に、「写生」を唱えて俳句革新を行いました。俳句雑誌『ホトトギス』を指導して、多くの俳人を育てたり、俳句についての研究をしたりしました。また、短歌についての研究も深め、俳句・短歌に、近代文学としての地位を与える基盤をつくりました。

もっとくわしく

知っておきたい明治以降の俳人

・河東碧梧桐…印象鮮明な句風だったが、子規の没後、新傾向俳句を唱えた。
・高浜虚子…子規の『ホトトギス』のあとを受け継ぎ、写生的な俳句をつくった。
・種田山頭火…全国を放浪し、自由律の俳句をつくった。
・飯田蛇笏…虚子に学び、『ホトトギス』の中心作家になった。
・芥川龍之介…小説家。機知あふれる句をつくった。
・水原秋櫻子…心の感動を風景俳句に詠んだ。『馬酔木』を創刊して、新興俳句を推進した。
・山口誓子…新しい題材を新しい感覚で詠んだ。新興俳句運動の中心人物。
・中村草田男…ヨーロッパ文学の影響を受け、俳句の近代化を進めた。

2 俳句の形式

俳句は世界で最も短い定型詩です。その短い言葉の中に多くの意味を込めるために、形式上の約束や、情景や思いを強調するための工夫があります。

① 音数

俳句は、五・七・五の十七音でつくられています。短歌と同じように、字足らずや字余りの句もあります。

363ページへもどる

○○○○○ 初句
○○○○○○○ 二句
○○○○○ 結句

② 季語

季節の様子を表す言葉を、「季語」といいます。一つの句の中に一つの季語を使う原則になっています。

俳句で単に「花」という場合は「桜」をさし、春の季語です。その他の場合は、「菜の花」、「秋の花」というように、花の名前や季節がはっきりとわかるような表現をします。俳句にとって、季語が与える季節感は大切なものなのです。

また、季語が示す季節は、昔の暦に基づいた季節感であることに注意しましょう。

たとえば、「朝顔」は夏をイメージさせますが、俳句では秋の季語になります。

もっとくわしく 季語の季節感を確かめよう

季語の季節は、旧暦に基づいて決められているので、現代の季節感とはずれて感じられるものもあります。たとえば、お正月は冬ではなく旧暦では「春」です（年賀状に「新春」「初春」と書くのは、そのなごり）。また、七夕は夏のイメージですが、旧暦では七月は秋なので秋の季語になります。近年、実際の季節感に合わせて季語が整理されていますが、このようなちがいがあることも理解しておきましょう。

380ページへGO！

季節	旧暦	新暦
春	一月	二月
	二月	三月
	三月	四月
夏	四月	五月
	五月	六月
	六月	七月
秋	七月	八月
	八月	九月
	九月	十月
冬	十月	十一月
	十一月	十二月
	十二月	一月

※四季に「新年」を加えて、五つに分類することもあります。

③句切れ

俳句の中で、リズムや意味がはっきりと切れるところを「切れ」といいます。俳句は「切れ」によって、変化や余韻をもたせることができます。初句・二句・結句に「切れ」があるときは、これを「句切れ」といいます。

「初句切れ」や「中間切れ」（二句の途中で切れる）」、「二句切れ」と、句が切れる部分で呼び方が変わります。また、意味の切れ目がない、「句切れなし」の俳句もあります。

④切れ字

句切れの部分に使われ、作者の感動を印象づけたり、意味の切れ目になることを示したりする言葉です。

おもな切れ字には、「や・かな・けり」などがあり、ほかにも、「ぞ・か・し・せ・よ・らん」などが用いられることもあります。

読んでみよう

※赤字が切れ字

菜の花や月は東に日は西に　〈初句切れ〉　与謝蕪村

万緑の中や吾子の歯生え初むる　〈中間切れ〉　中村草田男

若鮎の二手になりて上りけり　〈句末の切れ〉　正岡子規

遠山に日の当たりたる枯野かな　〈句末の切れ〉　高浜虚子

学習のポイント

句切れをとらえよう

句切れが置かれた句には作者の感動の中心があるといえます。切れ字に注意して句切れを見つけましょう。

鑑賞のポイント

「菜の花や」の句

春の菜の花畑の東の空に月が昇り、西の空には夕日が沈んでいく、のどかで雄大な情景を詠んだ句です。

「万緑の」の句

夏の深い緑と赤ちゃんの初めて生えた小さな歯の白さを鮮やかに対比させて、生命力を感じさせる句です。

「若鮎の」の句

春、海から川を上ってきた若鮎が、川の分かれる所で二手に分かれて泳いでいくという情景を詠んだ句です。

「遠山に」の句

冬枯れの道を歩いていると夕暮れになったが、遠い山にはまだ夕日が当たっているという、寂しい情景を詠んだ句です。

3 季語

俳句には、季節を表す「季語」を必ず入れるというきまりがあります。季語は、俳句に季節感をもたせる重要な役割をもっています。

① 季語の分類

言葉の意味によって、七つに分類されます。

(1) 時候…季節や月の名称など
(2) 天文…月や星、太陽など
(3) 地理…山や川、海など
(4) 生活…仕事や遊び、道具など
(5) 行事…年中行事など
(6) 動物…一般的な動物や虫、魚など
(7) 植物…草木や花、果物、野菜など

② 季節の季語 ※【 】内は、現在のだいたいの日付です。

(1) 新年【一月一日～一月十五日まで】

時候	天文	地理	生活	行事	動物	植物
新年	初日	初景色	雑煮	初詣	*初雀	ゆずり葉
初春	初空	初富士	初湯	*七草	*初鶏	歯朶
元日	*初凪		初夢	若菜つみ	伊勢海老	福寿草
*去年今年	初あかね		書き初め	どんど		
松の内			双六	（とんど）		
			独楽			

入試のポイント

俳句の問題では、季語が問われることがあります。季語を見つけ、季節を答えられるようにしておきましょう。俳句の季語が表す季節は、現代の季節感とは異なる場合もあるので、代表的な季語とその季節を確認しておくことが大切です。

学習のポイント

新年を表す「季語」を知ろう

*去年今年…一夜明けて、去年から今年へ年が移り変わること。

*初凪…元日の海の風がやんで、静かな様子。

*七草…せり・なずな・ごぎょう・はこべら・ほとけのざ・すずな・すずしろの七種類の若菜をおかゆに入れて、一月七日の朝に食べること。

*初雀…元日の朝の雀やその鳴き声。

*初鶏…元日の朝にいちばん早く鳴くにわとりの声。

(2) 春【立春（二月四日頃）〜立夏（五月六日頃）の前日まで】

分類	季語
時候	寒明け　立春　春めく　冴え返る　余寒　彼岸　*啓蟄　暖か　麗らか　*長閑　日永　春惜しむ　如月　弥生
天文	春光　春の空　*朧月　春風　東風　春一番　花冷え　風光る　春雨　菜種梅雨　霞　陽炎
地理	春の山　春の野　春の水　春の海　水温む　春泥　残雪　雪崩　雪解け　薄氷　流氷
生活	卒業　入学　*花衣　草餅　桜餅　山焼き　野焼き　耕　種まき　茶つみ　潮干狩り　春スキー　風船　凧　しゃぼん玉　春眠
行事	*初午　バレンタインデー　ひな祭り　桃の節句　花見　*遍路　仏生会　黄金週間　虚子忌
動物	蛙　雀の子　うぐいす　蝶　つばめ　蜂　雲雀　白魚　若鮎　蛤　*猫の恋　*熊穴を出づ　*鳥雲に入る
植物	梅　椿　桜　花　蒲公英　土筆　桃の花　藤　山吹　すみれ　よもぎ　菜の花　大根の花　チューリップ　わかめ　海苔

学習のポイント

春を表す「季語」を知ろう

*啓蟄…冬ごもりしていた虫が外に出てくる頃。三月六日頃にあたる。

*長閑…空が晴れておだやかな様子。

*朧月…やわらかくかすんで見える月。

*花衣…花見のときに女性が着るはなやかな衣装。

*初午…二月の午の日に行われる祭礼。市でにぎわう。

*遍路…四国八十八か所の霊場をめぐること。

*猫の恋…晩冬から初春にある猫の発情期。

*熊穴を出づ…三月頃の、熊が冬眠から覚める時期。

*鳥雲に入る…渡り鳥が北へ帰っていくこと。

(3) 夏【立夏（五月六日頃）～立秋（八月八日頃）の前日まで】

分類	季語
時候（じこう）	立夏（りっか）、夏めく、*麦の秋、梅雨明け（つゆあけ）、暑し（あつし）、燃ゆる（もゆる）、涼し（すずし）、短夜（みじかよ）、土用（どよう）、夏深し（なつふかし）、秋近し、卯月（うづき）、皐月（さつき）、水無月（みなづき）
天文	風薫る（かぜかおる）、*薫風（くんぷう）、梅雨（つゆ）、*五月雨（さみだれ）、五月晴れ（さつきばれ）、*雲の峰（くものみね）、夕立（ゆうだち）、虹（にじ）、南風、炎天（えんてん）、ひでり、雷（かみなり）、夕焼け（ゆうやけ）
地理	夏の山、夏野、お花畑（おはなばたけ）、青田、夏の川、清水（しみず）、滴り（したたり）、泉（いずみ）、滝（たき）、夏の海、土用波（どようなみ）
生活	衣替え（ころもがえ）、浴衣（ゆかた）、林間学校、花火、線香花火（せんこうはなび）、ソーダ水、新茶、うちわ、風鈴（ふうりん）、虫干し（むしぼし）、田植え（たうえ）、草刈り（くさかり）、プール、涼み（すずみ）、昼寝（ひるね）、夏休み、帰省（きせい）
行事（ぎょうじ）	*端午の節句（たんごのせっく）、こどもの日、こいのぼり、武者人形（むしゃにんぎょう）、母の日、父の日、山開き（やまびらき）、川開き（かわびらき）、鬼灯市（ほおずきいち）、祭り（まつり）、草田男忌（くさたおき）
動物（どうぶつ）	青がえる、かたつむり、かぶと虫、はえ、蚊（か）、あり、*初鰹（はつがつお）、鮎（あゆ）、金魚、せみ、蛍（ほたる）、時鳥（ほととぎす）、*鹿の子（かのこ）
植物（しょくぶつ）	葉桜（はざくら）、若葉（わかば）、新緑（しんりょく）、青葉（あおば）、紫陽花（あじさい）、菖蒲（あやめ）、*卯の花（うのはな）、牡丹（ぼたん）、ばら、*万緑（ばんりょく）、夏草、たけのこ、ひまわり、青梅（あおうめ）

学習のポイント

夏を表す「季語」を知ろう

*麦の秋…五月下旬頃、麦を収穫する時期。
*薫風…初夏、新緑の間を吹きぬけてくる快い風のこと。
*五月雨…旧暦の五月頃に降る梅雨の間の長雨。
*雲の峰…入道雲のこと。
*端午の節句…五月五日の節句。
*初鰹…五、六月頃とれる、走りのかつお。
*鹿の子…シカの子。
*卯の花…うつぎの花。
*万緑…草木がすべて緑色である様子。

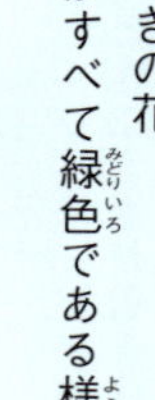

(4) 秋【立秋（八月八日頃）〜立冬（十一月八日頃）の前日まで】

分類	季語
時候	立秋　新涼　残暑　二百十日　夜長　秋澄む　さわやか　冷ややか　夜寒　晩秋　行く秋　秋の暮　文月　葉月　長月
天文	秋晴れ　*天高し　*秋の声　鰯雲　*月　三日月　名月　十五夜　*十六夜　天の川　流れ星　星月夜　秋風　*野分　霧
地理	花野　秋の山　秋の川　秋の田　刈田　秋の水　水澄む　秋の海　高潮
生活	新そば　新米　干し柿　灯籠　案山子　稲刈り　豊年　月見　夜なべ　運動会
行事	終戦記念日　*重陽　七夕　盆踊　阿波踊　敬老の日　体育の日　赤い羽根　文化の日　大文字　子規忌 
動物	赤とんぼ　かまきり　こおろぎ　ばった　鈴虫　虫　鹿　猪　鰯　秋刀魚　鮭　啄木鳥　色鳥　雁　渡り鳥　*馬肥ゆる
植物	朝顔　菊　彼岸花　*曼珠沙華　コスモス　紅葉　楓　いちょう　柿　いも　すいか　梨　りんご　ぶどう　くり　ゆず　すすき

学習のポイント

秋を表す「季語」を知ろう

*天高し…空気が澄み、空が高く感じられる様子。

*秋の声…もの寂しさを感じさせる木々の音や風の音。

*月……単に月といえば、俳句では秋の月をさす。

*十六夜…旧暦八月十六日の夜。

*野分…秋の台風。

*重陽…九月九日の節句。菊の節句ともいう。

*馬肥ゆる…馬が食欲を増し、たくましく成長すること。

*曼珠沙華…彼岸花のこと。

(5) 冬【立冬（十一月八日頃）～立春（二月四日頃）の前日まで】

分類	季語
時候	*冬ざれ、小春、短日、数え日、年の暮れ、行く年、除夜、大晦日、寒の入り、大寒、*三寒四温、*日脚伸ぶ、春近し、節分、神無月、霜月、師走
天文	冬晴れ、オリオン、木枯らし、空風、時雨、あられ、みぞれ、霜、初雪、雪、吹雪、*風花、*名残の空
地理	冬の山、*山眠る、冬景色、枯れ野、冬田、冬の川、*水涸る、霜柱、氷、つらら
生活	セーター、コート、ふとん、雑炊、卵酒、おでん、冬ごもり、たき火、風邪、雪だるま、雪下ろし、炭、こたつ、火鉢、狩り、スケート、スキー、年忘れ、クリスマス
行事	神の旅、神の留守、七五三、勤労感謝の日、柚子湯、クリスマス、年の市、豆まき、*芭蕉忌、*蕪村忌、一茶忌
動物	うさぎ、熊、きつね、たぬき、鴨、*寒雀、鶴、白鳥、水鳥、かいつぶり、ふぐ、ぶり、牡蠣、*冬の蝿、冬の蜂、綿虫
植物	早梅、*帰り花、落ち葉、冬木立、枯れ木、枯れ葉、*枯れ尾花、寒椿、山茶花、水仙、石蕗、南天、白菜、にんじん、大根、ねぎ、みかん、千両・万両

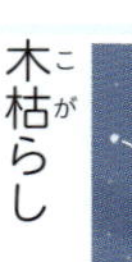

学習のポイント

冬を表す「季語」を知ろう

*冬ざれ…草木が枯れ果て、寂しい様子。

*三寒四温…三日寒い日が続いたあと、暖かい日が四日続くこと。

*日脚伸ぶ…日が長くなること。

*風花…花びらが舞うように降る雪。

*名残の空…大晦日に見る空。

*山眠る…冬の静かな山の様子。

*水涸る…川や湖の水が減る様子。

*芭蕉忌…松尾芭蕉の命日。旧暦十月十二日。

*蕪村忌…与謝蕪村の命日。旧暦十二月二十五日。

*寒雀…冬の寒さの厳しい期間の雀。

*冬の蝿…冬まで生き残っている蝿。

*帰り花…小春日和の頃、季節はずれの花が咲くこと。

*枯れ尾花…枯れたすすきの穂。

③季語が複数ある句・季語のない句

一つの句に季語を一つ入れるのが俳句のきまりです。けれども、ときにはそのきまりをあえて破ることで生まれる、優れた作品もあります。

例を見てみよう

〈季語が複数ある句〉

例 目には青葉山ほととぎす初鰹　山口素堂

例 秋かぜの動かして行く案山子かな　与謝蕪村

〈季語のない句〉

例 兵隊がゆくまつ黒い汽車に乗り　西東三鬼

例 分け入つても分け入つても青い山　種田山頭火

練習問題

1 次の句の季語とその季節を答えなさい。

(1) わらんべのおぼるるばかり初湯かな　飯田蛇笏

(2) 赤とんぼ筑波に雲もなかりけり　正岡子規

(3) かたつむり甲斐も信濃も雨のなか　飯田龍太

(4) おうおうといへどたたくや雪の門　向井去来

(5) 鬼は外月は内へと漏る夜かな　大島蓼太

答え 385ページ下段

鑑賞のポイント

「目には青葉」の句

一句に複数の季語があるものは「季重なり」といい、きらわれますが、この句は、「青葉」「山ほととぎす」「初鰹」と夏の風物が三つ並び、風流さを生んでいます。毎年、鰹が店頭に並ぶ季節になると、よくこの句が引用されます。

「分け入つても」の句

山頭火は「自由律俳句」という、季語や五・七・五の定型にとらわれない句を多くつくりました。

練習問題の答え

1 (1) 初湯・新年
(2) 赤とんぼ・秋
(3) かたつむり・夏
(4) 雪・冬
(5) 鬼は外(節分)・冬

※俳句の季語は、『歳時記』という本にくわしく書かれています。

4 俳句を味わう

俳句は、わずかな言葉で作者の感動を表現する文学です。十七音ですべてを説明することはできないので、俳句の技法を手がかりにしながら、鑑賞を深めることが大切です。

①季語を見つける

俳句には、季語を入れる約束になっています。まず、季語を見つけ、それがどの季節を表すのかを正しくとらえましょう。

読んでみよう

春の海ひねもすのたりのたりかな　与謝蕪村

＊季語の中には、このように、季節の名前が上につくものもあります。

②情景を想像する

俳句は、自然の風景や四季の移り変わりなどの情景に、作者の感動や驚きが表現されています。季節感をとらえ、その情景をよく想像することが大切です。

③切れ字や句切れに目をとめる

「や」「けり」「かな」などの切れ字は、作者の感動の中心を示すものです。切れ字のある句では切れ字に、句切れのある句では、句の切れ目に注目します。そこから作者の気持ちを想像して、共感したり、自分の思いと比べたりして、俳句を味わいましょう。

学習のポイント

俳句の味わい方

次の順番でポイントをおさえながら読んでいきましょう。

①季語を見つけて季節感をつかむ。

379ページへもどる

②季節感をふまえて情景を思い描く。

③切れ字・句切れから作者の感動の中心をとらえ、作者の心情を想像する。

380～385ページへもどる

鑑賞のポイント

「春の海」の句

おだやかで暖かい春の日、波もゆるやかに、一日じゅうのたりのたりと寄せては返す海の情景を描いた句。「ひねもす」とは、「一日じゅう」のこと。「のたりのたり」という言葉のひびきが、春の海ののんびりとした風景をよく伝えています。

練習問題

1 次の俳句を読んで、あとの問いに答えましょう。

① 雪とけて村いっぱいの子どもかな　小林一茶

② 朝顔に＊つるべとられてもらひ(い)水　加賀千代女

＊つるべ…井戸から水をくむためのおけ

③ 菜の花や月は東に日は西に　与謝蕪村

④ 手袋をとりたての手の暖かく　星野立子

(1) ①の句には、作者のどんな気持ちが込められていますか。

ア うれしい気持ち　イ 悲しい気持ち　ウ 怒りたい気持ち

(2) ②の句には、作者のどんな気持ちが表れていますか。記号で答えなさい。

ア 朝顔のつるがつるべに巻きついて水をくめないので困った気持ち。

イ 朝顔のつるを切るのはめんどうだと思うものぐさな気持ち。

ウ 朝顔のつるのせいでつるべから水をくめなくて腹立たしい気持ち。

(3) ③の句は、どの季節のどの時間帯の情景を詠んだものですか。

(4) ④の句の情景を答えなさい。

答え 387ページ下段

練習問題の答え

1 (1) ア　(2) ア

(3) 春の夕方の情景

(4) 例 冬に会った友人と、手袋を外してあく手をしている様子。

学習のポイント

1 (1) ようやく雪が解け、子どもたちが元気に外で遊んでいる様子を見て、作者自身も春の訪れに喜びを感じている。

(2) 「もらひ(い)水」とは、自分の家の井戸で水をくむのをあきらめて、となりの家まで水をもらいに行った、ということ。朝顔のつるを切るのがかわいそうで水をくめなかった作者の気持ちを想像しよう。

(3) 「日は西に」から、太陽が西に沈む夕方の情景とわかる。

(4) あく手をした手のぬくもりから、その人の人柄の温かさも伝わってくる句。

5 覚えておきたい俳句

※青字は切れ字・赤字は季語

新年の俳句

めでたさも中くらゐなりおらが春　小林一茶

意味　新年を迎えて、まわりの人たちは祝っているけれど、私にとっては、まあ何ということもない新年だよ。

書初のうゐのおくやまけふこえて　高野素十

意味　正月に「いろはうた*」の書き初めをしていると、それこそ「有為の奥山」を越えていくような気持ちになるなあ。

*いろはうた…

400ページへGO！

妹を泣かして上がる絵双六　黛まどか

意味　最初は仲良くすごろくで遊んでいたのだけれど、つい熱中して、妹を泣かして勝ってしまったよ。

くろこげの餅見失ふどんどかな　室生犀星

意味　小正月（一月十五日）に行われる「どんど焼き」で自分も餅を焼こうとしたのだけれど、真っ黒にこがしてしまったうえに、火も強くて見失ってしまったよ。

鑑賞のポイント

「めでたさも」の句

一茶の代表的な句集『おらが春』の最初の一句です。この句が詠まれた前年に、一茶は五十六歳でようやく長女を授かりました。「中くらゐ」という言葉には、ささやかな幸せをかみしめる気持ちが込められているのかもしれません。

「くろこげの」の句＊どんど焼き

小正月に行われる火祭りで、松飾りやしめなわなどを焼きます。その火で焼いたお餅を食べると、健康になるといわれています。

入試のポイント

松尾芭蕉などの古典の俳句から、正岡子規などの近代の俳句、さらに現代の俳句まで、さまざまな時代の俳句が出題されています。代表的な俳人の作品に親しむとともに、季語や切れ字を手がかりに、作者の感動を読み取れるようにしましょう。

読む編
第一章 読み方の基本
第二章 いろいろな文章を読む
第三章 韻文を読む
第四章 古典を読む

春の俳句

古池や蛙飛びこむ水の音
松尾芭蕉

意味　古い池にかえるが飛びこんだようだ。その音が、静かなこの場所にひびいている。

菫ほどな小さき人に生まれたし
夏目漱石

意味　道ばたにひっそりと咲いているすみれ。小さくてもしっかりと咲く、この花のような人間に生まれ、生きていきたい。

痩蛙まけるな一茶これにあり
小林一茶

意味　二匹のかえるがけんかをしているが、やせているほうが負けそうだ。がんばれ、一茶がここについているからな。

毎年よ彼岸の入りに寒いのは
正岡子規

意味　今日の寒さを口にしたら、母親に彼岸の入りに寒いのは毎年のことよと言われてしまったな。

卒業の兄と来てゐる堤かな
芝不器男

意味　今日、卒業式を迎えて新たな出発をする兄と、堤防へやってきてすわっているのだよ。

鑑賞のポイント

「古池や」の句
松尾芭蕉の代表句であると同時に、それまでは面白さが中心だった俳諧に芸術性を与えるきっかけとなった句ともいわれています。

「菫ほどな」の句
晩年に漱石が到達した境地といわれています。自分というものを捨てて、自然に身をゆだねて生きていこうという姿勢です。

「痩蛙」の句
「雀の子そこのけそこのけ御馬が通る」、これも一茶の句で、道の真ん中で遊んでいる雀に注意をうながしている句です。一茶らしい優しさがこの句にも表れています。

「毎年よ」の句
母親との会話をそのまま写した句です。「暑さ寒さも彼岸まで」ということわざもあります。

「卒業の」の句
兄弟でどんな会話をしていたのでしょう。あるいはだまって川を見つめていたのかもしれません。

夏の俳句

五月雨の降りのこしてや＊光堂
松尾芭蕉

意味
五月雨もこの金色堂には降らなかったのだろうか。とても美しく光り輝いているよ。

▲中尊寺金色堂
写真提供／中尊寺

青蛙おのれもペンキぬりたてか
芥川龍之介

意味
雨の中にいるアオガエルよ。お前のその鮮やかな色は、まるでペンキをぬったばかりのようではないか。

ピストルがプールの硬き面にひびき
山口誓子

意味
選手たちが位置につき、スタート前の静けさと緊張が高まっている。ピストルが鳴ったとき、その音が硬い水面にはねかえった。

滝落ちて群青世界とどろけり
水原秋櫻子

意味
高く深い滝つぼに大きな音を立てながら水が流れ落ちてきている。その群青色の鮮やかさと、とどろく水音の大きさよ。

鑑賞のポイント

「五月雨の」の句＊光堂
光堂とは、中尊寺金色堂のこと。芭蕉が『奥の細道』の旅で、中尊寺に立ち寄ったときに詠んだ句です。中尊寺平成二十三年に世界文化遺産に登録されました。

「青蛙」の句
「ペンキぬりたて」という言葉で、カエルの色の鮮やかさを表しています。

「ピストルが」の句
スタートのピストルが鳴った瞬間の情景を描いた句です。直前の静けさや緊張感も含めて想像を広げましょう。

「滝落ちて」の句
現在進行形の情景です。流れ続ける水の色と、その水音を想像しながら読みましょう。

秋の俳句

この道や行く人なしに秋の暮　松尾芭蕉

意味　いま、私が歩いているこの道を歩いている人は、ほかにはいないのだなあ。秋の夕暮れ時にはもう。

秋の夜や学業語る親の前　河東碧梧桐

意味　秋の夜は長いなあ。そんな夜に親の前で、学業について熱心に語っているのだよ。

啄木鳥や落葉をいそぐ牧の木々　水原秋櫻子

意味　きつつきが忙しそうに木をつついているよ。牧場の木々も散り急いでいるように、葉を落としているなあ。

岩鼻やここにもひとり月の客　向井去来

意味　岩の外れに立つ人よ。ここにもう一人、美しい月を見に来ている人がいるのだよ。

※美しい月よ。この岩の外れには、私というあなた（月）を見に来ている人がいるのだよ。

「この道や」の句
秋の句の多くには、どこかもの寂しさやもの悲しさが伴います。

「秋の夜や」の句
秋の夜がとても長く感じられるという季節感が、この句を読む上では大切です。

「啄木鳥や」の句
秋櫻子の代表句で、「高原俳句」と呼ばれています。十七音の中で五音を占める「き」の音のくり返しが、あわただしく移り変わる季節を表現しています。

「岩鼻や」の句
もとは「自分のほかに月見をしている人がいる」という意味でつくられた句ですが、師である芭蕉に、「月に向かって自分がいることを名乗っている」という句にしなさいと言われた作品です。

冬の俳句

旅に病んで夢は枯野をかけめぐる
松尾芭蕉

意味
旅の途中、病気で倒れてしまった。けれども、夢の中ではまだ、枯野を旅し続けているのだ。

冬蜂の死にどころなく歩きけり
村上鬼城

意味
冬まで生きのびた蜂だったが、自分の死に場所を見つけることができずに、よろよろと歩いているよ。

雪だるま星のおしやべりぺちやくちやと
松本たかし

意味
雪だるまをつくった夜は、外で雪だるまと星たちが、まるでぺちゃくちゃとおしゃべりをしているように思えるなあ。

斧入れて香におどろくや冬木立
与謝蕪村

意味
葉も落ちて、枯れたような木だったのだが、斧で切ってみると、みずみずしい木の香りがただよったことに、驚かされたことだよ。

鑑賞のポイント

「旅に病んで」の句
芭蕉は旅の途中、大坂で亡くなりました。この句は、その直前に詠んだもので、人生最後の句、つまり「辞世の句」となったのです。

「冬蜂の」の句
夏には活発だった蜂の弱った姿を描くことで、そのもの悲しさが強調されています。その姿は、人間の悲しみにも通じるという、作者の思いが感じられます。

「雪だるま」の句
まるで童話のような世界観です。その面白さを味わいましょう。

「斧入れて」の句
枯れ木だと思った木から、みずみずしい香りをかいで、蕪村が自然の生命力の強さに感動している句です。

川柳

川柳は、俳句と同じく、俳諧から生まれました。五・七・五の音数は俳句と同じですが、季語や切れ字は必要ありません。ふだんの生活の中で感じたことを面白おかしく詠んだものです。人の気持ちの難しさや、社会に対しての批判的精神が求められます。

はへ(え)ば立て立てば歩めの親心

意味　まだ幼い自分の子どもだが、はうようになれば立つのが楽しみになり、立てばいつ歩くのかが待ち遠しくなるのが親の心というものだ。

本降りになって出てゆく雨宿り

意味　そのうちやむだろうと雨宿りしていると、雨はやむどころかますます強くなり、結局は土砂降りの中に出て行くはめになるものだ。

芭蕉翁ぼちや(や)んといふ(う)と立ちどまり

意味　「古池やかわず飛び込む水の音」の名句をつくった芭蕉は、「ぼちゃん」という水の音を聞くたびに、また一句できないかと立ち止まることだろう。

もっとくわしく

川柳の始まり

江戸時代後半に、「前句付け」という遊びが流行しました。これは、前句（七・七）に合う付句（五・七・五）を考えて、その優劣を競う遊びです。

その判定者として有名だった人に、「柄井川柳」という人がいました。彼が判定をした前句付けを集めた句集が出版され、大評判になりました。そこから、付句だけが独立して、川柳と呼ばれるようになり、いまも親しまれているのです。

よく知られている川柳

・寝てゐ(い)ても団扇のうごく親心
・これ小判たつ(っ)た一晩ゐ(い)てくれろ
・居候三杯目にはそつ(っ)と出し

章末まとめ問題

解答▼557ページ

1 次の詩を読んで、下の問いに答えなさい。

雀と芥子

金子みすゞ

小ちゃい雀が
死んだのに、
芥子は真紅に咲いている。

知らないのです
知らせずに、
こっそりそばを通りましょ。

もしもお花が
きいたなら、
すぐにしぼんでしまうから。

(1) 「知らないのです」とありますが、だれが、何を「知らない」のですか。

(2) 「こっそりそばを通りましょ」と思った理由を答えなさい。

(3) この作品から感じられる作者の思いを一つ選んで、記号で答えなさい。

ア 雀が死んでしまったことを悲しんでいる。

イ 芥子の花の鮮やかさに感動している。

ウ 雀のことで芥子を悲しませないように思いやっている。

つまずいたら

1 (1)▼348〜350ページ 2 詩の表現技法

(2)▼352ページ 3 詩を味わう

(3)▼352ページ 3 詩を味わう

ヒント 擬人法が用いられている。

ヒント 理由が書かれている連を見つける。

ヒント 作者の行動の意味をよく考えて、最もふさわしいものを選ぶ。

2 次の俳句を読んで、あとの問いに答えなさい。

A この道の富士になりゆく芒かな　河東碧梧桐
B スケートのひも結ぶ間もはやりつつ　山口誓子
C 四方より花吹き入れて鳰の海　松尾芭蕉
D 郭公や何処までゆかば人に逢はむ　臼田亜浪
E 泣かされしあとの独楽打ち荒びけり　加藤楸邨

(1) それぞれの俳句の季語と季節（新年・春・夏・秋・冬）を答えなさい。

(2) Aの俳句の「富士になりゆく」とは、どういうことか答えなさい。

(3) Bの俳句は、どんな気持ちでひもを結んでいるかを答えなさい。

(4) 次の俳句のうち、松尾芭蕉の俳句をすべて選び、記号で答えなさい。

ア 夏草や兵どもが夢の跡

イ やれ打つな蠅が手をすり足をする

ウ 五月雨や大河を前に家二軒

エ 名月や池をめぐりて夜もすがら

(5) DとEの俳句の切れ字を答えなさい。

つまずいたら

2 (1) ▼380～385ページ 3 季語

新年・春・夏・秋・冬の季語を、それぞれ見つけよう。

(2)・(3) ▼386ページ 4 俳句を味わう

ヒント 「つつ」は「～しながら」という意味。

(4) ▼376ページ 1 俳句とは

ヒント 芭蕉の句の多くは、旅の中で生まれている。

(5) ▼378～379ページ 2 俳句の形式

ヒント 句点（。）がつけられるところを見つけよう。

入試問題にチャレンジ！

解答▼558ページ

1 次の詩と解説文を読んで、あとの問いに答えなさい。（智辯学園中）

準備　高階杞一

待っているのではない
準備をしているのだ
飛び立っていくための

見ているのではない
測ろうとしているのだ
風の向きや速さを

①初めての位置
初めての高さを
こどもたちよ
おそれてはいけない
この世のどんなものもみな
「初めて」から出発するのだから

②落ちることにより
初めてほんとうの高さがわかる
うかぶことにより
初めて
雲の悲しみがわかる

（「空への質問」より）

(1) この詩の形式と表現法の説明として最も適当なものを次の中から選び、記号で答えなさい。

ア 親しみやすい口語自由詩であり、倒置法を用いている。

イ 伝統に従った口語定型詩であり、擬人法を用いている。

ウ リズム感のある口語散文詩であり、比喩を用いている。

エ 開放感ある文語自由詩であり、体言止めを用いている。

(2) ――線部①「初めての位置／初めての高さ」とあるが、何をたとえたものか、最も適当なものを次の中から選び、記号で答えなさい。

ア　過去の体験　　イ　自分の努力

ウ　この世の厳しさ　　エ　学校で学んだこと

(3)　――線部②「落ちることにより／初めてほんとうの高さがわかる」とあるが、どういうことか、その説明として最も適当なものを次の中から選び、記号で答えなさい。

ア　様々な失敗をすることで、保護されていたことの辛さや社会の厳しさを知ることが出来るということ。

イ　様々な失敗をすることで、保護されていたことの辛さや社会の優しさを知ることが出来るということ。

ウ　様々な失敗をすることで、保護されていたことのありがたみや社会の厳しさを知ることが出来るということ。

エ　様々な失敗をすることで、保護されていたことのありがたみや社会の優しさを知ることが出来るということ。

(4)　次の文章は、この詩について書かれたものです。［ア］～［エ］に適当な語を考えて入れ、文章を完成させなさい。

子どもたちを、［ア］が［イ］の時を迎えた様子にたとえ、［ウ］のことを恐れずに思い切って挑戦することで、本当の意味で［イ］を迎える、つまり子どもたちに［エ］の世界に勇気を持って飛び込んで欲しいと、作者は願っているのです。

2　次のア～エの俳句を読んで、あとの問いに答えなさい。（四天王寺中・改）

ア　行水をすてる小池やはすの花

イ　五月雨や上野の山も見あきたり

ウ　いそがしきあとのさびしさ夕ざくら

エ　ぶどう食う一語一語のごとくにて

(1)　春の句・秋の句をそれぞれ一つずつ選び、記号で答えなさい。

(2)　次の鑑賞文にあてはまる俳句を選び、記号で答えなさい。

病気で長く寝込んでいる作者に見える景色は限られたものなので、退屈している。

(3)　比喩（たとえ）を用いている俳句を一つ選び、記号で答えなさい。

第四章

読む編

古典を読む

第一節 古典に親しもう

1 古典とは

古典とは、古くから読み継がれてきた文学作品のことです。日本では、飛鳥・奈良時代から江戸時代あたりまでに書かれたものをさすのが一般的です。

①古文のひびき

古典は、昔の言葉（古語）で書かれています。たとえば、次の歌は「いろはうた」という、古語で書かれた歌です。古語で書かれた文を、「古文」といいます。

声に出して読んでみよう

いろはにほへと　ちりぬるを
わかよたれそ　つねならむ
うゐのおくやま　けふこえて
あさきゆめみし　ゑひもせす

色は匂へど　散りぬるを
我が世　誰ぞ　常ならむ
有為の奥山　今日越えて
浅き夢見じ　酔ひもせず

訳…（花の）色は美しく照り輝いても、いずれ散ってしまう。われわれのこの世のだれが、変わらずにいられるだろうか。いろいろなことがある（人生の）深い山を、今日も越えていくが、浅い夢などは見ない。心を惑わされもしない。

学習のねらいと目安

古典を読んで 日本の伝統・文化にふれよう

この節では、古典や古文の特徴について学びます。古典には、千年以上も昔の人々の生活の様子や考え方が描かれています。古典を読み、昔の人々の考え方や感じ方にふれ、日本の文化について学びましょう。

現代との共通点や相違点について考えながら、日本の伝統的な文化に親しみましょう。

学習の順序

1 古典とは……導入
2 古文のかなづかい……発展
3 古典作品のいろいろ……発展

② 古典文学の流れ

年代	古典文学の流れ	歴史上の出来事
飛鳥・奈良時代	・口承文学…文字がまだなく、口伝えによって残されてきたもの。 ・記載文学…漢字が伝わり、日本語を漢字で表現した。『古事記』『万葉集』など	七一〇 奈良に都が置かれる。 七五二 東大寺大仏開眼
平安時代	・宮廷女流文学…貴族の女性を中心に随筆や日記、物語などが書かれた。『竹取物語』『枕草子』『源氏物語』など ・和歌…『古今和歌集』など	七九四 京都に都が移される。 ひらがなが普及する。
鎌倉・室町・安土桃山時代	・軍記物…源氏や平氏が活躍し、戦を題材にした物語が書かれた。『平家物語』など ・庶民文学…一般の人々を対象にした文学が盛んになる。『御伽草子』など ・随筆…『徒然草』『方丈記』など	一一八五 鎌倉幕府が開かれる。 一三三六 室町幕府が開かれる。 一五八二 本能寺の変
江戸時代	・上方文学…京都、大坂を中心に、町人の世界を描いた作品が書かれた。 ・江戸文学…江戸が中心。『東海道中膝栗毛』など	一六〇三 江戸幕府が開かれる。

もっとくわしく

「いろはうた」

かるたなどでもおなじみの「いろはうた」は、ひらがなをすべて一字ずつ使い、七音・五音のくり返しでつくられた七五調の歌です。平安時代にできたものと考えられていますが、作者は不明です。昔から、かなを習う手本として、また、番号や記号として、広く使われてきました。

▲いろはかるた
アフロ

2 古文のかなづかい

昔の言葉（古語）で書かれた文章を「古文」といいます。古文のかなづかいには、現在と少しちがう部分があります。これを「歴史的かなづかい」といいます。現代のかなづかいとの表記や読み方のちがいを紹介します。

①語頭（言葉の最初にくる文字）以外のハ行の文字

→ワ行の音(ワ・イ・ウ・エ・オ)で読む

(1) は→ワ　例 **あはれ→あわれ　あらはす→あらわす**

(2) ひ→イ　例 **つひに→ついに　心づかひ→心づかい**

(3) ふ→ウ　例 **いふ→いう　つかふ→つかう**

(4) へ→エ　例 **ひとへに→ひとえに**

(5) ほ→オ　例 **こほろぎ→こおろぎ　にほひ→におい**

②のばす音の「う（ふ）」がつく文字

→ア段・イ段・エ段の音に「う(ふ)」がつくと、読み方が変わる

(1) ア段＋う（ふ）→オ段＋う

例 **さうらふ（候）→そうろう**

例 **まうす（申す）→もうす**

(2) イ段＋う（ふ）→イ段＋ゆう

例 **うつくしう（美しう）→うつくしゅう**

例 **じふ（十）→じゅう**

(3) エ段＋う（ふ）→イ段＋よう

例 **てふてふ→ちょうちょう**

例 **けふ（今日）→きょう**

学習のポイント

古文は声に出して読もう

古文の歴史的かなづかいに慣れるには、声に出して読むことが大切です。何度も読むことで、現代かなづかいとの表記のちがいをつかむことができます。

もっとくわしく

昔のワ行

昔はワ行の音を、「わ・ゐ・う・ゑ・を」と書きました。昔は「をさない（幼い）」など、語頭に「を」がくる言葉があり、発音も「お」と区別して、「ウォ」と言ったのです。かたかなでは、「ワ・ヰ・ウ・ヱ・ヲ」と書きます。

昔のハ行

平安時代頃まで、ハ行の発音は、「ファ・フィ・フ・フェ・フォ」に近いものでした。それがやがて、語頭以外のハ行の発音が、ワ行の発音に近いものに変化していったと考え

③「くゎ」「ぐゎ」「む」→「カ」「ガ」「ン」と読む
(1)くゎ→カ　例 おくゎし（お菓子）→おかし　くゎじ（火事）→かじ
(2)ぐゎ→ガ　例 ぐゎんしょ（願書）→がんしょ
(3)む→ン　例 かむなづき（神無月）→かんなづき

④読み方は同じで、かなづかいがちがう文字
(1)ぢ→じ　例 ぢめん（地面）　すぢ（筋）
(2)づ→ず　例 みづ（水）　はづかし→はずかし
(3)を→お　例 をとこ（男）　をさない（幼い）

⑤いまは使わない文字
(1)ゐ→い　例 ゐる（居る）→いる
(2)ゑ→え　例 こゑ（声）→こえ

てふてふが
うつくしく
さうらふ

練習問題

1 次の短歌から歴史的かなづかいを探して、現代かなづかいに直しなさい。

(1) をぐらやま　みねのもみぢば　こころあらば
　　いまひとたびの　みゆきまたなむ

(2) あはぢしま　かよふちどりの　なくこゑに
　　いくよねざめぬ　すまのせきもり

(3) わたのはら　こぎいでてみれば　ひさかたの
　　くもゐにまがふ　おきつしらなみ

答え 403ページ下段

られています。現代でも、「私は、小学生です。」のように、「〇〇は、」という場合は、「は」を「ワ」と発音しますね。それは、この発音の変化のなごりなのです。

ここがポイント！

語頭以外の「ふ」は、①のきまり通り「う」と読みます。ですから、②ののばす音でも「ふ」は「う」と読みます。

練習問題の答え

1 赤字が現代かなづかいに直す文字。

(1) おぐらやま　みねのもみじば　こころあらば　いまひとたびの　みゆきまたなん

＊「いまひとたび」は、「今」＋「ひとたび」で、「ひ」は語頭にあると考えます。

(2) あわじしま　かようちどりの　なくこえに　いくよねざめぬ　すまのせきもり

(3) わたのはら　こぎいでてみれば　ひさかたの　くもいにまごう　おきつしらなみ

3 古典作品のいろいろ

①神話・歴史書

日本に残っているいちばん古い書物は、『古事記』です。八世紀頃に書かれた、神話の時代を含めた歴史書です。古事記には、日本列島が神々によってつくられてからの長い歴史が、神々や天皇家の人々を中心に書かれています。中には、次のような、よく知られている物語も含まれています。

・二人の神が日本列島をつくったときの話
・アマテラスオオミカミが天の岩戸に隠れる話
・スサノオノミコトがヤマタノオロチを倒す話
・因幡の白ウサギをオオクニヌシノカミが助ける話
・ヤマトタケルノミコトが九州や東国を治める話

②物語

おとぎ話のような『竹取物語』や、平安貴族の世界を題材にした『伊勢物語』、『源氏物語』、僧侶や庶民も登場する『今昔物語集』、江戸の町人の世界を描いた『世間胸算用』などがあります。

406～415ページへGO!

③軍記物

源氏や平家の武士たちの戦や盛衰など、歴史にもとづいてつくられた『平家物語』や『太平記』などがあります。

412ページへGO!

▲源氏物語の作者　紫式部
石山寺蔵

もっとくわしく　ひらがなができる前の文章

ひらがなができたのは、平安時代（いまから千年以上前）のこと。それまでは、文章はすべて、中国からもたらされた漢字で書かれていました。

どのように書かれていたのか、日本で最も古い歌集である『万葉集』から、少し紹介します。

『冬木成』→冬こもり
『春去来者』→春さり来れば
『鳥毛来鳴奴』→鳥も来鳴きぬ
『花毛佐家礼抒』→花も咲けれど
『秋山乃』→秋山の

現在ならば、ひらがなで書く部分に、同じ音の漢字をあてていることがわかります。漢字は音と同時に意味も表し、非常に多くの数があります。漢字を借りずに、日本語の音そのものを簡単に文字で表せるひらがなができたことによって、日本語で

④日記・随筆
ふだんの生活の出来事や旅の様子、季節の移り変わりの中で感じたことや考えたことが、日記や随筆という形で書かれています。随筆では『枕草子』『徒然草』『方丈記』、日記では『土佐日記』『更級日記』が有名です。当時の貴族や僧の様子や、趣味や芸術、恋愛に関する考え方などが伝わってきます。

408～414ページへGO！

⑤おとぎ話
室町時代には、『御伽草子』という、さし絵のついた短い読み物が流行しました。「一寸法師」「うらしま太郎」「鉢かつぎ姫」「ものぐさ太郎」など、現代も昔話として親しまれています。

⑥滑稽本・怪談
江戸時代には、人を笑わせるような滑稽本（『東海道中膝栗毛』など）、怪談（『雨月物語』など）が多く書かれました。

⑦外国の物語をもとにした物語
室町時代の終わりに西洋から伝わった、『イソップ物語』を日本語に訳した『伊曽保物語』などがあります。

▲東海道中膝栗毛
国立国会図書館蔵

⑧和歌・俳句
奈良時代につくられた『万葉集』は、すべて漢字で書かれています。平安時代にひらがなが発明されてからは、盛んに和歌がつくられ、『古今和歌集』など、歌集も多くつくられました。江戸時代には、松尾芭蕉や与謝蕪村、小林一茶らの句集や紀行文がつくられました。

文章を書くことがずっと楽になりました。このことは、日本の文学の発展に大きな影響を与えました。

34ページへもどる

もっとくわしく

皮肉をきかせたユーモア「狂歌」

江戸時代に町民たちの間で流行したものに「狂歌」というものがあります。これは、和歌と同じで三十一音の形式をもっています。

当時の世の中の様子を皮肉ったり、昔のものや人などをちゃかしたりしています。

「歌よみは下手こそよけれ　天地の動き出だしてはたまるものかは」

これは、紀貫之という歌人の有名な言葉「優れた短歌は天地も感動させる」をからかってつくられた狂歌です。しかし、昔のものや人についての深い知識がなければ、狂歌の話題にすることはできません。つまり、狂歌の作者は、それだけ学識のある人たちであったということです。

読む編　第一章 読み方の基本　第二章 いろいろな文章を読む　第三章 韻文を読む　第四章 古典を読む

第二節 古典を読んでみよう

学習のねらいと目安

いろいろな古典を読み慣れよう

日本の古典作品を、原文（古文）で読んでみましょう。古文のひびきを味わいながら、現代語訳と照らし合わせて、内容もつかみましょう。
また、代表的な古典の文学作品を紹介しますので、どんな作品があるのか、作者はだれなのか、ということも知っておきましょう。

学習の順序

1 竹取物語

①『竹取物語』とは

・昔話「かぐや姫」として知られている物語。
・ひらがなの文章として残された物語としては、日本最古の物語といわれる。
・書かれたのは、平安時代の初め頃。作者は不明。

読んでみよう

*いまは昔、竹取の翁といふ者ありけり。野山にまじりて竹を取りつつ、*よろづの事に使ひけり。名をば、さぬきの造となむいひける。その竹の中に、もと光る竹なむ一筋ありける。*あやしがりて、寄りて見るに、筒の中光りたり。それを見れば、三*寸ばかりなる人、*いと*うつくしうてゐたり。

▲竹取物語絵巻 国立国会図書館蔵

訳 いまではもう昔のことだが、竹取のおきなという者がいた。野や山に分け入って竹を取り、取った竹を、いろいろな物をつくるのに使っていた。名前をさぬきの造といった。おきながいつも取っている竹の中に、根元が光る竹が一本あった。不思議に思って近寄ってみると、筒の中が光っている。そこを見てみれば、三寸（約九センチ）ばかりの人が、とてもかわいらしい姿で座っていた。

あらすじ

昔、竹取のおきなという人がいて、山で竹をとって生活をしていた。ある日、切った竹の中から小さな女の子を見つけ、おばあさんと二人でその女の子を大切に育てる。やがて美しく成長した女の子は、「かぐや姫」と名付けられる。かぐや姫のうわさを聞いて、五人の貴族が、結婚を申し込みに来る。かぐや姫はそれぞれに珍しい品をもってくることを条件にしたが、だれもそれを手に入れることができない。ついに帝（天皇）までも結婚を申し込む。

しばらくして、かぐや姫は月をながめては涙を浮かべ、おきなに、自分が月の仙女であり、次の十五夜に月へ帰らなければならないと告げる。

帝はかぐや姫を月へ帰らせまいと家来を送り込むが、かぐや姫は帝に手紙を書き、空から迎えにきた月の天人たちとともに月へと帰る。

② 古文の表現

・「けり」……過去を表す。
・「たり」……存続を表す。
・「なむ～ける」……過去の出来事を強調する。

例 **「ありけり」→あった（いた）**

例 **「光りたり」→光っている**

例 **「もと光る竹なむ一筋ありける」**
→もとが光る竹が一本あったのだった。

学習のポイント

古文のひびきを味わおう

古文は、現代の文章とちがうひびきをもっています。はじめは慣れないかもしれませんが、何度も声に出して読んでみましょう。

意味

＊いまは昔…いまではもう昔のことだが
　＊昔話の始まりを表す言葉。
＊よろづ（ず）…いろいろ。さまざま。
＊あやしがりて…不思議に思って。
＊寸…昔の長さの単位。一寸は約三センチ。
＊いと…とても。
＊うつくしう（しゅう）…かわいらしい。
　＊古文では愛らしいものに対して、「うつくし」と表現します。現在でいう「美しい」は、古文では「うるはし（わ）」と表現します。

2 枕草子

①『枕草子』とは

・平安時代に書かれた、現存する最古の随筆。
・作者…清少納言（宮中に仕える女官）
・内容…作者が宮中で中宮（天皇の后）に仕えていた頃を中心に、見聞きしたことや考えたこと、心をひかれたことなどを、約三百の章段に書いている。

▲清少納言（部分）
Image：TNM Image Archives

読んでみよう

春はあけぼの。＊やうやう（よ）（よ）しろくなりゆく、山ぎは（わ）少しあかりて、紫だちたる雲の細くたなびきたる。

夏は夜。月の頃は＊さらなり、やみもなほ（お）、ほたるの多く飛びちがひ（い）たる。また、ただ一つ二つなど、ほのかにうちひかりて行くもをかし（お）。雨など降るもをかし（お）。

秋は夕暮れ。夕日のさして山の端いとちかう（こ）なりたるに、からすの寝どころへ行くとて、三つ四つ、二つ三つなど飛び急ぐさへ（え）あはれ（わ）なり。

学習のポイント

千年前の日本人の感性を知ろう

「春はあけぼの」は、四季それぞれに、どの時間帯がよいと感じるかを、簡潔に述べた文章です。これを読んで、現代に生きる皆さんは、どう思いますか？　千年前の日本人の感性に、共感できる部分もあるのではないでしょうか。時代を超えて、いまも昔も変わらない感性があるということに、気付かされる作品です。

もっとくわしく

「冬はつとめて」

「春はあけぼの」は、春、夏、秋のあとに、冬についても書いていきます。冬でよいのは「つとめて」、つまり「早朝」だということです。とても寒い早朝に、急いで炭火をおこして、火鉢を持って廊下を歩いているのは、冬にふさわしいが、昼になって寒さがゆるみ、炭も白く灰になってしまうのは、よくないと述べています。

*まいて雁などのつらねたるが、いとちひ(い)さく見ゆるはいとを(お)かし。日入りはてて、風の音虫の音など、はたいふ(う)べきにあらず。（以下、略）

訳　春は夜明けが素晴らしい。空がしだいに白んでいき、空の山に近い辺りが、少し明るくなって、紫がかった雲が、細く横になびいているのがよい。

夏は夜がよい。月の夜はもちろんだが、月のない闇夜も、蛍が多く飛び交うのがよい。また、ほんの一つか二つ、ほのかに光って飛んでいくのも趣がある。雨が降る夜も風情がある。

秋は、夕暮れがよい。夕日がさして、山の稜線がとても近く感じられる景色の中を、からすがねぐらへ帰ろうと、三羽四羽、二羽三羽と急いで飛んでいくのもしみじみと心打たれる。まして、雁などの群れが、遠い空にとても小さく見えるのはとても風情がある。日が沈み、風の音や虫の音が聞こえるのも、また言うまでもない。

② 「をかし」と「あはれ」

どちらも、感動して心をひかれる様子を表しますが、次のようなちがいがあります。

- 「をかし」…「これはいいな」とひらめいたときのように心をひかれる気持ちが込められています。「興味深い」「優れている」「美しい」などの意味で使われます。
- 「あはれ」…涙を誘われるような、しみじみとした気持ちで心をひかれる気持ちが込められています。「かわいい」「恋しい」「趣がある」などの意味で使われます。

清少納言という人物

清少納言が活躍した頃の宮中では、和歌や漢文の教養が重んじられていました。当時、漢文は男性が身につける教養でしたが、清少納言は男性を言い負かすほどの才能を発揮した、明るく勝ち気な女性でした。

意味

*やうやう…しだいに。だんだん。
*さらなり…もちろんだ。
*まいて…まして。

ここがポイント！　歴史的かなづかいの読み方

- やうやう→ようよう
- 山ぎは→山ぎわ
- なほ→なお
- 飛びちがひたる→飛びちがいたる

402ページへもどる

3 覚えておきたい古典作品

伊勢物語
平安時代

作者 不明

内容 歌人の「在原業平」と思われる主人公の一生を、短い話に分けて書かれた作品で、ほとんどの章段が「昔、男……」の一文から始まります。また、それぞれの話が、和歌を中心に語られており、このような物語を、「歌物語」といいます。

読んでみよう

昔、男ありけり。その男、身を*えうなきものに思ひなして、京には*あらじ、東の方に住むべき国求めにとて行きけり。*もとより友とする人、一人二人して行きけり。道知れる人もなくて、惑ひ行きけり。

（「東下り」冒頭部分より）

訳 昔、男がいた。その男は、自分自身を必要のない者であると思い、「京都にはもういることもあるまい、東国のほうに住むのにふさわしい国を探しに行こう」と思い、旅に出た。以前から友とする人、一人二人と一緒に行った。道を知っている人もなく、迷いながら行った。

もっとくわしく
在原業平という人物

「伊勢物語」の「男」のモデルとされる在原業平は、平安初期の代表的な歌人として「六歌仙」に選ばれ、百人一首にも短歌が収められています。また、美男子としても知られていた伝説的な人物でした。

東下りとは

当時の政治・文化の中心であった京都から、東の国へ行くことをさす言葉です。平安時代の東国は、住む人が少ない未開の土地であったため、そこへ行くことを「下る」といったのです。はなやかな都を去って落ちぶれていく、「男」の悲しみや決意が込められていることをふまえて読みましょう。

意味
* えうなきもの…必要のない者。
* あらじ…いることもあるまい。
* もとより…以前から。

源氏物語
平安時代

作者 紫式部

内容 光源氏という貴族の、栄華を極めた前半生と、苦悩に満ちた後半生、そして、彼の死後の子孫たちを描いた、五十四帖（「帖」は本の冊数を数える単位）からなる長編物語です。主人公たちの恋愛を中心に、平安貴族の華やかな生活や悲しみを描き、「もののあはれ」と呼ばれる、しみじみとした美しさを最もよく表した作品だといわれています。

読んでみよう

*前の世にも、御ちぎりや深かりけむ、世になく清らなる、玉の男御子さへ生まれ給ひぬ。（光源氏が生まれたときの場面）

「いつしか」と、*心もとながら*せ給ひて、急ぎ参らせて御覧ずるに、*めづらかなる、児の*御かたちなり。

訳 前世でも関係が深かったのだろうか、この世にまたとないくらい美しい玉のような男の皇子まで、お生まれになった。（桐壺帝は、）「（その若宮と対面できるのは）いつか」、早く見たいと待ち遠しく思われて、急いで参内させてご覧になると、とても美しいお顔立ちの皇子である。

紫式部という人物

紫式部は、清少納言と同じ時代に、宮中に仕えていた女官でした。教養の豊かな人で、和歌にも優れた作品を残しています。

意味

*前の世…前世。

*心もとながら…待ち遠しく思う。じれったく思う。

*〜せ給ひて…「〇〇する」の尊敬表現。

*めづらか…よくも悪くもふつうとちがったさま。めったにない。

*御かたち…お顔立ち。お姿。

土佐日記

平安時代

作者 紀貫之

内容 男性である作者が、当時は女性の文字だとされていたひらがなを使って、女性の日記として書いた作品です。

読んでみよう

男もすなる日記といふ(う)ものを、女もしてみむ(ん)とてするなり。

（冒頭部分）

訳 男も書くと聞いている日記というものを、女の私も書いてみようと思って、書くのである。

平家物語

鎌倉時代

作者 不明

内容 武士の一族である平氏と源氏の戦いを記した軍記物語。世の中を治めていた平氏が、源氏との戦いに敗れて落ちぶれ、滅ぼされていくまでを描いています。

読んでみよう

*祇園精舎の鐘の声、諸行無常の響きあり。

*娑羅双樹の花の色、盛者必衰の理をあらはす(わ)。

*おごれる人も久しからず、ただ春の夜の夢のごとし。

たけき者も遂にはほろびぬ、*ひとへ(え)に風の前の塵に同じ。

もっとくわしく

紀貫之という人物

歌人としても名が高く、さまざまな歌集づくりにも関わっています。いわゆる「六歌仙」も、貫之が特に名前をあげた歌人たちを、後世にそう呼ぶようになったのです。

琵琶法師が語った『平家物語』

琵琶法師とは、琵琶という楽器をかき鳴らしながら物語を語った、盲目の僧のことです。平家物語はもともと、琵琶法師たちによって、歌うように語られた物語でした。調子よく、感情を込めた文章で書かれているのは、そのためです。

意味

*祇園精舎…インドのお寺の名前。

*娑羅双樹…おしゃか様が亡くなった場所に生えていたという木。

*おごれる…得意になっていばっている。

*ひとへに…もっぱら。まったく。

訳

祇園精舎の鐘の音には、「すべての物事は変化する」ということを感じさせる響きがある。娑羅双樹の花の色は、勢いのある者でもいつかは必ず衰えるという真理を表している。おごり高ぶった者の力は長く続かず、春の夜の夢のようにはかないものだ。勇ましい者も最後には滅んでしまう。風の前に吹き飛ばされるちりのようなものだ。

徒然草

鎌倉時代

作者 兼好法師

内容 世の中の幅広い話題について、仏教的な考えをもとにしながら、作者の考えを述べた随筆。『枕草子』『方丈記』と並んで、日本古典三大随筆といわれています。

読んでみよう

つれづれなるままに、日暮らし、硯にむかひ(い)て、心にうつりゆくよしなし事を、そこはかとなく書きつくれば、あやしう(しゅう)こそものぐるほ(お)しけれ。

訳

所在のないままに、一日中、すずりに向かって、心に浮かんでは消えていく、何でもないことを、とりとめもなく書きつけていると、不思議なほど、さまざまな思いがわいて、妙な感じがする。

兼好法師という人物

本名は卜部兼好といい、代々、京都の吉田神社の神官を務める家柄の生まれでした。三十歳前後で出家して僧になり、簡素な暮らしをしながら優れた和歌を詠み、後世に残る名著『徒然草』を著しました。

▲兼好法師
常楽寺蔵

今昔物語集 平安時代

作者 不明

内容 説話（人々によって伝えられた神話・伝説・昔話など）を集めたものとしては日本最大のものです。どの話も「今は昔」と書き出されているのが、書名の由来です。

方丈記 鎌倉時代

作者 鴨長明

内容 平安時代末に起こった災害や戦乱の様子を、仏教的な無常観（すべてのものは、もとの形をとどめず変わっていく、という考え）によって語った随筆です。

宇治拾遺物語 鎌倉時代

作者 不明

内容 「こぶ取りじいさん」や「舌切りすずめ」など、現在まで伝わっている説話や、滑稽な話、不思議な話などが集められ、当時の人々の生活や思いを伝えています。

雨月物語 江戸時代

作者 上田秋成

内容 中国や日本の話をもとに書かれた怪談物語集です。

奥の細道 江戸時代

作者 松尾芭蕉

内容 俳人・松尾芭蕉が、東北・北陸の旅の様子をつづった紀行文です。

学習のポイント

時代ごとに代表的な作品を覚えておこう

〈奈良時代〉

歴史書…『古事記』『日本書紀』

和歌集…『万葉集』

〈平安時代〉

和歌集…『古今和歌集』

随筆…『枕草子』

物語…『竹取物語』『源氏物語』

歌物語…『伊勢物語』

日記…『土佐日記』『更級日記』

〈鎌倉・室町時代〉

軍記物語…『平家物語』『太平記』

和歌集…『新古今和歌集』

随筆…『方丈記』『徒然草』

説話集・おとぎ話…『今昔物語集』『宇治拾遺物語』『御伽草子』

〈江戸時代〉

紀行文…『奥の細道』

浮世草子…『世間胸算用』

滑稽本…『東海道中膝栗毛』

怪談…『雨月物語』

読本…『南総里見八犬伝』

4 明治以降の文学作品

明治時代以降の作品を近代文学といいます。代表的な作品と作者の名前を覚えておきましょう。

明治期のおもな文学作品

作品名	種類	作者名
『小説神髄』	評論	坪内逍遙
『浮雲』	小説	二葉亭四迷
『舞姫』	小説	森鷗外
『たけくらべ』	小説	樋口一葉
『高野聖』	小説	泉鏡花
『五重塔』	小説	幸田露伴
『若菜集』『夜明け前』	詩集 小説	島崎藤村
『武蔵野』	随筆・小説集	国木田独歩
『怪談』	小説	小泉八雲
『海潮音』	訳詩集	上田敏
『吾輩は猫である』『坊っちゃん』	小説	夏目漱石
『野菊の墓』	小説	伊藤左千夫
『一握の砂』	歌集	石川啄木
『刺青』	小説	谷崎潤一郎

大正期のおもな文学作品

作品名	種類	作者名
『赤光』	歌集	斎藤茂吉
『こゝろ』	小説	夏目漱石
『道程』	詩集	高村光太郎
『山椒大夫』	小説	森鷗外
『月に吠える』	詩集	萩原朔太郎
『羅生門』『杜子春』	小説	芥川龍之介
『小僧の神様』『暗夜行路』	小説	志賀直哉

昭和期のおもな文学作品

作品名	種類	作者名
『セロ弾きのゴーシュ』『風の又三郎』	童話	宮沢賢治
『伊豆の踊子』『雪国』	小説	川端康成
『蟹工船』	小説	小林多喜二
『路傍の石』	小説	山本有三
『走れメロス』	小説	太宰治
『金閣寺』	小説	三島由紀夫
『竜馬がゆく』	小説	司馬遼太郎

もっとくわしく

明治になると世の中の仕組みが改まり、西洋の文化を取り入れた新しい文学が求められるようになりました。それまでは文語で書かれていた書き言葉も、話し言葉と同じ口語に変わり、現在のような文章になったのです。

坪内逍遙は『小説神髄』という評論で、世の中の様子や人の心をありのままに書く、新しい小説の理想を述べました。その考えを実際に作品にしたのが、二葉亭四迷の小説『浮雲』です。

明治の半ばには、さらに自由な表現を求めた浪漫主義の文学作品（島崎藤村、田山花袋ら）が書かれ、多くの名作を残しました。

こうした新しい表現の運動は、小説だけではなく、詩や短歌・俳句、演劇にもおよんでいます。

5 中国の古典

中国の古典は、古くから日本に伝わり、日本語の表現や文学に多くの影響を与えてきました。

① 漢文・漢詩の読み方

中国の古典は、すべて漢字で書かれています。このような文章を「漢文」、詩を「漢詩」といいます。これを、日本語風に読むために、漢字の順序を変えたり、送りがなを加えたりした文を、「書き下し文」といいます。

② 漢詩

読んでみよう

春暁　孟浩然

春眠不覚暁
処処聞啼鳥
夜来風雨声
花落知多少

書き下し文

春眠暁を覚えず
処処に啼鳥を聞く
夜来　風雨の声
花落つること知る多少ぞ

訳　春の眠りの心地よさに、夜が明けたのも気づかなかった。いろいろな所から鳥の鳴き声が聞こえる。昨夜は雨風が強かったが、花はどれくらい落ちてしまったのだろう。

学習のポイント

日本人に親しまれてきた漢詩

上の漢詩は、日本人が昔からとても親しんできたものです。特に冒頭の一句「春眠暁を覚えず」は、春先に朝ねぼうしたときによく口にされます。覚えておきましょう。

もっとくわしく

漢詩の形式

漢詩には、用いる漢字の字数と句の数によって、次のような形式があります。

・五言絶句（五字の句が四つ）
・七言絶句（七字の句が四つ）
・五言律詩（五字の句が八つ）
・七言律詩（七字の句が八つ）

「春暁」は五言絶句です。

読む編
第一章 読み方の基本
第二章 いろいろな文章を読む
第三章 韻文を読む
第四章 古典を読む

読んでみよう

矛盾

楚人有鬻盾与矛者。誉之曰、「吾盾之堅、莫能陥也。」又誉其矛曰、「吾矛之利、於物無不陥也。」或曰、「以子之矛、陥子之盾、何如。」其人弗能応也。

（『韓非子』より）

書き下し文

楚人に盾と矛をひさぐ者有り。之を誉めて曰はく、「吾が盾の堅きこと、能く陥すもの莫きなり。」と。又其の矛を誉めて曰はく、「吾が矛の利なること、物に於いて陥さざる無きなり。」と。或る人曰はく、「子の矛を以て、子の盾を陥さば、何如。」と。其の人、応ふること能はざるなり。

訳

楚の国の人で、盾と矛を売っている者がいた。盾をほめて、「私の盾の堅いことといったら、突き通せるものはない。」と言った。また、矛をほめて、「私の矛の鋭いことといったら、どんなものでも突き通せないものはない。」と言った。するとある人が「それでは、あなたの矛で、あなたの盾を突いたら、どうなるのか。」と言うと、その人は答えることができなかった。

③故事成語

右の文章は、『韓非子』という中国の古典の中に書かれている話（故事）ですが、この故事から、「物事のつじつまが合わない」という意味を表す「矛盾」という言葉が生まれました。このような言葉を、「故事成語」といいます。

164ページへもどる

もっとくわしく　日本人に親しまれる『論語』

古くから日本人に親しまれた中国の古典に、『論語』があります。『論語』は、中国の学者であった「孔子」という人の言葉を、弟子たちが書き表したものです。この『論語』の中の言葉で、次の言葉は、現在もよく引用されています。

「温故知新」

（故きをたずねて新しきを知る）

…昔の歴史や書物をよく調べて、現代に生かすことのできる新しい考え方をもつ。

第三節 伝統芸能の世界

1 伝統芸能とは

伝統芸能とは、日本に古くから伝わる歌・舞踊・演劇・音曲などの芸のことです。ここでは特に、舞台芸術（演劇）についてふれていきます。

①能

「能」は舞と謡とが一緒になった音楽劇です。室町時代に観阿弥・世阿弥親子によって、芸術的に高められました。特に世阿弥は、『風姿花伝』という、能の芸術についてまとめた書物を著しました。

②狂言

「狂言」は、能とともに発達した台詞と所作による笑劇です。神話や歴史などをもとにして有名な人物の心情を中心に劇的に描く能と対照的に、狂言は、主に当時の人々の生活の様子を題材とし、日常で使われる言葉で笑いとともに演じられます。能と狂言は、江戸時代、幕府の式楽として交互に演じられる上演形態が確立しました。現在では、狂言だけで公演されることもあります。

▲能「高砂」

©公益社団法人能楽協会

▲狂言「うつぼ猿」

写真提供／万作の会　撮影／吉川信之

学習のねらいと目安

伝統芸能とは何か？

伝統芸能は、現在にいたるまで受け継がれている日本特有の文化です。

〈日本の伝統芸能〉

・歌（短歌・俳句　など）
・日本舞踊
・演劇（能・狂言・歌舞伎・人形浄瑠璃　など）
・音曲
・演芸（落語・講談・奇術・漫才・紙切り　など）
・工芸（陶芸・織物・漆器　など）
・芸道（茶道・華道・書道・武道　など）

この節では、演劇の四つの芸能について紹介していきます。

学習の順序

③人形浄瑠璃

室町時代に始まった物語に節をつけて語る「浄瑠璃」に、三味線と人形芝居が加わって江戸時代に成立したのが「人形浄瑠璃」です。竹本義太夫が大成したので、人形浄瑠璃の語りは「義太夫節」といいます。

現在では、「人形浄瑠璃」のことを「文楽」といいますが、これは、長く続いた「文楽座」という専門の劇場の名前に由来しています。

代表的な作家に、近松門左衛門がいます。

④歌舞伎

江戸時代の初め頃に、出雲大社の巫女だった、阿国という女性の踊りが起源だといわれています。「かぶき」とは、「傾く（人並外れた不思議な格好やふるまいをする）」という言葉がもとになってできた言葉です。

その後、坂田藤十郎や市川団十郎といった有名な歌舞伎俳優が現れて、よりいっそう盛んになりました。

確認

室町時代に、舞と謡が一緒になった「能」や「狂言」が発達し、江戸時代には「人形浄瑠璃」や「歌舞伎」が成立した。

▲文楽「曽根崎心中」

協力 人形浄瑠璃文楽座／国立劇場蔵

▲歌舞伎「連獅子」

協力　日本俳優協会／国立劇場蔵

もっとくわしく

民衆がつくりあげた伝統芸能

ここにあげた伝統芸能は、室町時代と江戸時代に盛んになったものです。ともに貴族の力が武士によって衰え、民衆が商工業を発達させて経済力をもった時代でした。これによって、民衆が、文化の担い手となったのです。演目の多くは、民衆を主人公とし、民衆が楽しめるものでした。芸術作品は、その時代の様子を反映していることが多いのです。

一般的に使われるようになった歌舞伎言葉

・**黒幕**…表に出ないで、かげで指図する人。（歌舞伎で、裏方の動きをかくすためなどに使う幕から）

・**二枚目**…美男子（歌舞伎では、美男の役者は、看板の二枚目に書くことから）

・**十八番**…いちばん得意なもの。（歌舞伎の市川家に伝わる十八の得意な演目「歌舞伎十八番」の呼び名から）

2 覚えておきたい伝統芸能の知識

①能『羽衣』

昔話の羽衣伝説をもとにした演目です。空を飛ぶための羽衣を人間に取られた天女が、羽衣を返してもらうために舞う美しい舞が見どころとなっています。

脚本を見てみよう

シテ「のう、その衣はこなたのにて候。なにしに召され候ぞ」
ワキ「これはひろいたる衣にて候よ」
シテ「それは天人の羽衣とて、たやすく人間に与ふべき衣にあらず。もとのごとくにおき給へ」

あらすじ

ある日、白竜という名の漁師が、三保の松原の松の枝に美しい衣がかかっているのを見つけます。そこに天女が現れ、衣を返すように頼みますが、白竜はその頼みを断ります。しかし悲しむ天女を見て、天女が舞を見せてくれる代わりに衣を返すことにします。天女は美しい舞を見せ、空へと飛び立っていきました。

▲能「羽衣」

もっとくわしく

「シテ」と「ワキ」

「シテ」というのは、主役のことをさす、能特有の言葉です。「ワキ」とは相手役のことです。『羽衣』では、「シテ」が天人（天女）で、「ワキ」は白竜になります。

能舞台

能と狂言は、「能舞台」で演じられます。能舞台は五・五メートル四方の「本舞台」と、そこから左にのびる「橋掛り」などから構成されます。「舞台」には屋根がつき、三方は壁のない吹き抜けで、四隅に屋根を支える柱があります。

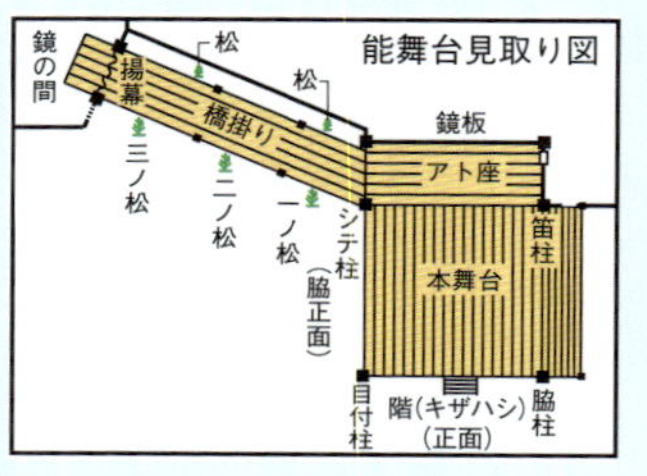

② 狂言『二人大名』

あらすじ

京都に行くことになった二人の大名が、通りがかった男を、無理に荷物持ちにしてしまいます。大名たちのあつかいに腹を立てた男は、荷物として持っていた刀を手に、逆に大名たちをおどし、二人に犬のまねをさせたり、起き上がりこぼしの格好をさせたりして、さんざんにからかうのでした。

③ 人形浄瑠璃の有名作家

近松門左衛門……「日本のシェークスピア」と呼ばれるほどの偉大な劇作家です。百作近い脚本を書いたといわれており、そのうち、時代物といわれる武士道を描いた作品が七十作を占めています。美しく、華やかな文章を書き、浄瑠璃の発展に貢献しました。

代表作『曽根崎心中』『冥途の飛脚』『国性爺合戦』

④ 歌舞伎の有名作者

鶴屋南北……江戸時代の後期に、大胆な発想と奇想天外なしかけを用いた歌舞伎の脚本を書き、新しい表現を切り開きました。

代表作『東海道四谷怪談』

河竹黙阿弥……江戸時代末期から明治初期にかけて数多くの脚本を書き、それまでの歌舞伎を集大成したといわれました。

代表作『鼠小紋東君新形(通称「鼠小僧」)』

もっとくわしく

狂言に描かれているもの

狂言は、民衆の生活が題材となっています。その中には、貴族や武士、僧など、地位の高い人々が、民衆にからかわれたり、やりこめられたりするような話も多くあり、気楽に楽しめる娯楽として人気を集めました。

人形浄瑠璃と歌舞伎

江戸時代、能は幕府の儀式芸能としての面が強い一方で、歌舞伎や人形浄瑠璃は、民衆の娯楽として流行しました。芝居小屋が建てられた町では、飲食店も軒を連ね、芝居見物に訪れた人々でにぎわいました。

▲江戸時代の芝居小屋

アフロ

読む編 第一章 読み方の基本 第二章 いろいろな文章を読む 第三章 韻文を読む 第四章 古典を読む

章末まとめ問題

解答▼560ページ

1 次の文章を読んで、下の問いに答えなさい。

祇園精舎の鐘の声、
諸行無常の響きあり。
娑羅双樹の花の色、
盛者必衰の理をあらはす。
おごれる人も久しからず、
ただ春の夜の夢のごとし。
たけき者も遂にはほろびぬ、
ひとへに風の前の塵に同じ。

(1) この文章で始まる作品の題名を答えなさい。

(2) この作品は何を描いたものですか。次のア〜ウから一つ選び、記号で答えなさい。

ア 美しい自然の様子
イ 源氏と平氏の戦い
ウ 中国の歴史

(3) 「盛者必衰」の「盛者」を言いかえた言葉を、文章の中から二つ抜き出しなさい。

(4) 「春の夜の夢」が意味するものを、次のア〜エから一つ選び、記号で答えなさい。

ア 長い時間　イ 美しい夢
ウ 悲しい夢　エ 短い時間

つまずいたら

3 1▼412ページ 覚えておきたい古典作品

ヒント

(3) 「盛者」とは、勢いや権力をもった人という意味。

(4) 「久しからず」とは、長くは続かないという意味。そのたとえであることから考える。

2 次の文章を読んで、あとの問いに答えなさい。

つれづれなるままに、日暮らし、硯にむかひて、心にうつりゆくよしなし事を、そこはかとなく書きつくれば、あやしうこそものぐるほしけれ。

(1) この文章で始まる作品の題名と作者を、それぞれ選んで記号で答えなさい。

〈題名〉 **ア** 枕草子　**イ** 源氏物語　**ウ** 徒然草　**エ** 論語
〈作者〉 **オ** 兼好法師　**カ** 清少納言　**キ** 孔子　**ク** 紫式部

(2) この作品は、どんなことを書いた作品ですか。文章中の言葉で答えなさい。

3 次の文章を読んで、あとの問いに答えなさい。

この作品は、日本で最初の物語といわれています。作者ははっきりとはしていませんが、平安時代の初期につくられたと考えられています。「（　A　）」という書き出しで始まるこの物語は、「かぐや姫」という美しい女性の物語です。

(1) 右は、何という作品について説明した文章ですか。

(2) （　A　）に入る文を次の**ア**～**ウ**から一つ選び、記号で答えなさい。

ア 今は昔、竹取の翁といふ者ありけり。
イ 昔、男ありけり。
ウ 男もすなる日記といふものを、女もしてみむとてするなり。

つまずいたら

2 ▼413ページ
3 覚えておきたい古典作品

ヒント (1) 書き出しが書名の由来となっている作品。

ヒント (2) 「書きつくれば」に注目する。

3 ▼406・407ページ

ヒント (1) 「日本で最初の物語」「かぐや姫」という記述に注目する。

ヒント (2) アの「竹取の翁」に注目する。

国語の宝箱

短歌は絵画？

「百人一首」といえば、かるた遊びを通じて広く親しまれている「小倉百人一首」が有名ですが、これは、藤原定家が、鎌倉幕府のある御家人の小倉山荘のふすまを飾るために、優れた短歌を百首集めて色紙に書いたものでした。

ふすまに短歌を飾るとは、ずいぶんと風流ですね。昔の人は短歌を飾ることで、そこに描かれた情景を、絵画のように鑑賞していたのかもしれません。

百人一首の歌人たちが活躍した時代は、言葉のもつ力を信じていました。「言霊」といって、口に出したことが実現すると考えていたのです。つらいことや悲しいことが続けば、良いことがあるようにと願いを込めた歌をつくりました。逆に、不吉な歌をつくると、本当に不吉なことが起こるとも考えていました。平安時代には、藤原氏という一族が強い権力をもっていたので、たとえば「藤の花が散る」といったような歌をつくれば、厳しく非難されたことでしょう。このような人たちですから、短歌を絵画のように鑑賞できたのでしょう。

定家が関わった勅撰和歌集に、『新古今和歌集』というものがあります。この歌集には、約二千首の短歌が入っていて、内容ごとに分類・整理されています。季節の短歌は、春の訪れから大晦日まで、季節が移り変わる順に並べられています。季節がめぐる様子が、絵巻物のように表現されています。

百人一首の歌には、歌人の生きていた時代順に番号がついています。ふすまを飾ったという百の色紙は、どのように並べられたのか、また、それらをながめながら、どんな情景を思い描いていたのか、想像してみるのもよいですね。

▲小倉百人一首
アフロ

書く編

第一章

書く編

書き方の基本

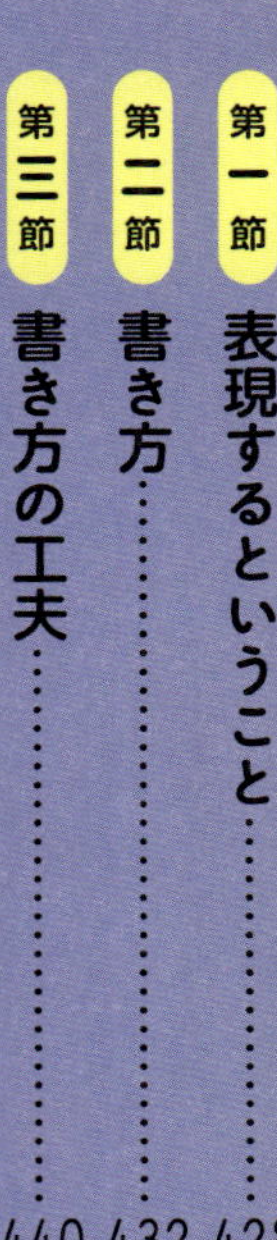

第一節　表現するということ

1　文章を書く前に

①書くことを見つけられるようになろう

作文を書くときに何より大切なことは、自分の伝えたいことを、「読み手に伝わるように書く」ことです。そのためには、次のことが必要です。

読みたくなる内容
面白い、感動する、発見がある、考えさせられる　など。

読みやすい文章
正しい日本語で、わかりやすく書かれている。

ここではまず、作文を書く前に考えなければならない「内容」＝「何を書くか」について見ていきましょう。文章を書く前に、「何を書いたらいいかわからない」と悩んでしまう人がいるかもしれません。しかし、作文の題材になることは、身近にたくさん見つけることができます。

②「出来事」と「気持ち」から、書くことを見つけよう

作文の基本は、「出来事」と「気持ち」を書くことです。「出来事」だけ、「気持ち」だけを書いても、自分の言いたいことを十分に伝えることはできません。具体的な工

学習のねらいと目安

文章を書くことは楽しい！

この節では、文章を書くための基本的なことを学びます。まず、書く題材を見つける方法を学びます。そして、言いたいことが読み手に伝わる文章にするための約束ごとを学びます。文章を書くことに慣れて、書く楽しさを味わってみましょう。

学習の順序

ピソードを織り交ぜて書くことで、読む人は場面を想像することができます。また、「自分ならどうだろう」と考えることもできます。そして、作文の筆者の考えに共感したり、自分とはちがうと感じたりします。このように、読んだ人が自分のことに置きかえて考えることのできる作文が、よい作文といえます。

次の図の、上の出来事(事柄)と、下の気持ち(感じたこと)を組み合わせてみましょう。

出来事（事柄）

・まんがを読んだ　・家族で沖縄に行った
・「ごんぎつね」の劇をした
・自転車で転んだ　・環境問題を調べた
・算数テストが四十点　・五キロマラソン
・いなかのおばあちゃんが入院した
・テレビで「なんでも暗記博士」を見た
・サッカー大会の予選で負けた
・父の仕事のために転校した　など

気持ち（感じたこと）

・楽しかった　・つらかった　・困った
・うれしかった　・心配した　・苦しかった
・恥ずかしかった　・悔しかった
・驚いた　・不安だった　・面白かった
・ドキドキした　・腹が立った
・やめてほしい　・みんなで考えてほしい
・わかってほしい　・難しい
・努力したい　など

自分の生活を見回して、上の出来事や、それと同じような出来事を思い出してみましょう。そして、そのときどんな気持ちになったのか、下から探してみましょう。「私は□□を体験した、そして○○の気持ちになった」とつながれば、その題材で一つの作文を書くことができます。

このような方法で「書くこと」が見つけられるようになれば、作文がもっと楽しくなるでしょう。

入試にはこう出る！

中学入試では、原稿用紙に書くような長い作文が出題されることは多くはありません。ただし、さまざまな形で「書く」問題が出題されます。説明文や物語文の読み取り問題の中で、内容を説明したり、要旨をまとめたりする記述問題が出題されることが多くあります。これらの比較的短い文章を書くときにも、書き方の基本をおさえておくことが必要です。

2 読み手に伝わる文章

読み手に伝わる文章を書くために、次のポイントをおさえましょう。

①伝えたいことを明確にする

体験したことや思ったことを順番に書いただけでは、読み手には何を伝えたい文章なのかがわかりません。「このことを言いたい」というポイントをはっきりさせて書きましょう。次の例のように、「書き出し」でポイントを明記することもよい方法です。

例 体験を時間順に並べているだけ

家族で沖縄に行きました。羽田空港まではバスで行き、そこからは飛行機です。沖縄では、最初にひめゆりの塔に行き、その後は首里城跡を見学して、ホテルに泊まりました。……

↓

沖縄への家族旅行で、私が最も感動したのは、ひめゆりの塔です。太平洋戦争のとき、ここで大勢の女性たちが犠牲になったそうですが、今もそのときの様子を伝えてくれるおばあさんが、……

最も伝えたいポイント

②一文を簡潔にまとめる

一つの文が長すぎると、読みづらく、内容も伝わりにくくなってしまいます。

例 △ひめゆりの塔でおばあさんの体験談を聞いたとき、戦争はおそろしいと感じて、自分がその時代に生きていたらと想像して震えてしまいました。

もっとくわしく

「読み手」とはだれか

あなたの文章の「読み手」とはだれのことでしょうか。

・手紙→宛て名の人。
・日記→自分（将来の自分）。
・学級新聞→クラスの人。
・新聞への投書→新聞の読者。
・ホームページやブログ
　→インターネットを見る多数の人。

だれが「読み手」なのかを意識して書くことは、文章をわかりやすくするコツです。

○ひめゆりの塔でおばあさんの体験談を聞き、戦争のおそろしさを実感しました。
もし自分がその時代に生きていたらと想像すると、思わず震えてしまいました。
←

③キーワードを入れる

最も伝えたいことに関連する言葉（キーワード）を使うことで、伝えたいことがはっきりします。

例 伝えたいこと…ひめゆりの塔を見学して、平和の大切さを感じた。
→キーワード＝「平和」

④具体的に書く

体験したこと、感じたことは、できるだけ具体的に書きましょう。たとえば、「きれいだった」だけではなく、「何が・どのように・きれいだった」のかをくわしく書くと、読む人は内容を想像しやすくなります。

例 △沖縄の伝統的な衣装は、とてもきれいでした。
←
○沖縄の伝統的な衣装は、紅型という染め方でつくられているそうです。黄、赤、青などの鮮やかな色使いが、とてもきれいでした。

⑤自分の意見を述べる

体験したことから何を考えたのか、自分の意見をまとめましょう。

例 体験 沖縄では戦争で多くの人が犠牲になったことを、初めて知った。
意見 平和を守るために、もっと戦争のことを知る必要がある。

もっとくわしく

「書き出し」で興味を引こう

書き出しから読み手の興味を引く方法の一つに、「マイナスから始める」という方法があります。たとえば、
・なかなかできない「さかあがり」
・長い本が読み通せない
このような「○○ができない」という話題から始めることで、読み手は「それで、どうなったのだろう」と興味をもってくれるはずです。

第二節 書き方

1 符号の使い方

例文で考えよう

日曜日に図書館で夏目漱石の坊っちゃんという本を借りてきて読みました題名からは上品な男の子が登場するのかと思いましたが実際はとんでもなくあばれんぼうでお父さんからしかられてばかりの人が主人公でした母に話したところ私は中学生のときに読んだことがあるよと言っていました

右の文章は、かなり読みづらいものです。文章を書くときには、符号を使ったり、改行をしたりして、読みやすくなるように工夫しましょう。

文章を書くときに使う符号には、次のようなものがあります。

符号	名前	使う場所・用法
。	句点	文の終わり。
、	読点	文章の途中で意味が切れるところ。
・	中点（中ぐろ）	同じ種類の言葉を並べるとき。
（　）	カッコ	すぐ上の言葉を補って説明するとき。
「　」	かぎカッコ	会話や引用・強調する部分、書名など。

学習のねらいと目安

約束を守って、わかりやすく書く

この節では、文章を書くにあたっての基本的な約束や、作文の基礎事項を学びます。読み手を意識して、わかりやすい文を書けるようになりましょう。

学習の順序

符号	名前	使い方
『 』	二重かぎカッコ	「 」の中にさらに引用するときや、書名など。
？	疑問符	文末につけて、疑問を表す。
！	感嘆符	文末につけて、感動や驚きを表す。
―	棒線	気持ちや意味が続くことを示す。
……	点線	文を省略するときや、会話で無言のとき。

最初の例文を、符号を使い、行を変えて書き直してみましょう。

例文で考えよう

日曜日に、図書館で、夏目漱石の『坊っちゃん』という本を借りてきて読みました。題名からは、上品な男の子が登場するのかと思いましたが、実際はとんでもなくあばれんぼうで、お父さんからしかられてばかりの人が主人公でした。

母に話したところ、「私は中学生のときに読んだことがあるよ。」と言っていました。

＊読点について

・「、」（読点）は、ふつう「声に出して読んだとき、息つぎが必要なところ」につけます。適切に読点をつけることで、文の意味がわかりやすくなります。

・読点をつける位置によって文の意味が変わることもあるので、意味を考えながらつけましょう。

439ページへGO！

もっとくわしく

「 」の使い方

かぎカッコ（「 」）はふつう、人が話した言葉（会話）を書くときに使いますが、そのほかに、次のような場合にも使います。

① 動物の鳴き声や物の音

例 「カーカー」とカラスの鳴き声がした。

例 弟があわてて「ドンドン」と部屋の戸をたたいた。

② 心の中で思ったこと

例 ぼくは「この犬、おなかがすいているのかな。」と思った。

③ 強調したい言葉

例 どんなときにも「思いやりの心」を忘れないことが大切だ。

2 原稿用紙の使い方

原稿用紙の使い方の基本を確認しましょう。

1 題名は、二、三マスあけて書き始めます。

2 学年・組を書き、一マスあけて名前を書きます。氏名の間と名の下も一マスずつあけます。

3 本文は三行目から、最初の一字分をあけて書きます。

4 段落の書き始めは、一マスあけます。

5 句点（。）や読点（、）は一マスを使います。句点や読点は行の先頭には書きません。

楽しかった工場見学

○年□組　広田　花

私たちのクラスでは、かまぼこ工場の見学に行きました。実は、私はかまぼこが大好きで、以前から興味がありました。

工場には、三角形の大きなミキサーのような機械がありました。スケトウダラのすり身をその中に入れ、いろいろな材料を加えると、機械がぐるぐると回転を始めました。このようにして材料を混ぜているのです。「新鮮な材料を使うことで、プリプリした食感になります。」と、説明してくださいました。

その後、練った材料を木の板の上

学習のポイント

文字数を確認しながら書く

原稿用紙にもいろいろな種類がありますが、縦二十字、横二十字の四百字詰めのものが一般的です。原稿用紙に書くことで、作文のおおまかな文字数がすぐにわかります。

作文は、決められた長さで書くことが必要な場合もあります。入試では、長い作文はあまり出題されませんが、百～二百字程度の文章を書く問題が出ることもあります。原稿用紙を使って、百字・二百字とはどれくらいの分量なのか確認しながら、文章を書く練習をしましょう。

6 会話の場合は「　」を使います。「　」は一マスずつ使います。

7 「。」と「」は一マスに入れます。

8 句点（。）や読点（、）が行の先頭になる場合は、前の行の最後の文字と同じマスに書きます。

9 「?」や「!」などの符号を書く場合も一マスを使います。

10 「――」や「……」などは二マスを使います。

11 本や資料を引用した場合は「　」または『　』を使います。

に盛りつけ、かまぼこの形に整えます。最後に蒸気で加熱して、かまぼこができあがります。

　できたてのかまぼこを、さっそく試食させていただきました。とても歯ごたえがあって、みんなは、「あれ？かまぼこって、こんなにおいしかったっけ……。」と顔を見合わせました。

　見学後、工場の方から、「魚の白身の部分だけを使う」ことなど、かまぼこの作り方のこつを教えていただきました。また『かまぼこ料理の作り方』というパンフレットもいただいたので、これを参考にして、家でも作ってみたいと思います。

　これまでも大好きだったかまぼこですが、さらに親しみを感じるようになりました。

もっとくわしく

数字の書き方

数字を書くときは、縦書きの場合、原則として漢数字を使います。

例（縦書きの場合）
○百グラム
×100グラム

3 作文の順序

読み手に伝わる文章にするためには、順序にしたがって書く必要があります。いきなり原稿用紙に書き始めるのではなく、あらかじめ内容や構成の見通しを立てて整理しておくことで、読みやすい作文を書くことができます。

手順

① 主題を決める

文章は、「いちばん書きたいこと・伝えたいこと（＝主題）」に沿って書きます。書きたいことが見つからないときは、「題材カード」などをつくって候補をあげ、その中から絞っていきます。

452ページへGO!

「だれに伝える文章なのか」も重要です。「だれに、何を伝えたいのか」によって、書く文章の種類も決まります。

例

伝えたいこと	伝えたい相手	文章の種類
運動会のリレーで優勝したこと	転校した友達	手紙
図書館の利用状況を調べた結果	クラスの人	報告文
公園の利用マナーについて	地域の人	意見文

② 書く事柄を決める

主題を伝えるために、具体的にどのような事柄を書く必要があるかを考えます。箇条書きでメモしてみましょう。

もっとくわしく

資料を集める

主題や、文章の種類によっては、資料を集めることが必要な場合があります。

例 「私たちの町」についての説明文を書く場合。

（調べること）
①町の歴史
②町の特産品
③町の人口の変化　など

調べるときには、次のような方法を活用しましょう。

- 図書館や新聞・雑誌
- インターネット
- インタビュー（町の人に話を聞く）

また、調べたことは、写真やグラフなどを用いて効果的に表しましょう。

②町の特産品→写真
③町の人口の変化→グラフ

このように資料を使い分け、わかりやすくまとめましょう。

例
「公園の利用マナーについて」
・祖母が、老人会の人たちと公園の花壇に花を植えた。
・その花壇が踏み荒らされて花が枯れ、とても悲しい。
・公園には、空き缶などのゴミも散らばっている。
・みんなが利用する公園なので、マナーを守ってほしい。

③ 文章の構成を考える
書く事柄が決まったら、それをどのような順序で書いていくか（構成）を決めます。内容のつながりを考えて、わかりやすい構成にしましょう。

④ 文章を書く
原稿用紙などに実際に文章を書きます。③で考えた構成にしたがって、段落分けなどに注意して書きましょう。

⑤ 推敲する
書き上がった文章を読み直し、内容と表記の両方をチェックしましょう。

438ページへGO！

⑥ 清書する
推敲した内容をもとに書き直して完成させます。

4 推敲の仕方

推敲とは、書いた文章を読み直して文字や符号のまちがいを正し、内容にみがきをかけて、よりよいものにすることです。

自分が書いた文章を、次のポイントにしたがって見直してみましょう。

ポイント1 内容・構成を見直す

① 文章の内容が、「題材」「主題」に沿っているか

・伝えたい内容が読み手に伝わるか、読者になったつもりで見直す。

② 題名と内容が合っているか

・伝えたいことにふさわしい題名か。
・内容が伝わるような題名になっているか。

③ 段落分けは適切か

・内容が変わるところで段落を変えているか。
・内容の順序はわかりやすいか。

④ 文章の書き出しは、読み手を引きつけるものになっているか

442ページへGO!

431ページへもどる

ポイント2 表記を見直す

① 誤字・脱字はないか

・誤字（文字のまちがい）・脱字（抜けている文字）はないか。
・漢字の送りがなや、仮名づかいは正しいか。

学習のポイント

推敲のねらい

推敲には二つのねらいがあります。

①内容のチェック

上の ポイント1 にあたります。

②表記（書き方）のチェック

上の ポイント2 ポイント3 にあたります。

もっとくわしく

推敲

昔、中国の賈島という詩人が、詩句の中で「僧は推す月下の門」の「推す」を「敲く」に改めるかどうかに迷って苦心したことからできた言葉です。

167ページへもどる

もっとくわしく

上の ポイント3 ②「意味が二通りにとれるようなあいまいな文章」とは、次のような文です。

例　×調らべる　→　〇調べる
　　×みじかな　→　〇みぢかな（身近な）

②符号の使い方は正しいか

・「」や（　）を正しく使っているか。片方を書き忘れていないか。

432ページへもどる

③原稿用紙の正しい使い方にしたがっているか

434ページへもどる

ポイント3　文法・表現を見直す

①語順は正しいか

例　×母は、「ほーっ」とときどき本を読みながら感心している。
　　〇母は、本を読みながらときどき「ほーっ」と感心している。

②意味が二通りにとれるようなあいまいな文章はないか

③常体と敬体が交じっていないか

・「〜だ」「〜である」と「〜です」「〜ます」のどちらかに統一されているか。

④接続語は正しく使っているか

例　×とても暑くてがまんできなかった。しかし、サイダーを買って飲んだ。
　　〇とても暑くてがまんできなかった。だから、サイダーを買って飲んだ。

⑤長すぎる文はないか。句読点が読みやすい位置に打たれているか

⑥言葉づかいは正しいか

・読み手が知らないような難しい言葉や、わかりにくい言葉を使っていないか。
・敬語を正しく使っているか。

母は笑いながらテレビばかり見ている妹を注意した。

この文では、笑っているのが母なのか、妹なのかがわかりません。次のように直すと、意味がはっきりします。

〈母が笑っている場合〉
母は笑いながら、テレビばかり見ている妹を注意した。

〈妹が笑っている場合〉
母は、笑いながらテレビばかり見ている妹を注意した。

このように、読点を打つ位置で意味が変わることは、日本語の特徴であり、面白さの一つといえます。

次の文を、意味がはっきりするように二通りに直してみましょう。

警察官は自転車で逃げる犯人を追いかけた。

〈警察官が自転車に乗っている場合〉
警察官は自転車で、逃げる犯人を追いかけた。

〈犯人が自転車に乗っている場合〉
警察官は、自転車で逃げる犯人を追いかけた。

第三節 書き方の工夫

1 例をあげて書こう

文章は、読み手に興味をもって読んでもらえるよう工夫して書くことが大切です。そのような工夫の一つが、「例をあげて書く」ことです。読み手が、読みながら頭の中にイメージできるように、具体的な「もの」「人物」「場面」「場所」「数字」などをあげて書きます。

例で考えよう

〈例1〉
△私は、野菜は好きですが、少し苦手なものもあります。
　←野菜の種類を具体的に書く
○私は野菜は好きですが、たとえばピーマンなどは、少々苦手です。

〈例2〉
△海外旅行はこれまでに三度経験があります。どれも楽しい思い出です。
　←国名を具体的に書く
○海外旅行はこれまでに、中国・タイ・フランスの三か国に行きました。どれも楽しい思い出です。

学習のねらいと目安

わかりやすい文章を工夫する

この節では、文章を書く基本的な心がまえとして、読み手にとってわかりやすいものにするための工夫を学びます。具体的な方法を読み取って、日常的に活用しましょう。

学習の順序

1 例をあげて書こう……導入
2 段落に分けて書こう……導入
3 写真や図表を活用しよう……導入
4 箇条書きを取り入れよう……導入

右の〈例1〉のように、「少し苦手なものもあります」と書くだけでは、文章の内容がぼんやりとしています。「ピーマンなどが苦手」と例をあげて書くことで、読み手は文章の内容をよりはっきりイメージすることができ、文章の説得力が増します。さらに、「あっ、私もピーマンは苦手だ」「ピーマンをおいしく食べる方法があるよ。教えてあげたい」などと感じ、文章に共感したり関心をもったりすることができます。

次の例は、「してほしいこと」について、理由を具体的に述べるものです。

例文で考えよう

△おこづかいを値上げしてください。おこづかいが足りなくて困っています。お願いします。

↓具体的な理由を入れる

○おこづかいを値上げしてください。いままで問題集や参考書がいるときは、その都度お母さんからお金をもらっていました。でもこの間、ほしい参考書が書店にあと一冊しかなかったので、おこづかいから買いました。これからは、参考書もおこづかいから買うようにします。だから、値上げしてください。

具体的に理由を書いたことで、読む人は「なるほど、だからおこづかいを値上げしてほしいのか」と納得し、説得力のある文章になります。

もっとくわしく

意見や考えも具体的に書く

体験したことだけでなく、考えたことや今後取り組みたいことなども、できるだけ具体的に書きましょう。

例

△これからは環境を守るために努力したい。

↓

○これからは、環境を守るために努力したい。たとえば、ごみをきちんと分別することや、使っていない電化製品のコンセントを抜くことなど、毎日の生活でできることに取り組みたい。

2 段落に分けて書こう

① 段落とは何か

段落とは、文章を内容のまとまりごとに区切ったものです。

256ページへもどる

例文で考えよう

文章

段落　段落　段落

　夏休みに、家族で青森の祖父の家へ行きました。祖父の家は、りんごをつくる農家です。

　ちょうど、私たちが青森にいる間、天気の悪い日がありました。激しい雨と風でしたが、祖父とおじさんたちはりんごの様子を見に行きました。強い風で、りんごが落ちないか、心配でたまらなかったのです。

　帰ってきた祖父の「りんごたちは、しっかり枝につかまっていてくれた。」という言葉に、全員ほっとしました。

② 段落の役割

・文章全体が読みやすくなる。

　長い文章は、いくつかの内容から構成されています。段落分けをせずに、すべての内容をつなげて書くと、どこが大切なのか読み取りにくくなります。

・主題がつかみやすくなる。

　段落と段落は、お互いに関係をもっています。前の段落と反対の内容を述べる、そ

もっとくわしく

　いくつかの段落が集まって、大きなまとまりになることがあります。この場合、見た目で分けることのできる一つずつの段落を「形式段落」、意味のうえで大きなまとまりになる段落を「意味段落」といいます。意味段落は、「はじめ」「中」「終わり（まとめ）」などのまとまりをつくることが多いので、注意して読みましょう。

256ページへもどる

　二百字程度の作文の場合、二～三段落に分けて書くとよいでしょう。百字程度の短い作文ならば、段落分けは必要ありません。また、説明文の読み取りでは、段落分けの問題や段落どうしの関係をたずねる問題などがよく出されます。書く立場になって考えると、文章を読むときにも段落が把握しやすくなります。

れまでのいくつかの段落の内容をまとめるなど、さまざまな関係のパターンがあります。きちんと構成を考えて書かれた文章は、このような段落どうしの関係がわかりやすく、主題がつかみやすくなっています。

③段落分けのポイント

文章を書くときは、次のような場所で段落を変えます。

(1) 内容や場面が変わるところ。(「しかし」などで始まる段落。)
(2) 具体的な事柄を述べるところ。(「たとえば」などで始まる段落。)
(3) 新しい意見を述べるところ。(「さらに」などで始まる段落。)

練習問題

次の文は、どこで段落に分けるとよいですか。三段落に分けなさい。

去年、私たちの学校では、町内の緑化のため公園に植樹を行った。スコップで穴を掘り、桜の苗木を植えた。ところが、その桜の木が台風で倒れてしまった。先生は「再び根付くかどうかはわからない。」と言う。私は心配で、毎日公園に行って、心の中で桜の木を応援した。そして昨日、木から新しい葉が出ているのを見つけた。枯れてはいなかったのだ。台風に負けなかった桜の木、きれいな花を咲かせてほしい。

答え 443ページ下段

練習問題 の答え

1 去年、私たちの学校では、町内の緑化のため公園に植樹を行った。スコップで穴を掘り、桜の苗木を植えた。

2 ところが、その桜の木が台風で倒れてしまった。先生は「再び根付くかどうかはわからない。」と言う。私は心配で、毎日公園に行って、心の中で桜の木を応援した。

3 そして昨日、木から新しい葉が出ているのを見つけた。枯れてはいなかったのだ。台風に負けなかった桜の木、きれいな花を咲かせてほしい。

3 写真や図表を活用しよう

作文には、報告文・観察文・紀行文など、いろいろな種類があります。

作文の種類によっては、写真やイラスト・グラフ・図表などを組み合わせることで、より具体的で伝わりやすく、説得力のある文章になります。

450ページへGO！

例「山田公園の植物」についての説明文

〈文章だけの場合〉

山田公園の植物

　山田公園は、私たちの学校の校庭の半分ぐらいの広さの公園です。

　この公園の特徴は、四季それぞれにいろいろな花が咲いていることです。また、この町で最も大きなイチョウの木があり、秋にはあたり一面に黄色い葉が舞い散ります。

　園内には、約百種類の植物が育てられています。……

〈写真や図表を使う場合〉

山田公園の植物

　四季おりおりに美しい花が咲き、町いちばんのイチョウがそびえる山田公園。園内には、約百種類の植物が育てられています。……

▲高さ30メートルもあるイチョウ

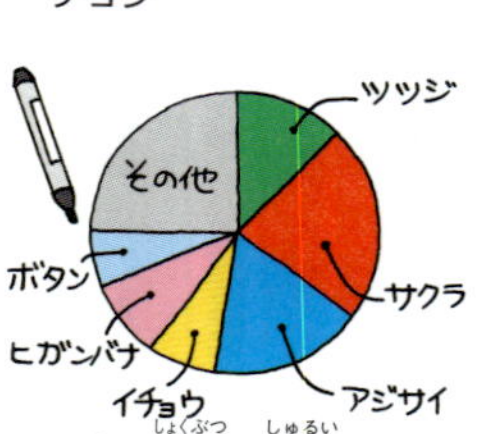

▲園内の植物の種類

学習のポイント

写真や図表を用いる場合

　そのものの姿や様子を生き生きと伝えたいときには写真を、しくみやできごとをわかりやすく伝えたいときには図表を用いるなど、目的によってふさわしい資料を使い分けましょう。複数の資料を比べてみて、より効果的なものを選びましょう。

もっとくわしく

写真や図表で伝える例

例 ①人口推移の予想について図表で説明

18歳の1票 統一地方選

住みたい街づくり

再生の主役は地域住民

自治体規模 縮小進む

二〇一九年四月十三日　読売新聞

写真や図表を使う場合は、説明したい内容がうまく伝わるものを選ぶことが大切です。次の新聞記事を見て、写真や図がない場合と比べて、わかりやすさのちがいを確認してみましょう。

見てみよう

南極で「世界最古の氷」の採取に挑む日本の調査チームの記事。過去の大気を閉じ込めたタイムカプセルである南極の氷床をドリルで円柱状に掘り出した「氷床コア」は、数十万年にわたる地球の歴史を教えてくれる。

左：「氷床コア」掘削の歴史と次期掘削計画について写真と図で解説。

地球最古の氷　掘削せよ

サイエンスView

南極　大気のタイムカプセル

深さ百数十㍍の比較的浅い層の氷床コアを掘削する日本のチーム（2018年12月撮影）

ドームふじ基地
昭和基地（日）
ドームC基地（仏・伊）
ボストーク基地（ロ）
南極
＋南極点
バード基地（米）
※すでに閉鎖

ドームふじ基地での氷床コア掘削（2回目、2007年）

約2500年前までの氷
深さ約100㍍では、大量の空気を閉じ込めた雪が押し固まっており、白い円柱が掘り出される

氷床には各時代の様々な物質が保存されている

約5万8000年以上前の氷
深さ1000㍍以上になると、氷の中の気泡が圧力によって固体の結晶に変化し、ガラスのように透明になる

約44万年前の火山灰層
雪に混じって降り積もった火山灰が氷の中で層を作っている。写真は深さ2646㍍で見つかった火山灰層

約63万年前の氷
深さ2907㍍では、岩盤が近付き、地熱の影響で氷の温度が上昇する。氷の結晶同士が結合し、大きなものは数十㌢になる

約72万年前の氷まで掘削

次期掘削計画では
80～150万年前の氷を目指す

過去の主な掘削と到達した年
約9万年前
約34万年前
約42万年前
約80万年前

氷床観測用のレーダーを設置した雪上車（2018年12月撮影）

写真は国立極地研究所提供　作図　デザイン部　佐久間友紀

二〇一九年五月二十六日　読売新聞

例　②季節の風景のあざやかな色合いを写真で表現

春風受けスイスイ

切り立つ断崖に挟まれた徳島県三好市の景勝地・大歩危峡で、赤や青など色鮮やかな約180匹のこいのぼりが春風を受けて泳いでいる＝写真、金沢修撮影＝。6月中旬まで楽しめる。

端午の節句を祝おうと、1982年から行われる春の風物詩。吉野川で観光遊覧船を運航する「大歩危峡まんなか」が3月末、船の発着場付近から約120㍍先の対岸に6本のワイヤを渡し、こいのぼりを掲げた。傷めば観光客らが持ち寄ったこいのぼりと交換しながら続けているという。

読売新聞オンラインに動画

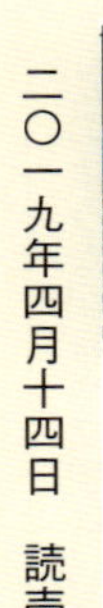

二〇一九年四月十四日　読売新聞

4 箇条書きを取り入れよう

箇条書きとは、一つ一つの項目に分けて並べて書く方法のことです。文章の中で同じような項目が続くときに、それらをつなげて書くと、意味の区切りがわかりにくく、一つ一つの内容が確認しづらくなります。箇条書きを取り入れて、簡潔に表現しましょう。

例で考えよう

①項目のはじめに「・」「○」「＊」などの記号や、①②③などの番号、また「アイウエオ」などの記号をつける。

例

パソコンでできること
＊文書をつくる
＊インターネット
＊写真の保存

◀行事の案内などたくさんの人が読むものほど、箇条書きで簡潔にまとめることが大切。

遠足のお知らせ
○日時
10月4日（水）
○行き先
山田公園
○集合場所
みどり駅前の噴水広場
○集合時間
午前９時
○持ち物
弁当・飲み物・雨具…

学習のポイント

箇条書きに使う記号・文字

項目のはじめに使う記号や文字には、次のようなものがあります。

記号
◎ ■ ▼ ▽ ※ ・

文字
① (1) Ⅰ ⅰ
A a (a)
ア ㋐ ア.

このような記号や文字は、うまく使うと文章をすっきりとまとめられますが、あまりたくさんの種類を使うと、かえって読みにくくなることもあります。わかりやすくなるよう、必要に応じて使いましょう。

例 ②一つの項目は短く書く。

推敲のポイント
◎主題をできるだけ一つに絞り、読み手にわかりやすい文章にしよう。
◎段落分けがきちんとされているかをよく確かめてみよう。
◎文と文のつながりぐあいがおかしくないか、読み直してみよう。

↓項目は短くまとめる

推敲のポイント
◎主題を絞る
◎段落分けの正しさ
◎文のつながりぐあい

練習問題

次の文を、「清掃活動のお知らせ」という題名で、箇条書きに書きかえましょう。

五月一日の月曜日に、校内の清掃活動を行います。時間は午後三時から四時の予定です。各自、軍手とゴミ袋を持ってきてください。みなさん、開始時間の十分前には、体育館の北側に集合してください。

答え 447ページ下段

もっとくわしく

箇条書きは、文章を書く準備として使うことができます。文章の題材として思いついたことを、箇条書きでノートやカードに書いておきます。そして、実際に文章を書くときに、重要な順や内容別などに並べかえます。

練習問題の答え

例 清掃活動のお知らせ
○日時
五月一日（月）午後三時〜四時
○集合場所
体育館の北側（十分前集合）
○持ち物
軍手・ゴミ袋

第二章

書く編

いろいろな文章を書く

第一節 日記・生活文を書く

1 生活文とは何か

私たちは毎日、学校や家庭、地域でさまざまな体験や経験をしています。毎日くり返す生活の営みの中には、楽しいこと、苦しいことや、さまざまな発見があるでしょう。また、ふだんとはちがう特別な体験をしたときは、特にいろいろなことを感じたり、考えたりするのではないでしょうか。

このような身のまわりの出来事について文章にしたものを「生活文」といいます。生活文は、体験文といってもよいでしょう。また、日記も生活文の一つだといえます。ただし、自分のために書く日記に対し、生活文は、だれかに読まれることを想定した文章です。そのため、読み手を意識して書き方を工夫することが必要です。

いろいろな文

説明文
意見文
感想文
観察・記録文
紹介文
報告文
紀行文
物語
生活文（体験文・日記）
随筆（エッセイ）
手紙

学習のねらいと目安

生活文はどのように書くか

この節では、「生活文」の書き方を学びます。日常の体験を文章にするときに、どのような点に注意して書くとよいかを確認し、実際に生活文を書いてみましょう。

学習の順序

2 生活文を書くために必要なこと

①「感じる」こと

文章を書くためには、何かを感じ、考えることが大切です。まず自分の身のまわりの様子を、目や耳、体全体を通して感じてみましょう。美しいものを見た感動、友達の話を聞いて感じたことなどから、生活文の題材が見つかります。

②「考える」こと

体験したことを通して、考えたことを書きましょう。「こうすればよかった」「この点を生かしたい」「みんなに知らせたい」など、自分の考えたことを中心に作文にまとめます。

生活文

題材	例
毎日くり返ししていること	食事　散歩　ゲーム　ペットの世話　友達との会話　など
ある特定の期間の体験	夏休み　冬休み　旅行　など
特別な体験	台風　家族の結婚　病気　など
身のまわりのこと	家族のこと　自分の趣味　所属する野球チームのこと　など
挑戦したこと	マラソン　登山　なわとび　料理　小説を書く　パソコンの練習　など

ここに注意！

個人情報に注意しよう

生活文は、読み手を想定して書くものです。実際の出来事や人物が登場することが多いので、個人情報やプライバシーには十分注意しましょう。自分の情報だけでなく、家族や友達など、ほかの人の情報を勝手に公表しないように気をつけて書くことが大切です。

学習のポイント

五感とは

- 視覚→目で見る感覚
- 聴覚→耳で聞く感覚
- 嗅覚→鼻でかぐ感覚
- 味覚→舌で味わう感覚
- 触覚→手や肌で触れる感覚

生活文の題材探しに困ったとき、まず五感で感じたことを題材の候補にしてみましょう。

3 題材の決め方

生活文を書くときは、身近な生活の中から題材を探してみましょう。このとき、「題材カード」をつくると書くことを決めやすくなります。

例 **夏休みの生活文を書く**

手順 ❶ 夏休みの出来事で、心に残っていることをカードに書き出す。

例
- **町内の花火大会**
- **キャンプ**
- **ラジオ体操**
- **台風が来た！**
- **子ども会のごみ拾い**
- **祖父母が遊びに来た**
- **平田川の水質調査**

手順 ❷ 最も作文に書きたいものを一つ選び、その理由をメモする。

例 **ラジオ体操**（選んだ理由）

理由1 がんばって早起きしたので、カードがスタンプで埋まったのがうれしかった。

理由2 朝早く会社へ行く人や高齢者の方など、地域の人と知り合った。

題材が一つに決められない場合は、三つくらいの候補をあげてそれぞれ理由をメモし、どれが書きやすいか考えてみるとよいでしょう。

もっとくわしく

生活文の題材・主題の決定について、次の三つのパターンを知っておくと便利です。

成功したことを書く
何かに成功した体験は、題材にしやすいものの一つです。思いがけない成果があったこと、計画がうまくいったこと、ほかのチームに勝ったことなどを書き、その理由やコツをくわしく分析します。

失敗・反省を書く
逆に、うまくいかなかったり、途中であきらめたりしたことなども、題材にできます。なぜ失敗したのか、ほかの人が同じような失敗をしないためにはどうすればよいかなどを考えて書きそえます。

意外な知識を書く
調べてわかったこと、試してみてよかったことなど、「知識」を中心として、みんなが「なるほど」と思う内容にします。

4 主題の決め方

主題とは、自分が読み手に対して最も伝えたいことです。たとえば、同じ「ラジオ体操」という題材で書く場合も、さまざまな主題が考えられます。右の手順②で選んだ理由をもとに考えてみましょう。

例

どの内容を中心に書くか	主題（最も伝えたいこと）
理由1を中心に書く場合	カードがスタンプでいっぱいになった達成感。
理由2を中心に書く場合	ラジオ体操を通して地域交流ができたこと。

この場合、作文にはどちらも書くのではなく、主題を一方に絞りましょう。一つの作文に「あれも、これも」と内容を詰め込むと、本当に言いたいことが読み手に伝わりません。最も伝えたいこと＝主題を決めることが大切です。

また、伝えたいことが決まっていないと、体験したことを順番に書いてしまいがちです。主題を絞ることで、まとまりのある文章が書きやすくなります。

重要　主題＝最も伝えたいこと。生活文（作文）の主題は一つに絞る。

学習のポイント

主題は一つに絞ろう

長い物語などでは、二つ以上の主題があることもありますが、生活文では、「これが主題」という一つのことに絞ったほうが書きやすく、読み手にもうまく伝わります。

「体験したことを順に書く」と失敗

旅行体験などでは、「お城を見て、次に博物館に行って、その次に古代の遺跡に行き、夜は郷土料理のレストランに行きました。」など、順を追って書いてしまうことがあります。

これでは、何にいちばん感動したのか、読み手には伝わりません。「ここにいちばん興味をもった。そのわけは……」という形で、話題を絞ることが大切です。

5 構成を考える

生活文は、「体験したこと」＋「体験から感じたこと・考えたこと」という要素で構成します。たとえば、文章の「はじめ」「中」「終わり」には、次のようなことを書くとよいでしょう。これに基づいて構想表を書いてみましょう。

〈構成のポイント〉

はじめ（書き出し）	中	終わり（まとめ）
いつ、どんな体験をしたのかを書く（これから何について書くかを示す）。	体験の中で最も伝えたいことを、くわしく具体的に書く。	体験から感じたこと、考えたことをまとめる。

例　構想表の例

はじめ（書き出し）	中	終わり（まとめ）
今年の夏休みには、ラジオ体操に欠かさず参加した。	ラジオ体操には近隣の高齢者の方も参加しており、一人のおじいさんと知り合った。 昔の町の様子を聞いて驚いた。	ラジオ体操は地域の人との貴重な交流の場だと気づいた。

学習のポイント

生活文を書く流れ

①題材を探す
（題材カードをつくり、第一位から第三位を選ぶ）
②主題を決める
③構成を決める
④記述する（だれが読み手なのかを考えて、言葉を選んで書く）
⑤推敲する
⑥清書する
⑦交流する（ほかの人と読み合う）

6 題名をつける

題名は、文章の内容を簡潔に表して、読者に知らせるものです。本の書名を見て「面白そうだ」「自分には興味がない」と感じるように、読み手は作文の題名を見て内容を推測します。

例

書いてあることがわかる題名
・おいしいかき氷のつくり方
・サッカーの試合

体験したことがわかる題名
・夏休みのラジオ体操
・初めての海外旅行

意見を表す題名
・ボランティアに参加しよう
・もっと食卓に野菜を！

「えっ！」と驚く題名
・ゆうれいに出会った夜
・節電の大天才

読み手が注目してくれる題名にするコツは、文章の内容を少しだけ読み手に知らせることです。次の形を用いると、内容のポイントをうまく表すことができます。

□□□は（が・も・で）○○○

例
△「夏休みのラジオ体操」…「ありふれている」「ラジオ体操でどんな体験をしたのか、何もわからない」
○「ラジオ体操で世代交流」…「世代交流ってなんだろう」「どんな交流をしたんだろう」「おや、ラジオ体操で交流できるのか」

右の形にあてはめる

内容がわかる言葉

もっとくわしく
作文の得意技をもつ

スポーツ選手が得意技をもっているように、作文でも、「自分の決め手」をもっていると便利です。上で述べたように、題名を「□□□は（が・も・で）○○○」にする、と決めてみるのもよいでしょう。それぞれの課題に合わせて「□□□」「○○○」の部分に言葉をあてはめると、題名をつけるときに悩むことが少なくなります。

もっとくわしく

次の題名は、それぞれあとのように変更すると、よりよくなります。

例
△おいしいかき氷のつくり方
→○かき氷はもっとおいしくできる
△とんぼの飛び方
→○とんぼは飛行の天才
△サッカーの試合
→○敗戦は次へのステップ

7 推敲しよう

書き終えた文章を読み返し、まちがいを直したり、よりよい内容に書きかえたりすることを「推敲」といいます。

438ページへもどる

例 推敲の実際

夏休みのラジオ体操（①ラジオ体操で世代交流）

○年□組　北川健太

今年の夏休みは、ラジオ体操を（②に）毎朝参加しました。

ラジオ体操には、地域の方々もたくさん参加しており、一人のおじいさんと知り合いました。おじいさんから、この町が昔、大きな台風の被害から立ち直ったことや、昔の小学校（③の）様子などを聞き、最近転校してきたぼくには驚くことばかりだった（④でした）。

ラジオ体操は、夏休みも早起きでつらいものだとばかり思っていましたが、地域の人との貴長（⑤重）な交流の機会なのだと発見しました。

① 題名を文章の内容を表すものに変更。

② 「を」を「に」に直して文章を正しくする。

③ 抜けている「の」を入れる。

④ 敬体に統一する。

⑤ 漢字のまちがいを直す。

学習のポイント

推敲は二度しよう

推敲は二度するとよいでしょう。一度目は「内容」を、二度目は「表記や記述」を確認します。

また、書いた直後より、しばらく時間をおいたほうが内容や表記の誤りを発見しやすくなります。推敲の段階で新しい題材に気づくこともあります。気づいた点は直して、どんどんよい内容にしていきましょう。

学習のポイント

常体と敬体

常体（～だ。～である。）と敬体（～です。～ます。）のどちらを使うかというルールは特にありません。読み手がだれであるか、また自分の書きやすいのはどちらかなどによって決め、会話や引用部分などを除いて統一して書きます。

8 生活文の例

夏休みについての生活文を、別の題材で書いた例を見てみましょう。

①河原のカレーは最高の味

○年△組　中川　春子

②夏休みに、家族でキャンプに行った。河原にテントを張り、川で泳いだり、釣りをしたりして遊んだ。

③いちばん楽しかったのは、夕食にカレーライスをつくったことだ。

④石でかまどを組み立てるのはとても難しく、何度もやり直した。石の上にまな板を置いて、しゃがんで材料を切るので、とても時間がかかった。

⑤電気やガスのない時代は、毎日ごはんをつくるのがどんなに大変だったのだろうと思った。たきあがったごはんは少し焦げていたが、今まで食べたカレーの中でいちばんおいしい、最高の味だった。

1 題名のつけ方を工夫する。
　△楽しかったキャンプ
　○河原のカレーは最高の味

2 いつ、どんな体験をしたのかを書く。

3 最も伝えたいことを示す。

4 伝えたい体験を、くわしく具体的に書く。

5 体験から感じたこと、考えたことをまとめる。

ここがポイント！

読み手を引き込み、引き締まった文章にするために、次のような表現技法などを活用しましょう。

・体言止め

例 何て美しい馬。私は目を見張った。風になびく尾、つややかな毛なみ。

・比喩

例 母は着ぶくれして、まるで雪だるまのようだ。

348ページへもどる

・会話文を入れる

例 「早く早く！」お姉ちゃんがせかした。「お祭りが始まっちゃうよ。」私はあわてて靴をはいた。遠くから、祭りばやしが聞こえてくる。

・過去のことを書くときに、現在形を入れる

例 箱の中には捨て犬がいた。震えながら、クンクン鳴いている。ぼくは、一匹を抱き上げた。

詩・短歌・俳句を書こう

韻文（詩・短歌・俳句）は、音のリズムなどに一定の形式をもつ文章です。

344ページへもどる

日記や生活文と形式は異なりますが、同じ題材で書くことができます。ふだんの生活で発見したこと、感動したことを、詩や短歌、俳句で表現してみましょう。

自分自身の体験を書こう

①　入学式　今日から中学　うれしいな

②　青空を　見上げ胸張る　入学式

この二つの俳句は、どちらも入学式についての句です。より深い感動が伝わってくるのはどちらでしょうか。

②のほうが、作者のうれしそうな様子が目に浮かんできませんか。

入学式のとき、多くの人が「うれしい」と感じます。①は、多くの人が感じることをそのまま詠んでいるので、読む人には「当たり前」と感じられ、感動が伝わりにくいのです。

国語の宝箱

②はどうでしょうか。「青空を見上げて胸を張った」というのは、作者自身の体験です。読んだ人は、その場面を想像し、「張り切っているんだな」と、書かれていない気持ちまで感じ取ることができます。

「うれしい」を使わずに書いてみよう

①は、「今日から中学生だ、うれしい」という気持ちを**説明**しています。それに対して②は、入学式の日に空を見上げて胸を張った、という様子を**描写**しています。また、「青空」という言葉からは、明るさや希望が感じられ、「見上げる」「胸を張る」という動作からは、新しい生活への意気込みや期待が伝わってきます。

気持ちを直接的に説明するのではなく、②のように間接的に表現することで、読む人は、情景や心情を想像することができます。そこから、感動が生まれるのです。

×　うれしい　楽しい　悲しい　さびしい
きれいだ　美しい　すばらしい　など

このような、気持ちや感動を直接表す言葉を使わずに書いてみること。これが、詩や短歌・俳句を書くときのポイントの一つです。

自分の「発見」を書こう

① 空いっぱい　広がる花火　きらきらと

② きらきらと　湖面に揺れる　花火かな

この二つの俳句ではどうでしょう。どちらも「きれいだ」「美しい」という言葉を使わずに、「きらきら」という言葉を使って花火を描写しています。とても似ていますが、②のほうが新鮮に感じられるのではないでしょうか。

夜空いっぱいに広がる花火は感動的です。①はそれを詠んだもの。②は、その夜空から視線を下へ移し、湖に映った花火の美しさを描写しています。「湖に花火が映って揺れている」というのが、作者独自の見方であり、「発見」だといえます。

ただし、「発見」とは、何かを実際に「見る」ことだけではありません。自分のしたこと、感じたことを振り返ることも「発見」につながります。

きまりを守り、表現を工夫しよう

韻文を書くときには、次の点にも注意しましょう。

- 短歌や俳句は、音数などのきまりを守って書く。 362・378ページへもどる
- 韻文の表現技法である比喩や擬人法を取り入れる。 348ページへもどる

例 **「クレーン車」の様子を表現するとき…**

比喩　キリンのようなクレーン車

擬人法　クレーン車が背伸びしている

- 言葉のリズムや響きで感動を伝えるために、声に出して読みながら言葉を選ぶ。

第二節 記録文・報告文を書く

1 記録文・報告文とは何か

ある事柄（テーマ）について調べたことや話し合ったことなどを正確に分析して記録する文を「記録文」といいます。「報告文」は、調べたことや話し合ったことなどを、ほかの人に知らせたり、発表したりするための文章です。報告文は、記録文をもとにして書くことができます。

記録文・報告文には、次のような種類があります。

・見学したことの記録・報告…例「清掃工場を見学して」など
・研究したことの記録・報告…例「アリの巣づくり」など
・読書についての記録・報告…例「『フランダースの犬』を読んで」など

記録したり、報告したりする内容によって、写真や絵、グラフなどの資料をつけて、わかりやすくなるよう工夫しましょう。

記録文とは
調べたことなどを正確に書き留めて記録し、主に自分のために残しておくことを目的とする文章。

報告文とは
ある事柄（テーマ）について調べたことなどを、ほかの人に知らせることを目的とする文章。

学習のねらいと目安

記録文・報告文はどのように書けばよいか

この節では、記録文・報告文とは何か、またどのように書くのかを学びます。記録文・報告文を書くにあたって、どのようにテーマを決めるのか、決めたテーマをより具体的にして、どのように調べるのかをしっかり学習しましょう。

また、実際に自分の興味のある分野の記録文・報告文を書いて、友達と見せ合ってみましょう。

学習の順序

2 記録文・報告文を書く手順

①テーマを決める

ここでは、報告文を書く場合について考えていきます。

まず、気になっていることや知りたいことをあげ、テーマを考えます。

例 **手紙を書くときは、手書きがよいか、パソコンがよいか。**
学校や公園にある木の名前と葉・実の形を調べる。
海外から日本にやって来る観光客の行き先はどこか。

テーマを一つに絞り、調べようと思った理由（動機）と、知りたい内容を整理しましょう。

例で考えよう

テーマ「日本にやって来る外国人観光客」について調べ、報告する。

(1) なぜ調べようと思ったか（動機）
・私たちの町では、外国人観光客の姿をよく見かける。話している言葉などから、いろいろな国の人がいるようだ。
・先日、社会科の授業で、観光はこの町の主要な産業の一つだと聞いた。
→日本を訪れる外国人観光客について興味をもち、調べてみたいと考えた。

(2) 何を知りたいか（調べる内容）
・日本を訪れる外国人観光客は、どの国から来る人が多いのか。
・どんな目的で来る人が多いのか。
・国内のどこへ行く人が多いのか。

学習のポイント

他教科の学習にも必要な報告文

報告文を書くことは、国語だけでなく、他教科の学習においても必要とされます。たとえば、次のような文章です。
・理科の実験結果をまとめる
・音楽や絵画の鑑賞文を書く

わかりやすい報告文を書くことは、社会へ出てからも必要になる力です。レポートの書き方とともに身につけておきましょう。

480ページへGO！

②調べる

テーマを決めたら、そのテーマに関する資料や材料を集めましょう。グループで調べる場合は、それぞれの分担する内容を決めます。

テーマによって、いろいろな調べ方があります。

手順

❶本や百科事典で調べる

・学校や町の図書館を利用します。大きな図書館には、過去の年鑑や新聞なども保存されています。

・統計や資料は、できるだけ新しいデータを集めましょう。

❷インターネットで調べる

・検索サイトを利用して、幅広く情報を得ることができます。

・インターネット上にはだれでも簡単に情報を発信できるため、うその情報や、まちがった情報が載っていることもあります。だれが発信しているかに注意し、信頼できる情報かどうか確認しましょう。

❸インタビューやアンケートを実施する

テーマについてよく知っている人に話を聞いたり、テーマに関する質問を配って答えてもらったりします。

例・町の観光課の人に話を聞く。

・「外国からもっと観光に来てもらうために、何をすればいいと思うか」について、クラスでアンケートをとる。

❹実験や観察をする

一つだけでなく、いくつかの方法を組み合わせるとよいでしょう。

もっとくわしく

データとは

「データ」とは、物事の基礎になる事実や、参考になる資料・情報などのことです。

たとえば、「日本にやって来る観光客」の場合、年別・国別・目的別の観光客数を調べた数値はデータです。報告文を書くときは、できるだけ正確で新しい数値を調べましょう。

③調べたことを整理する

調べてわかったことや、集めた資料を整理しましょう。

手順

1 調べてわかったことを箇条書きでまとめる

調べたことの中から、報告文で伝えたいポイントを箇条書きにして書き出しましょう。

例 日本へ来る外国人観光客について
・国籍 →一位・韓国、二位・台湾、三位・中国
・訪れる都市 →一位・東京、二位・大阪、三位・京都

2 表やグラフ、写真を整理する

・グラフや図は、必要なものだけを使います。
・いつのデータか確認し、出典を整理しておきます。

例 ・二〇一〇年度版　観光白書
・〇〇新聞（△△年△月△日付）

3 分析する

記録文の場合は、調べてわかった事実だけをまとめてもかまいません。報告文の場合は、調べたことから何がわかるのかを読み手に伝えるために、自分なりに考えて分析したことをまとめましょう。

例 ・学校で人気のあるスポーツは、去年とどうちがうか。
・図書館の利用者数は毎年どう変化しているか。それはなぜか。
・この町の昔の写真と今の写真を比べて、わかることは何か。

もっとくわしく

調べたい情報が載っている本の探し方は？

図書館のウェブサイトを活用しましょう。サイトでは、知りたいことが載った本をたくさん紹介してくれるサービスや、さらに本のくわしい内容がわかるサービスを利用できる場合もあります。

④文章の組み立て（構成）を考える

(1) 記録文の場合

記録文では、記録する内容によって、必要なことを正確に書くことが大切です。あとで読み返したときに、内容がわかりやすいように、組み立てを工夫しましょう。

例　**研究記録の構成例**

1 研究した目的　2 研究方法　3 研究結果　4 今後の課題

(2) 報告文の場合

記録文とのちがいは、ほかの人に報告する目的で書くことです。調べたことなどの事実と、考えたことやわかったことなどの意見をまとめましょう。

例　**報告文の構成例**

1 テーマについて知りたいと思った理由
2 どのような資料で調べたか
3 資料から何が読み取れたか
4 自分の意見のまとめ

ここに注意！

資料をたくさん入れたほうが内容が充実するように感じるかもしれません。しかし、多すぎる資料は逆効果です。不必要な資料があると、どれが重要なのかがわからず、読み手に言いたいことが伝わりにくくなってしまうからです。集めた資料の中から、調べた内容が最もよくわかるように、必要な資料だけをまとめましょう。

練習問題

かまぼこ工場を見学して記録文を書くとき、書かなくてはならないことを三つ選び、記号で答えなさい。

ア 天気　イ 見学した日　ウ かまぼこの製造工程
エ 工場名　オ 工場までの交通手段　カ その日の自分の服装

答え 464ページ下段

練習問題の答え

イ・ウ・エ

学習のポイント

いつ・どこで・何を見学したのかを書くことが必要。ウの「かまぼこの製造工程」をくわしく書きましょう。

3 グラフや図の活用

記録文や報告文では、グラフや図を用いてわかりやすく書くことが大切です。

グラフには、円グラフ、棒グラフ、帯グラフ、折れ線グラフなどの種類があります。それぞれの目的と特徴を理解して、伝えたい内容によって使い分けましょう。

〈代表的なグラフの種類〉

①円グラフ
全体の中での割合を見るときにわかりやすく示すことができます。

②棒グラフ
量の大小を見るときに効果的です。

③帯グラフ
構成比をくらべて見るときに使います。例のように並べて使うことで、比率の変化を見ることができます。

④折れ線グラフ
量の変化や、変化の傾向と意味を見るときに使います。

①円グラフ

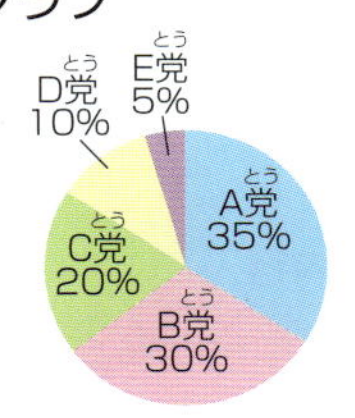

③帯グラフ

②棒グラフ

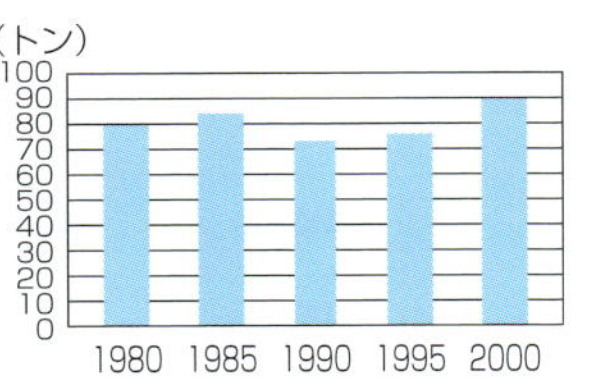

④折れ線グラフ

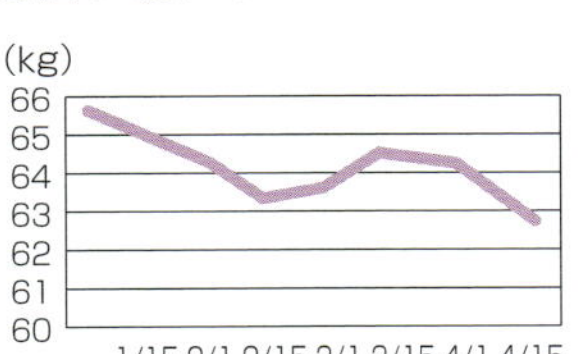

ここがポイント!

どのような目的で用いるのかを明確にして、より効果的なグラフや図を選びましょう。文章を書くときには、選んだグラフや図の中で注目してほしい点や伝えたい内容が正確に伝わるように工夫しましょう。

もっとくわしく

複数のグラフを一つにまとめて表す場合もあります。注意して読み取りましょう。

例

4 報告文の例

テーマ　日本に来る外国人観光客について

①調べた理由

私たちの町では、外国人観光客の姿をよく見かける。先日、社会科の授業で、観光はこの町の主要な産業の一つだと聞いた。日本全体としても、海外からもっと多くの観光客に訪れてもらえるよう活動しているそうだ。そこで、日本を訪れる外国人観光客に興味をもち、調べてみたいと考えた。

②調べたこと

(1) 外国人観光客の国籍（表1）

・上位4位がアジアの国である。

・ヨーロッパ・北アメリカ全体では約276万人。

(2) 日本を訪れる観光の動機（表2）

・食事への期待は2009年に初めて1位となり、2017年には「日本食を食べること」が70・6パーセントというとても高い割合になっている。

・上位5位は、過去三年で変化していない。

・地域別で見ると、アジアからの観光客では「日本食を食べること」と並んで「ショッピング」へ

表1　訪日外国人観光客数

順位	国名	人数（万人）
1	中国	735.6
2	韓国	714.0
3	台湾	456.4
4	香港	223.2
5	アメリカ	137.5

表2　訪日旅行に関する期待内容

順位	期待したこと	割合（%）
1	日本食を食べること	70.6
2	ショッピング	58.5
3	自然・景勝地観光	51.2
4	繁華街の街歩き	44.3
5	温泉入浴	29.9

学習のポイント

グループで調べる場合

調べることを分担する場合も、各自が調べた内容を持ち寄って、意見を出し合うことが大切です。まとめの内容は、みんなで話し合って決めましょう。

また、発表の仕方や資料の見せ方、その効果についても意見を出し合ってみましょう。

もっとくわしく

資料の出典

探した資料は、コピーをとったり書き写したりして整理しましょう。そのとき、出典を明記しておきます。

例

・『△△白書2011』××ページ

・環境省ホームページ「循環型社会についての世論調査」

このように、資料が載っていた場所を明記しておくと、報告文を作成するときや、あとで調べ直すときに便利です。

の関心が高いのに対し、欧米からの観光客では「自然・景勝地観光」や表外の「日本の歴史・伝統文化体験」への関心が高いことがわかる。

(3) 外国人観光客がよく訪れる日本の都道府県（表3）

・千葉県が2015年に急激に訪問率を伸ばし、以降3位を維持していることに着目したい。

表3　訪日外国人の都道府県別訪問地

順位	都道府県	割合（%）
1	東京都	46.2
2	大阪府	38.7
3	千葉県	36.0
4	京都府	25.9
5	福岡県	9.8

③ まとめ

国別では、アジアからの観光客が多いことがわかった。やはり、距離的に近く訪れやすいことが理由だと考えられる。一方で、欧米からも多くの人が訪れている。欧米からの観光客は、日本の風物や伝統文化に関心が高いことが特徴である。

旅行をするとき、その土地の食べ物は大きな魅力だ。日本へも、食事を楽しみに訪れる人が多いのは納得できる。また、健康的な日本食は海外でブームになっているとニュースで見たが、それも理由の一つだろう。

日本といえば、「京都」や「温泉」が有名だと思っていたので、ショッピングに来る人が多いことに驚いた。日本の製品は品質のよさで人気が高い。海外からの目で見ることで、日本のよいところを発見できると感じた。

訪れる都道府県を見ると、関東・関西の都市部に集中している。利便性が大きな理由だと思うが、地方の魅力ももっと知ってもらいたい。そのような日本の魅力を海外の人にアピールするためにも、まず自分自身が日本のことをもっとよく知らなければならないと考えた。

もっとくわしく

上の報告文で資料をつくる場合

① 表1を棒グラフに

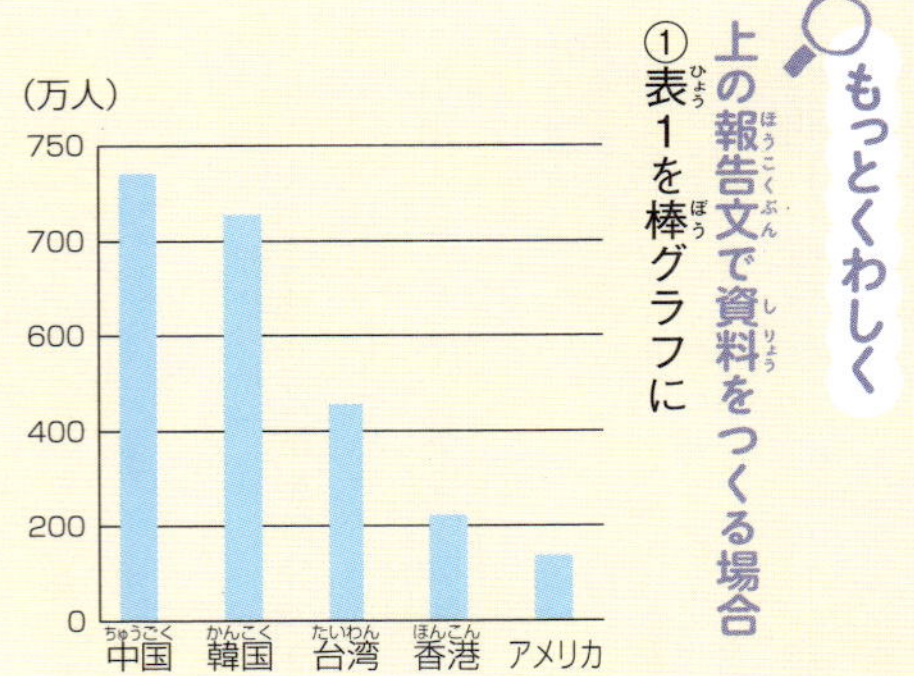

② 表1を円グラフに

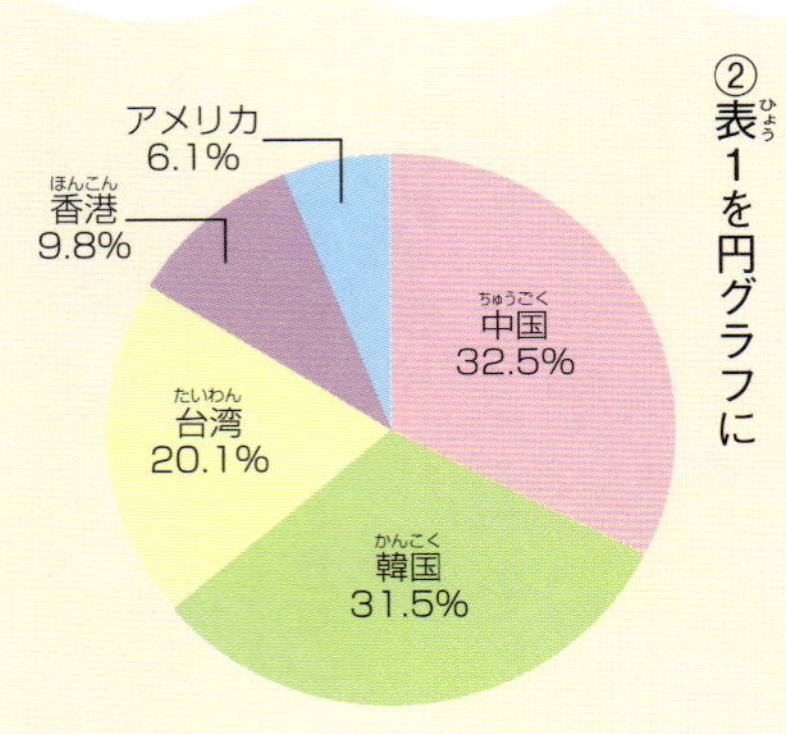

第三節 説明文を書く

1 説明文とは何か

「説明文」とは、いろいろな事柄について、わかりやすく説明する文章です。ある事柄について、知らない人にも正しく伝えることが目的です。

たとえば、ある場所までの道順を説明する場合を考えてみましょう。まちがった情報や、自分の想像が入っていると、聞いた人は目的地にたどり着くことができません。説明文では、正確かつ簡潔に伝えることが最も大切です。

説明文は一般的に、筆者の意見や考えが含まれているものをいいます。この点が、事実だけを書く記録文とのちがいです。また説明文にもさまざまな種類があり、解説文や論文も含まれます。解説文・論文は、より専門的で学術的な文章といえます。

説明文を書くときには、次のような点に注意しましょう。

(1) 何について説明するのかをわかりやすく伝える。

題名や書き出しの部分で、何について説明する文章なのかを示します。

(2) 事実と自分の意見とを書き分ける。

本で調べたり人から聞いたりしたことと、自分の意見・考えは分けて書きます。

(3) 文章の構成を考える。

説明したい内容が読み手に伝わりやすいように、全体の構成をよく考えて書きます。文章の構成には、基本的なパターンがあります。

470ページへGO！

学習のねらいと目安

説明文を書こう

説明文とは、どのような文章なのかを確認しましょう。

説明文では特に、構成を考えて書くことが大切です。書き方の手順をおさえて、読み手に伝わる説明文を書けるようになりましょう。

もっとくわしく

引用とは

他の人の言葉や文章を自分の文章や話の中で用いること。

引用することで、説明文の説得力が増します。

学習の順序

1 説明文とは何か……導入
2 説明文を書く手順……導入
3 説明文の書き方……導入
4 説明文の例……発展

2 説明文を書く手順

例で考えよう

「私たちの町（A町）」について説明文を書く。

①書く目的をはっきりさせる

(1) 何について説明するのか。

だれに対して、どんな事柄を説明する文なのかをはっきりさせます。

例 交流している他県の小学校の人に、A町のことを知ってもらうため。

(2) 何を中心に説明するのか。

特に説明したい事柄を決め、そのために必要なことを考えます。

例 A町はどんな町か
- 歴史がある
- 自然が豊か（最も知ってもらいたい事柄）
- 材木産業が盛ん

②説明に必要な資料を集める

説明するときは、図や写真があったほうがわかりやすくなります。説明の内容に合わせて、図や写真・グラフ・新聞記事などを集めましょう。

例
・A町の地図　・人口の変化などのグラフ　・A町の自然が紹介された記事
・A町の自然に関する写真…四季の風景、杉林、滝など

もっとくわしく

インタビューについて

説明文を書くために、インタビューをして情報を集めることも、有効な方法です。

〈インタビューの手順〉

①前もってインタビューする目的（テーマ）を相手にはっきり知らせます。

②テーマに沿って、自由に話してもらいます。メモをとったり、テープに録音したりします。

③その後、質問をします。質問は、前もってたくさん用意しておき、②で話されなかったことを中心にします。プライバシーに関わることや、テーマに直接関係のない質問はしないようにしましょう。

④インタビューが終わったら、すぐに内容をまとめます。

③全体の構成を考える

どのような順序で説明するとわかりやすくなるか考えましょう。文章の構成には、次のような基本のパターンがあります。

(1) 三段型

序論	これから説明しようとするテーマについて述べる。そのテーマにはどのような問題点があるのかを示す。
本論	テーマについての具体例をあげ、それについての自分の意見、それとはちがった意見などを示す。
結論	最終的な意見をまとめて示す。

(2) 四段型

序論	※三段型と同じ
本論	※三段型と同じ
考察	序論と本論の説明をうけて、考えをまとめる。
結論	いちばん言いたいことをまとめて示す。

258ページへもどる

右の型を用いて、集めた資料や自分の考えをどのように展開するか、文章の構成を考えましょう。

もっとくわしく

反対の意見について論じる

自分の意見と対立する意見も取り上げ、なぜそうではないのかを論じることで、自分の意見により説得力が増します。本論の一部に組み入れるとよいでしょう。

例　説明文の構想表（四段型）

伝えたいこと	A町の魅力、自然の豊かさ。
序論	A町の簡単な紹介（場所・人口など）。
本論	A町の自然のすばらしさについての具体例。山に囲まれた町。四季の美しい風景　など。
考察	A町を毎年訪れる人がいるのは、都会ではできない体験ができるからではないか。
結論	都会にはない魅力のある町。多くの人に訪れてもらいたい。

練習問題

「豆本（とても小さな本）の作り方」について、三段型の説明文を書くことにしました。次の構想表の（　）にあてはまるものをあとから選び、記号で答えなさい。

序論	（(1)）	手のひらにのるくらいの小さな本。
本論	（(2)）	サイズにあわせて紙を切り、二つ折りにしてページ順に裏面をはりあわせ、表紙をつける。
結論	（(3)）	世界に一つの自分だけの本ができる。

ア　豆本を作る手順　　イ　豆本作りの魅力　　ウ　豆本とは何か

答え 471ページ下段

練習問題の答え

(1) ウ　(2) ア　(3) イ

3 説明文の書き方

①説明文を書く

前のページで考えた構成をもとに、実際に説明文を書き始めます。次の点に注意して書きましょう。

・だれが読んでも内容が正確に伝わるように、わかりやすい言葉で書く。
・題名や書き出しの部分は、読者が読んでみたくなるよう工夫する。

②図表や写真を利用するときの注意点

(1) 図表やデータは、目的によって使い分けます。自分の言いたいことを裏付けるデータや、内容がよりわかりやすくなるような図表・写真を使用します。
(2) 図表の中で注目する言葉や数字を示し、そこから読み取れることを説明します。
(3) 引用した資料の書名・著者名・出版社名・発行年月などはメモしておきます。

③説明文の推敲のポイント

(1) 説明文は、読み手が知らない事柄をより効果的に説明することが多いので、だれが読んでもわかりやすく書く必要があります。読者になったつもりで読んで、わかりにくいところがないか確認しましょう。
(2) 内容が正確であることも大切です。用いた資料の選び方、資料の数や数値が正しいかなどを、もう一度見直しましょう。
(3) 段落ごとの内容のまとまりや、段落どうしのつながり、構成がわかりやすくなっているかチェックしましょう。

ここに注意！

説明文では、具体的で正確な文章を書くために、資料を集め、わからないことを調べる必要があります。

しかし、調べてもわからない場合や、はっきりしない場合には、そのことを明示しなければなりません。自分の想像で不確かなことを書かないように注意しましょう。

また、言葉や文を引用するときは、もとの筆者の言葉を「　」で示すなど、ほかの言葉と区別しましょう。

468ページへもどる

ここがポイント！

推敲するときは、次のような記号を使って直す箇所がわかるようにしましょう。

- 改行する。
- 取り消す。別の言葉に直すときは、横に書く。
- 付け加える。
- 前の行につなげる。

練習問題

1 **説明文を書くときに注意することとして、正しいものをすべて選び記号で答えなさい。**

ア　読み手にわかりやすい言葉で説明する。

イ　テーマに関して、自分が知っていることはすべて書く。

ウ　わからないところは想像して書く。

エ　事実と自分の意見をはっきり書き分ける。

オ　図表などを用いてわかりやすくなるよう工夫する。

2 **次の内容をわかりやすくするために、どのような図表や写真を用いるとよいですか。あとから選んで記号で答えなさい。**

(1) A町の場所　(2) A町でとれる果物の種類　(3) A町の自然の豊かさ

ア

イ

もも　ぶどう　なし

ウ

答え 473ページ下段

もっとくわしく

こんな文は推敲しよう

例　主語と述語のねじれ

×ぼくの将来の夢は、野球選手になりたい。

○ぼくの将来の夢は、野球選手になることです。

例　長すぎる文を二文に分ける

×母が美容院から帰ってくると、髪がすっかり短くなっていたので、知らない人のように見えたので、姉と私はとても驚いた。

○母が美容院から帰ってくると、髪がすっかり短くなっていた。まるで知らない人のようだったので、姉と私はとても驚いた。

練習問題の答え

1 ア・エ・オ

2 (1) ウ　(2) イ　(3) ア

4 説明文の例

序論

自然の恵みいっぱいのA町

〇年〇組　森下　友子

「緑と滝の町、A町」

このキャッチフレーズが示すとおり、私たちの住むA町は、標高二千メートルを越える深い山々に囲まれ、山あいには美しい渓流や滝があります。〇〇県南東部の山間地帯に位置し、面積は約二百五十平方キロメートル、人口は約二千人の、林業が盛んな町です。

本論

A町の自然の最も大きな特徴は、山に広がる杉やひのきなどの林です。これは、昔から林業にたずさわる人が育ててきたものです。

もう一つの特徴は、水に恵まれていることです。町の真ん中を流れる〇〇川は、おいしい水はもちろん、

1 序論

内容がよくわかる題名にする。

書き出しを工夫する。

2 本論

最も伝えたいこと＝A町の自然がどのようにすばらしいのかについて、くわしく説明する。

もっとくわしく

上の説明文の場合、次のような図表や写真を入れると、より内容が伝わりやすくなります。

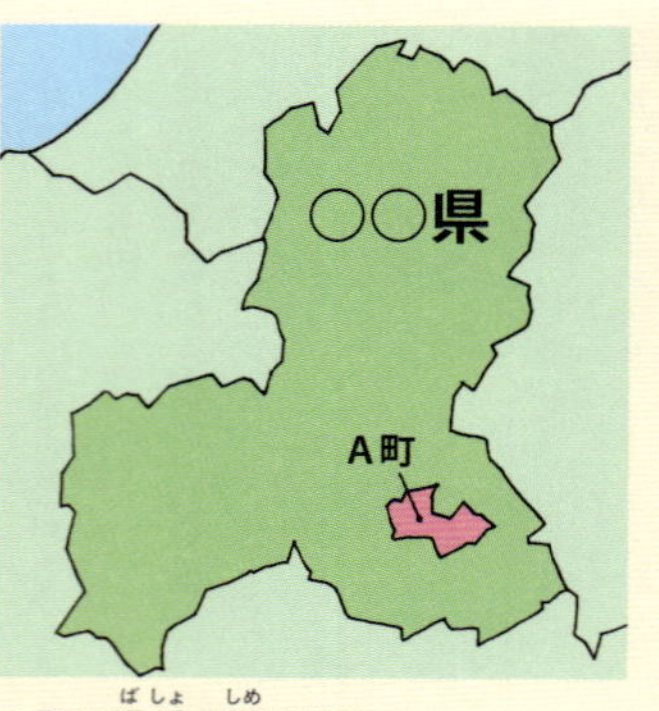

▲町の場所を示す地図

▲風景を視覚化する写真

魚などの恵みをもたらしてくれます。
町の北西部にある△△の滝は、「日本の滝百選」に選ばれ、その景観のすばらしさでも知られています。
また、山には国指定特別天然記念物のニホンカモシカ、川にはサンショウウオなどの貴重な生き物がすんでいます。町役場の隣にある自然観察館では、A町で見られる動植物についての資料を展示しており、解説を聞くことができます。

考察

私は、これらの豊かな自然がA町のいちばんの魅力だと思います。夏には、各地から多くの人がキャンプなどに訪れ、気に入って毎年来る人もいるほどです。それはきっと、都会では体験できない、自然とのふれあいが体験できるからではないでしょうか。ぜひ多くの人に、自然の恵みいっぱいのA町を訪れてもらいたいと思います。

結論

具体的な例をあげて書く。

3 考察
自分の意見をまとめる。

4 結論
いちばん言いたいことを書く。

▲珍しい動物なども写真があればわかりやすい
アフロ

A町の人口

世帯数	875戸
男	1,007人
女	1,078人
総人口	2,085人

▲人口を示す表

第四節　意見文・感想文を書く

学習のねらいと目安

意見文・感想文の書き方を知る

この節では、意見文・感想文とは何か、またどのように書くのかを学びます。説明文や報告文とのちがいを意識して書きましょう。
また、身近な題材をもとにして意見文や感想文を書き、友達と見せ合ってみましょう。

学習の順序

1 意見文を書く

① 意見文とは何か

ある事柄について、自分の意見（思ったり、考えたりしたこと）を伝えるために書く文章を「意見文」といいます。報告文・説明文のような事実を中心とした文章に比べて、書き手の考えや主張を中心に構成されます。

② 意見文の題材の見つけ方

意見文の題材は、身近なところから探すことができます。学校や家庭での出来事や、社会的な問題で自分が関心をもっていることを振り返ってみましょう。そして、「自分はこう思う」「自分ならこうする」「もっと〇〇になるといいのに」ということを探してみましょう。

例

・家庭のこと…家の中の騒音、お手伝い、楽器の練習ができる部屋
・学校のこと…校則について、委員会活動の仕方、休み時間の遊び場や運動場の使い方、友達との関係、あいさつの仕方、携帯電話を持ってくる友達のこと
・社会のこと…電車で席をゆずる勇気、駅前に放置された自転車、ボランティア活動について、言葉の乱れ、インターネットを安全に使う方法

③意見文の例

①自転車の放置はやめよう

六年一組　天野　ゆみ

②私が住む町の駅前には、路上にたくさんの自転車が放置されていて、歩行者のじゃまになっている。月に数回、撤去作業が行われているが、しばらくするとまたもとのように数多くの自転車でうまっている。

なぜ、放置自転車はなくならないのだろうか。駅前には、少し離れたところに有料の駐輪場もあるのだが、あまり利用されていない。歩道に置けばすぐに駅や商店に行けるし、お金も払わなくてすむからだろう。また、多くの人が「みんながとめているんだから、一人ぐらいいいだろう」と思っているからかもしれない。

③先日、後ろからきた車をよけようとしたところ、歩道にはみ出した放置自転車にぶつかってしまった。歩道にとめた自転車は、事故の原因になり、とても危ない。目の見えない人や車いすの人にとっては、さらに危険が増すだろう。

④みんなが安心して通行できるように、放置自転車をなくす必要がある。自分の都合だけを考えず、一人ひとりがマナーを守ることが大切だ。

もっとくわしく

ポイントを確認しよう

① ひと目でテーマがわかる題をつける。

② テーマの問題点をわかりやすく書く。「○○は□□□だ」にあてはめてみよう。

例 ＊放置自転車は迷惑だ。
＊お父さんはもっと休みをとるべきだ。

③ 自分の体験を交えて書くと、説得力が増す。

④ 自分の意見の最も大切なところ。意見はあいまいにせず、はっきり述べよう。

2 感想文を書く

① いろいろな感想文

「感想文」とは、本を読んだり、芸術作品などを鑑賞したりして感じたことを伝える文章です。読書感想文のほかに、映画や演劇、美術品などを見て感じたことを書く文章も、感想文です。

② 感想文の書き方（読書感想文の場合）

(1) 感想を掘り下げる。

感想には、次のような種類が考えられます。

・登場人物についての感想 例 **好き、あこがれる、友達になりたい……**
・起きた事件や出来事についての感想 例 **面白い、怖い、びっくり……**
・作者の表現方法や、ほかの似た作品と比べた感想

いずれの場合も、「あこがれる」「怖かった」などの漠然とした印象から、感じたことを掘り下げていきましょう。「どのような点にあこがれるのか」「なぜ怖かったのか」のように振り返ると、感想をくわしく書くことができます。

(2) 次の点を工夫しよう。

・登場人物と似たような体験をしたことや、似たような人物に出会ったことがないでしょうか。自分の体験と比べながら書くと、感想が伝わりやすくなります。
・その本を読んだきっかけ（友達にすすめられた、同じ作者の別の本が面白かったなど）を書いてもよいでしょう。

学習のポイント

読書感想文を書くときの注意

自分がどのように感じたのかを中心に書きます。読み手にわかりやすいよう、あらすじや作者の紹介をする場合も、それらが中心にならないよう注意しましょう。読んだ本の書名や作者の紹介も、題名でわかれば、本文でくわしく書く必要はありません。

もっとくわしく

読書感想文を書くのに困ったら

①何を書けばよいのかわからない。
その本の中の、最も感動・共感したところを取り上げ、「自分だったらどうするだろう?」という疑問に答える形で書いてみましょう。

②もう少し内容を充実させたい。
「人間とは～だと思った」「人間は～できると感じた」など、人の生き方につながる内容に広げてみましょう。「自分もこうしたい」のように、自分のこれからの生き方について考えたことを書くのもよいでしょう。

③感想文の例

①『坊っちゃん』を読んで

六年B組　山田　陽子

②夏目漱石の『坊っちゃん』を読みました。若い数学の先生が、四国の松山で、校長や教頭先生を相手に大暴れする物語です。「坊っちゃん」のまっすぐな正義感あふれる活躍や、生徒のいたずらに大騒ぎをする様子が生き生きとえがかれています。

③私がいちばん好きな登場人物は、坊っちゃんの家の下女をしている清です。清だけが、坊っちゃんのことを「人の居ない時に『あなたはまっすぐでよい御気性だ』と賞める」のです。④私にも、この清に似た祖母がいます。私が失敗をして母に叱られたとき、あとでそっと「気にしなくていいよ。きっと次はうまくいくから。」となぐさめたり、励ましたりしてくれます。坊っちゃんが四国の学校で活躍できたのはこの清のおかげではないかと思いました。読んでいる間、ずっと祖母のことを思い浮かべていました。

小説の最後に「清の事を話すのを忘れていた。――おれが東京へ着いて下宿へも行かず、革鞄を提げたまま、清や帰ったよと飛び込んだら、あら坊っちゃん、よくまあ、早く帰って来て下さったと涙をぽたぽたと落した。」とあります。自分のことをわかってくれる人がいるのはいいものだ、漱石は読者にそう語りかけているように思いました。

ここがポイント！

①どの本を読んだのか、ひと目でわかるように書く。

②『坊っちゃん』のように有名な作品は、あらすじや登場人物をくわしく紹介する必要はない。

③作品全体について「面白かった」と書くのではなく、共感した人物や、印象に残った出来事を取り上げてその感想を書くとよい。

④自分のまわりに似たような状況や人物が見つかれば、それと合わせて書くと、よりわかりやすくなる。

④読書レポートの書き方

さまざまな文章を読んでレポートにまとめることは、国語だけでなく他教科でも求められます。本を読み、読書レポートを書いてみましょう。読書感想文とちがい、自分の意見を論理的に書く必要があります。自分なりのテーマや問題意識をもって、本の内容を読み取り、それに対する自分の意見や考えをまとめましょう。

例 読書レポートの構想表

読んだ本	芥川龍之介『杜子春』
テーマ	幸せとは何か
内容を読み取り、分析する	はじめ杜子春は、大金を得て喜んでいた。しかし、お金の有無で態度が変わる周囲の人間に愛想が尽き、仙人になりたいと願う。このとき杜子春は、何が幸せなのかわからなくなっていたのだと感じる。
自分の意見・考え	杜子春は母親の愛情に触れて、人間らしい心の大切さに気づくことができた。「人間らしい、正直な暮らし」とは、お金やまわりの人々に影響されない心のことではないか。自分の心さえ落ち着いていれば、周囲の状況にかかわらず、幸せを感じることができるのだと思う。

もっとくわしく

読書レポートのテーマ

読書レポートを書くときに大切なのは、自分なりの視点や考えをもつことです。

『杜子春』の場合も、上の例のほかに、「人間らしさとは」「お金と幸せ」「親子の愛情」など、さまざまなテーマが考えられます。『杜子春』のような文学的文章の場合、人間の生き方に関するテーマが多くなるでしょう。

説明的文章の場合は、論じている問題に関連して、「○○という問題を解決するために何が必要か」「○○という考え方に賛成か反対か」などのテーマが考えられます。

読書感想文におすすめの本

『蜘蛛の糸・杜子春』〈新潮社〉
芥川龍之介

地獄に落ちた泥棒は、蜘蛛の糸を上って極楽へ行けるのか。人間に愛想が尽き、仙人の修行をする杜子春が地獄で見たものは。人間の欲や幸福を問う物語。

『アンネの日記』〈文藝春秋〉
アンネ・フランク
深町眞理子訳

第二次世界大戦中、ナチス・ドイツのユダヤ人迫害によって強制収容所で短い生涯を閉じた少女、アンネ。彼女が隠れ家でつづった言葉に耳をかたむけよう。

『少年の日の思い出』〈草思社〉
ヘルマン・ヘッセ
岡田朝雄訳

チョウの採集に夢中になっている少年は、あこがれのチョウをひと目見たいと友人の部屋を訪ね、ある行動をとってしまう。自分ならどうするか考えてみよう。

『森は生きている』〈講談社〉
富山和子

日本の国土の七割は森林。日本人は森の恵みを受けて生きてきた。木で物をつくるだけでなく、水も土も、森が育んでくれたもの。森を守ることの大切さを問いかける本。

もっとくわしく

読書感想文の定番といわれる、次の本も読んでみましょう。

- 夏目漱石『坊っちゃん』
- 森鷗外『山椒大夫』
- 宮沢賢治『注文の多い料理店』
- 太宰治『走れメロス』
- 壺井栄『二十四の瞳』
- マーク・トウェイン『トム・ソーヤーの冒険』
- ルイーザ・メイ・オルコット『若草物語』
- ジュール・ルナール『にんじん』

第五節　手紙を書く

学習のねらいと目安

手紙の書き方を知ろう

手紙の形式を正しく理解したうえで、実際に手紙を書いてみましょう。気持ちや用件をわかりやすく伝える手紙が書けるようになりましょう。

学習の順序

1 手紙の書き方

手紙は、自分の気持ちや用件を相手に伝える文章です。どんな用件なのか、相手にはっきりわかることが大切です。読みやすい文章で、心を込めて書きましょう。

①手紙の形式

手紙には決まった形式があります。その形式に基づいて書くと、相手に失礼のないていねいな手紙になります。

例

①前略　②立春が過ぎても、まだまだ寒い日が続いています。

和男おじさん、みなさん、お元気ですか。先日は、りんごをたくさん送っていただき、ありがとうございました。さわやかな甘みがあって、とてもおいしいりんごですね。りんごを食べるたびに、おじさんのりんご畑の風景が目の前に広が

A 前文

① 書き出しの言葉（頭語）

手紙はふつう、「拝啓」「謹啓」「前略」などの頭語で書き始めます。ただし、親しい友達に出す場合などは、省略することもあります。

② 時候のあいさつ

「桜の花も咲き、すっかり春らしくなってきました」など、そのときの季節に合わせて書きます。

るようです。
　母に話すと、母も中学生や高校生のころ、おじさんといっしょに、りんごの収穫を手伝ったとのことで、そのころの話をくわしく聞くことができました。
　今年の夏休みには、家族でぜひおじさんのところに伺おうと思っています。またそのときにはお世話になりますが、よろしくお願いいたします。
　みなさんどうぞ風邪など引かないように、お体に気をつけてください。
草々
二月十日
坂田直子
田中和男様
追伸
　沖縄のおみやげのお菓子を送りました。みなさんでお召し上がりください。

B 本文

手紙の中心になる部分です。なるべく簡潔に、わかりやすく書きましょう。

C 末文

3 終わりのあいさつ
頭語に対応して、「敬具」「草々」などの結びの言葉（結語）を書きます。

D あと付け

4 日付
末文の次の行の上に書きます。

5 自分の名前
日付の次の行の下に書きます。

6 相手の名前
自分の名前の次の行の上に「様」などをつけて書きます。

E 追伸

書きもらしたことがある場合、手短に書きます。

もっとくわしく　時候のあいさつの例

春
しだいに暖かくなってきました。
桜の花が美しく咲きました。
新緑の鮮やかな季節になりました。

夏
うっとうしい雨が降り続いています。
毎日暑い日が続いています。
少し秋めいてきました。

秋
風のさわやかな季節になりました。
夜には虫の音も聞こえるようになりました。
天高く秋空が広がっています。

冬
しだいに寒さが厳しくなってきました。
今年も残り少なくなりました。
いつまでも寒い日が続いています。

2 手紙を書くときの注意

①用件は正確・簡潔に書く

あいまいな表現などをせずに、わかりやすくはっきりと書きましょう。

②言葉づかいに気をつける

目上の人に対する手紙はもちろん、友達や後輩に対する手紙でも、正しい敬語を用いてていねいな言葉づかいで書きましょう。

③読み直して内容を確認する

書き終えたら、誤字・脱字がないか確認しましょう。内容がわかりやすいか、相手を不快にさせるようなことを書いていないか確かめましょう。

④手紙でよく使う表現

次のような表現を覚えておくと便利です。

手紙の種類	書き出しの言葉（頭語）	結びの言葉（結語）
一般的な手紙	拝啓・一筆申し上げます	敬具・さようなら・かしこ（女性のみ）
ていねいな手紙	謹啓・謹んで申し上げます	敬白
略式の手紙	前略・前略ごめんください	草々
初めて出す手紙	初めてお手紙を差し上げます	敬具・敬白

もっとくわしく

はじめのあいさつについて

一般的には「拝啓」「謹啓」などの言葉で始めることが多いのですが、親しい人への手紙などは、堅苦しくならないように、簡単な時候のあいさつや、呼びかけの言葉で始めてもよいでしょう。

3 手紙の例

①拝啓　もみじの美しい季節になりました。
初めてお手紙を差し上げます。
②私は、大谷小学校五年三組の大山光男と申します。
今度、私たちのクラスでは、新聞や雑誌などがどのようにつくられるのかを調べ、発表することになりました。私のグループは、「新聞が家庭に届くまで」という部分を担当します。
③そこで、新聞社を見学させていただきたいと考えています。見学のときには、次のことを教えていただきたいと思っています。
・新聞の印刷の仕方
・各家庭へ届く仕組み
・新聞をつくる仕事の大変なところ
十一月十日ごろに見学させていただければと考えていますが、ご都合はいかがでしょうか。グループのメンバー七名で伺う予定です。
④この手紙が届くころに、改めて電話をいたします。⑤どうぞよろしくお願いします。
⑥敬具
十月二十日
大谷小学校　五年三組
大山光男
毎朝新聞社のみなさま

ここがポイント！

①書き出し・時候のあいさつ。
②これまでに会ったことがない相手に書く際は、自己紹介の文を書く。
③お願いしたい内容をわかりやすく書く。
・何をお願いしたいのか
・日時
・見学する人数
④どのように返事をもらうのかを書く。
⑤終わりのあいさつ。
⑥「拝啓」に対応する結びの言葉を書く。

第六節　電子メールを書く

1　電子メールとは

「電子メール」は、インターネットの中の郵便システムと考えるとわかりやすいでしょう。インターネットとは、全世界のコンピュータを結ぶことができるネットワークで、家や学校のパソコンなどから接続できます。インターネットの接続サービスを提供する業者を「プロバイダ」といい、電子メールを送るための「メールアドレス」を発行しています。メールアドレスは、電子メールを送ったり受け取ったりするときの住所のようなものです。

電子メールは、メールアドレスを指定して送信します。電子メールを送信するには、パソコンや携帯電話など、インターネットにつなぐことのできる機器が必要です。

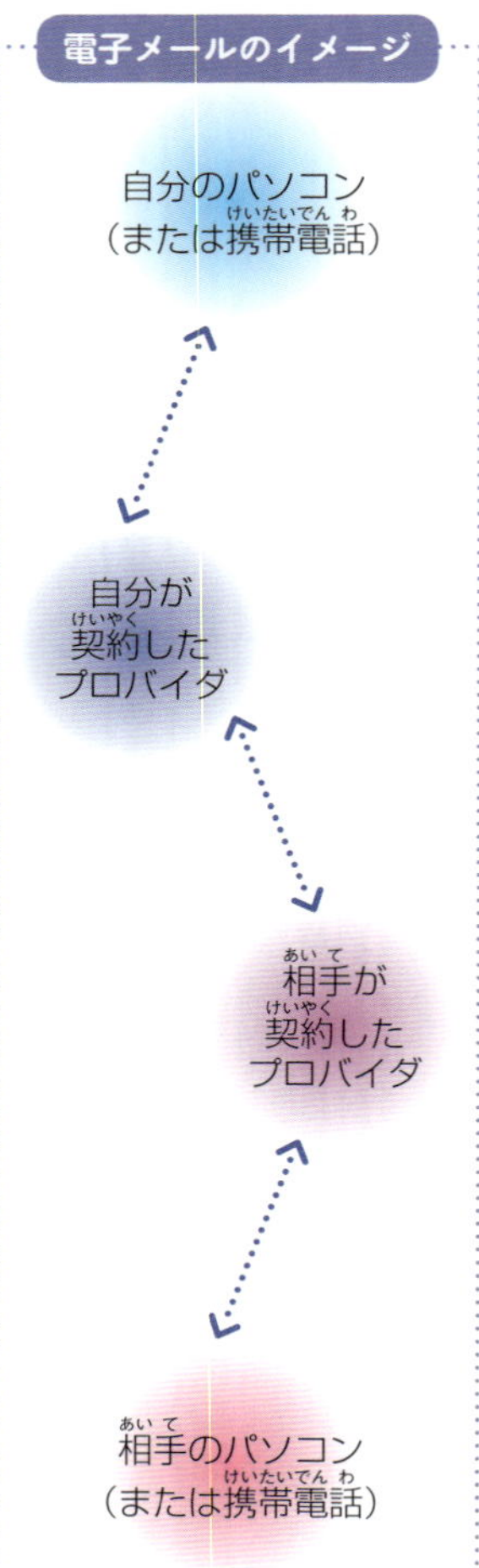

学習のねらいと目安

電子メールとは

今日では、紙に書く手紙だけでなく、電子メールを利用することが増えてきました。家族や友達との連絡にも、会社などの仕事の場面にも幅広く利用されています。文章を書く手段の一つとして、電子メールの特徴をつかみ、活用できるようにしておきましょう。

学習の順序

2 いろいろな通信手段

電子メールと電話・郵便（手紙やはがき）を比べてみましょう。それぞれの長所は次のような点です。

電子メール

・速い…送信ボタンを押すと、すぐに相手に届きます。
・安い…「毎月一定額」などの契約の仕方によっては、海外に送信する場合でも、一回ずつの料金は気にしなくてもよいことがあります。
・時間を気にしなくてよい…電話のように、相手の留守や忙しい時間などを気にせず送信できます。相手は都合のよいときに見ることができます。

電話

・相手の様子がわかる…直接相手と話すことができるので、相手の様子がわかり、確実に用件を伝えることができます。

郵便（手紙やはがき）

・安全…個人情報などが第三者（出す人と受け取る人以外の人）に知られる可能性がとても低いといえます。
・手書き…文章を手書きにできます。自分の個性を表現したり、気持ちを込めたりすることができるので、受け取った人の印象に残ります。

もっとくわしく

携帯電話の電子メールでは、原則としてプロバイダとの契約は不要です。

もっとくわしく

電子メールのいろいろ

プロバイダを通じて送受信する方法のほかに、ウェブメールやSNS（ソーシャル・ネットワーキング・サービス）のメール機能も普及しています。

・ウェブメール…自分のパソコンでなくても、インターネットを利用できる環境であればメールを送受信できる。主にポータルサイトなどでフリーメールアドレスを提供している。
・SNS…ウェブ上で人と人とのネットワーク構築をサポートする、会員制のサービス。多くの場合、メール機能を備えている。

3 電子メールの書き方と注意

パソコンや携帯電話で電子メールを送る場合には、約束ごとやマナーを守ることが大切です。

確認

1 電子メールの基本的な約束

(1) メールアドレスは正しく入力しましょう。本文のはじめには「○○様」と相手の名前を書いて、受け取った人が確認できるようにします。

(2) 差出人（自分）の署名をはっきり書きます。

(3) あいさつをきちんと書いて、失礼のないようにしましょう。

2 電子メールの注意点

(1) 個人情報の取り扱いに注意しましょう。自分のメールアドレスなどの情報を知らない相手に知らせないことが大切です。また、ほかの人の情報を別の人に知らせないように注意することも必要です。二人以上の人に同じ電子メールを送るときなどは、お互いのアドレスがわからないようにしましょう。

(2)「添付ファイル」で画像などを送るとき、データが大きすぎると相手の迷惑になることがあります。圧縮ファイルにするなどの工夫をしましょう。

(3) 改行や段落の分け方を工夫し、相手が読みやすいようにしましょう。

(4) 電子メールは一度に大勢の人に送ることができますが、送る前に、相手がその情報を必要としているかどうかを考えましょう。

ここに注意！

電子メールは転送もできます。転送とは、Aさんから届いたメールを、そのまま引用してBさんに送ることです。この場合にも、Aさんの個人情報を許可なくBさんに知らせないようにしましょう。引用部分からAさんの個人情報にあたる部分を削除して転送しましょう。

4 電子メールの例

電子メールは、左のような画面で作成します。

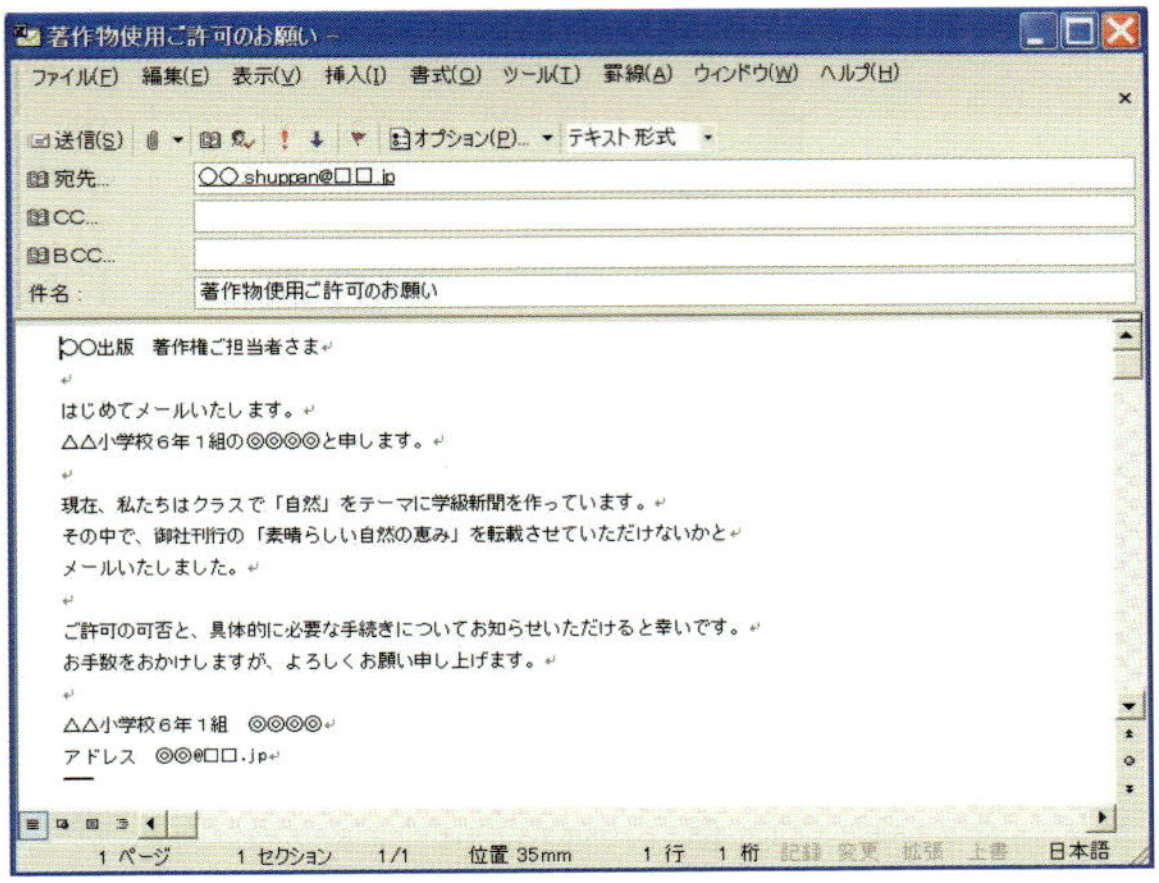

著作物使用ご許可のお願い -
ファイル(F) 編集(E) 表示(V) 挿入(I) 書式(O) ツール(T) 罫線(A) ウィンドウ(W) ヘルプ(H)
送信(S)　オプション(P)...　テキスト形式
宛先... ○○ shuppan@□□.jp
CC...
BCC...
件名： 著作物使用ご許可のお願い

○○出版　著作権ご担当者さま

はじめてメールいたします。
△△小学校6年1組の◎◎◎◎と申します。

現在、私たちはクラスで「自然」をテーマに学級新聞を作っています。
その中で、御社刊行の「素晴らしい自然の恵み」を転載させていただけないかと
メールいたしました。

ご許可の可否と、具体的に必要な手続きについてお知らせいただけると幸いです。
お手数をおかけしますが、よろしくお願い申し上げます。

△△小学校6年1組　◎◎◎◎
アドレス　◎◎@□□.jp

1 ページ　1 セクション　1/1　位置 35mm　1 行　1 桁　記録　変更　拡張　上書　日本語

〈電子メールの書き方六か条〉

① 小さな画面でも読みやすいように、文章は短く簡潔に書きます。特に携帯電話あての場合は注意します。

② 必要なところは漢字に変換します。変換ミスには気をつけましょう。

例 「お食事券→汚職事件など」

③ 句読点などは、ふつうの文章と同じようにつけましょう。

④ 段落を分けたり、一行あけたりして読みやすくしましょう。

⑤ 親しい人にはよいですが、特に目上の方などには不必要な絵文字や顔文字は使わないようにしましょう。

⑥ 署名を入れましょう。

ここに注意！

知らない人からメールが届いたときには、注意しましょう。特に添付ファイルがついている場合、うかつにそのファイルを開くと、ウイルスに感染してしまうことがあります。

また、文面に書かれたメールアドレスに不用意に返信することもやめましょう。思わぬトラブルに巻き込まれることもあります。

章末まとめ問題

解答▼561ページ

1 次の文に正しく符号をつけなさい。

プレゼント　西田　ひろみ
この前の誕生日に川口さんからプレゼントをもらいましたその中身は私がほしいと思っていたカラーペンのセットでした川口さんはひろみちゃんは赤い色が好きだから赤い包み紙にしてもらったよと言ってくれたので包み紙を捨てるのがもったいないなあと思いました

2 次の原稿用紙の使い方のうち、まちがっているところを一か所探して、どのように直すとよいかを書いて答えなさい。

　わたしの家族
上川　博
　わが家は六人家族である。祖母、父母、わたし、妹と弟だ。それに、犬のサクラもいる。祖母はもうすぐ八十才をむかえるが、とても元気で、毎日畑仕事をしている。家族のな

つまずいたら

1 1▼432ページ 符号の使い方

ヒント 会話文は「〜と」の前で終わることが多いので、注目しよう。

2 2▼434ページ 原稿用紙の使い方

3 **報告文や説明文を書くとき、どのような順序で書くとよいですか。適切な順序に並べかえて、記号で答えなさい。**

ア 推敲する。
イ 題材を決める。
ウ 構成を考える。
エ 主題を決める。

4 **次の事柄をグラフにする場合、どのグラフを使うとよいですか。それぞれ記号で答えなさい。**

(1) 自分たちの住む町の、月ごとの降水量を比べる。
(2) 自分たちの住む町の、月別の平均気温の変化を表す。
(3) 世界の自動車生産台数のうち、日本が占める割合を表す。

ア 円グラフ　イ 棒グラフ　ウ 折れ線グラフ

5 **生活文の題材としてふさわしいものは、次のうちどれですか。記号で答えなさい。**

ア 台風が発生する仕組み　イ こわかった台風十二号
ウ 世界各国の台風の呼び名　エ 台風十二号の全国被害調べ

6 **あなたが会ってみたい歴史上の人物について、次の指示にしたがって二百字以内で書きなさい。**

・その人物について簡単に説明すること。
・会ってみたい理由を述べること。

---

2 3 ▼461ページ 記録文・報告文を書く手順

ヒント
題材（何について書くのか）と、主題（題材のうち、どのような点を中心にするのか）のちがいに注意しよう。

3 4 ▼465ページ グラフや図の活用

ヒント
時間の移り変わりによって変化するものを表す場合は、折れ線グラフが適している。

1 5 ▼450ページ 生活文とは何か

1 6 ▼476ページ 意見文を書く

入試問題にチャレンジ！

解答▼563ページ

1 次の先生とA君の会話を読み、後の問いに答えなさい。（自修館中）

A君「お年玉をもらったのですが、使う予定がなかったので銀行に預けました。」

先生「しばらく預けておくと利息が付くので家においておくよりは良いかな。」

A君「そういえば、父が銀行から家を買うときにお金を借りたそうで、利子をつけて返すと言っていました。銀行も商売ですが、どのような仕組みで利益をあげているのでしょうね。」

先生「お金の貸し借りには利子・利息が付くけれどこのことが質問を解くカギだよ。銀行の立場からの図を書いて説明してみるね。」

問 右の図を参考にして、A君の質問「銀行が利益をあげる仕組み」について、先生に代わってわかりやすく説明しなさい。

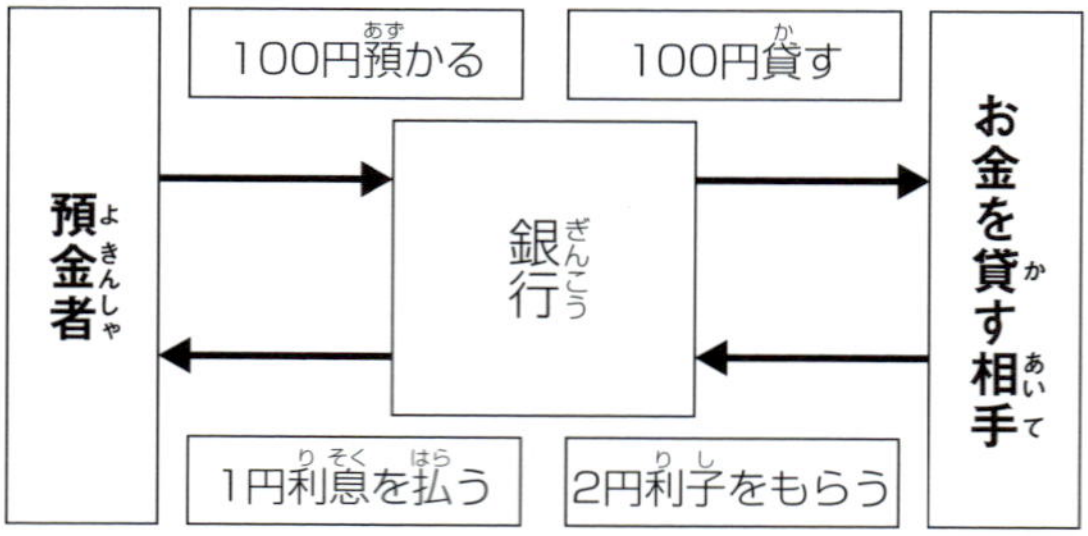

2 次のグラフは「世界遺産総数と種別世界遺産数」を、表は「世界遺産登録数国別ランキング」を表したものです。これをみて、後の問に答えなさい。（グラフ、表ともに二〇一八年七月時点のものである。）

（春日部共栄中）

【グラフA】

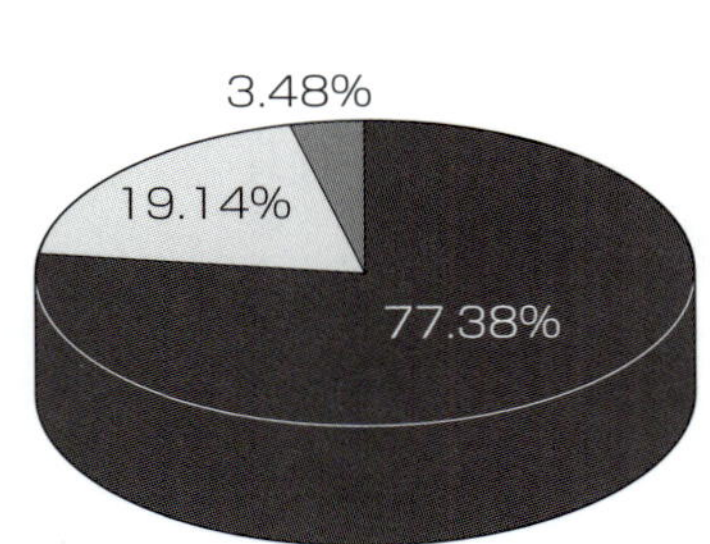

■ 文化遺産
□ 自然遺産
■ 複合遺産

世界遺産総数 …… 一〇九二件
文化遺産 …… 八四五件
自然遺産 …… 二〇九件
複合遺産 …… 三八件

【表B】

順位	件数	国名
①	五四	イタリア
②	五三	中国
③	四七	スペイン
④	四四	ドイツ
同	四四	フランス
⑥	三七	インド
⑦	三五	メキシコ
⑧	三一	イギリス
⑨	二八	ロシア
⑩	二三	イラン
同	二三	アメリカ
⑫	二二	日本
⑬	二一	ブラジル
⑭	一九	オーストラリア
同	一九	カナダ
⑯	一八	ギリシア
同	一八	トルコ
⑱	一五	スウェーデン
同	一五	ポーランド
同	一五	ポルトガル

(1) グラフA、表Bから読み取れる特徴的なことについて、それぞれ説明しなさい。

(2) (1)で答えた特徴のどちらかに関して、それが生じる理由についてあなたの考えを述べなさい。

③ **次の文章を読んで、後の問いに答えなさい。**　（開成中）

北海商事株式会社は、北海道の名産物を、各地に紹介し、販売する会社です。大手百貨店の安田デパートから、「月末の休日に、新宿支店と池袋支店で北海道物産展を行うので、カニ弁当を仕入れてほしい」と依頼されました。

北海商事では、新宿支店の仕入れ販売を大西社員が担当し、新宿支店よりやや規模の小さい池袋支店の仕入れ販売は小池社員が担当することになりました。両支店での販売を終え、翌月の月例報告会では、販売部長が下記のグラフを示しながら、両支店での成果を社長に報告しました。

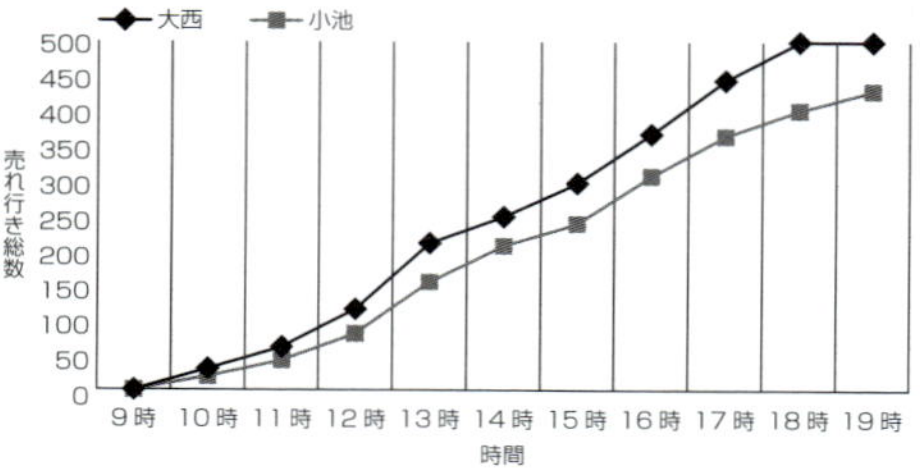

「大西社員は、販売用に500個のカニ弁当を発注し、小池社員は、450個のカニ弁当を発注しました。最終的に、新宿支店では、見事にカニ弁当は完売となりました。池袋支店では、20個の売れ残りが生じてしまいました。グラフは、九時の開店から十九時閉店までの、カニ弁当の売れ行き総数を示したものです。二人の社員の評価について、社長はいかがお考えになりますか」

売れ行き総数の推移

	9時	10時	11時	12時	13時	14時	15時	16時	17時	18時	19時
大西（新宿支店担当：500個発注）	0	30	61	115	212	250	298	368	445	500	500
小池（池袋支店担当：450個発注）	0	19	42	80	155	208	240	308	365	402	430

この報告を聞いて、社長は、

「部長の報告は客観性に欠ける。君はすでに大西社員を高く評価しようとしているではないか」

と伝えたうえで、

「私は、小池社員の方を高く評価する」

と答えました。部長が、

「新宿支店よりやや小さめの池袋支店でも、小池社員が、高い成果を上げたということがポイントでしょうか」

と尋ねたところ、社長は、

「支店規模の問題ではない」

と告げ、自分の考えを示しました。

問　大西社員より小池社員の方を高く評価する社長の考えとは、どのようなものと考えられるでしょうか。「たしかに」「しかし」「一方」「したがって」の四つの言葉を、この順に、文の先頭に使って、四文で説明しなさい。

聞く・話す編

第一章 表現の基礎

第一章

聞く・話す編

表現の基礎

第一節 表現の仕方

1 コミュニケーションと表現

①表現するということ

「表現」とは、感じたり思ったりしたことを、言葉・文字・身ぶり・表情・音・資料・映像などで表すことをいいます。私たちが文章を書いたり、言葉を話したり、音楽を演奏したりすることも、すべて表現活動です。

表現のいろいろ

文章
絵画
音楽
写真
漫画
映画
ダンス

学習のねらいと目安

聞くこと・話すことの基礎を学ぶ

私たちは、さまざまな表現方法によって他者とコミュニケーションを図っています。なかでも、言葉での聞くこと・話すことは、その中心といえます。

この節では、コミュニケーションの基礎となる、聞くこと・話すことについて、基本的な事項を確認します。

学習の順序

②コミュニケーションとは

言葉や文字などの表現によって、お互いに考えや思い、感情などを伝えたり、意見を交換したりすることを「コミュニケーション」といいます。つまり、表現はコミュニケーションの基本といえます。

私たちはふだん、さまざまな方法で他者とコミュニケーションをとっています。会話や、書かれた文字のほか、身ぶりや表情、写真や映像などによっても、お互いに情報をやりとりしています。

このようなコミュニケーションの手段の中で、最も重要なものが「言葉」です。日常を振り返ってみると、私たちのコミュニケーションのほとんどが「日本語」という共通の言語によって成り立っていることがわかるでしょう。それはさらに、文字で伝え合う「書く」「読む」と、音声言語で伝え合う「聞く」「話す」に分かれます。

「聞くこと」「話すこと」は、最も身近で日常的なコミュニケーションです。周囲の人ときちんとコミュニケーションをとるために、正しい聞き方・話し方を身につけることが必要です。

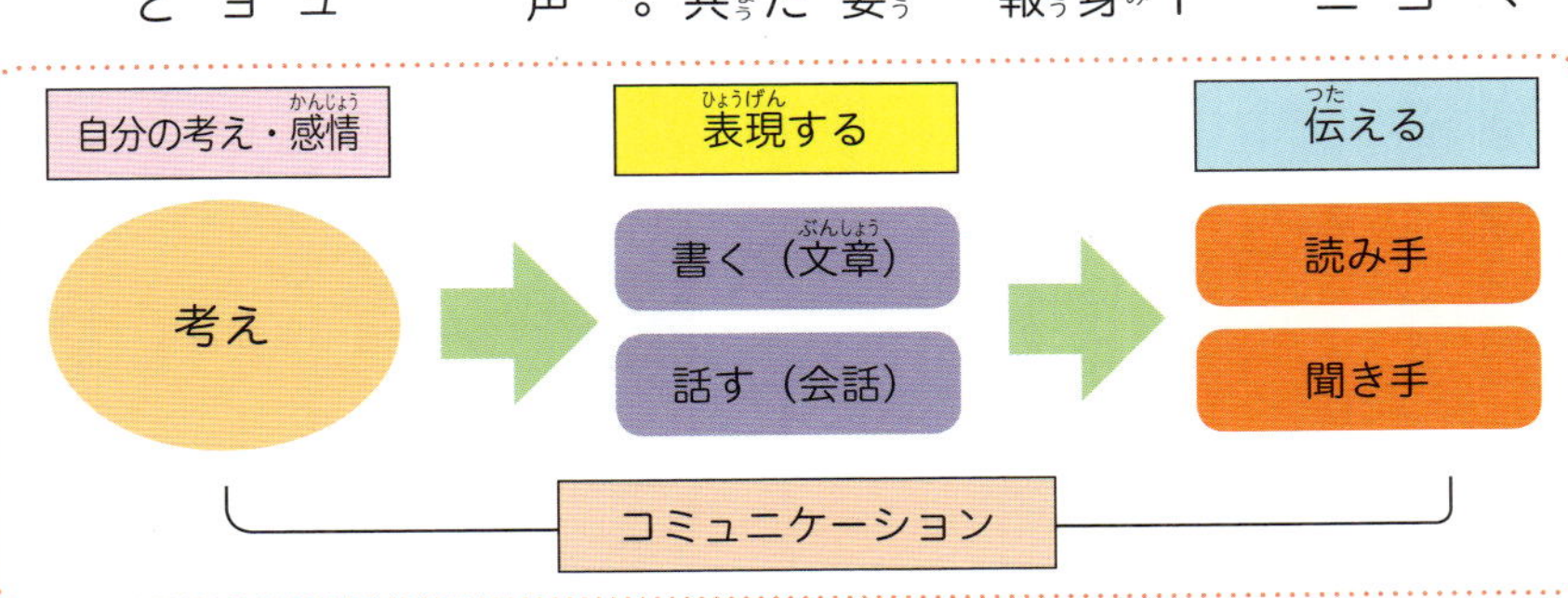

もっとくわしく

だれかと話をするときに、身ぶりや手ぶりをつけて話すことも、表現方法の一つです。身ぶりや手ぶりで、相手が具体的なイメージをもてるようにしたり、自分がいちばん伝えたいことは何かをわかってもらったりするのです。

文章では、特に伝えたい言葉を大きくしたり、太くしたり、または色をつけたり、線で囲んだりして強調します。これも表現方法の一つです。

2 正しい聞き方

ふだんの生活で、私たちが「聞く」場面はたくさんあります。

例
授業で先生の話を聞く　学級会で話し合いをする　ディベートをする
講演・スピーチを聞く　家族や友達と会話をする

相手の話をきちんと理解して聞くためには、次のことが大切です。

聞くときの心がけ	聞くときの行動
①話の中心をとらえながら聞く ②正確に聞く	③質問しながら聞く ④反応しながら聞く

①話の中心（要点）をとらえながら聞く

話し言葉には、必要な情報以外のこともたくさん含まれています。話の内容のすべてを受け取ろうとすると、話の中心を聞きもらすことがあります。常に「話の中心は何か」に気をつけて聞くようにしましょう。

②正確に聞く

行事の案内や、出来事の報告・ニュースなどは、正確に聞き取りましょう。重要な日付・場所などはメモをとって、聞き落とさないように工夫しましょう。

もっとくわしく

連絡を聞くときのポイント

行事などの案内・連絡を聞くときは、次のような点を聞き落とさないようにしましょう。

- 日時
- 場所
- 急ぎの場合の連絡先
- 必要な持ち物　など

メモをとりながら聞き、不明な点はすぐに確認するようにしましょう。

メモのとり方

1. 何について話しているのか、話題をメモする。
2. 何度も出てくる言葉（キーワード）をチェックしてメモする。
3. 話し手が強調するところはマークをする。
4. メモは、なるべく短い文か単語などにする。
5. 固有名詞（人名・地名など）は漢字で書いておく。

学習のポイント

「聞き方上手のアイウエオ」

ア　あいづちを打つ。
イ　意見を述べる。
ウ　うなずく。
エ　笑顔で聞く。
オ　終わったら拍手をする。

③質問しながら聞く

話し手は、質問されることによって、自分が伝えたいことをさらに正確に話すことができ、聞き手は、わからないことや、もっとくわしく知りたいことを確かめることができます。ただし、質問は、話し手の話が一段落したところで挟むようにしましょう。また聞き手が大勢の場合は、話し手や司会者の許可を得てから質問するようにしましょう。

④話し手の話に反応しながら聞く

話し手に対してあいづちを打ったり、うなずいたりして、きちんと聞いていることを態度や動作で示しましょう。また講演会やスピーチなどの場合、話が終わったら、拍手などで感謝の気持ちを表すのもよいでしょう。

3 正しい話し方

ふだんの生活で、私たちが話をする場面はたくさんあります。

例
- 授業中に発表する
- 家族や友達と雑談する
- 親戚と電話で話す
- グループで話し合いをする
- 全校児童の前でスピーチをする
- 道を聞かれて説明する

相手に言いたいことをきちんと伝えるためには、次のことが大切です。

①相手にわかりやすいように話す

話をする相手によって、話し方を工夫しましょう。たとえば、同じ内容を伝える場合でも、そのことをくわしく知っている人に話す場合と、知らない人に話す場合では、説明の仕方を変える必要があります。相手が理解できているか反応を見ながら、同じことをくり返して話したり、話し方を変えたりすることも大切です。

②話の内容を整理する

話すときは、ただ思いついたことをとりとめもなく話すのではなく、要点をまとめて、要領よく話すことが大切です。内容を的確に整理することで、聞き手は話を理解しやすくなります。

もっとくわしく

伝わっているか確認する

話すときは、その内容がまちがいなく相手に伝わっているか、よく確かめましょう。

相手に伝わりやすいように、声の大きさや、表情、口調などを工夫しましょう。また、相手によって、話す速さや間の取り方に注意することも大切です。

③その場に合った話し方や言葉づかいをする

話をする場合には、話し方にも注意しましょう。ていねいな言葉づかいをすることは必要ですが、友達どうしで話すときに敬語をたくさん使うと、かえってその場の雰囲気が損なわれることもあります。一方で、会議などの改まった場や、目上の人と話すときは、それにふさわしい言葉づかいをしなければなりません。

敬語を使う相手

目上の人（先生など）
年上の人（地域の人、お店の人、友達の父母など）
父母の会社の人（電話で話す場合には特に注意）
初めて会う人・あまり親しくない人　など

敬語を使わない相手

家族
友達
下級生
親しいいとこ　など

※敬語を使う場合もあります。

重要
聞き手の立場に立って、相手に理解しやすい言葉づかいや話し方を考えながら話す。

重要
話すときの姿勢・態度も大切

話すときは、姿勢と態度も大切です。せっかくていねいな話し方をしていても、姿勢が悪いと、相手に失礼な印象を与えることがあります。
話す相手、話の内容、話す場所などにふさわしい姿勢と態度で話しましょう。

第二節　わかりやすく話す

学習のねらいと目安

わかりやすく話せるようになろう

「話すこと」は、自分の考えや感情を人に伝える方法として、「書くこと」と並んで大切なことです。わかりやすい話し方について、その方法を学びます。

学習の順序

1 順序を追って話す工夫

文章の場合、読み手は、前に読んだ箇所まで戻って情報を確認することができます。しかし、話を聞く場合は、内容が文字などの情報として残りません。そのため、話す内容が整理されていないと、聞き手は混乱してしまいます。話し手は、順序を追って整理しながら話すことが大切です。

例文で考えよう

①ずっと髪を伸ばしていた。②おばあちゃんに、「短い髪型も似合うと思うよ。」と言われた。③そこで、髪を切った。

このように、出来事が起こった順に話すのが、最もわかりやすいといえます。

練習問題

次のア〜ウを、どの順序で話すとわかりやすいですか。

ア　剣道の試合で優勝した。
イ　優勝のごほうびに、新しい自転車を買ってもらった。
ウ　前から新しい自転車がほしかった。

答え 504ページ下段

練習問題の答え

ウ→ア→イ

2 相手の立場に立つ

私たちが話をする場面には、次の①〜③のような場合があります。どんな場合でも、相手の立場に立って話すことが大切です。

①多数の人に対し一人で話す場合

例　全校集会でスピーチをする場合

(1) 聞く相手によって、言葉づかいを工夫する

・全校児童や先生など、さまざまな人がいる改まった場面なので、敬語でていねいに話す。

・低学年の児童にもわかりやすいように、難しい言葉は避ける。

(2) 聞こえやすさを工夫する

・全員に聞こえる大きさの声で話す。

(3) 聞き手の反応を確認しながら話す

・わからない様子の人がいる場合は、何度かくり返して話す。

・つまらなそうにしている人がいる場合は、身ぶり・手ぶりや口調に変化をつけながら話す工夫をする。

(4) 適切な長さで話す

・大勢の人の前で話す場合、話が長くなりすぎないように注意する。

もっとくわしく　例をあげよう

くわしく説明するために、さまざまな例をあげることも効果的です。

例をあげる場合には、次のような点に注意しましょう。

・何を説明するための例であるか
・その場に適切な例か
・だれもが理解できる例か

ただし、例の説明が長すぎたり、例の数が多すぎたりすると、聞き手はポイントがわからなくなってしまいます。

②二人以上で話し合う場合

例文で考えよう

A「これから、文化祭での出し物を決めます。私たちのクラスは何をするのがよいでしょうか。」
B「私は、劇をやりたいです。」
C「ぼくは、お化け屋敷のほうが面白いと思います。」
D「みんなで何か記念に残るものをつくりたい。」
B「大きなものをつくるのは面倒くさそう。」
C「お化け屋敷以外は、やりたくないなあ……。」
D「ペットボトルで塔をつくったらどうかな。」

この例のように、それぞれが自分の意見や思いだけを主張していたのでは、話がまとまりません。相手の話をよく聞き、それについての自分の意見を、理由とともに述べるよう努めましょう。

(1) 相手の意見をふまえて話す

「なぜその案がよいと思うか」「なぜその意見に反対なのか」と理由、根拠とともに意見を出し合うことで、話し合いが実りのあるものになります。

(2) 話し合いが進展するように話す

「面倒くさい」などの個人的な思いで反対していると、話し合いはなかなか進みません。皆での合意に向けて、前向きな意見を出しましょう。

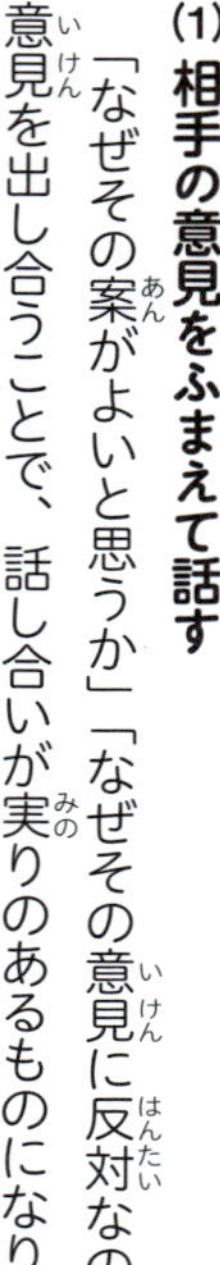

もっとくわしく

第一節「表現の仕方」でも学んだように、相手の立場に立って話すために、話す姿勢、声の大きさ、間の取り方、表情、口調などに気をつけましょう。

③ 一人対一人で話し合う場合

例文で考えよう

A「昨日のドラマ見た？　主人公が悲しい別れをするシーンでは涙が出たね。」
B「ぼくは、ゆうべは父と野球の試合を見たんだ。応援しているチームが負けて残念だったよ。」
A「ドラマの続きがどうなるか、来週がとても楽しみだね。」
B「来週は、野球の試合がないから、つまらないよ。」

この例で、AさんとBさんは交互に話をしてはいますが、どちらも相手の話を聞かずに、自分に関することだけを話しています。これでは、会話が成立しているとはいえません。

たとえばBさんの一つ目の会話は、

「昨日は見逃しちゃったよ。別れのあとどうなったの？」

「ぼくも感動したよ。あのドラマは目が離せないね。」

のように答えると、ドラマという共通の話題で会話が弾みます。相手の話をよく聞き、それに対する考えや感想を述べることで、会話が豊かになります。

重要
一対一で話す場合も、大勢の人を相手に話す場合も、相手の立場に立ち、工夫して話すことが大切。

もっとくわしく
「会話はキャッチボール」

よく会話はキャッチボールにたとえられます。

キャッチボールというのは、一人が投げた球をもう一人が受け取り、それを相手に返すということをくり返すものです。

会話もそれと同じように、相手の言葉を受け、それに対して自分の言葉を返すということを続けていきます。

上の例では、キャッチボールになっていないこと、つまり会話が成り立っていないことがわかります。

第三節 音読・朗読の仕方

1 音読と朗読

① 音読と朗読のちがい

音読	文章や詩を声に出して正確に読む。 ・聞き手は、いてもいなくてもよい。 ・音読によって、文章のリズムを耳で確かめることができる。
朗読	文章や詩を、聞き手に向けて、気持ちを込めて読む。 ・作者が作品に込めた思いと、朗読者がその作品から感じ取った思いを聞き手に伝えることができる。

② まず音読してみよう

声に出さずに文章を読むことを黙読といいます。音読は、黙読よりも速く読むことはできません。文章を正確に、意味を考えながら音読すること、さらに音読で人に伝わるように読むことは、文章理解の大きな助けになります。

③ 朗読で伝えられるもの

音読とはちがい、朗読では、声の大きさ、抑揚（声の調子の上げ下げ）、アクセント、間の取り方、リズム、速さなどに変化をつけて印象づける必要があります。読み手はこれらをうまく使いこなすことで、文章の内容や読み手自身の気持ちなどを適切に伝えることができます。朗読を通して、読書や会話だけでは学ぶことができない「日本語の豊かさ」を知り、「言葉」を使った表現力を磨きましょう。

学習のねらいと目安

何のために朗読をするのか

朗読とは、声に出して文章や詩を読み、聞く人にその内容だけでなく、作品全体の雰囲気や情感、自分の解釈の仕方を伝えるものです。登場人物のせりふを朗読することで、感情表現を養うことができます。

自分とはちがう人の気持ちになって表現する「朗読」は、他者の考え方を受け入れる体験にもなります。他者の考え方や気持ちを受け入れることは、コミュニケーションの大切な基本です。

学習の順序

音読してみたい本

『新編　風の又三郎』
〈新潮社〉宮沢賢治

「どっどど　どどうど　どどうど　どどう　青いくるみも吹きとばせ……」。山の分校に現れた転校生と子どもたちの交流を、方言とともに味わってみよう。

『のはらうたI』
〈童話屋〉くどうなおこ

かまきりりゅうじ、みのむしせつこ、かぜみつる……のはらの住人たちの楽しい歌がいっぱい。かまきりや風になりきって、音読してみよう。

『車のいろは空のいろ
白いぼうし』
〈ポプラ社〉あまんきみこ
（絵／北田卓史）

松井さんのタクシーからいなくなった不思議な女の子。野原から聞こえてくる「よかったね。」「よかったよ。」という小さな声。会話の読み方を工夫してみよう。

『新美南吉童話集』
〈角川春樹事務所〉
新美南吉

ある日、背中の殻に悲しみが詰まっていることに気付いたでんでんむしは……。「でんでんむしのかなしみ」のほか「ごん狐」などを収める。日本語の美しさを味わおう。

入試のポイント

文章の内容をよく読み取ったうえで、指定された部分の読み方を問う問題が出題されることがあります。主に物語文を素材として、登場人物の心情や情景などをとらえながら、その部分の読み方を答えるものです。登場人物の「楽しんでいる」「喜んでいる」「悲しんでいる」「驚いている」などの気持ちをふまえて、その気持ちに合う効果的な読み方を答えられるようにしておきましょう。

2 朗読するときの工夫

①読み方に注意する

声の大きさ	・正しい発音で、はっきり聞き取れるように読む。 ・声は、大きすぎたり小さすぎたりしないよう、朗読する場所や聞き手との距離によって適当な大きさを考える。
読む速さ	・聞き手によくわかるように、速すぎたり遅すぎたりしないようにする。 ・ただし、最初から最後まで同じ速さで読むのではなく、書かれている事柄によって、速度に変化をもたせるとよい。
「間」の取り方	・途中でひと呼吸おいて「間」を取ることで、強調したり余韻をもたせたりすることができる。 ・どこで「間」を取るかによって意味が大きく変わることがあるので、自分の解釈でその文章に合った「間」の取り方を考えて読む。

②その人になりきる

会話部分、心の中で思ったことなどの部分を読むときは、話したり思ったりしている人の気持ちを考え、その人になりきったつもりで読むようにします。ただし、感情を込めすぎると、解釈を押しつけることになったりかえって不自然になったりするので注意しましょう。

もっとくわしく 朗読をするときに工夫する部分

①会話部分
②心の中で思っていることが書かれている部分
③心情が反映されている部分
④説明・紹介などが中心の部分と、会話・動作などが中心の部分とのちがい
⑤考えが述べられている部分とほかの部分とのちがい
⑥省略、倒置、擬人法など、表現技法が使われている部分
⑦「？」や「！」などの符号が使われている部分
⑧詩などで、その連や詩全体の中心になる部分

練習問題

1 朗読するときの注意として正しいものを二つ選んで記号で答えなさい。

ア　朗読は、文章の内容は理解できなくてもよいから、一字一句まちがえないように、正確に読む。
イ　会話の部分は、その人物の気持ちになりきって読む。
ウ　朗読するときは、できるだけオーバーに感情を込めて読む。
エ　初めから終わりまで、一定の調子や抑揚で読み通す。
オ　書かれている場面の様子を想像しながら読む。

2 次の詩の朗読の仕方として適切なものを一つ選んで、記号で答えなさい。

夕ぐれ

ああ、なんて冷たいんだ。
夕焼けも氷の色に、冬近き日。
もう何もかもがさよならの季節。

ア　元気よくみんなに聞こえるように読む。
イ　さびしそうに、少し声を落として読む。
ウ　一行目は大きく元気よく、二、三行目は小さく読む。
エ　最初から最後まで、同じ調子で読む。

答え 511ページ下段

練習問題の答え

1 イ・オ
2 イ

学習のポイント

1 朗読では、内容や雰囲気を聞き手に伝えるために、読む速度を変えたり、強弱をつけたりする。しかし、度を超すと不自然になり逆効果だ。アは、「文章の内容は理解できなくてもよい」が誤りで、朗読する前に、しっかり文章の内容を理解しておくことが大切。ウは「できるだけオーバーに」が誤り。エは「一定の調子や抑揚」が誤り。それぞれの部分にふさわしい調子や抑揚で読もう。

2 この「夕ぐれ」という詩は、動物たちが冬眠に入り、木々が葉を落とす晩秋の夕方をうたったもの。なんとなくもの悲しい気持ちが伝わってくる詩だ。

第四節　スピーチの仕方

1　スピーチとは

①いろいろなスピーチ

スピーチとは、人前で話す談話のことです。クラスのみんなの前で、自分が体験したことや考えたことなどを話すことも、スピーチです。

〈スピーチのいろいろ〉

例
・入学式や結婚式などの改まった式典でのあいさつ。
・仲間どうしの集まりでの軽いあいさつの言葉。
・学校の授業の前に、交代で毎日数人ずつが話す発表。
・自分の主張や意見を述べる演説。政治家の街頭演説など。

②スピーチは原稿を用意しよう

人前で話すスピーチは、不用意な言葉で誤解を与えたり、聞き手に不愉快な思いをさせることがないようにしたいものです。そのために、事前に原稿を用意してチェックしておきましょう。

スピーチの題材には、聞き手が「なるほど」と思うようなことや、元気になるような明るい話題を選びます。題材カードをもとに原稿をつくりましょう。

学習のねらいと目安

スピーチができるようになろう

スピーチとはどういうものかを確認したうえで、スピーチの仕方について学びます。スピーチは、時間をかけて準備できる場合もありますが、その場で話をしなければならないこともあります。どの場合にも対応できるよう、基本を学びましょう。

学習の順序

1　スピーチとは……導入
2　スピーチをするときの注意……発展

例

〈題材カード〉

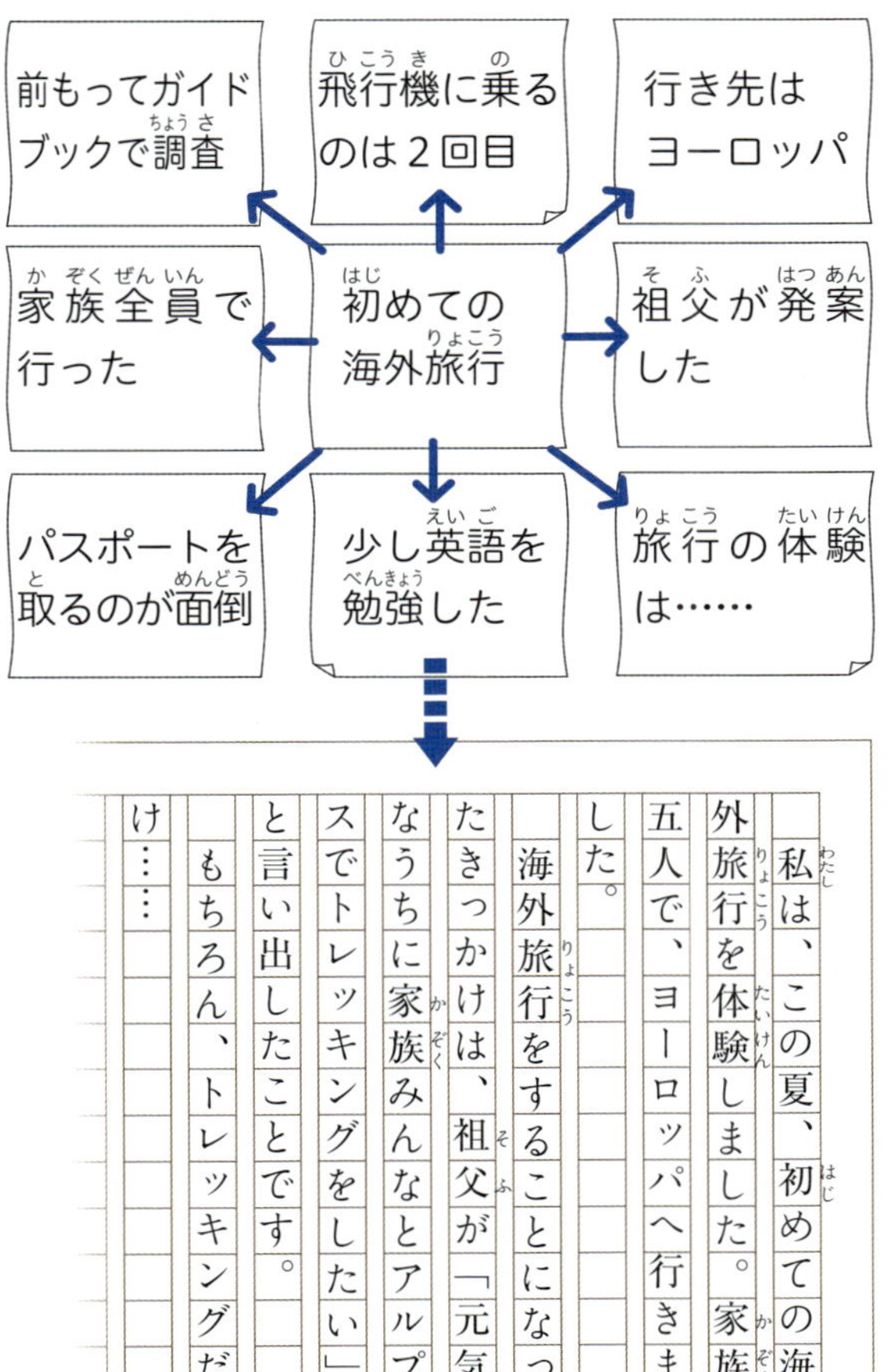

〈原稿〉

手順

1. 中心になる出来事を真ん中のカードに書く。
2. きっかけや具体的な体験、感じたことや考えたことを書き足していく。
3. 話したいことを選んで整理し、順序立てて原稿をつくる。

もっとくわしく

ある特定の事柄を大勢の人に教えたり、説明したりする目的で話す場合は、「講演」と呼びます。話す時間もスピーチより長くなるのがふつうです。

重要　**何字なら何分？**

スピーチをする場合には、事前に「スピーチ原稿」をつくります。一分間スピーチなら、三百五十字～四百字を目安にします。三十秒スピーチなら二百字、三分間スピーチなら千二百字が目安です。

2 スピーチをするときの注意

自分の思いや考えを聞き手に伝えるために、どのような心がまえや工夫をしてスピーチをするとよいでしょうか。

ここでは「一分間スピーチ」を想定して、スピーチ原稿をもとに、効果的なスピーチのポイントを確認しましょう。

これから、図書館で本を借りるときのマナーについて話します。【A】

先週私は、町の図書館で『ケーキの作り方』の本を借りました。母といっしょに、妹の誕生日にケーキを焼く約束をしていたからです。

家に帰って、母と本を開きました。目次を見て、「バースデーケーキ」のページを開いたのですが、そのページがありません。私は驚いてしまいました。本には、ビリビリと破ったあとが残っています。だれかが切り取ってしまったようです。母は、「まあ、だれがこんなことを……。」と悲しそうな顔をしています。切り【B】

①話題を絞り、順序立てて話す

A 話すことを一つに絞って、最初に「何の話題」について話すのかを、はっきりと伝えます。

B 話題について、自分の体験や意見を簡単に話しましょう。

C その意見についての理由を添えてまとめます。

②時間を計って練習をする

最初は原稿を見ながら、時間の感覚をつかみます。D

もっとくわしく
スピーチで伝えることをまとめる

スピーチでは、話す「話題」を通して、自分がいちばん言いたいこと、意見や提案、思いは何であるのかをまとめておくことが重要です。

上の例の場合、本が破られていた体験から言いたいことは、「本を大切に扱ってほしい」ということです。

取られた本も、とても悲しそうに見えました。

D（30秒）

本を返しに行ったとき、図書館の係の人に、破れていたことを伝えました。係の人のお話によると、このごろ、本を切り取ったり、落書きをしたりする人が多くて、困っているそうです。

E（息つぎ）

図書館の本は、みんなが読むものです。一人の人の「これくらいなら」という思いが、大勢の人に迷惑をかけます。図書館を利用する人一人ひとりがマナーを守って、本をていねいに、大切に扱ってほしいと思います。

C

一字一句、原稿のとおりに話す必要はありません。整理した内容を順に思い浮かべながら話しましょう。

③話し方の練習をする

原稿には、強調するところや、息をつくところなどを書き入れておいてもよいでしょう。E

ただし、あまり原稿ばかり見ずに、顔をあげて、聞き手の顔をしっかり見ながら話すことが大切です。聞き手が大勢いる場合は、できるだけ多くの人に視線を向けるようにしましょう。

練習の段階では、友達や家族の人に、聞き手の役になってもらって、聞き取りやすさ、内容のわかりやすさ、話しぶりなどをチェックしてもらうと、スピーチ力がアップします。

もっとくわしく

伝わるように話すために

(1) 声の大きさや発音
- 背中をのばし、よい姿勢で話す。
- 大きな声で、言葉を聞き手に届けるつもりで話す。
- はっきりとていねいに発音する。

(2) 話す速度
- 緊張すると早口になってしまいがちなので、大切なことばや表現はゆっくり呼吸をするなどして、速くなりすぎないように注意する。
- 話すことに慣れてきたら、話の内容に応じて、話す速度や間の取り方に変化をつけてみるとよい。

(3) 目線・表情
- 顔を上げて、聞き手のほうを見ながら話す。
- 話すときは、内容にもよるが、できるだけ明るい表情を心がける。

第五節　発表・報告の仕方

1　発表・報告の手順と工夫

自分で調べたことや、体験したことをほかの人々に伝えることを発表・報告といいます。発表・報告の基本は、聞き手にわかりやすく伝えることです。

①内容を整理する

発表や報告は、話し手の言葉を中心に行われます。話し手は、内容を整理して、順序立てて話す必要があります。「これから○○について話します」と前置きをしたり、「ここから二つのことがわかりました。一つ目は……」のように、聞き手が理解しやすいように組み立て、話の展開を工夫しましょう。

②目で見てわかる資料を示す

例を見てみよう

例　ポスター

発表する内容を、聞き手全員が見られるように、大きな紙（模造紙など）にまとめます。調べたことをまとめるときや、ポスターセッションをするときに用います。ポスターセッションは、何枚かのポスターを壁や廊下に張り出し、興味のある人が来たとき、そのポスターを使っ

▲ポスターセッションの様子

学習のねらいと目安

どんな点に注意して発表・報告をするとよいか

この節では、体験したことや調べたことを発表・報告するときのポイントを学びます。

聞き手に「ここが大切」だとわかりやすくするために、いろいろな工夫をする必要があります。どんな工夫があるのかを具体的に学びましょう。

学習の順序

1 発表・報告の手順と工夫……導入
2 発表・報告をするときの注意……導入
3 発表の例……発展

て順に説明していくことです。

例　フリップ

発表する内容のポイントを画用紙や大型のカードにまとめたものをフリップといいます。

言葉だけでは伝えにくいことは、目で見てすぐわかるようにポスターやフリップにします。特に数値などは、言葉では伝えにくいので、グラフや表にします。

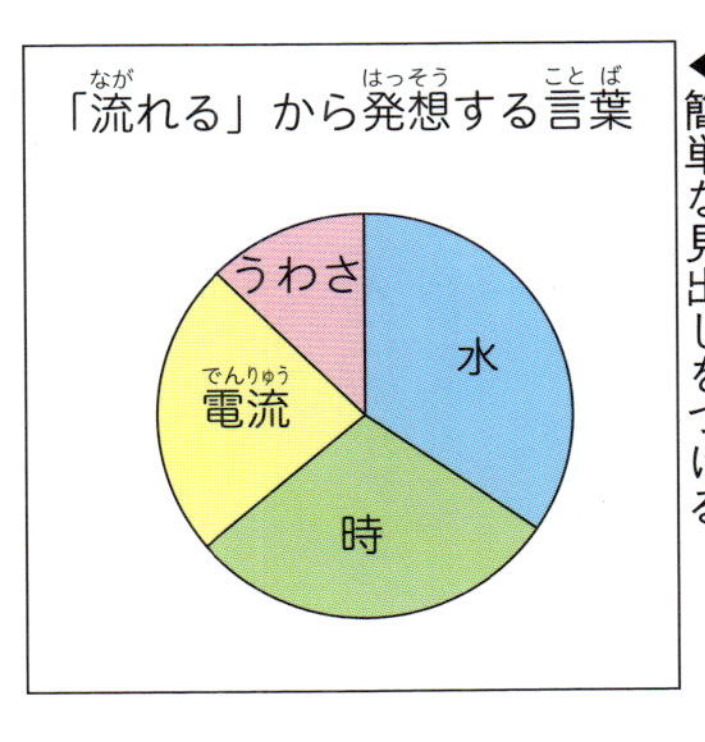

▲簡単な見出しをつける。

③配付資料を作成する

レジュメ…発表する内容の要点をまとめてプリントしたものをレジュメといいます。

ポスターやフリップの内容と重なってもよいのですが、まったく同じものにならないよう注意しましょう。レジュメをあらかじめ配っておくことで、発表・報告の聞き手は、発表・報告の内容を前もって知ることができ、よりわかりやすく伝えることができます。

レジュメの作成ポイント

- 発表・報告の順序や内容に合わせて、その要点を簡潔にまとめます。
- 見出しをつけたり、箇条書きにしたりして、わかりやすく整理します。
- 聞き手が自由に書き込むことのできる「メモ欄」をつけておくとよいでしょう。

学習のポイント

資料を作成するときは、文字の大きさや色、組み立て、番号付けなどを工夫しましょう。たくさん文字を入れすぎると読みづらくなるので、できるだけ簡潔にまとめます。

ポスターでは、目を引くような見出しをつけ、フリップでは、発表する内容のポイントを箇条書きでまとめます。

ここがポイント！

レジュメの例

※感想や意見を書いてもらうメモ欄をつけるとよい。

浅野川のごみ拾い体験

6年1組　山田健一

1　ごみ拾い体験をした理由
…………
2　拾ったごみの量と種類
…………
3　ごみ拾いをしてわかったこと
…………

メモ

2 発表・報告をするときの注意

報告や発表は、話が一方的になることが多いので、聞き手に正確に伝わるように工夫や注意をすることが必要です。あらかじめ原稿や資料を準備しておくだけでなく、実際に話すときには、話し方やスピード、間の取り方、強弱のつけ方を工夫して、聞き手の様子を見ながら話すことが大切です。

長い話は、聞き手の集中力を損なってしまうので、組み立てを工夫し、できるだけ簡潔に話すことも求められます。

注意

1. わかりやすい表現を心がける。
2. 整理して話す。
3. 図や表などの資料を利用する。
4. 重要な点はくり返す。
5. 必要なら、最初か最後に話全体の要旨を述べる。
6. わからないところがなかったかどうか、聞いている人に確かめる。
7. 強調するところの話し方や身ぶりなどの表現を工夫する。
8. ていねいな言葉で、礼儀正しい態度で話す。
9. 短い時間で要領よく話す。

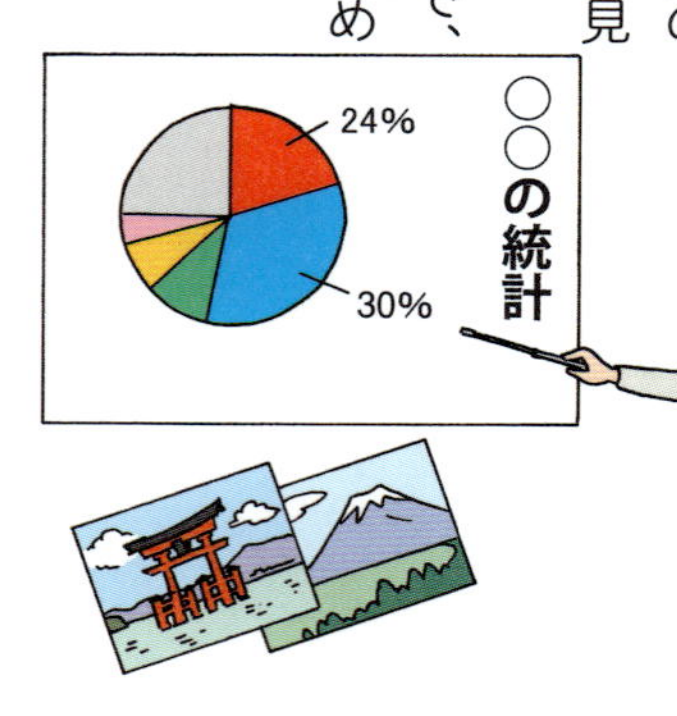

ここがポイント！

具体的に示す

発表・報告では、「具体的」に示す方法を考えてみましょう。単に「本を読んで面白かった」「環境は大切に保護しよう」という内容では、聞き手にイメージがわきません。話の中に具体例を盛り込むだけでなく、実際に「モノ」を見せることも、大切な方法の一つです。

左上の例であげた「本」「ポスター」「朗読」などのほかに、

- 地図やグラフ
- 集めたパンフレット
- 撮った写真
- 実際の品物や見本

などが考えられます。

3 発表の例

例「読んで感動した本」について発表する場合

次のような方法で、内容を具体的に示すと聞き手に伝わりやすくなります。

①読んだ本を示す

「この本を読んで感動しました」と、実際の本を示します。聞き手は、具体的なイメージをもつことができます。

②内容の一部を示す

ポスターやフリップに、内容の一部を書き出して示します。登場人物やあらすじ、その本の中で最も感動した部分などを示すとよいでしょう。感動した部分は、二～三か所に絞ります。

③感動的な部分を朗読する

最も感動した部分を朗読しましょう。登場人物になった気持ちで、心を込めて読みましょう。

ポスターの例

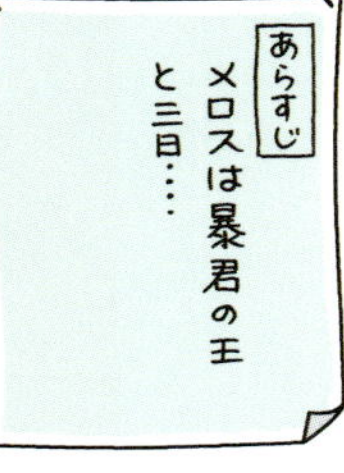

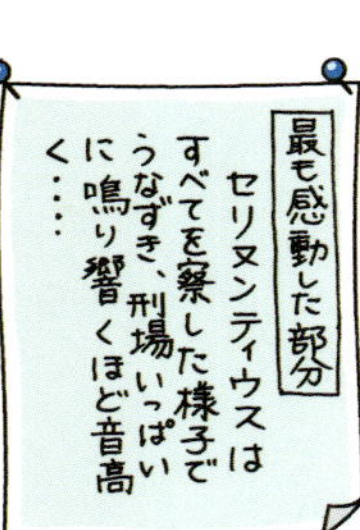

もっとくわしく

聞き手の注意点

・聞き手は、発表・報告のポイントを聞きもらさないように注意しましょう。

・質問は、すべての発表・報告が終わったあとか、話し手が「質問はありませんか」と聞いたときにしましょう。

・発表・報告の内容に共感したり、感動したりした場合は、そのことを話し手に伝えましょう。

・自分の経験や知っていることと結びつけて、自分の考えをもちましょう。

第六節　会議の仕方

学習のねらいと目安

会議の仕方を学ぶ

この節では、会議をするときに気をつけることを学びます。会議中、自分はどう発言し、他人の意見をどのように聞けばよいでしょうか。そのポイントをおさえて、実りのある会議ができるように役立てましょう。

学習の順序

1 会議のパターン

会議（話し合い）には、目的に応じていろいろな方法があります。目的や話し合う人数に合わせて、適切な方法を選ぶことが大切です。

①**会議**…関係者が集まって物事を相談し、決定する。

目的 ある事柄を決める。

例 クラスの目標、学校生活での問題点とその解決法など。

②**ブレーンストーミング**…複数の人で、自由に多くの意見を出し合う。

目的 アイデアを広げる。

例 遠足の行き先をみんなで出し合う。

③**バズセッション**…グループに分かれて議論し、代表者が結果を全体に報告する。

目的 多くのアイデアから有用なものを引き出す。

例 文化祭の出し物。

会議

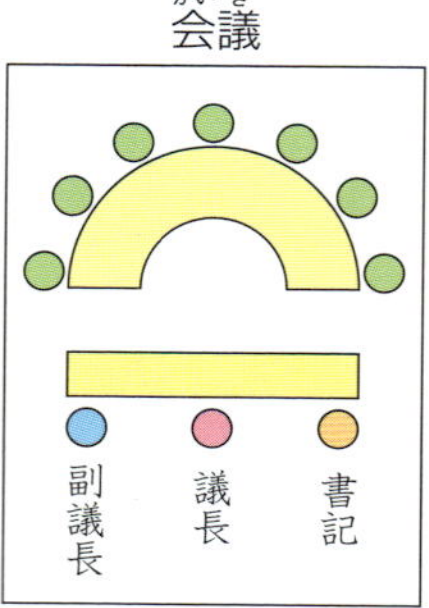

ブレーンストーミング

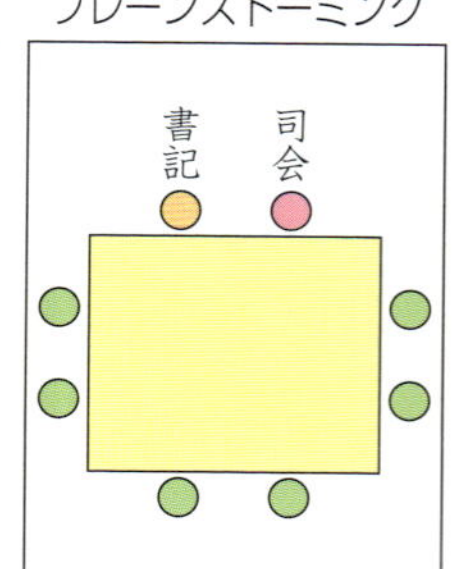

バズセッション

全体の司会

2 会議の進行

話し合いをスムーズに進めるために、あらかじめどのように進行するかを決めておきます。

例 進行表

議題	文化祭の発表テーマについて
話し合いの順序	1 グループごとに話し合ったテーマをグループのリーダーが発表する。 2 各グループの出したテーマについて、全体で話し合う。 3 クラスのテーマを決める。
全体の司会者	○○さん
注意すること	1 できるだけ多くの人の意見を参考にして決める。 2 少数派の意見も大切にして、公平に進める。

会議の進行は司会者が行います。司会者は次のような点に気をつけて会議を進めます。

・進行は中立の立場で、議題について自分の意見は言わない。
・参加者から意見を引き出し、また、発言が特定の人に偏らないように気を配る。
・発言が議題からそれたときは注意を促し、会議がスムーズに進行するよう注意する。

もっとくわしく
司会者が気をつけること

(1) 話し合う内容、注意すべきことや与えられた時間などをはっきり示しておくこと。
(2) 参加者がそれぞれの役割を果たすことを考えて、発言を求める。
(3) 発言が、特定の人に偏らないように注意し、できるだけ多くの人に発言を求める。
(4) 発言の根拠や理由を確かめる。「それはなぜですか」「それを示す具体例はありますか」など、発言した人の発言内容を確認する。また、発言者の発言内容をくり返して、全員がわかりやすいようにする。
(5) 話し合いの最後に、全体の結論が出るように計画的に会議を進行する。

3 会議の例

議長 ①これから学級会を始めます。今日は、文化祭の出し物を決めます。意見のある人は手をあげてください。はい、Aさん。

A ②はい。私は、合唱がよいと思います。③全員が参加できて、みんなで協力し合える出し物だからです。

議長 Bさん。

B ④全員が参加できるものがよいというAさんの意見に賛成です。ただ、毎年多くのクラスが合唱をするので、ちがうものがよいと思います。たとえば、お化け屋敷などです。

議長 ⑤Bさんは、クラスの個性が出せるものがよいという意見ですね。これについて、ほかに具体

〈進行のポイント〉

① 司会者は、何について話し合うのかを確認する。

② 司会者に指名されてから発言する。

③ 意見と、その理由を述べる。

④ 相手の意見のよいところや課題を見つけ、それについて意見を述べる。

もっとくわしく 時間を効率的に使うために

時間が限られた会議では、必要な資料を事前に配っておき、出席者に読んでおいてもらうという方法もあります。そうすれば、参加者はあらかじめ意見を考えておくことができます。

ただし、会議では、その場で活発に意見を出し合うことが大切です。それによって、思いがけないアイデアが生まれることがあるからです。

もっとくわしく ブレーンストーミングの特徴

会議では結論を出すことが求められるのに対し、ブレーンストーミングはできるだけたくさんのアイデアを出すことが目的です。よって、ブレーンストーミングの際には個々のアイデアについて「良いか悪いか」の判断はせず、「質より量」で多くのアイデアを出すことが大切です。

的な案のある人はいますか。はい、Cさん。

C　⑥お化け屋敷は楽しそうですが、そのときだけで終わってしまうので、記念に残るものがよいのではないでしょうか。ぼくは、何かテーマを決めて、壁画や工作などの大きな作品をつくりあげるのがよいと思います。

議長　Dさん。

D　⑦Cさんの意見に賛成です。ペットボトルを集めてつくってはどうでしょうか。ペットボトルのリサイクルについて調べたことをあわせて発表するとよいと思います。

⑤ 司会者は、必要に応じて発言の主旨を要約し、わかりやすくする。

⑥ 相手の意見をふまえて発言する。

⑦ 意見に対する改善点や修正案を出す。

ここがポイント！
会議（話し合い）の注意点

- 発言は、司会者に指名されてからする。勝手に発言しない。
- 発言者以外は、勝手なおしゃべりはしない。
- 発言している人の言いたいことは何か、注意して聞く。
- 必要なことはメモをとる。
- 発言者や司会者が困っている場合は、助ける発言をする。
- 自分とはちがう意見の人の発言もきちんと聞いて、ちがいや理由を理解する。
- 会議の流れが目的からそれている場合は、司会者に言う。

第七節 これからのコミュニケーション

学習のねらいと目安

これからのコミュニケーションを考える

この節では、最近のIT（情報技術）の進歩により急速に普及しているコミュニケーションツール（道具）について知り、よりよいコミュニケーションについて考えます。

学習の順序

1 プレゼンテーション

①工夫したプレゼンテーション

「プレゼンテーション」とは、単なる発表とはちがい、聞き手の理解・納得・合意を得ることを目的とするコミュニケーション方法です。企画への賛同を求めたり、商品の購買意欲を引き出したりする場面でよく用いられます。

②相手を納得させる技術

プレゼンテーションでは、聞き手を納得させるために、次のような方法がよく用いられます。

・スクリーンにポイントや資料を映し出し、指し棒で示しながら解説する。

・新商品の発表などで、実際の商品を用いて実演する（デモンストレーション）。

機材を活用するだけでなく、聞き手を引き込む話し方も求められます。

写真提供／毎日新聞社

◀米アップルコンピュータ社の音楽配信サービス開始にあたって講演する同社の前CEO・スティーブ・ジョブズ氏。人の心を動かすプレゼンテーションで知られ、簡潔で力強い言葉、視覚的効果をうまく利用したプレゼンテーションは聴衆を魅了した。

2 さまざまな機器を使ったコミュニケーション

通信技術の発達によりコミュニケーション方法が多様化し、現在、私たちは、さまざまな機器を用いて人とコミュニケーションをとることができます。

電話やファクシミリのほか、近年はインターネットを使ったコミュニケーションが普及し、私たちの住む世界を大きく広げました。インターネットを利用すれば、いつでも、どこでも、世界中の人と連絡をとることができます。その一方で、相手の顔が見えないことや、個人情報の扱いなど注意しなければならない点もあります。

それぞれの機器の特徴、良さや課題を知って、場面に応じたより良いコミュニケーション方法を選びましょう。

電話は、相手と直接話をすることができます。ファクシミリは、電話回線を使って、紙に書いた情報を相手に伝えることができます。ファクシミリを使えば、家を留守にしていても、相手は情報を受け取ることができます。また、相手の手元に、紙で情報が残るのが特徴です。電子メールは、通信技術が発達したことで、急速に広まりました。電子メールを使えば、相手は、都合のいいときに情報を受け取ることができます。また相手の手元に、データとして文字情報を残すことができます。紙の情報と違い、データを検索できるのが大きな特徴です。最後に、SNSなどインターネットを利用したコミュニケーションの方法もあります。インターネット上に自分の意見や感想を投稿して、相手と意見交換をしたり、世界中の人と交流したりすることも可能です。

入試のポイント

コミュニケーションの方法をテーマとする問題は、中学入試でよく出題されます。たとえば、現代社会のコミュニケーションのあり方を説明する文章、インターネットに関連する資料の読み取り、直接顔をあわせない相手とのコミュニケーションで注意する点についての考えを書く作文などです。コミュニケーションの方法について、自分なりの意見をまとめておきましょう。

3 これからのコミュニケーション

①利便性が増したコミュニケーションの方法

パソコンや携帯電話の普及にともない、デジタル上でコミュニケーションをとる機会が格段に増えました。特に電子メールやSNSは、気軽にだれとでも、す早くコミュニケーションをとれることから利用する人が多くなっています。

パソコンや携帯電話などを利用してコミュニケーションをとることは、これからもますます増えていくことでしょう。ただ、「適切に利用する」という意識を持たないと、人間関係にヒビが入ったり、壊れることなどもあります。特にインターネット上のコミュニケーションでは、自分の考えが誤解されずに正しく伝わっているのかどうかを考えて利用する必要があります。

②話し合い・対話の大切さ

インターネットの普及で、直接対面しての話し合いや討論、議論などをする機会は少なくなっているといえるでしょう。しかし、互いに向き合って言葉で表現した方がいい場面や、話し合いをする場面に遭遇します。何か問題が起こった時や、提案、改善などが話し合われる場では特に、表情や気持ちが伝わる対話型のコミュニケーションをとることが必要かもしれません。

学習のポイント

コミュニケーションの方法例
- 電話
- 手紙やはがき
- 電子メールやSNSなど、インターネットを利用したもの
- 対話

ほかにはどういった方法があるのかを考えてみましょう。

もっとくわしく　聞き上手

会話をするときは、聞き手がいないと話が進んでいきませんし深まりません。聞き上手の人は、相手から信頼を得やすいといわれています。

聞き上手になるためには、まず相手の話の内容や考えをしっかりと受け止めることです。同時に、少し違う意見があっても、共感したりして相手のその気持ちや気分、思いを受け止めることが大事です。

話し手と聞き手は、それぞれどのような点に注意すればいいのでしょうか。

・話し手……何のために、何をどう話すのか、伝えたいこと（要点）と根拠・理由などの組み立て（構成）をまとめておく。聞き手がわかりやすいように説明し、表や図などを用いて話すのも効果的。

・聞き手……話し手が何のために、何をどう話しているのかを理解する。話し手が話し終わるまで待ち、話し合いが深まって広がるように、質問を考えたり、自分の考えとくらべて意見を整理してみたりするといいでしょう。

③言葉で伝える大切さ

相手とどのようなコミュニケーションをとるのかは、それぞれの状況によって変わってきます。しかし、その基本にあるのは、言葉を用いるということです。言葉を適切に使用し、相手にわかりやすく（論理的に、説得力をもって）伝える、このことはコミュニケーションの基本ともいえることです。

相手の立場や年齢、経験などによって話し方も変化させる必要があります。目上の人には敬語を使用し、友達や親しい間柄の人にはくだけた話し方を使う、といったように、自分と相手との関係性を理解して、正しいコミュニケーションをとることが大切なのです。

④相手のことを考える

コミュニケーションは、正しく自分の思いを伝え、相手の思いを受けとることが大切になってきます。相手の状況やタイミングを考えて、発言していきましょう。

もっとくわしく　伝えるときの手段と方法

インターネットのはやく、ひろく「伝える」という手段には、大きな力を発揮することがあります。

伝える、表現する、質問する、訴える（アピール）、宣伝するなどのさまざまな方法、そしてその情報を受けとる方法として、インターネットを利用した試みはこれからも大きな期待がよせられていくことでしょう。

あるメッセージをインターネットでアピールする場合、どんなことに注意していけばいいでしょうか？

・なぜ伝えるのか（目的）
・何を伝えるのか（話題）
・どう伝えるのか（形式、方法）
・だれに伝えるのか（相手）
・くわしさやスペース、文字数、画像など（条件）
・どこを工夫するのか（説得力）

第八節 外国語活動

学習のねらいと目安

外国語活動の目的を知る

世界は多くの国で成立しています。そのことを理解し、お互いの国の言葉と文化を尊重することが大切です。日本と外国の違いを知り、ともに平和を維持するよう互いに協力して行動できることが重要なのです。

学習の順序

1 外国語活動で何を学ぶのか……発展
2 ことばの力があなたらしさをつくる……発展
3 外国語（英語）で考えを伝えてみよう……発展

1 外国語活動で何を学ぶのか

①外国語活動で期待されていること

日本語だけでなく、他の言語にも目を向けると自分の世界がもっと広がります。世界には多くの言語が存在しますが、読み方や文法など、日本語とはまったく異なるものです。外国語のしくみを、背景の文化や歴史、変化などとともに知ることで、それぞれの言語の奥深さを理解することができるでしょう。

外国語を学ぶことで、さまざまな考えにふれることができます。その多様性を知ることは、あなたの柔軟な思考力を育てます。ものごとに臨機応変な対応がとれるようになると、判断する時の材料も増やすことができます。語彙力や発想力や表現力などの幅も広げられるかもしれません。さまざまな言語を学び、その表現の仕方や考え方を学びましょう。

② 文化の違いを理解する

日本では当たり前である考えなどが、外国では当たり前ではないということがよくあります。たとえば虹の色の数え方などもそうです。日本では虹の色といえば七色あると言われていますが、実は国や地域によっても違うのです。

アフリカ（アル部族）
8色

アメリカ
6色

ドイツ
5色

インドネシア（フローレス島）
4色

南アジア（バイガ族）
2色

③ 歴史や文化の違いを理解する

国には、それぞれ培ってきた歴史と文化、言語があります。その歴史と文化、言語が積み重なって今があるのです。歴史と文化、言葉の成立と移り変わりを知ることは、その国を正しく、豊かに理解するためにはとても重要なことだと言えるでしょう。

それぞれの国が、どのような歴史をたどり文化、言語の特色をもっているのかを自分で調べてみましょう。

学習のポイント

国によって表現の仕方が違う

同じものを見ていても、国によって答えが違うこともよくあります。虹の例でいうならば、「見えている色」については細かく色分けする表現であったり、「おそらくこの色である」とだいたいの色合いを表現する仕方だったりと、国によってさまざまです。

「こうあるべき」という固定観念を捨てると、また違ったものがいろいろ見えてくるかもしれません。

もっとくわしく

日本の桜や紅葉、庭や年中行事

日本の桜や紅葉の美しさは、外国の人に人気が高いです。和風庭園や桃の節句、お月見などの行事、四季の変化や自然の移ろい、日本独特の風情あふれる風景は、私達日本人だけでなく多くの人の心を震わせるものとなっているのです。

2 言葉の力があなたらしさをつくる

①言葉の力

自分の気持ちや考えを伝えるときは、言葉を用います。その言葉の選択の仕方によっては、人の心を動かし、周囲を動かすこともあるのです。しかし、そのためには気持ちや考えを表す言葉を適切に使う必要があります。目的や相手、場面に合わせた言葉の選択を、自分でできるようにならなければいけないのです。

また、ふだんから自分の考えと根拠、理由をしっかりと持つようにすることも重要です。考えに一貫性がないと、相手にも伝わりにくくなってしまいます。説得力を持たせて、いかに自分の考えを周囲に伝えるのかをいつも考えていきましょう。この考え方は、別の言語を使うときにも必要な能力になってきます。

伝えたいことの要点をまとめる。
↓
伝わりやすくするためにはどうすればいいのかを考える。
↓
相手の意見も考慮しつつ再考する。

学習のポイント

言葉の大切さ

言葉は伝える方法・道具であるだけではなく、その人の考え方や発想、見方そのものです（文は人なり）。

また、言葉は自分の考えを相手に押しつけたりするためのものではありません。周囲のことも考えながら言葉を使っていきましょう。

もっとくわしく

「論理的に」言葉を使う

説得力をもたせるには、話が変わったり、違う話になったりしてはいけません。筋道を立ててわかりやすく、考えと根拠、具体例や資料などを組みたてておくといいです。

さらに、自分らしさや説得力をもたせる工夫を身につければ（考えは個性的か、考えと具体例はつながっているか、図や資料はわかりやすいか、説明の言葉は適切かなど）相手に届く言葉になっていくでしょう。

②日本の文化・魅力を伝える

外国の文化や歴史、言葉に興味を持つことは、自分の考えの幅を広げ、人間的にも成長するための大きな糧となります。日本の文化と歴史、言葉の魅力を知っているからこそ、外国の文化との違い、魅力もいろいろとわかってくるのではないでしょうか。また、外国の人と交流をするときには、日本の文化と歴史、言葉、その魅力を説明できるようにしておくと、より深く掘り下げた文化交流をすることができます。日本の文化を外国の人に伝えるためには、どうすればいいのかを考えていきましょう。

> 日本の文化を勉強し、知る。
> ↓
> どこに魅力があるのかを自分なりにまとめる。
> ↓
> 日本の文化やその魅力を伝えるために効果的な文章を考える。
> 外国の人にわかってもらえるにはどうすればいいのかという視点で考えていく。

まず、何を、なぜ伝えたいかです。日本の文化や歴史の中で、自分の興味がある分野や話題から選ぶと、文章もまとめやすくなるでしょう。

学習のポイント

日本の文化には何があるのか

日本の文化や歴史、言葉のすばらしさは何かと問われたら、人それぞれ答えは違ってくるかもしれません。歌舞伎や能・狂言などの伝統芸能を例に出す場合もあるでしょうし、礼儀作法などの日本人としてのマナー、日本庭園や寺院、神社、茶道や華道、剣道などを例に出す場合もあるでしょう。それぞれの文化の歴史、言葉などを調べると、日本の文化のすばらしさがよりわかってきます。

もっとくわしく

クールジャパン

「クールジャパン」とは、日本のさまざまな文化などのすばらしさを表すことばです。日本のアニメや漫画も、よく「クールジャパン」と表現されています。どういった「クールジャパン」があるのか、見つけてみましょう。

3 外国語（英語）で考えを伝えてみよう

①自分の考えを英語で伝える前に

外国の人に自分の考えを伝える前に、何を、なぜ、どう伝えたいのかをまずは日本語で考えてみましょう。最初は短い一文章で伝え、慣れてから二文章・三文章など長い文章も考えていくといいでしょう。

例文で考えよう

例 お花見についての説明
私は桜の花が大好きです。たった二週間しか見ることができませんが、それらは美しいです。日本では、たくさんの人たちが桜の木の下で宴会をします。それは花見と呼ばれています。

わからない英単語は調べてみましょう。

「桜の花」 cherry blossom
「週」 week
「見る」 see
「美しい」 beautiful
「日本」 Japan
「桜の木」 cherry tree
「下で」 under
「宴会」 party

学習のポイント

英語で伝えるには？

日本語では何となく説明できるけれど、英語となると単語がわからない。表現の仕方がわからない。この言い方で合っているのか、他にもっとうまい個性的な言い方はないのかということが出てきます。

そんなときは辞書が役に立ちますし、友達や英語の先生にも遠慮しないでどんどん聞いてみましょう。

わからない単語は辞書を使って調べましょう。そうすることで、使える単語や表現の違いを踏まえた言い方のバリエーション、場面や相手に応じた言葉使いがしだいにできるようになってきます。

例を英文にした場合

I like cherry blossoms very much. We can see cherry blossoms only two weeks, but they are beautiful. In Japan, a lot of people enjoy parties under cherry trees. It is called hanami.

②国語はすべての学習の基礎・基本

日本語を理解し、語彙力を身につけることで、表現力や説得力は増していきます。国語の学習は、外国語の能力を高める上でも非常に重要です。国語は、すべての学習の基礎・基本といわれています。例えば、語彙力やコミュニケーション能力、情報を正しく読み取り判断する能力、課題を発見して解決していく能力などを学ぶ教科だからです。算数の文章題、社会の地図や資料の読み取りで何が問われているのか、論理的に答えを導き出す手順には国語が役立つのです。

そして、その知識や方法は外国語を勉強する時にも、もちろん必要になります。国語の基礎・基本を積み上げ、同時に外国語にも目を向けると、それぞれの表現方法の違いや、それぞれの国の良い点などが理解できるのではないでしょうか。

学習のポイント

由来にふれる

漢字やことわざ、熟語、故事成語、慣用句など、どういった由来でできたのかを知るのもとてもおもしろいことです。漢字の成り立ちと特色、背景を知ることで、その日本語とともに外国語の理解をさらに深めることができます。

もっとくわしく

文字を正しく書く

文字を書くときは、その基礎となる書き方を正しく学ぶ必要があります。鉛筆やシャープペンの持ち方、よい姿勢、筆順などもそうですが、字形・字画、中心線と縦横、ひらがなと漢字の大きさ（漢字は大きめにひらがなは少し小さく）など、ふだんから注意しながら書く習慣をつけましょう。

章末まとめ問題

解答▼566ページ

1 話を聞くときに、きちんとメモをとりながら聞くのが正しい方法ですが、メモをとらないほうがよいものを次の中から一つ選んで、記号で答えなさい。

ア 転校してきた友達から、前の学校の思い出を聞くとき。
イ 体育大会のスケジュールや準備について聞くとき。
ウ 先生から、読んでおくとためになるいろいろな本について聞くとき。
エ 全学年の図書委員が集まって打ち合わせをするとき。

2 小学校六年生の川口さんが次のそれぞれの人と話す場合、敬語を使って話すとよいものにはA、敬語を使わないで話すとよいものにはBの記号をつけなさい。

(1) 仲のよい友達である同級生の田中くん。
(2) 同じ学校の、ほかの学年の担任をしている竹内先生。
(3) 小学校一年生の弟。
(4) 町内会長の西川さん。

つまずいたら

2 1▼500ページ 正しい聞き方
3 2▼502ページ 正しい話し方

ヒント
敬語はていねいな言葉づかいだが、場面によっては、よそよそしい印象を与えることもある。

3 **次の石川くんと山田くんの会話を読んで、二人はどんな点に注意をするとよいか、あとから選んで記号で答えなさい。**

石川　今日はぼくの誕生日なんだ。父がプレゼントをくれると言っていたので、楽しみだよ。
山田　ぼくは、今日は朝から少し頭が痛くて困ってるよ。
石川　でも、父はいつも帰りが遅いので、少し心配だけどね。
山田　きみも風邪には気をつけたほうがいいよ。

ア　いちばん大切なことを、はじめに話すこと。
イ　自分中心にならず、相手の話をよく聞くこと。
ウ　相手にわかるように、易しい言葉づかいで話すこと。

4 **スピーチをするときの心がまえとして適切なものを次の中から一つ選んで、記号で答えなさい。**

ア　短い時間に、できるだけたくさんの話題を話す。
イ　決められた時間を超えてもよいので、熱心に話す。
ウ　原稿だけでなく、聞き手の顔を見ながら話す。

5 **携帯電話を使うときには、どんな点に注意をする必要がありますか。簡単に書いて答えなさい。**

2 3 ▼505ページ　相手の立場に立つ

ヒント　二人の会話がかみ合っていないのはなぜだろう。会話をするときは、相手の立場に立つことが大切だ。

2 4 ▼514ページ　スピーチをするときの注意

3 5 ▼526ページ　これからのコミュニケーション

1 次の文章を読んで、あとの問いに答えなさい。

一　人間は目を二つ持っている。このために遠近の判断がつき、アケシキを見ても、奥行きがわかるのである。片方だけの目で見ても、ある程度はわかるものの、[A]針に糸を通したりするときなど、なかなか難しいものである。

二　この事実はなかなか象徴的で、ものごとの「奥行き」を知るためには、二つの異なる視点をもつことが必要だと言えそうである。ひとつの見方だけだと、平板な見方になってしまって、①立体像が浮かびあがってこないのである。こんなことを読んで、読者の方々は、どのような「二つの目」を考えられるだろうか。その目がどのようなものかによっても、その人のものの見方の特徴が知られるだろう。もちろん、もっぱら「一つ目」の見方ばかりしている人もあるだろうが。

三　あるカウンセラーが次のような体験をした。男子高校生で、その高校では取扱いに困り果てている。学校はよく休む、イボウリョクはふるう、飲酒喫煙はする、異性関係も荒れている、というので退学にしたいのだが、親が熱心に頼むために、それではカウンセリングを受けてみては、ということでカウンセラーのところに送られてきた。ところが、会って話を聞いてみると、本人は前非を悔いていて、これから[B]して頑張ってみたい。自分は大学の法学部に行き、法律を勉強してウショウライは非行少年たちの役に立つような人間になりたい、と話をする。案に相違して、よく話をするし、しっかりとした感じもするので、カウンセリングを続けることにした。

四　少年は毎週やってきて、これからは心を入れかえて、どのように勉強をしようと思っているとか、今週はもう既に大分勉強が出来てきたなどと話をしてくれる。カウンセラーはひたすらその話に耳を傾けていると、話はだんだんとよい方向に向かってきて、六回目くらいには、もうカウンセラーの助けを借りなくとも自分の力でやってゆけそうという話まででてきた。カウンセラーはエヒジョウに喜んで、そろそろ終結にしようなどと思っていると、高校の担任教師から連絡があり、少年の素行が以後も悪くなるばかりだし、親もあきらめたような状態だし、本人も退学をオキボウしているので、退学させることにしたとのことであった。これにはカウンセラーはまったく驚いてしまった。いったいどうなっているのやら、わけがわからないのである。

五　②このようなことは初歩的なカウンセラーに時に生じることがある。カウンセラーでなくとも教師でもこのような体験をした人もあるだろう。こんなときに、子どもにだまされたと怒る人があるが、それは間違っている。

六　端的に言ってしまえば、カウンセラーはこの高校生を「一つの目」だけで見ていたのである。彼は③「甘い目」で少年を見て、そのよい面だけを見ていたのだ。この高校生が心を入れかえて頑張ると言ったとき、それは嘘ではないのだ。［C］、頑張ろうとは言いながら遊びたくもなるし、少し頑張っても後は荒れて来ることもある。これに対して、カウンセラーが「一つの目」だけで見ていると、高校生が「頑張る」と言いつつ言い淀んだり、調子のよいことばかり言いながらも、動作が落ち着かなかったりしても、そんなのは見えないのである。

七　もちろん、それが見えたからと言って、すぐに「口先だけでよいことばかり言っても駄目だ」などと言うのは馬鹿げている。それはまた、厳しい方の「一つの目」だけで見ていることになる。甘い目と厳しい目と両方の目で見ていてこそ、④この高校生の立体像が浮かんでくるし、この高校生にしても無理していいことばかり言う必要はなくなるのである。

八　二つの目で見ると言っても、疲れたときなどに目の焦点が合わず、ものが二重に見えたりすることがある。それと同様に、二つの目によって二つの像が並列的に見えているのは駄目で、ひとつの像として把握することが必要なのである。カウンセラーというのは、常に二つの目で人を見ることが出来ねばならない。

九　ここに二つの目として、甘い目と厳しい目という例をあげたが、問題によっては、いろいろな目の組合わせを考えるとよいのではなかろうか。男の目と女の目などという組合わせも考えられるだろう。天上からの目と地底からの目の組合わせを考えてみるのもいいかも知れない。あるいは、主観と［D］の対立を考える人もあるだろう。いずれにしろ、そのときの状況に応じて必要と感じられる、二つの目の組合わせにより、状況を立体的に把握しようとすることが大切である。

（河合隼雄「こころの処方箋」より）

(1) ――線部**ア**〜**オ**のかたかなを漢字に直して書きなさい。（2点×5）

(2) [A]・[C]に入る最も適当な言葉をそれぞれ次から選び、記号で答えなさい。（4点×2）

ア および　**イ** まるで
ウ しかし　**エ** たとえば

(3) ――線部①「立体像が浮かびあがってこない」とあるが、筆者は、ものごとを立体的に見るためにはどうすることが必要だと言っているか。これより前の部分から、十五字以内で抜き出しなさい。（6点）

(4) [B]に入る最も適当な四字熟語を次から選び、記号で答えなさい。（4点）

ア 心機一転　**イ** 付和雷同
ウ 一喜一憂　**エ** 右往左往

(5) ――線部②「このようなこと」のさす内容として適切なものを次から選び、記号で答えなさい。（5点）

ア 子どもがカウンセリングによっても改善せず、困り果てること。
イ 子どもの生活が荒れ、だれに対しても反抗してばかりいること。
ウ 子どもが相手によって態度を変え、大人がそれに振り回されること。
エ 子どもが良いカウンセラーとの出会いによって、態度を変えること。

(6) ――線部③「『甘い目』で少年を見て」とあるが、筆者はカウンセラーが、「甘い目」のほかに、どのような目をもつ必要があったと述べているか。文章中から抜き出しなさい。（5点）

(7) この文章で、「二つの目をもつことの大切さ」を示すための具体例を述べているのはどの段落か。最も適切なものを次から選び、記号で答えなさい。（5点）

ア [一]・[二]　**イ** [三]・[四]
ウ [五]・[六]　**エ** [七]・[八]・[九]

(8) ――線部④「この高校生の立体像が浮かんでくる」とあるが、この「立体像」に最も意味の近い言葉を次から選び、記号で答えなさい。（4点）

ア 想像　**イ** 虚像
ウ 実像　**エ** 理想像

(9) [D]には「主観」の対義語が入る。あてはまる言葉を二字で答えなさい。（5点）

(10) 筆者は、カウンセラーに必要なのはどのようなことだと言っているか。「二つの目」「立体的」という

言葉を使って二十五字以内で書きなさい。（8点）

2 次の文章を読んで、あとの問いに答えなさい。

私は去年の①誕生日に、アお母さんから イ一冊の ウノートを エもらった。ピンク色の表紙の、とても②きれいなノートだ。私はそのノートに、毎日かかさず日記をつけている。今朝お母さんに、そのことをほめ③られた。

(1) ――線部①「誕生日に」が直接係っていく部分を、――線部ア〜エから選び、記号で答えなさい。（5点）

(2) ――線部②「きれいな」の言い切りの形を答えなさい。また、その単語の種類（品詞）を次から選び、記号で答えなさい。（4点×2）

ア 名詞　イ 形容詞
ウ 形容動詞　エ 副詞

(3) ――線部③の「られ」と同じ働きをしているものを次から選び、記号で答えなさい。（5点）

ア 病気の祖父のことが案じられた。
イ 知らない人に道をたずねられた。
ウ 先生が祝辞を述べられた。

3 次の各問いに答えなさい。

(1) ――線部のかたかなを漢字に直して書きなさい。（2点×4）

① ア タイショウ的な性格の兄と弟。
　 イ 中学生をタイショウにした調査。

② ア 弟はヤサしい性格だ。
　 イ この問題はヤサしい。

(2) （ ）内の意味になるように、それぞれ□に入る漢字をあとから選び、記号で答えなさい。（3点×3）

① □から火が出る（とても恥ずかしい思いをする。）
② □がかたい（秘密を守ってしゃべらない。）
③ □にかける（自慢する。）

ア 鼻　イ 肩　ウ 口　エ 顔　オ 足

(3) 次の――線部の表現が適切なものを選び、記号で答えなさい。（5点）

ア 先生が、展覧会で絵画を拝見する。
イ 母は、もうすぐいらっしゃいます。
ウ 私は、友人の家でケーキを召し上がった。
エ お客様が「ありがとう。」とおっしゃった。

総合模擬テスト 第2回

点 / 100点

解答 568ページ

1 次の文章を読んで、あとの問いに答えなさい。

玄関が開く音。お父さんが帰ってきた。枕もとの時計を見ると十一時。ベッドに入ったばかりだったので、起き上がらないで「おかえりなさい」と小さくつぶやく。二段ベッドの上からは健介の寝息といびきが交互に聞こえる。寝つきが良くてうらやましい。

「……ったく。だから……言ってるのに……分相応で……だ、よっぽど……悪い……」

お父さんの声がところどころ聞こえる。途中、お母さんの「なによ」「自分ばっかり」「私だって」などというお決まりの言葉も。耳をふさぎたくなるのに、どうしてか耳をすませてしまう。

私が六年、健介が四年になってから、①お母さんは働き始めた。それまでも近所のスーパーにレジ打ちのパートには行っていたけど、今度はちゃんと正社員として。

「いつまでも賃貸なんてだめよ」

というのがお母さんの言い分だ。新しい家を建てたいのだ。私は今のままでぜんぜんいい。たぶん健介もお父さんも、このままでいいと思ってる。お母さんだけがどうしてもがんばりたいみたい。

「真美だって中学生になるんだから、いつまでも弟と一緒の部屋ってわけにはいかないでしょ」

そう言われれば「うん」と答えるけど、そのあとに「ほらね」なんてお父さんを見て、②勝手な合図をされると、少しというか、うんと困る。だって、お父さんまで「そうかあ」なんて言うから。

私はべつに今のままで充分だと思ってる。物置になっている四畳半の部屋を片付ければ、もう一つ部屋が出来るし、そうなったら私が(ア)イドウしてもいい。それが無理なら、健介と一緒のままでもべつにかまわない。

新しい家を買うために、お母さんは働いている。よくわからないけど、銀行からお金を(イ)カりるときも、働いていたほうがなにかといいらしい。

「勝手にしろ」

そう言い捨てて、お父さんはずんずんと廊下を歩き、そのままお風呂場へ向かった。お湯をすくう音とシャワーの音が聞こえた。そのあと台所からは、ドンッという音。お母さんがテーブルをこぶしで叩いた音だ。イライラしているときにたまにやる。近くにいなくてよかったと思う。あれをやられると、じんわり涙が出てきてしまうから。

健介の寝息を聞きながら、リビングからの物音に耳をすませてたら、いつの間にか眠気がやってきて、そのままますとんと落ちていった。

「綿貫さん、見たよ。弟さんの写真。かわいいねー」

早紀ちゃんに話しかけられて、心臓がぴくんと跳ねた。

「プロ野球の選手とかになるかもしれないから、タウントピックスの記事、とっておくことにしたよ」

③明るい笑顔で言われて私は、ぎくしゃくとうなずいた。

「綿貫さん」

今度は後ろから唯ちゃんに話しかけられた。ハイッとまぬけな返事をしてしまう。

「私も見たよ。ねえ、タウントピックスに載るのって、どうしたらいいの？ 私も載せてもらいたいんだけど、弟に聞いてみてよ。どうやったら載れるのかをさ」

私が困って□していると、早紀ちゃんが、

「唯ちゃんも、なんか特技とか得意なこととかで目立てばいいんじゃない？ ウタトえばミニバスケとか絵のコンクールで入賞とか」

と助け船を出してくれた。唯ちゃんは④おもしろくなさそうに、そうだね、とだけ言って行ってしまった。

唯ちゃんは確かに顔はかわいいけど、特にこれといった特技はないと思う。ミニバスケのチームには入っているけど決してうまいとは言えなくて、六年になった今もエホケツだし、絵に関してもあんまりセンスはないと思う。だから早紀ちゃんが言ったことは、ちょっといやみっぽかったかもしれない。

早紀ちゃんは私を見て、にかっと笑った。ダリアみたいな笑顔。いいなあと憧れる。前に家族で行ったダリア園。色とりどりの大きな花は、幾重にも花びらが重なっていて、それは見事で豪華だった。ゴージャスっていう言葉がぴったり。

健介もダリアみたいに笑う。大きな口でにかっと豪快に。私もそうしたいとは思うけど、そんなふうに笑うことは到底できなくて、オケッキョクちょっとだけ口の端を持ち上げて、早紀ちゃんに微笑み返すのが精一杯なのだった。

（椰月美智子『ダリアの笑顔』より）

＊タウントピックス…真美たちの地元で発行されている、地域のニュースを掲載したタウン誌。

(1) ――線部ア～オのかたかなを漢字に直して書きなさい。（2点×5）

(2) ――線部①「お母さんは働き始めた」とあるが、なぜか。その理由を、「～から。」につながるように文章中の言葉を使って答えなさい。（8点）

(3) ――線部②「勝手な合図をされると……うんと困る」とあるが、このときの「私」の心情として適切なものを次から選び、記号で答えなさい。（8点）

ア 自分の気持ちを父が誤解して、新しい家を買うことに乗り気になったらどうしよう。

イ 父に無理をしてほしくないので、自分の部屋が欲しいという気持ちは隠しておきたい。

ウ 弟と別の部屋になるのはさびしい気もするので、もう少し考えさせてほしい。

エ 新しい家のことはどちらでもよいが、父にはもっとしっかりしてほしい。

(4) 「私」が、両親の争いを聞きたくないのに気になってしまうことを表現している一文を探し、最初と最後の五字を抜き出しなさい。(句読点も一字と数える。)（8点）

(5) □にあてはまる最も適切な言葉を、次から選んで記号で答えなさい。（8点）

ア ふらふら　イ みるみる　ウ そろそろ　エ おろおろ

(6) ――線部③「明るい笑顔」とあるが、早紀ちゃんの笑顔をたとえを用いて表現している部分を、文章中から九字で抜き出しなさい。（10点）

(7) ――線部④「おもしろくなさそうに」とあるが、なぜ唯ちゃんはおもしろくなさそうだったのか。最も適切なものを選び、記号で答えなさい。（8点）

ア 早紀ちゃんと真美が仲良くしていることが不愉快だったから。

イ 真美がタウントピックスに載る方法を隠していると思ったから。

ウ 早紀ちゃんの答えは自分にはできそうにないことだったから。

エ やはりタウントピックスには載りたくないと思い直したから。

(8) この文章に描かれている「私（真美）」の様子として、適切でないものを次から一つ選び、記号で答えなさい。（10点）

ア なかなか自分に自信がもてないでいる。

イ　家族や友達の様子をよく見ている。
ウ　友達との接し方にぎこちなさがある。
エ　弟の健介との関係に悩んでいる。

2 **次の詩を読んであとの問いに答えなさい。**

冬が来た　　高村光太郎

きつぱりと冬が来た
八つ手の白い花も消え
公孫樹の木も箒になつた

きりきりともみ込むやうな冬が来た
人にいやがられる冬
草木に背かれ、虫類に逃げられる冬が来た

冬よ
僕に来い、僕に来い
僕は冬の力、冬は僕の餌食だ

しみ透れ、つきぬけ
火事を出せ、雪で埋めろ
刃物のやうな冬が来た

(1) 第一連と第三連で用いられている表現技法として適切なものを、それぞれ次から選び、記号で答えなさい。　(4点×2)

ア　比喩　　イ　体言止め
ウ　倒置法　エ　呼びかけ

(2) 第四連で、作者は冬を何にたとえているか。二字で抜き出しなさい。　(6点)

(3) 第三連に表現されている思いとして最も適切なものを次から選び、記号で答えなさい。　(8点)

ア　厳しい冬が来るのはつらいが、じっと耐えよう。
イ　冬の厳しさと進んで向き合って、成長したい。
ウ　つらい冬が早く過ぎ去って、春が来てほしい。
エ　たとえ飢えたとしても、やはり寒い冬が好きだ。

(4) この詩について述べたものとして最も適切なものを次から選び、記号で答えなさい。　(8点)

ア　命令形や言い切りを用い、冬への期待を力強く表現している。
イ　くり返しを多用し、冬の寒々とした情景を写実的に表現している。
ウ　擬音語や擬態語によって、冬と別れるさびしさをいきいきと表現している。

解答・解説

言葉編

第一章　文字と言葉

章末まとめ問題

問題…103ページ

1 (1)エ　(2)イ　(3)ア　(4)ウ　(5)エ　(6)ウ

2 (1)イ　(2)ウ　(3)ア　(4)エ

3 (1)アま（じる）　イまじ（わる）
(2)アま（す）　イふ（える）
(3)アただ（ちに）　イなお（す）

4 (1)ア会心　イ改心　(2)ア仮定　イ過程
(3)ア辞典　イ事典　(4)ア保健　イ保険

5 (1)のぎへん　(2)おおざと　(3)あなかんむり
(4)くにがまえ　(5)まだれ　(6)そうにょう

6 (1)七(画)　(2)七(画)　(3)八(画)　(4)十(画)　(5)九(画)　(6)六(画)

7 (1)新聞　(2)空気　(3)写真　(4)千葉
(5)dôro
(6)kin'yôbi
(7)rippa
(8)Tôkyô
(TÔKYÔ)

学習のポイント

1 アは象形文字、イは指事文字、ウは会意文字、エは形声文字。

2 (1)は「み（訓）ぢか（訓）」、(2)は「ヤク（音）わり（訓）」。(3)は「フ（音）ショウ（音）」、(4)は「ば（訓）ショ（音）」。

4 (1)「会心」は心から満足すること。「改心」は悪かったと気づき、心を改めること。
(2)「仮定」は仮にこうだと決めること。「過程」は物事の進む様子。

5 部首はそれぞれ、(1)「禾」、(2)「阝」、(3)「穴」、(4)「囗」、(5)「广」、(6)「走」の部分。

7 (5)のばす音は「^」で表す。
(6)「'」の印をつけるのを忘れない。
(8)都市の名前の初めの文字は大文字にする。すべて大文字で書く場合もある。

入試問題にチャレンジ！

問題…105ページ

1 (1)規模 (2)現象 (3)清潔 (4)訓練 (5)奮起 (6)著 (7)きしょう (8)けんぶん

2 (1)ク (2)ウ

3 (1)ウ (2)イ

4 (1)ねいろ (2)シジョウ (3)ジュウオウ

5 (1)ア (2)イ

6 (1)a 努 b 勤 (2)a 移 b 映 (3)a 治 b 納

7 (1)ウ・く (2)ア・く (3)ア・ごん (4)エ・こん

8 (1)三画目 (2)三画目

9 (1)ウ (2)ア (3)エ (4)イ

10 (1)十 (2)まだれ

11 (1)木 (2)氵 (3)日

12 (1)（部首）2（意味）ア (2)（部首）1（意味）エ

13 (1)ア (2)オ (3)ア

〈解説〉

1 (2)同音異義語の「減少」に注意する。
(6)同訓異字の「表す」「現す」に注意する。

2 (1)「率」は「ひき（いる）」、「用」は「もち（いる）」。
(2)「退」は「しりぞ（く）」、「説」は「と（く）」。

3 (1)「けし＋イン」、(2)「ホン＋もの」と読む。

4 (1)「音」を「ね」と訓読みする熟語には、ほかに「本音」「弱音」などがある。
(3)「縦」を「ジュウ」と音読みする熟語には、ほかに「縦断」「操縦」などがある。

5 同音異義語の問題。(1)は「へいこう」、(2)は「きしょう」と読む漢字が入る。文の意味に合うように、漢字を書き分けられるようにする。
(1)ア「並行」、イ「平行」、ウ「閉校」、エ「閉口」。
(2)ア「気象」、イ「希少」、ウ「気性」、エ「起床」。

6 同訓異字の問題。意味のちがいを確認しておく。
(1) aは、努力するという意味なので「努める」。
bは、職業として働くという意味なので「勤める」。
(2) aは、場所を移動するという意味なので「移る」。
bは、物の表面などに現れて見えるという意味なので「映る」。

(3) aは、支配するという意味なので「治める」。bは、お金や物を渡すという意味なので「納める」。

7 (1)ア「ぶんこ」、イ「しょこ」、ウ「くり」、エ「ほうこ」。

(2)ア「くどく」、イ「こうせき」、ウ「こうざい」、エ「こうり」。

(3)ア「ごんげ」、イ「せいけん」、ウ「ぶんけん」、エ「とっけん」。

(4)ア「どけん」、イ「けんこく」、ウ「さいけん」、エ「こんりゅう」。

8 (1)「忄(りっしんべん)」は、丶 丶丶 忄の順で書く。

(2)「方」の筆順は、丶 亠 亍 方。

9 (1)ウは二画目、ほかは三画目。

(2)アは二画目、ほかは一画目。

(3)エは三画目、ほかは四画目。

(4)イは二画目、ほかは三画目。

10 (1)「根」の筆順は一 十 才 木 朩 杛 杛 根 根 根。

(2)「广(まだれ)」は、「建物・屋根」などの意味をもつ。同じ部首の漢字には、ほかに「度・庫・庭・店」などがある。

11 それぞれ次の漢字ができる。(1)「机・格・標」、(2)「潮・液・洗」、(3)「時・晩・映」。

12 (1)「危」の部首は「卩(㔾)(ふしづくり)」。同じ部首の漢字には、ほかに「印・即・卵」などがある。

(2)「術」の部首は「行(ゆきがまえ・ぎょうがまえ)」。同じ部首の漢字には、ほかに「行・街・衛・衝・衡」などがある。

13 (1)「北」には、方角の「北」のほかに、「にげる」という意味があり、「敗北」のように使う。

(2)「命」には、言いつける(命令)、名付ける(命名)、いのち(生命)などの意味がある。

(3)「容」には、器の中に入れる(容器)、聞き入れる・ゆるす(許容)、すがた・形(形容)などの意味がある。

第二章　言葉

章末まとめ問題

問題…176ページ

1 (1) すずめ　(2) ねこ　(3) おうむ　(4) ねずみ　(5) たか

2 (1) 手　(2) 水　(3) 血　(4) 足

3 (1) **オ**　(2) **エ**　(3) **カ**　(4) **イ**　(5) **ア**　(6) **ウ**

4 (1) 供給　(2) 安心　(3) 縮小　(4) 建設　(5) 部分

5 (1) 台　(2) 美　(3) 公　(4) 意　(5) 無　(6) 向

6 (1) 安　(2) 非　(3) 月　(4) 耳

学習のポイント

2

(1) ア　自分の力ではできない
　イ　関係を絶つ
　ウ　仕事などをいいかげんにする

(2) ア　横からじゃまをする
　イ　なかったことにする
　ウ　不意の出来事に驚く

(3) ア　感情がたかぶる
　イ　かっとなる
　ウ　人間味が感じられる

(4) ア　相手の弱みにつけこむ
　イ　気が進まずためらう
　ウ　さまたげとなる

3

(1) 似た意味の漢字を重ねたもの。

(2) 上の漢字が下の漢字を修飾する（説明する）もの。

(3) 上下の漢字が主述の関係になっているもの。

(4) 反対、または対になる意味の漢字を重ねたもの。

(5) 下の漢字が上の漢字の目的語（「～を」「～に」）になっているもの。

(6) 上に打ち消しの漢字（不・無・非・未）がついたもの。

6

(1) 安否＝無事かどうか。

(2) 非売品＝売り物ではない品。

(3) 日進月歩＝絶えず進歩すること。

(4) 馬耳東風＝他人の意見を聞き流すこと。

入試問題にチャレンジ!

問題…178ページ

1 (1)ア (2)カ

2 (1)人工 (2)減少 (3)複雑

3 (1)ウ (2)イ (3)ア (4)エ

4 (1)馬 (2)文 (3)茶 (4)皮 (5)言

5 (1)(空)前(絶)後 (2)(起)死(回)生 (3)晴(耕)雨(読) (4)南(船)北(馬) (5)右(往)左(往)

6 ウ

7 (1)エ (2)ア (3)イ (4)ウ

8 (1)ウ (2)ア (3)イ (4)エ

9 ウ

10 (1)キ (2)ケ (3)ク (4)イ

〈解説〉

1 (1)「均」と「整」は似た意味の漢字。ア「停止」も、似た意味の漢字を重ねている。

(2)「点灯」は、あかりをともすという意味で、「灯」が「点」の目的語になっている。カ「転居」は、「居」を「転ずる」という意味で、「居」が「転」の目的語になっている。

2 (1)「自然」は、人間の力が加わっていない、物事そのままの状態のことをいう。対義語は「人工」で、自然のものに人間が手を加えることをいう。「不自然」という対義語もあるが、「二字で答える」という設問文に注意する。

(2)「増加」も「減少」も、それぞれ似た意味の漢字を重ねた熟語。

(3)「単純」は、しくみが簡単なことをいう。対義語は「複雑」で、物事が入り組んでいることをいう。

3 「未・無・非・不」などは、打ち消しの意味を表す漢字。

(1)「非」がつく三字熟語には、「非公式」のほかに「非常識」「非公開」などがある。

(2)「無」がつく三字熟語には、「無感動」のほかに「無関心」「無関係」「無意味」などがある。

(3)「未」がつく三字熟語には、「未開発」のほかに「未解決」「未成年」などがある。「未」は、「まだ〜しない」という意味。

(4)「不」がつく三字熟語には、「不自然」のほかに「不安定」「不可能」などがある。

4

(1)「下馬評」とは、昔、供をしてきた者たちが、下馬先（城や寺社の門前などで馬を降りる場所）で主人を待つ間にいろいろな批評をしあったことから生まれた言葉。

(2) 文書の形になっていない慣例法や、暗黙の了解のことを「不文律」という。

(3)「茶飯事」とは、毎日、茶を飲んだり飯を食べたりするようなありふれたこと、という意味。

(4)「てつめんぴ」と読む。「厚顔」も同様の意味。

(5)「一家言」とは、もともとは「一家を成した者の言」という意味で、独自の主張、また見識のある意見のことをいう。

5

「反対の意味になる漢字」をヒントに考える。

(1) 過去（＝前）にも将来（＝後）にも例がないような珍しいこと。

(2) 死にかかっている人を生き返らせること、また崩壊しかかっているものを立ち直らせること。

(3) 晴れた日には畑を耕し、雨の日には家で読書をするように、自由にのんびりと生活すること。

(4) 中国で、南部は川や湖が多いため船で旅をし、北部は山や平野が多いため馬で旅をしたことから、たえずいろいろなところを旅行すること。

(5) うろたえて、あっちへ行ったりこっちへ行ったりする様子。「往」には「行く」という意味がある。

6

ア「口」、イ「胸」、ウ「片」、エ「腕」、オ「歯」が入る。ウ以外は、体の部分を表す漢字。

7

(1)「弘法」とは、書道の名人であった弘法大師（空海）のこと。それほどの優れた人でも、失敗することがあるということわざである。

(3) 服装を整えて姿勢を正すこと、また気持ちをひきしめることをいう。この「正す」は、乱れているところを整えるという意味。

8

(1)「どんぐりの背くらべ」とは、どれも平凡で、似たりよったりであること。

9

ウは「厚顔無恥」と書き、ずうずうしく恥知らずなことをいう。

10

(3)「舌を巻く」は、非常に感心すること。相手の行為が優れていて驚くときに使う。

(4)「水に流す」は、過去のいざこざなどを、すべてなかったことにすること。

第三章　言葉のきまり

章末まとめ問題

問題…242ページ

1 (1) B　(2) A　(3) C　(4) A

2 (1) まさか・よもや　(2) だろう　(3) なぜ　(4) から(より)　(5) しか

3 (1) 父が先生に、よろしくと申してい(おり)ました。
(2) 花子さん、お父様がお迎えにいらっしゃい(来られ)ました。

4 (1) **ウ**　(2) **ウ**　(3) F　(4) ない　(5) **ア**

〈解説〉

1 Aは「何がどうする」、Bは「何がどんなだ」、Cは「何がなんだ」の形になる。

2 (1)~(3)は「呼応の副詞」で、「まさか~まい」「おそらく~だろう」「なぜ~か」の形になる。
(4)は格助詞で、起点をさす「から」になる。「○○から○○まで」という形。
(5)は副助詞で、限定の意味になる。

3 (1) 身内である父に「おっしゃる」という尊敬語は使わない。謙譲語を使う。
(2)は話し手が花子さんやお父様に敬語を用いる立場なので、お父様に「まいる」という謙譲語を用いるのはおかしい。

4 (1) 助動詞・受け身＝「だれかに~される」という意味になる。アは尊敬、イは可能の意味になる。
(2) アは、形容詞をつくる語「名詞＋らしい」の形、イは、形容詞の一部になる。
(3) Fは主語を表す「の」(「が」に言いかえ可能)。ほかは名詞を修飾する「の」になる。
(4) 主語にあたる文節と、述語にあたる文節を結んでも不自然ではないかを確認する。
(5) ア＝補助・被補助の関係
イ＝修飾・被修飾の関係
ウ＝主語・述語の関係
エ＝並立の関係

入試問題にチャレンジ!

問題…244ページ

1 (1)ウ　(2)カ　(3)ウ

2 (1)オ　(2)ウ

3 (1)オ　(2)イ　(3)エ　(4)ア　(5)ウ

4 (1)エ　(2)エ

5 (1)エ　(2)ア

6 (1)(例)いらっしゃった　(2)(例)いただいた　(3)(例)おっしゃった　(4)(例)ご覧になった

7 (1)ウ　(2)ア

8 (1)しなければ

(2)私は、本を読みながら音楽をきいている弟を呼んだ。

〈解説〉

1 (1)「先生が」という主語がかかるのは、「話してくれるのだろうと」の部分。この文全体の主語—述語は、「私は—待っていました」の部分である。「先生が……話してくれるのだろうと」の部分が「待っていました」を修飾している。

(2)この文全体の主語—述語は、「温かさが—ありました」の部分。

(3)「校庭に(どこに)」が修飾しているのは、「咲き」の部分。「桜の花が—咲き」「みんなが—感動しました」と、主語—述語が二組あり、対等の関係になっている(重文)。

2 (1)すべて敬語表現。オ「めしあがる」は尊敬語、それ以外は謙譲語。

(2)どれも、物事の性質や状態を表す言葉。ウ「きれい」は言い切りの形が「きれいだ」となり、「〜だ」で終わるので形容動詞。それ以外は、言い切りの形が「まるい」「赤い」のように「〜い」で終わるので、形容詞。

3 文と文をつなぐ言葉(接続詞)をあてはめる問題。

(1)前の事柄が原因となって、あとの事柄が起きているので、順接の接続詞「そこで」。

(2)前の事柄と逆のことがあとに続いているので、逆接の接続詞「しかし」。

(3)二つの物事のどちらかを選ばせているので、選択の接続詞「もしくは」。

(4)前の事柄にあとの事柄を付け加えているので、添加の接続詞「それに」。

(5)前の話題から、別の話題に変えているので、話題転換の接続詞「ところで」。

4

(1) エは、勧誘を表す助動詞「よう」。それ以外は、たとえや例示を表す助動詞「ようだ」の一部。

(2) エは、「話すことができる」という意味の可能動詞「話せる」の一部。それ以外は、使役の意味を表す助動詞「せる」。

5

(1) 助動詞「れる」の働きを見分ける問題。問題文とエは、受け身。アは尊敬、イは「自然に……される」という自発の意味、ウは可能。

(2) 副助詞「さえ」の働きを見分ける問題。問題文とアは、あることにさらに何かが付け加わる意味。イは、極端な例を示す。ウ・エは、「さえ〜れば」の形で、限定する意味になる。

6

(1)・(3)・(4)は先生の動作なので尊敬語に、(2)は先生に対する動作なので謙譲語に直す。

(1) 「来る」の尊敬語は「いらっしゃる」。尊敬の助動詞「れる」を使って「来られた」としても正解。

(2) 「もらう」の謙譲語は「いただく」。「ちょうだいした」でも正解。

(3) 「言う」の尊敬語は「おっしゃる」。尊敬の助動詞「れる」を使って「言われた」としても正解。

(4) 「見る」の尊敬語は「ご覧になる」。尊敬の助動詞「れる」を使って「見られた」としても正解。

7

自分の動作をへりくだって表す謙譲語に直す問題。

(1) 「見る」の謙譲語は「拝見する」。

(2) 「食べる」の謙譲語は「いただく」。「めしあがる」は尊敬語、「食べます」の「ます」は丁寧語。

8

(1) 「……しなきゃ」は話し言葉で用いる表現。「当然するべきである」という意味の正しい書き言葉は、「……しなければ(しなくては)いけない(ならない)」となる。

(2) 読点(、)がないと、本を読んでいるのが私なのか弟なのかがはっきりしない。「私は本を読みながら、音楽をきいている弟を呼んだ。」とすると、私が本を読んでいるという意味になる。このように、読点を打つ場所によって、意味がちがってくる。

第一章　読み方の基本

章末まとめ問題

問題…264〜265ページ

1

(1) 八方美人

(2) 3〜6（3・4・5・6）

(3) 人から悪く思われたくない、という気持ち

(4) (例) みんな、なぜか嫌いな食べ物があるように、嫌いな人間も必ずいるものなので、その気持ちを受け入れるしかない。

(5) (例) 人づきあいで八方美人になるのはやめるべきだという考え。（二十七字）

学習のポイント

1

(1) 文章の話題は、最初に提示されることが多い。段落1で「『誰からも好かれよう』などと無謀な企てはしないほうがいい」と書かれていることに着目する。この「誰からも好かれよう」とすることを、段落2では「八方美人のような生き方」と言いかえている。そして、段落7・8で「大切なことは『人づきあいで八方美人にならない』と固く心に決めること」で、「そのほうが、はるかに魅力的な人間に見えるし、よい人間関係が結べる」とまとめられている。

(2) 意味のつながりがあるいくつかの形式段落をまとめたものを「意味段落」という。②の意味段落は、「八方美人のような生き方をやめる意味」という内容なので、「それ（八方美人のような生き方）はやめたほうがいい。」で始まる段落3から、八方美人のような生き方をやめてどうすればいいかが書かれている段落6までが該当する。

(3) 「それ」は直前の一文にある「人から悪く思われたくない、という気持ち」をさしている。この気持ちが高じて「誰からも好かれよう」となるのである。

(4) 段落4では、「『好きになれない人』が出てくるのがふつうの人間の感覚だ」とあり、その理由と対処法が段落5で書かれている。これらを短くまとめて「要点」とする。

(5) この文章では、筆者は最初から最後まで誰からも好かれようとする八方美人のような生き方を批判し、「好きになれない人」が出てきたときには、その気持ちを受け入れて大切にするほうがよく、「人づきあいで八方美人にならない」と心に決めるべきだと考えている。

第二章　いろいろな文章を読む

章末まとめ問題

問題…336～337ページ

1

(1) イ

(2) エ

(3) (例)地勢、気候、生物がたがいに影響しあい、あるていどの安定と調和が保たれている様子。(四十字)

(4) (例)巨大隕石の落下・火山活動の活発化

(5) ウ

(6) (例)人間の活動は、自然というシステムを崩壊させる恐れをはらんでいるということ。(三十七字)

学習のポイント

1

(1) ――線部①を含む文は「つまり」で始まっている。これは結論を導く言葉なので、その前には必ず理由や根拠となる内容が書かれている。――線部①の前文に「それらもじつは絶滅の時期で境される」とあるので、「それら」＝地質学上の大区分、と読み取れれば、イが最もふさわしいとわかる。

(2) それぞれあとに続く言葉に注目すると、「[A]にもあったし」、「[B]起こる確率は低いが」、「[C]も起こりうる」と、過去の出来事、いまの出来事、これからの出来事となっていることがわかる。

(3) 字数指定の記述問題の場合は、指定された文字数に合わせて答える。その場合、句読点も一字として数える。主語を明確にし、文末も設問に合わせる。

(4) システムが影響を受けた結果起こった例として、恐竜の絶滅があげられている。恐竜絶滅の原因としては、隕石によるものと火山活動によるものという、二つの説が示されている。

(5) [D]の前に書かれていることは、「地球にとって、人間の活動はたいした影響を与えるものではないだろう」という内容の推論で、[D]のあとの内容は、それと対立するものになっている。逆接の接続語を選ぶ。

(6) 第一段落と第二段落は、人類の登場以前の地球上の自然の大災害について説明しているが、第三段落は、自然ではなく、「人間の活動」によって地球の自然がこわされる危険性があることをうったえている。筆者の言いたいことは、全体の結論を述べた第三段落に書かれている。

入試問題にチャレンジ！

問題…338ページ

(1) ウ　(2) 2 エ　3 ウ
(3) 4 能率　5 機能　(4) Ⅰ ア　Ⅱ ウ
(5) B　(6) 在庫検査　(7) 記憶力
(8) エ　(9) ウ　(10) ア・オ

〈解説〉

(1) 直前の文にある「こどものときから、忘れてはいけない、～と教えられ、忘れたと言っては叱られてきた」ことの結果として、どのような感情をいだいてしまうのかを考える。また次の段落では、なぜ学校が「忘れるな」と命じるのかについて説明し、最後の文で「知らず知らずのうちに、忘れるのをこわがるようになる」と述べている。これは、[1]を含む文を言いかえている表現だと考えられるので、「こわがる」と同様の意味を表すウの「恐怖心」が適切。

(2) 空欄の前後の文の関係を読み取り、あてはまる言葉を考える。[2]の前では、教育程度が高く頭がいいと言われるほど、「知識をたくさんもっている」と述べている。あとでは、これを言いかえて「忘れないでいるものが多い」と表現しているので、エの「つまり」が適切。[3]の前では、博識、つまり知識を忘れずにたくさんもっていることは、学問のある証拠だったと述べている。あとでは、そのような「人間頭脳」にとって、コンピューターというおそるべき敵があらわれたという状況の変化を述べている。前の内容と反する内容を述べているので、ウ「ところが」が適切。

(3) [4]は「工場にやたらなものが入って」いると作業がどうなるのか考える。「やたら」とは、秩序がなくめちゃくちゃな様子をいう。ものを作る工場にものがあふれていると、作業がはかどらないと考えられる。「作業がはかどる」という意味の言葉に注意して文章を読むと、二つあとの段落の最後の文に「工場として能率をよくしようと思えば」という表現が見つかる。

[5]を含む部分は、工場としても倉庫としても、うまく働かない頭を育ててしまいかねないという意味だと推測できる。倉庫として「うまく働く」という意味の言葉を探すと、第七段落に「倉庫としてはすばらしい機能をもっている」という表現が見つかる。

(4) Ⅰ「こと」は多くの意味で用いられる。ここでは、アの「大変」をあてはめると、文の意味が通じる。

Ⅱ「偏見」とは、かたよった見解・一方的な見方という意味。ここでは、忘れることはよくないことだという考え方のことをさしている。

(5) C・Dを含む文で、倉庫での整理とは「あるものを順序よく並べる整理」、工場での整理とは「作業のじゃまになるものをとり除く整理」だと説明している。A～Dが、どの場所での「整理」について述べているのかをおさえる。Aはコンピューター、Bは工場、C・Dは倉庫について述べている。コンピューターとは、「倉庫としてはすばらしい機能をもっている」（第七段落）ものなので、A・C・Dの「整理」は同じ意味で用いられているとわかる。

(6) 「覚えているかどうか、ときどき試験をして調べる」という文を言いかえている文を探す。第六段落に、「ときどき在庫検査をして、なくなっていないかどうかをチェックする。それがテストである」とあり、テスト（＝試験）を「在庫検査」にたとえている。

(7) 第五段落にあるように、これまでの教育では人間の頭脳を、知識を蓄積する「倉庫」のようなものだと考えていた。「保存保管の能力」、つまり倉庫がものを保存・保管する力とは、人間の頭脳でいうと、知識を蓄える力だと考えられる。そのような力を端的に表している言葉を探すと、第三段落に「記憶力」が見つかる。

(8) 知識を保管しておく倉庫に対して、工場とは、人間がコンピューターにはできない「新しいことを考え出す」場所をたとえたもの。よってエが適切。

(9) 直前の文の「そのこと」がさす内容をとらえ、——線部④がどのような状態をたとえているのかを読み取る。能率よく仕事をするには忘却が大切であるにも関わらず、知識をためこんで喜んでいる人がいる、という状態をさしているので、「大事なこととつまらないことを取りちがえる」という意味の「本末転倒」が適切。

(10) アは第一～五段落の内容に、オは最後の三段落の内容に合っている。イは、第十段落の「人間の頭はこれからも、一部は倉庫の役をはたし続けなくてはならない」に反する内容なので不適切。コンピューターが人間に害をもたらすとは述べられていないので、ウは不適切。積極的に忘れたほうがよいという発想の転換は、より創造的な活動を行うためであり、「自分の時間を自由に使っていく」ためではないのでエも不適切。

第三章 韻文を読む

章末まとめ問題

問題……394〜395ページ

1
(1) 芥子（花）が、小ちゃい雀が死んだことを知らない。
(2) 雀の死を芥子が知ったら、すぐにしぼんで枯れてしまうと思ったから。
(3) **ウ**

2
(1) A 芒（秋） B スケート（冬） C 花（春） D 郭公（夏） E 独楽（新年）
(2) (例)富士山まで続いているということ。
(3) (例)早くスケートをしたくてたまらない気持ち。
(4) **ア・エ**
(5) D や E けり

学習のポイント

1
(1) 雀の死を悲しみながらも、それを知らないかのように咲く芥子への作者の思いやりを感じ取ろう。

2
(1) 「芒」は秋の季語。「花」は桜をさすので、春。「郭公」は、五月頃南方から渡ってくる夏鳥。

【俳句の意味】

A 富士山がくっきりと見える。今歩いている芒原の中の道は、富士山まで続いているだろう。

B 早くスケートをしたくて、靴のひもを結んでいる間もずっと、気持ちが落ち着かない。

C なんとも見事な景色だ。桜の花びらがあたり一面から、琵琶湖に吹き寄せているのは。
※「鳰の海」とは、琵琶湖をさす。

D 郭公の声がする。高原の道を一人歩いているが、どこまで行ってもだれにも会わない。

E 友だちとけんかでもしたのだろうか、泣かされたあとの独楽遊びは、まるで独楽にあたってしまっているかのようだ。

ア ここでたくさんの武士たちが戦ったのだろう。いまはそれも夢の出来事であったかのように、夏草がしげっている。

イ おい、ハエを打つな。手足をすり合わせて、まるで命ごいをしているようじゃないか。（小林一茶）

ウ 降り続く五月雨のために流れが激しくなっている川の前に、家が二軒、頼りなげにある。（与謝蕪村）

エ 中秋の名月の美しさを楽しみながら池の周りを歩いていたら、すっかり夜もふけてしまった。

入試問題にチャレンジ！ 問題…396〜397ページ

1 (1) ア (2) ウ (3) ウ
(4) ア (例)ひな鳥 イ (例)巣立ち ウ (例)初めて エ (例)外

2 (1) 春の句 ウ 秋の句 エ
(2) イ (3) エ

〈解説〉

1 (1) 使われている言葉の種類や表現技法に着目する。まず、使われている言葉を確認する。この詩は、現代の言葉（口語）で書かれているので、口語詩。音数に決まった形式がないので、自由詩。なお、ウの散文詩とは、行分けなどをせず、ふつうの文章のように書かれた詩のこと。次に表現技法を見ていく。「準備をしているのだ／飛び立っていくための」「測ろうとしているのだ／風の向きや速さを」などの部分には倒置法が使われている。この部分は、ふつうの語順では「飛び立っていくための準備をしているのだ」「風の向きや速さを測ろうとしているのだ」となる。よって、アが適切。

(2) ——線部①を含む部分にも倒置法が使われている。ふつうの語順にすると「こどもたちよ　初めての位置（や）初めての高さを　おそれてはいけない」となる。こどもたちに、何を「おそれてはいけない」と言っているのかを読み取る。第一連・第二連の「飛び立っていくため」「風の向きや速さ」などの表現から、作者はこどもたちをひな鳥にたとえて、巣立っていく彼らに呼びかけていることがわかる。よって、「初めての位置／初めての高さ」とは、外の世界へ巣立っていくこどもたちが直面することだと考えられる。したがって、ウの「この世の厳しさ」が適切。巣の中という守られた世界から、広い世の中へ出ていくこどもたちに、世の中の厳しさを「おそれてはいけない」と励ましている。

(3) (2)で見たように、この詩では、こどもたちをひな鳥にたとえ、巣立ちを迎えたこどもたちに呼びかけている。鳥にとって「落ちること」は、失敗することだといえる。それまでの守られた場所から現実の社会へ出ていったこどもたちが、失敗することで初めてわかる「ほんとうの高さ」とは何かを考えれば、ウの「保護されていたことのありがたみ」や「社会の厳しさ」が適切だとわかる。

(4) (2)(3)で見てきたことをふまえて考える。この詩では、こどもたちが家庭や学校などの保護された環境から外の社会へ出ていくことを、ひな鳥の巣立ちにたとえている。そして「初めて」のことをおそれてはいけないと励ましている。よって、アは「ひな鳥」、イは「巣立ち」、ウは「初めて」、エは「外」などがあてはまる。

2

(1) それぞれの俳句の季語と季節は次の通り。

ア　季語…行水　季節…夏

イ　季語…五月雨　季節…夏

ウ　季語…夕ざくら　季節…春

エ　季語…ぶどう　季節…秋

作者はそれぞれ次の通り。ア・イ…正岡子規、ウ…吉屋信子、エ…中村草田男。

(2) 鑑賞文にある「見える景色は限られたもの」「退屈している」という点に着目して、あてはまる俳句を探す。イの「見あきたり」とは、「見あきてしまった」ということ。「五月雨」とは、梅雨のこと。長く続く雨に閉ざされたような雰囲気のなか、いつも寝床から見える上野の山も見あきてしまい退屈している様子がわかる。作者が寝込んでいることは、この俳句から直接にはわからないが、鑑賞文全体を参考にして想像する。なお、この俳句の作者の正岡子規は、結核を病み、闘病しながら俳句の革新に取り組んだ。

(3) 比喩とは、あるものを別のものにたとえて表現する方法のこと。比喩には、「〜のような」「〜みたいに」などの言葉を使って直接たとえる直喩と、たとえの言い方を使わずにたとえる隠喩がある。俳句の中から、何かを別のものにたとえている部分を探す。エでは、「ぶどう」のつぶを「一語一語」にたとえている。「ごとく」は、昔の言葉の「ごとし」が活用した形で、「〜のようだ」という意味。

第四章　古典を読む

章末まとめ問題

問題…422～423ページ

1
(1) 平家物語
(2) イ
(3) おごれる人・たけき者
(4) エ

2
(1) 〈題名〉ウ　〈作者〉オ
(2) 心にうつりゆくよしなし事

3
(1) 竹取物語
(2) ア

学習のポイント

1
(2) 『平家物語』は、平清盛とその一族が栄えている時代から、源氏との戦い、壇ノ浦での滅亡までを描いた作品である。琵琶法師という僧が楽器を演奏しながら語る、耳で聞く物語であった。
(3) 物語の中では、どちらも「平家」を表している。
(4) 「ひとへに風の前の塵に同じ」と対になっていて、どちらも、「あっけなく終わってしまうもの」のたとえになっている。

2
(1) アの『枕草子』の作者は、カの清少納言。イの『源氏物語』の作者は、クの紫式部。エの『論語』は、キの孔子の言葉を弟子たちが書き留めたもの。
(2) 「心に浮かんだ何でもないこと」を書きつけたものと、兼好法師は書いている。内容は、人生、恋愛、趣味、芸術など、幅広い分野について書かれている。

3
(1) 日本で最初の物語であることを、覚えておこう。
・日本で最も古い書物…『古事記』
・日本で最初の歌物語…『伊勢物語』
・日本で最初の随筆集…『枕草子』
・日本最大の説話集……『今昔物語集』
(2) 有名作品の冒頭部分は、覚えておくとよい。
イ「昔、男ありけり。」…『伊勢物語』
ウ「男もすなる日記といふものを、女もしてみむとてするなり。」…『土佐日記』・紀貫之

第二章　いろいろな文章を書く

章末まとめ問題

問題…490ページ

①（例）

プレゼント　　西田　ひろみ

この前の誕生日に、川口さんからプレゼントをもらいました。その中身は、私がほしいと思っていた、カラーペンのセットでした。川口さんは、「ひろみちゃんは赤い色が好きだから、赤い包み紙にしてもらったよ。」と言ってくれたので、包み紙を捨てるのがもったいないなあと思いました。

②

わたしの家族

上川　博

わが家は六人家族である。祖母、父母、わたし、妹と弟だ。それに、犬のサクラもいる。
祖母はもうすぐ八十才をむかえるが、とても元気で、毎日畑仕事をしている。家族のな

③ イ→エ→ウ→ア

④ (1) イ　(2) ウ　(3) ア

⑤ イ

⑥（例）

私が会ってみたい歴史上の人物は、夏目漱石です。漱石は、『坊っちゃん』『吾輩は猫である』などの作品を書いた明治時代の作家です。『坊っちゃん』を読んで、登場人物がとても個性的で面白いと感じました。漱石も学校の先生をしていたことがあるそうなので、その体験がもとになっているのかもしれません。どのようにして物語が生まれたのか、とても興味があります。漱石に会って、作品についてインタビューしてみたいです。

学習のポイント

① 「、」（読点）は、声に出して読んでみて、句切ると読みやすくなるところにつけるとよい。「。」（句点）は、文の終わりにつける。「　」（かぎカッコ）は、会話や引用、強調したい言葉につける。ここでは、「ひろみちゃんは〜もらったよ。」が川口さんの会話であることを表す。このほかにも、「・」（中点）、（　）（カッコ）、

『　』（二重かぎカッコ）、――（棒線）、？（疑問符）、！（感嘆符）などの符号が使われる。符号を適切に使って読みやすい文章が書けるようにしよう。

②
文章の三行目で、「。」（句点）がいちばん上のマス目に書かれている。これは前の行の最後の文字の「る」と同じマス目に入れる。

符号のマス目の取り方を確認しておこう。

・。、・（）「」『』？！は一マスに一つ。

・――や……は、ふつう二字分取る。

ただし、。、や」）が次の行のいちばん上のマス目にくる場合は、前の行のいちばん下の文字と同じマス目に入れるか、マス目の外に書く。

ここでは、二行目の最後のマス目を［る。］に直す。

③
報告文や説明文では、まず「何について報告・説明をするのか」を決めることが必要である。次に、その題材の中でどんなことを中心に文章を書くのか、主題（テーマ）を決める。そして主題に沿って材料を集め、読みやすい構成を考え、文章を書く。書いたあとには、必ず推敲をして、表記や内容を確認すること。

④
グラフには、いろいろな種類がある。

・円グラフ…全体の中での割合を見る。

・棒グラフ…棒の高さで、量の大小を比較する。

・折れ線グラフ…時間の変化とともに、量が増えているか減っているかを表す。

・帯グラフ…割合を比較する。

それぞれのグラフの特徴をとらえて活用する。

⑤
報告文や説明文と、生活文とのちがいを確認する。

生活文は、自分が実際に体験したこと、まわりで起こったことについて、考えたことや感じたことを交えながら書く文のこと。イは、自分の体験に関する題材なので、生活文になる。これ以外は、自分の体験よりも、調べたことが中心になるので、報告文などに分類される。

⑥
取り上げる人物は、自分の興味がある人ならだれでもよい。指示にあるように、何をした人なのか簡単に説明したうえで、会ってみたい理由を書く。「〜について聞いてみたい」「いっしょに〜をしてみたい」などのように、理由を具体的に書くこと。二百字程度で書くときは、二段落に分けて書くとよい。

入試問題にチャレンジ！

問題…492ページ

1 (例)預金者から預かったお金と同じ金額を他の人に貸しているが、預金者に払う利息よりも多い金額を、お金を貸す相手に利子としてもらうことで、その差額分の利益を受け取っている。

2 **(1)** グラフA…(例)三つの遺産の中で文化遺産の数が圧倒的に多く、自然遺産の約四倍になっていることが読み取れる。

表B…(例)登録数上位はヨーロッパの国が占めているが、ヨーロッパの国ではない中国が二位に入っている。

(2) (例)文化財を保護するという考え方が昔から広く知れわたっているヨーロッパでは世界遺産に登録することが一般的であり、また中国は長い歴史があり、豊かな自然もたくさん残っているので、世界遺産に登録されるような建造物や地形が数多く残されてきたため。

3 (例)(たしかに)大西社員は発注した500個の弁当を閉店の一時間前に完売させている。(しかし)十八時以降に来店した客は、カニ弁当を買いたくても買うことができず、品ぞろえが悪い店であるという印象を持った可能性がある。(一方)小池社員の場合は、十八時以降に来店した客も買うことができる状態である。(したがって)小池社員の方が、カニ弁当を客に売る機会を閉店まで失わないように適切な数の発注を行ったと考える。

〈解説〉

1 A君の「銀行も商売ですが、どのような仕組みで利益をあげているのでしょうね。」という質問に対して、先生が「お金の貸し借りには利子・利息が付くけれどこのことが質問を解くカギだよ。」と答えていることに着目する。利子と利息は、貸したり預けたりしているお金に対して、決まった割合で支払われるお金のことで、意味にちがいはない。ただし、一般的に利子は借りたときに支払うもの、利息は貸したときに受け取るものとして使い分けされている。

図を見ると、銀行は「お金を貸す相手」に100円を貸して、「預金者」から100円を預かっている。つまり、貸す金額と預かる金額がまったく同じであることがわかる。そして、先生の発言にもあるように、利子と利息の金額に注意してみると、「お金を貸す相手」からは2円の利子をもらっているが、「預金者」には1円の利息を払っていることが読み取れる。この利子と利息の金額の差である1円こそが、銀行の利益となるのである。

貸す金額と預かる金額はまったく同じである点と、利子と利息の金額はちがいがある点を挙げて、その差額が銀行の利益になっているとまとめればよい。

②

(1) グラフA、表Bそれぞれの特徴をしっかりと読み取り、要点をまとめることが大切。

グラフAを見ると、世界遺産には文化遺産、自然遺産、複合遺産の三つがあることがわかる。この中で、文化遺産が全体の七割以上を占めて、自然遺産の約四倍になっていることをまとめる。文化遺産は記念物や建物、遺跡などで、自然遺産は特徴的な地形や美しい風景、貴重な動植物の生息地などのことである。また、複合遺産は文化遺産と自然遺産両方の価値があるものを指す。

表Bを見ると、上位はイタリア、中国、スペイン、ドイツ、フランスと続いており、五カ国のうち四カ国がヨーロッパの国となっている。また、全体的に先進国が多く、開発途上国は数少ない。

グラフや表の「特徴的なこと」を読み取る場合は、数値がほかと大きくちがう項目に着目すればよい。

(2) (1)で答えた特徴が生じる理由について、(1)の答えと合うように書くことが大切。(2)で理由が思いうかばない場合は、(1)の答えを見直して変更してもよい。

解答例以外にも、次のような特徴から、それが生じる理由が考えられる。

グラフA

(特徴)文化遺産の数が最も多く、自然遺産の約四倍にもなっている。

(理由)自然遺産はその範囲が広いため、保護が難しいが、文化遺産は一つの建造物だけでも登録ができて、保護をする範囲もせまく、管理しやすいから。

表B

(特徴)全体的に先進国といわれている国が多く、開発途上国といわれている国は少ない。

(理由)世界遺産に登録するためには、その範囲を保護したり管理したりするのにたくさんの資金が必要になると考えられるから。

③ 社長が大西社員よりも小池社員を高く評価する理由をとらえて記述する問いである。部長と社長の会話の中に、社長が小池社員の方を高く評価する理由は、「支店規模の問題ではない」とあるので、新宿支店と池袋支店の規模の違いは評価の理由にふくまれないことに注意する。

まず、小池社員の方を高く評価する理由は、「売れ行き総数の推移」のグラフから読み取る。大西社員の担当する新宿支店と、小池社員の担当する池袋支店それぞれの特徴は次のとおりである。

(大西社員の担当する新宿支店)

発注した500個すべてを18時までに完売している。そのため、18時から19時の間の売れ行き総数は500で横ばいとなっていて、カニ弁当を売ることができなかったことがわかる。

(小池社員の担当する池袋支店)

最終的な売れ行きは430個なので、発注した450個の弁当を完売できていない。しかし、18時から19時の間にカニ弁当を28個売ることができている。

つまり、大西社員担当の新宿支店ではカニ弁当を買いたい客が来店しても売ることができない時間帯があるが、小池社員担当の池袋支店はどの時間帯でも売ることができている。社長はこの点を高く評価したと考えられる。

次に、記述する際は、「『たしかに』『しかし』『一方』『したがって』の四つの言葉を、この順に、文の先頭に使って、四文で説明」することが条件なので、次のように文章を組み立てるとよい。

「たしかに」に続く内容…相手（ここでは部長）の考えを肯定する。つまり、大西社員のよい点を認める内容を書く。

「しかし」に続く内容…直前の内容とは反対に、部長の考えを否定し、大西社員のよくない点を書く。

「一方で」に続く内容…小池社員の方が、評価が高いと考える理由を書く。

「したがって」に続く内容…直前の内容を理由に、小池社員の方が適切だったという結論を書く。

第一章　表現の基礎

章末まとめ問題

問題…534ページ

1　ア
2　(1)B　(2)A　(3)B　(4)A
3　イ
4　ウ
5　(例)大勢の人がいるところでは電話を使わない。

学習のポイント

1　メモをとる目的を考えること。メモをとるのは、話の要点を聞きもらさないようにするため、また、あとで確認できるようにするためである。打ち合わせやインタビュー、行事などの連絡事項を聞くときは、メモをとるのがよい。しかし、親しい友達や家族が、自分の思いを話す場合は、親身になって聞くことがより大切である。話し手の立場に立って、メモをとるべき場面かどうかを考える。

2　敬語はふつう、目上の人や初めて会う人などと会話をするときに用いる。ここでは、(2)・(4)がそれにあたる。同級生の田中くんや弟に敬語を使って話すと、よそよそしい感じや堅苦しい感じを与える。どんな場合にどの種類の敬語を使えばよいのか、ふだんから注意して話すとよい。

3　石川くんと山田くんは交互に話をしているが、石川くんは誕生日のプレゼントのことを、山田くんは風邪のことを話題にしている。お互いが自分のことばかり話して、相手の話に反応していないので、会話がかみ合っていない。相手の話をよく聞き、それについて質問したり、自分の意見を話したりすることで、会話を内容のあるものにすることができる。

4　スピーチでは、なるべく話題を一つに絞って、「何について、どう考えるのか」が聞き手にうまく伝わるように工夫する。また、決められた時間は必ず守り、その時間内でまとまるようにスピーチの構成を考えたり、あらかじめ練習したりしておく。

5　電車やバスの中、病院の待合室など、大勢の人がいるところで携帯電話を使うと、周囲の迷惑になる。まわりの状況をよく確認して携帯電話を使うことが大切。

総合模擬テスト 第1回 解答・解説

問題……536ページ

解答

① (1) ア 景色　イ 暴力　ウ 将来
エ 非常　オ 希望
(2) A エ　C ウ
(3) 二つの異なる視点をもつこと（十三字）
(4) ア　(5) ウ　(6) 厳しい目
(7) イ　(8) ウ　(9) 客観
(10) (例) 常に人を二つの目で見て、立体的に把握すること。（二十三字）

② (1) エ　(2) きれいだ・ウ　(3) イ

③ (1) ① ア 対照　イ 対象
② ア 優（しい）　イ 易（しい）
(2) ① エ　② ウ　③ ア　(3) エ

〈解説〉

① (2) [A] のあとで、片方の目では奥行きがわかりにくいことの例として、針に糸を通す場面をあげており「たとえば」が適切。[C] の前では頑張ると言った気持ちは嘘ではないと述べ、あとでは「遊びたくもなるし……荒れて来ることもある」と、前後で逆の内容を述べているので、逆接の「しかし」が適切。

(3) ――線部①の「立体像」が浮かびあがるとは、同じ段落の最初にある「ものごとの『奥行き』を知る」と同様の意味。「奥行き」を知るためには、「二つの異なる視点をもつことが必要」だとある。

(4) [B] の前後では、少年がこれまでの行動を悔い、今後は頑張って勉強したいという意気込みが述べられている。よって「気持ちをすっかり入れかえる」という意味の「心機一転」が適切。

(5) 直前の「わけがわからない」という事態が、どのような内容をさすのかをつかむ。ここでは、少年が親や教師の前では荒れたままだったのに、良い面だけを見せられたカウンセラーがそれに気づかず混乱してしまったという事態をさしている。

(6) [七]段落に「甘い目と厳しい目と両方の目で見ていてこそ」とある。対照的な二つの視点が必要だということ。

(7) 筆者は二つの目をもつことの大切さを示すため

に、少年とカウンセラーの話を具体例としてあげている。

(8) 「甘い目と厳しい目と両方の目で見ていてこそ、この高校生の立体像が浮かんでくる」とは、高校生の「一面」ではなく、全体像や本当の姿を把握できるという意味である。この意味に近い言葉は「実像（＝人や物の本来の姿）」である。

(10) 八段落の最後に「カウンセラーというのは、常に二つの目で人を見ることが出来ねばならない」とある。この部分に「二つの目で見ることで、立体的に把握する」という内容を加えてまとめる。

2

(1) 「誕生日に―もらった」と述語を修飾している。

(2) 「きれいな」の言い切りの形は「きれいだ」と「だ」で終わるので、形容動詞。形容詞は、「美しい」「明るい」などのように、言い切りが「い」で終わる。

(3) 助動詞「られる」の働きを見分ける。――線部③とイは受け身、アは自発、ウは尊敬の意味。

3

(1) 主な同音異義語・同訓異字は、覚えておくこと。

(2) 体の部分を表す漢字を用いた慣用句。

(3) エは、お客様の「言う」という動作を尊敬語「おっしゃる」で表しているので適切。正しい表現は、それぞれ次のようになる。ア「拝見する」→「ご覧になる」、イ「いらっしゃいます」→「参ります」、ウ「召し上がった」→「いただいた」。

総合模擬テスト 第2回 解答・解説

問題…540ページ

解答

1

(1) ア 移動 イ 借（りる） ウ 例（えば） エ 補欠 オ 結局

(2) （例）新しい家を建てたい（から。） (3) ア

(4) 耳をふさぎ～てしまう。 (5) エ

(6) ダリアみたいな笑顔 (7) ウ (8) エ

2

(1) （第一連）ア （第三連）エ (2) 刃物

(3) イ (4) ア

〈解説〉

1

(2) 「いつまでも賃貸なんてだめよ」というお母さんの言葉に着目。「賃貸」とは、借りて住んでいる家のこと。そのすぐあとの「新しい家を建てたいのだ」の部分を、「～から。」につながるようにまとめる。

(3) 家族それぞれの心情をふまえて、真美がなぜ

「困る」のか考える。「お母さんだけがどうしてもがんばりたいみたい」とあるように、新しい家を建てることに乗り気なのは、家族のなかでお母さんだけである。――線部②のお母さんの「真美も新しい家を望んでいる」という「合図」をお父さんが真に受けて、家を建てることに乗り気になってしまうことを、「私」は心配している。

(4) 両親の争いを「聞きたくないのに気になってしまう」という思いが表れた表現を探すと、「耳をふさぎたくなるのに……すませてしまう。」が見つかる。「耳をふさぎたくなる」＝「聞きたくない」のに、なぜか聞かずにはいられないという、相反する思いが表れている。

(5) 直前の「困って」という様子にふさわしい言葉を選ぶ。「おろおろ」は、どうしてよいかわからず、うろたえる様子を表している。

(6) 設問文の「たとえを用いて」に着目して、早紀ちゃんの笑顔を表現している部分を探す。最後から二つ目の段落に、「ダリアみたいな笑顔」とある。

(7) 直後に「唯ちゃんは……特技はない」とある。早紀ちゃんの答えは唯ちゃんにとって無理な内容であり、期待していた返答ではなかったので「おもしろくなさそう」だったのである。

(8) 最後の段落の「そんなふうに笑うことは到底できなくて」などの部分から、アは○。前半で両親の争いに耳をすませている様子や、後半で唯ちゃんの性格を述べている部分から、イも○。早紀ちゃんに対して「ぎくしゃくと」うなずいたり、唯ちゃんの質問に答えられない様子から、ウも○。弟の健介と自分の笑顔とを比べているが、弟との関係に悩む様子は読み取れないので、エは不適切。

2

(1) 第一連「公孫樹の木も箒になった」の部分は、葉の落ちた公孫樹の木を「箒」にたとえた比喩（隠喩）の表現。第三連では、「冬よ」という呼びかけの言葉が使われている。

(2) 「刃物のやうな」とたとえて表現している。

(3) 「冬よ／僕に来い」から、厳しい冬が来ることを期待し、冬と向き合おうとする姿勢が読み取れる。また「冬は僕の餌食だ」からは、冬に負けず、そこから何かを得たいという思いが感じられる。

(4) 「〜だ」という断定的な表現や、第四連の「しみ透れ……埋めろ」という命令形などによって、力強さを感じさせる詩である。

さくいん

調べたい語句がわかっているときは、このさくいんで調べると便利です。(教科書で学習したことにそって調べたい場合は、巻頭のもくじのほうが便利です。)
さくいんは五十音順に配列してあります。

＊わかりにくい項目は、分野を（　）で示しています。
＊『　』は作品名、「　」は韻文の作品です。
＊赤字は本文中でも赤字で示されるなど重要な語句です。
＊赤いページは最もくわしく説明しているページです。